Tensões políticas, cidadania e trabalho no longo Oitocentos

CONSELHO EDITORIAL

Ana Paula Torres Megiani
Eunice Ostrensky
Haroldo Ceravolo Sereza
Joana Monteleone
Maria Luiza Ferreira de Oliveira
Ruy Braga

Tensões políticas, cidadania e trabalho no longo Oitocentos

Gladys Sabina Ribeiro
Karoline Carula
Organizadoras

Copyright © 2020 Gladys Sabina Ribeiro e Karoline Carula (orgs.)

Grafia atualizada segundo o Acordo Ortográfico da Língua Portuguesa de 1990, que entrou em vigor no Brasil em 2009.

Edição: Haroldo Ceravolo Sereza & Joana Montaleone
Editora assistente: Danielly de Jesus Teles
Projeto gráfico, diagramação e capa: Danielly de Jesus Teles
Assistente acadêmica: Tamara Santos
Revisão: Alexandra Colontini
Imagem da capa: DEBRET, Jean B. *Acceptation provisoire de la constitution de Lisbonne à Rio de Janeiro, en 1821,* c.1834.

CIP-BRASIL. CATALOGAÇÃO-NA-FONTE
SINDICATO NACIONAL DOS EDITORES DE LIVROS, RJ

T286

Tensões políticas, cidadania e trabalho no longo Oitocentos / organização Gladys Sabina Ribeiro, Karoline Carula. - 1. ed. - São Paulo : Alameda, 2020.
 338 p. ; 23 cm.

 Inclui bibliografia e índice
 ISBN 978-65-86081-57-2

 1. Brasil - História - Séc. XIX. 2. Brasil - Política e governo. 3. Cidadania - Brasil. 4. Trabalho. I. Ribeiro, Gladys Sabina. II. Carula, Karoline.

20-66512   CDD: 981.04
      CDU: 94(81)"18"

ALAMEDA CASA EDITORIAL
Rua Treze de Maio, 353 – Bela Vista
CEP: 01327-000 – São Paulo – SP
Tel.: (11) 3012-2403
www.alamedaeditorial.com.br

Sumário

Apresentação   7
Gladys Sabina Ribeiro e Karoline Carula

1. Caminhos do cidadão: Independência, liberdade e a   19
construção do imaginário da cidadania no Brasil – 1820-1835
Vantuil Pereira

2. As relações exteriores do Brasil no Primeiro Reinado   45
e o debate acerca da representação constitucional
Aline Pinto Pereira

3. O ocaso de Justiniano José da Rocha? Perspectivas para um   73
debate cruzado com Tavares Bastos em meados do Oitocentos
Gladys Sabina Ribeiro

4. Em busca do 'Novo Mundo': imprensa e trocas culturais   119
entre brasileiros nos Estados Unidos (1867-1881)
Silvana Mota Barbosa

5. A *Guerra da Tríplice Aliança* e a atividade bancária no   167
Rio de Janeiro no período c.1865-c.1870: os casos do Banco Rural
e Hipotecário do Rio de Janeiro e do Banco Commercial do Rio de Janeiro
Carlos Gabriel Guimarães

6. Amas de leite na *Gazeta de Notícias* (década de 1870)   233
Karoline Carula

7. "Livre a fim de que goze *de sua liberdade natural*": formas de   255
liberdades e tamanho das posses no Brasil – séculos XVIII e XIX
Jonis Freire

8. Tutela e educação dos libertos na imprensa do
Rio de Janeiro no Pós-abolição   287
Humberto Fernandes Machado

9. Cidadania, trabalho e municipalidade no Rio de Janeiro
no início da República   309
Paulo Cruz Terra e *Mariana Kelly da Costa Rezende*

Apresentação

Este livro se insere em um conjunto de pesquisas e trabalhos coletivos que têm sido realizados, desde 2004, no âmbito do Centro de Estudos do Oitocentos (CEO) - UFF. O núcleo foi coordenado por Gladys Sabina Ribeiro até julho de 2016; de agosto de 2016 até julho de 2018, Paulo Cruz Terra foi o coordenador, sucedido em agosto desse mesmo ano por Karoline Carula.

Primeiramente, o CEO foi a sede do Projeto de Núcleo de Excelência (Pronex), até 2014.[1] Depois, firmou parceria, em 2016, com outros grupos de pesquisa existentes no Departamento de História da UFF, nomeadamente o Núcleo de Estudos de Identidades e Cidadania (Nemic) e o de História Econômica, Quantitativa e Social (Hequs), que estão envolvidos no Projeto de Edital Universal 2016, Poderes Políticos, Trocas Culturais e Cidadania em Dois Momentos (1840-1857 e 1870-1920), coordenado por Gladys Sabina Ribeiro.

O CEO foi fundado em 2003.[2] De lá para cá, consolidou-se como um grupo que nucleou outros grupos e atividades, tanto com a participação de

---

[1]   PRONEX CENTRO DE ESTUDOS DO OITOCENTOS (CEO) – EDITAL 2003 – CNPq/FAPERJ. Título do projeto: Nação e Cidadania no Império: Novos Horizontes. Coordenador acadêmico e proponente: José Murilo de Carvalho – UFRJ; Coordenadora-executiva: Gladys Sabina Ribeiro – UFF. Vigência: 2004-2006; PRONEX CENTRO DE ESTUDOS DO OITOCENTOS (CEO) – EDITAL 2006. CNPq/FAPERJ. Título do projeto: Dimensões da Cidadania no Século XIX. Coordenador acadêmico e proponente: José Murilo de Carvalho – UFRJ; Coordenadora-executiva: Gladys Sabina Ribeiro – UFF. Vigência: 2007-2010; PRONEX CENTRO DE ESTUDOS DO OITOCENTOS (CEO) – UFF/(REDES) – UERJ – EDITAL 2009 – CNPq/FAPERJ. Título do projeto: Dimensões e Fronteiras do Estado Brasileiro no Século XIX. Proponente: Lucia Maria Pereira das Neves – UERJ; Coordenador acadêmico: José Murilo de Carvalho – UFRJ; Coordenadora-executiva: Lucia Maria Paschoal Guimarães – UERJ. Vigência: 2010-2014.

[2]   http://www.ceo.uff.br/web/.

pesquisadores de outras instituições universitárias, quanto com a integração de seus orientandos e alunos de pós-graduação. Como tal, desenvolveu uma produção robusta e organizou vários eventos. Em 2009, o CEO-Pronex/CNPq-Faperj estabeleceu uma parceria com a revista eletrônica *Almanack*,[3] hoje com sede na Unifesp. De um seminário interno que envolveu todos os seus pesquisadores do Pronex, ocorrido em 2012, saiu a proposta de fundação da Sociedade Brasileira de Estudos do Oitocentos (SEO),[4] o que ocorreu em 2013, em evento comemorativo dos dez anos do CEO, na UFF.

Os interesses dos pesquisadores do CEO giram ao redor da problemática e da discussão historiográfica sobre a formação da Nação e da cidadania, no que se convencionou chamar de longo século XIX.[5] As reflexões sobre as questões relativas ao centralismo ou localismo; a avaliação do equilíbrio ou da supremacia dos poderes; a forma de condução dos assuntos relativos ao governo, à participação política e aos direitos atinentes à cidadania e à soberania, legítima ou não, bem como a análise de como as decisões econômicas impactaram aquela sociedade[6] foram preocupações que se mantiveram no

---

3   http://www.scielo.br/scielo.php?script=sci_serial&pid=2236-4633&lng=en&nrm=iso.

4   https://www.seo.org.br/.

5   Expressão cunhada por HOBSBAWM, Eric J. *A era dos impérios: 1875-1914*. Rio de Janeiro: Paz e Terra, 1988, p. 19, para o período transcorrido entre 1789 e 1914.

6   RIBEIRO, Gladys Sabina; BESSONE, Tania; GONÇALVES, Monique; MOMESSO, Beatriz (org.). *Imprensa, livros e política nos Oitocentos*. São Paulo: Alameda Casa Editorial, 2018; RIBEIRO, Gladys Sabina; BESSONE, Tania; GONÇALVES, Monique; MOMESSO, Beatriz (org.). *Cultura escrita e circulação de impressos no Oitocentos*. São Paulo: Alameda Casa Editorial, 2016; RIBEIRO, Gladys Sabina; BESSONE, Tania; GONÇALVES, Monique; MOMESSO, Beatriz (org.). E-book: *Cultura escrita e circulação de impressos no Oitocentos*. São Paulo: Alameda Casa Editorial, 2016; RIBEIRO, Gladys Sabina; MARTINS, Ismênia; BESSONE, Tania (org.). *O Oitocentos sob novas perspectivas*. São Paulo: Alameda Casa Editorial, 2014; RIBEIRO, Gladys Sabina; MARTINS, Ismênia; BESSONE, Tania (org.). E-book: *O Oitocentos sob novas perspectivas*. São Paulo: Alameda Casa Editorial, 2014; CARVALHO, José Murilo de (org.); NEVES, Lúcia M. Bastos P. (org.). *Dimensões e Fronteiras do Estado Brasileiro no Oitocentos*. 1. ed. Rio de Janeiro: EdUERJ, 2014; RIBEIRO, Gladys Sabina; BESSONE, Tania; GONÇALVES, Monique (org.). *O oitocentos entre livros, livreiros. Impressos, missivas e bibliotecas*. Rio de Janeiro: Alameda Casa Editorial, 2013; RIBEIRO, Gladys Sabina; BESSONE, Tania; GONCALVES, M. (org.). E-book: *O oitocentos entre livros, livreiros, impressos, missivas e bibliotecas*. Rio de Janeiro: Alameda Casa Editorial, 2013; PEREIRA,

Projeto Edital Universal 2016, aprovado pelo CNPq.[7] Essas discussões frutificaram por meio do diálogo com os investigadores do Nemic e do Hequs. O primeiro núcleo foi também fundado em 2003; já o último data de 2014. Vinculado ao CEO, os objetivos precípuos do Nemic[8] são refletir sobre o processo histórico de construção da cidadania no Brasil e de formação de dife-

---

Miriam Halpern; CARVALHO, José Murilo; VAZ, Maria João; RIBEIRO, Gladys Sabina (org.). *Linguagens e fronteiras do poder.* Lisboa: Centro de Estudos de História Contemporânea - Instituto Universitário de Lisboa, 2012; CARVALHO, José Murilo; RIBEIRO, Gladys Sabina; PEREIRA, Miriam Halpern; VAZ, Maria João. *Linguagens e fronteiras do poder.* Rio de Janeiro: Editora FGV, 2011; RIBEIRO, Gladys Sabina; BESSONE, Tania (org.). *Linguagens e práticas da cidadania no século XIX.* São Paulo: Alameda Casa Editorial, 2010; CARVALHO, José Murilo; NEVES, Lúcia Maria Bastos Pereira das (org.). *Repensando o Brasil do Oitocentos: cidadania, política e liberdade.* Rio de Janeiro: Civilização Brasileira, 2009; RIBEIRO, Gladys Sabina. *Brasileiros e cidadãos: modernidade política, 1822-1930.* São Paulo: Alameda Casa Editorial, 2008; CARVALHO, José Murilo. *Nação e cidadania no Império: novos horizontes.* Rio de Janeiro: Civilização Brasileira, 2009.

7   Algumas das questões aqui mencionadas estão tratadas em: CASTRO, Jeanne Berrance de. *A milícia cidadã: a Guarda Nacional de 1831 a 1850.* São Paulo: Nacional / Brasília: Instituto Nacional do Livro, 1977; DUARTE, Nestor. *A ordem privada e a organização política nacional.* São Paulo: Nacional, 1939; CARVALHO, José Murilo de. Cidadania: tipos e percursos. CARVALHO, José Murilo de. Cidadania: tipos e percursos. In: *Estudos históricos, v. 9 - n. 18 – Justiça e cidadania.* Rio de Janeiro: CPDOC - Fundação Getúlio Vargas, 1996; CARVALHO, José Murilo de. *A construção da ordem e Teatro de sombras.* 3 ed. Rio de Janeiro: Civilização Brasileira, 2003; CARVALHO, José Murilo de (org.). *Nação e cidadania no Império: novos horizontes.* Rio de Janeiro: Civilização Brasileira, 2007; CARVALHO, José Murilo de e NEVES, Lúcia Maria Bastos Pereira das (org.). *Repensando o Brasil do oitocentos: cidadania, política e liberdade.* Rio de Janeiro: Civilização Brasileira, 2009; FAORO, Raymundo. *Os donos do poder: formação do patronato político brasileiro.* Porto Alegre: Globo, 1958; MATTOS, Ilmar Rohloff de. *O Tempo Saquarema.* São Paulo: Editora HUCITEC / Instituto Nacional do Livro, 1987; QUEIROZ, Maria Isaura Pereira. *O mandonismo local na vida política brasileira e outros ensaios.* São Paulo: Alfa-Omega, 1976; RIBEIRO, Gladys Sabina. *A liberdade em construção: identidade nacional e conflitos antilusitanos no Primeiro Reinado.* Rio de Janeiro: Relume Dumará / Faperj, 2002; DOLHNIKOFF, Miriam. *O pacto imperial: origens do federalismo no Brasil do século XIX.* São Paulo: Globo, 2005; URICOCHEA, Fernando. *O minotauro imperial. A burocratização do Estado patrimonial brasileiro no século XIX.* São Paulo: Rio de Janeiro, 1978; MERCADANTE, Paulo. *A Consciência Conservadora no Brasil.* Rio de Janeiro: Editora Saga, 1965.

8   http://www.nemic.uff.br/.

rentes identidades, retomando as ideias em torno de uma História atlântica.[9] Ao abarcar estudos sobre os migrantes voluntários e forçados – e as migrações – tem como um dos seus escopos compreender como essas pessoas se relacionavam com o Estado brasileiro e como se dava a circulação de bens e de capitais, ou seja, as trocas materiais e imateriais.[10] Rivalidades e solidariedades ajudam a pensar as identidades étnicas e de classe, que se entrelaçam e reconfiguram por meio das experiências dos indivíduos que participavam de um mercado de trabalho multifacetado, que foi gradualmente expandindo seus níveis de assalariamento.[11] No caso das redefinições de identidades "africanas",[12] o Nemic parte

---

9 ALENCASTRO, Luiz Filipe. *Le Commerce des Vivants: Traite d'Esclavages et 'Pax Lusitana' dans l'Atlantique Sud*. Paris, 1985-1986. 2 vol. Tese de Doutorado. Departamento de História - Université de Paris X; ELTIS, David.Free and Coerced Transatlantic Migrations: Some Comparisons. *The American Historical Review*, s. l., v. 88, n. 2, p. 251-280, April 1983; LINEBAUGH, Peter. Todas as Montanhas do Atlântico Estremeceram. *Revista Brasileira de História: a Luta Trabalhadores!*, São Paulo, 1983; GOMES, Flávio S. e FARIAS, Juliana Barreto. Mundos do trabalho: permanências e rupturas: resenha sobre a formação da classe operária atlântica. Perseu: História, Memória e Política, v. 4, 2009; MORAES, Renata Figueiredo e TERRA, Paulo Cruz. Trabalhadores e escravizados no mundo atlântico. *Revista Maracanan*, v. 1, 2019, p. 7-10; LINDEN, Marcel Van der. *Trabalhadores do mundo. Ensaios para uma história global do trabalho*. Campinas: Editora da Unicamp, 2013.

10 ALENCASTRO, Luiz Felipe. Prolétaires et Esclavages: Immigrés Portugais et Captifs Africains à Rio de Janeiro 1850-1872. *Cahiers du C.R.I.A.R.* n. 4. Publication de l'Université de Rouen; RIBEIRO, Gladys Sabina; TERRA, Paulo Cruz e POPINIGIS, Fabiane. *Portugueses e cidadãos: experiências e identidades nos séculos XIX e XX*. Rio de Janeiro: Editora Mauad, 2018; RIBEIRO, Gladys Sabina. *O Rio de Janeiro dos fados, minhotos e alfacinhas. O antilusitanismo na Primeira República*. Niterói: Eduff, 2017.

11 RIBEIRO, Gladys Sabina. *A liberdade em construção: identidade nacional e conflitos antilusitanos no Primeiro Reinado*. Rio de Janeiro: Relume Dumará / Faperj, 2002; KLEIN, Hebert S. The Social and Economic Integration of Portuguese Immigrants in Brazil in the Late Nineteenth and Twentieth Centuries. *Journal of Latin Americam Studies*, London, v. 23, part 2, p. 309-337, may 1991; MATTOS, Hebe e LUGÃO RIOS, Ana. *Memórias do Cativeiro. Família, Trabalho e Cidadania no Pós-Abolição*. Rio de Janeiro: Civilização Brasileira, 2005.

12 REIS, João José (org.). *Escravidão e Invenção da Liberdade*. São Paulo: Brasiliense, 1988; SCOTT, Julius Sherrard, III. *The Common Wind: currents of Afro-American Communication in the Era of the Haitian Revolution*. Doutorado. Departamento de História - Ann Arbor/Duke University, 1986; FARIAS, Juliana Barreto; SOARES, Carlos Eugenio Líbano; GOMES, Flávio dos Santos. *No labirinto das nações: africanos e identidades no Rio de Janeiro, século XIX*. Rio de Janeiro: Arquivo Nacional, 2005; SLENES, Robert W. *Na senzala, uma flor: esperanças e recordações na*

Tensões políticas, cidadania e trabalho no longo Oitocentos 11

do pressuposto que estas se forjaram nas diversas experiências do cativeiro, nas áreas rurais como nas urbanas. A consciência política advinda das experiências de inclusão/exclusão marcou as redefinições identitárias, tanto no âmbito da constituição das nacionalidades/etnias recriadas, quanto na perspectiva das opções e projetos políticos na luta pela autonomia, leia-se direitos conquistados ou direitos que se julgava ter pela tradição.[13]

Portanto, a parceria dos dois núcleos de pesquisa acima com o Hequs se deu por se compreender que as relações transnacionais podem ser enfocadas igualmente no que se refere aos direitos políticos e comerciais *das* e *entre* as nações, bem como a vivência das questões relativas à economia, como têm pesquisado os que integram esse laboratório de História econômica. O Hequs tem como objetivo geral desenvolver e propagar pesquisas que tratam da história do crédito e do sistema de informação geográfica na pesquisa histórica,[14] incluindo

---

formação da família escrava – Brasil Sudeste, século XIX. Rio de Janeiro: Nova Fronteira, 1999; SOARES, Mariza de Carvalho. *Devotos da cor: identidade étnica, religiosidade e escravidão no Rio de Janeiro, século XVIII*. Rio de Janeiro: Civilização Brasileira, 2000.

13 MATTOS, Hebe Maria da Costa. *Das cores do silêncio: os significados da liberdade no Sudeste escravista – Brasil século XIX*. Rio de Janeiro: Arquivo Nacional, 1995; CHALHOUB, Sidney. *Visões da liberdade: uma história das últimas décadas da escravidão na Corte*. São Paulo: Cia. das Letras, 1990; RIBEIRO, Gladys Sabina e outros (org.). *Escravidão e cultura afro-brasileira. Temas e problemas em torno da obra de Robert Slenes*. Campinas: Editora da Unicamp, 2016; VENANCIO, Giselle Martins e outros. *Cartografias da cidade (in) visível: setores populares, cultura escrita, educação e leitura no Rio de Janeiro imperial*. Rio de Janeiro: Editora Mauad: FAPERJ, 2017; CARVALHO, Marcus Joaquim Maciel de; FARIAS, Juliana Barreto. Mercados Minas: africanos ocidentais na Praça do Mercado do Rio de Janeiro (1890-1930). *Revista Brasileira de História*, v. 36, 2016; REIS, João José e outros. *El Alufá Rufino: trafico, esclavitud y libertad en el Atlántico negro (c. 1822-1853)*. Havana: Casa de las Americas, 2012; GOMES, Flávio Santos e outros. Escritos insubordinados entre escravizados e libertos no Brasil. *Estudos Avançados*. v. 33, 2019; GOMES, Flávio S. Esclavage, traté négriée et perspectives comparees: identités africaines au Brésil. *L'Ordinaire Latino-Americain*, v. 203, 2006; GOMES, Flávio; MACHADO, Maria Helena. Migraciones, desplazamientos y campesinos negros en São Paulo y Rio de Janeiro (Brasil) en el siglo XIX. *Boletin Americanista*, v. 68, 2014.

14 VILLA, Carlos E. Valencia; GIL, Tiago Luís (org.). *O retorno dos Mapas. Sistemas de informação Geográfica em História*. Porto Alegre: Ladeira Livros, 2017; VILLA, Carlos E. Valencia. Precisión y exactitud en los Sistemas de Información Geográfica (SIG) en las investigaciones históricas. In: VILLA, Carlos E. Valencia; GIL, Tiago Luís (org.). *O retorno dos Mapas. Sistemas de informação Geográfica em História*. Porto Alegre: Ladeira Livros, 2017.

preocupação com a história da escravidão e da inovação,[15] o que proporciona aos grupos aqui reunidos tratar dos seus temas de pesquisa tendo como pano de fundo o contexto de um mundo que foi se globalizando,[16] e onde organismos supranacionais passaram a ser concorrenciais com o Estado, impactando as chamadas identidades nacionais e agravando desigualdades que se desenharam desde a adoção de medidas liberais que visam tão somente ao lucro.

Desta forma, este livro surgiu do diálogo e das conexões entre os núcleos de investigação acima descritos em suas linhas de estudo e trabalho. A centralidade do Estado e das suas instituições, ao longo do Oitocentos e dos primeiros anos da República, foram chaves importantes para analisar a atuação tanto de grupos sociais, quanto de políticos inseridos em seus partidos; a situação de trabalho de escravos, de libertos e de livres; bem como problemas econômicos variados desenhados nos anos Oitocentos e iniciais da República. Contudo, essa perspectiva não negligenciou a compreensão do período e das mudanças ocorridas como decorrência da negociação permanente entre o governo e os movimentos e demandas oriundas da sociedade organizada ou não.

Os dois primeiros capítulos do livro trataram da construção da cidadania e da soberania no Brasil independente. O de Vantuil Pereira, *Caminhos do cidadão: Independência, liberdade e a construção do imaginário da cidadania no Brasil – 1820-1835,* problematizou o processo de Independência brasileiro, a participação popular e as diversas interpretações acerca da noção de liberdade, o que acabou por fazer surgir conceitos próprios sobre a ideia de cidadania, que se espalharam por toda a sociedade naqueles anos. Aline Pinto Pereira, em *As relações exteriores do Brasil no Primeiro Reinado e o debate acerca da representação constitucional,* demonstrou a tensão latente entre os poderes do

---

15 NORTH, Douglas. *Instituições, mudança institucional e desempenho econômico.* Tradução Alexandre Morales. São Paulo: Três Estrelas, 2018; FOGEL, Robert William; ENGERMAN, Stanley L. *Time on the Cross: the economics of American Negro Slavery.* W/ W. Norton & Company, Inc, 1989; POLANYI, Karl. *A subsistência do homem e ensaios correlatos.* Tradução de Vera Ribeiro. Rio de Janeiro: Contraponto, 2012.

16 BORDO, Michael D.; TAYLOR, Alan M.; WILLIAMSON, Jeffrey G. *Globalization in historical perspective.* Chicago, London: University Chicago Press, 2005; CONRAD, Sebastian. *What is Global History?* Princeton: Princeton University Press, 2016.

Império, com destaque para o debate que envolveu o artigo 102 da Carta de 1824 – que garantia as prerrogativas do Executivo como o principal condutor da política externa do Estado nascente, permitindo-lhe formular e ratificar tratados com outros países. Os parlamentares opositores a D. Pedro I e seu ministério questionaram os tratados firmados: o que reconheceu a Independência do Brasil, aquele que pôs fim ao tráfico de africanos para o país e o que encerrou a guerra no Prata. A autora mostrou que a disputa na Assembleia Legislativa foi travada ao redor de uma dada concepção de soberania e que a vitória dos deputados ocorreu quando, por meio da Lei da Regência, de 14 de junho de 1831, estes conseguiram garantir que o Legislativo tivesse maior ingerência na formulação de acordos internacionais e interferisse mais diretamente nos assuntos de interesse nacional.

Os Capítulos 3, 4 e 5 analisaram os meados do século XIX, período crucial para a definição político-partidária e para os rumos econômicos que seriam traçados pelos múltiplos problemas existentes e, sobremaneira, agravados pela Guerra do Paraguai.

Gladys Sabina Ribeiro, em *O ocaso de Justiniano José da Rocha? Perspectivas para um debate cruzado com Tavares Bastos em meados do Oitocentos*, mostrou que os folhetos *Ação, reação e transação* e *Monarchia-democracia* foram escritos por Justiniano José da Rocha para travar um diálogo com os homens do Partido Conservador e Liberal. Ali esgrimiu posições que vinha defendendo desde o período regencial e que traçavam uma espécie de teoria política sobre como se devia gerir o Estado brasileiro. Preconizou reformas dentro do Partido Conservador. Revelou também o impacto dos seus escritos, e, de certa forma, pode ser medido por meio do diálogo que outros políticos travaram com suas ideias, debate que, muitas vezes, era indireto, mas bem claro em suas referências. Esse foi o caso, por exemplo, do folheto de Tavares Bastos, *Realidade, ilusão e solução,* publicado em *Os males do presente e as esperanças do futuro*, claro contraponto ao texto citado de Justiniano, *Ação, reação e transação.* Bastos também pregou reformas dentro do Partido Liberal. Desta forma, por meio da análise desses folhetos, a autora, antes de buscar uma definição para o que era ser conservador ou liberal, em meados do Oitocentos, procurou trabalhar as identidades políticas, que mudaram de forma marcante.

Conservadores e liberais se dividiram a respeito de temas vários. Entretanto, ambos os projetos de gestão do Estado e de exercício da cidadania passaram pela "localidade," que foi termo interpretado de maneira distinta no conjunto das ideias desses políticos e jornalistas. Justiniano, por exemplo, defendeu que se fizesse a reforma das municipalidades, porque os municípios deviam se confederar e substituir a administração provincial com suas assembleias legislativas e seus presidentes, como Roma, Atenas e Esparta, que eram confederações. Já Tavares Bastos era defensor da autonomia das províncias, o que, para ele, daria novos ares ao sistema político de então. Além disso, defendeu o federalismo nos moldes dos Estados Unidos de então.

Na segunda metade do século XIX, esse país era modelo a ser seguido, e sua experiência devia ser estudada. No texto *Em busca do "Novo Mundo": imprensa e trocas culturais entre brasileiros nos Estados Unidos (1867-1881)*, Silvana Mota Barbosa demonstrou o endosso que se dava a esta perspectiva: o interesse cada vez maior pela nação norte-americana, de tal forma, que brasileiras e brasileiros foram para lá morar, temporariamente ou não, como José Carlos Rodrigues, fundador do jornal *O Novo Mundo*. Publicado em Nova York, entre 1870 e 1879, o objetivo desse impresso era difundir a produção letrada brasileira, publicando autores que se destacavam no cenário da Corte, como Machado de Assis. Igualmente, desejava ser propagandista do modo de viver americano. Porém, além disso, *O Novo Mundo* funcionou como lócus privilegiado, um espaço de sociabilidade para os brasileiros que circulavam pelos Estados Unidos. Portanto, discutir essa rede e investigar a circulação de ideias (e pessoas) foram aspectos importantes desse capítulo, que nos ofereceu uma porta de entrada para um outro mundo, uma vez que sua autora leu e analisou na íntegra o jornal em tela, mostrando histórias de pessoas que saíram do Brasil para trabalhar ou estudar.

No horizonte da circulação de pessoas e de mercadorias, havia jornalistas, como José Carlos Rodrigues, que enfatizavam a importância do comércio com os Estados Unidos, e era defensor enérgico da criação de uma linha regular de paquetes entre esses países. Dentro dessa perspectiva, há igualmente que se destacar a importância indiscutível do capital bancário para os negócios internacionais. Em *A Guerra da Tríplice Aliança e a atividade bancária no Rio de*

Janeiro no período c.1865-c.1870: os casos do Banco Rural e Hipotecário do Rio de Janeiro e do Banco Commercial do Rio de Janeiro, Carlos Gabriel Guimarães tratou das atividades bancárias implementadas por dois bancos nacionais, o Banco Rural e Hipotecário do Rio de Janeiro, criado em 1854, e o segundo Banco Commercial do Rio de Janeiro, fundado em 1866, no período da *Guerra da Tríplice Aliança, entre 1864 e1870. Foi por meio das estratégias que tais bancos desenvolveram que se procurou verificar o conservadorismo ou não dessas instituições em uma situação de crise, que já apontava para questões candentes como a abolição da escravidão e as formas de liberdade no Brasil do último quartel do século e dos anos republicanos seguintes.*

Desta maneira, os quatro últimos capítulos versaram sobre mulher escrava – ama de leite, as formas de liberdade, a educação dos libertos e o trabalho livre. *Amas de leite na "Gazeta de Notícias" (década de 1870)* foi escrito por Karoline Carula. A pesquisadora analisou como as amas de leite foram representadas no jornal *Gazeta de Noticias*, entre os anos de 1875 e 1879. O jornal, recém--inaugurado, recebia uma grande quantidade de anúncios de compra, venda, aluguel e fuga de escravos, a despeito de apresentar um caráter abolicionista, o que expõe uma tensão não tão rara vivida por muitos órgãos de imprensa: o que era mais importante – o peso financeiro dos anúncios ou os ideais propalados? Assim, por meio de um estudo quantitativo de 396 anúncios, em apenas cinco anos, a autora descortinou um mercado de trabalho muito dinâmico, no qual a geografia da distribuição das amas de leite pela cidade do Rio de Janeiro mostrava sua concentração nas zonas de povoação central, mais antiga, e revelou serem os anúncios de ofertas a maioria dos publicados.

No capítulo *"Livre a fim de que goze de sua liberdade natural": formas de liberdades e tamanho de posses no Brasil – séculos XVIII e XIX,* Jonis Freire mostrou como o trânsito entre a escravidão e a liberdade contou com experiências e estratégias distintas. Inúmeros foram os artifícios, negociações e conflitos nas sociedades escravistas. Concessão, dádiva, bons serviços, compra, dentre outros, eram, segundo as fontes que consultou, maneiras de se obter a liberdade por meio das alforrias. A conquista da liberdade foi muitas vezes individual, mas em inúmeros casos essas conquistas contaram com o empenho de diversas redes familiares, de sociabilidade e de solidariedade.

Portanto, tomando como recorte geográfico freguesias pertencentes a Santo Antônio do Paraibuna (Juiz de Fora), na Zona da Mata mineira oitocentista, e utilizando como fonte as cartas de alforria, o autor procurou justamente discutir como, para alguns cativos, se deu o trânsito entre a escravidão e a liberdade. Lembremos que essa localidade foi bastante importante no período, dado que foi uma das principais produtoras de café e possuidora de um dos maiores números de escravos.

Tratando ainda da liberdade, já no pós-Abolição, em *Tutela e educação dos libertos na imprensa do Rio de Janeiro no pós-Abolição,* Humberto Fernandes Machado analisou a forma de ação da imprensa, especialmente aquela que atuou na campanha abolicionista, na denúncia de medidas coercitivas contra os libertos, como o mecanismo de tutela utilizado pelos antigos senhores, e a defesa da educação como forma de controle e preservação da ordem. Sendo assim, o discurso caracterizou-se por dois aspectos: ascensão social dos antigos escravizados e sua contribuição para a formação de uma nova sociedade, pautada no progresso e de acordo com os anseios de um país que pretendia ser *civilizado.*

O trabalho e a preocupação com o bem trabalhar eram tidos como formas de se fabricar o *bom cidadão.* Deste modo, Paulo Cruz Terra e Mariana Kelly da Costa Rezende, em *Cidadania, trabalho e municipalidade no Rio de Janeiro no início da República,* preocuparam-se em compreender a política do governo municipal da capital do país para tratar dessa problemática. O governo do município do Rio de Janeiro foi tido por parte da historiografia como espaço limitado, com fraca politização. Por outro lado, houve também estudos que o viram como capaz de manter alguma autonomia e ser um espaço de exercício da cidadania, no início da República. Assim, fechando o livro, que se debruçou sobre o longo século XIX, esse texto dialogou com tais interpretações e analisou de que forma a questão do trabalho e dos trabalhadores apareceu na legislação municipal carioca, no período entre 1892 e 1902. Portanto, pretendeu explorar como se deu a regulação e o controle do trabalho na cidade, bem como as leituras e expectativas dos trabalhadores sobre as leis que incidiam sobre seu cotidiano e quais as formas que eles encontraram para expressar o que entendiam como seus direitos. Para tal, na primeira parte do capítulo, os autores trataram das leituras sobre o poder municipal no período e quais foram as relações deste com a construção da cidadania. Na segunda, exploraram a legislação municipal sobre o trabalho, pelo *Boletim da Intendência*, e as interpretações dos trabalhadores.

Os textos procuraram, então, tratar das tensões políticas, da cidadania e do trabalho, por meio do diálogo das pesquisas realizadas pelos investigadores do projeto universal citado. Esperamos ter contribuído para a historiografia correlata e desejamos que todos tenham uma boa leitura.

Niterói, 9 de dezembro de 2019.

Gladys Sabina Ribeiro e Karoline Carula

1. Caminhos do cidadão: Independência, liberdade e a construção do imaginário da cidadania no Brasil – 1820-1835

Vantuil Pereira[1]

A Revolução do Porto e suas implicações

> (…) Mas sempre é preciso que V.M. conserve a autoridade de rei, que tem de seus avós e, se deixa rasgar o véu, se deixa publicar que os seus ministros votam em Constituição, se mostra qualquer dubiedade que se perca o primeiro respeito, está tudo perdido: desanimam-se os realistas e atrevem-se mais os revolucionários, que por toda a parte têm observadores (…).[2]

Em janeiro de 1821, logo após a Revolução do Porto, de 24 de agosto de 1820, Tomás Antônio Vila Nova Portugal, Secretário dos Negócios do Reino Unido e da Marinha, autor do parecer acima, demonstra que o rei não poderia titubear diante dos acontecimentos. Defendia ainda Vila Nova Portugal, que o rei deveria acenar para os revolucionários do Porto com uma possível convocação das Cortes,[3] além disso, propugnava a permanência de D. João no Brasil.

Por outro lado, o Conde de Palmela, recém desembarcado de Portugal, demonstra sua ideia de retorno do rei para o reino português e a necessidade de que se conservasse o Brasil ligado ao Império, bem como o desejo de enfraquecer o movimento pela convocação das Cortes Constitucionais.[4]

Tanto o parecer de Vila Nova Portugal, quanto às posições do Conde de Palmela demonstravam não só a disputa entre os homens que mais influen-

---

1 Professor do Núcleo de Estudos de Políticas Públicas em Direitos Humanos (Nepp-DH)/UFRJ) e pesquisador do CEO.

2 Parecer de Tomás Antônio Vila Nova Portugal a D. João VI. Apud. LUSTOSA, Isabel. *Insultos impressos. A guerra dos jornalistas na Independência (1821-1823)*. São Paulo: Cia. das Letras, p. 85.

3 Idem, p. 83.

4 Idem.

ciaram D. João VI, como nos permite ampliar a análise para a ideia do significado dos acontecimentos originados em agosto de 1824 na cidade do Porto.

Como têm demonstrado muitos historiadores, a Revolução do Porto apresentou-se como uma novidade no cenário político português. Foi um "tempo de aprendizagem para a elite política"[5] e um momento em que "os conceitos foram sendo edificados a partir dos acontecimentos".[6]

A Revolução situou-se num contexto de crise do Reino de Portugal[7] em que estiveram presentes as ideias liberais que congregavam os mais variados grupos. Políticos, simultaneamente, propugnavam a Regeneração e evocavam o passado e as ideias da Cortes de Lamego.[8]

O movimento de convocação das Cortes Constituintes deu-se nesse cenário e expressou as dúvidas presentes nos anos de 1820 a 1830 e não se realizou sem idas e vindas como a mesma carta de Vila Nova Portugal nos indica.

Este caminho percorrido foi necessário não só para demonstrarmos o sentido de aprendizado que significou o período da Revolução do Porto, como também para fixarmos a ideia de que a mesma revolução, e a consequente convocação das Cortes Constituintes representam um ponto de inflexão para o desenrolar do processo político brasileiro nos subsequentes. Com isso, faz-se necessário ir em sentido contrário às afirmações de alguns autores que entendem que "a transferência da Corte (1808) constituiu praticamente a realização da nossa independência", e de que esta mesma independência "viria, mais cedo ou mais tarde".[9]

---

5   PEREIRA, Miriam H. *A crise do Antigo Regime e as Cortes Constituintes de 1821-1822. Negociantes, fabricantes e artesãos, entre as velhas e as novas instituições.* Lisboa: Edições João Sá da Costa, 1992, v. II, p. 66.

6   RIBEIRO, Gladys S. *A liberdade em construção. Identidade nacional e conflitos antilusitanos no Primeiro Reinado.* Rio de Janeiro: Relume-Dumará/FAPERJ, 2002, p. 30.

7   ALEXANDRE, Vatentim. Os sentidos do Império... In: SOUZA, Iara Lis de. *Pátria Coroada. O Brasil como corpo político autônomo – 1780-1831.* São Paulo: Fundação Editora UNESP, 1999; LYRA, Maria de Lourdes V. *A utopia do poderoso império. Portugal e Brasil: Bastidores da política. 1798-1822.* Rio de Janeiro: Sette Letras, 1994.

8   SOUZA, Iara. Op. Cit., p. 83.

9   PRADO JUNIOR, Caio. *Evolução Política do Brasil e outros estudos.* 11ª ed. São Paulo: Editora Brasiliense, 1979, p. 43.

Tensões políticas, cidadania e trabalho no longo Oitocentos   21

Em 1808, o cenário político era distinto, e as demandas internas dos portugueses de Portugal não estavam colocadas. Ainda que naquele momento se aventasse a ideia de convocação das Cortes, tal ideia não vingou pela capacidade resolutiva de D. João e pela incipiente mobilização dos descontentes.[10]

Com relação aos entraves econômicos, removidos em 1808, o quadro exposto entre 1820 e 1822 demonstra que estes não eram permanentes e nem irreversíveis.

A Revolução do Porto permitiu que os "portugueses" e os "brasileiros" passassem a pensar num pacto[11] que lhes trouxesse vantagens objetivas. Num primeiro momento, o rei saíra enfraquecido ao ver seus poderes limitados e dividido com as Cortes, que passaria a receber as mais inúmeras reivindicações, tornando-se o órgão da soberania.[12]

Na instalação da Constituinte lisboeta, surgiram dois projetos em relação ao Império Luso-Brasileiro.

Um representado pelos brasileiros – capitaneado pela bancada de São Paulo – que propunha a autonomia do Brasil e a existência de dois reinos, numa espécie de "federação", rejeitando a ideia do Brasil como "província". Tal ideia não concebia a proposta de ruptura entre os dois lados do Atlântico.

O segundo projeto era defendido pelos "portugueses" que propunham o retorno de certos privilégios perdidos pelo Reino de Portugal com a partida da Família Real para o Brasil, e entendiam ainda que as aspirações por autonomia eram ilegítimas e conspiratórias.[13]

---

10   LYRA, Maria de Lourdes V. *A utopia do poderoso império. Portugal e Brasil: Bastidores da política. 1798-1822.* Rio de Janeiro: Sette Letras, 1994, p. 133-134.

11   Iara Souza trabalha com a noção de contrato entre o rei e o povo que foi sendo reelaborada entre os séculos XVIII e XIX. Nos anos de 1820, a noção de pacto e/ou contrato se fundamenta na diferenciação dada pelos novos tempos, onde esse contrato nascia da vontade do povo, e não mais do soberano. Nesse novo pacto, o rei ficaria atado ao povo, num sistema de direitos e deveres. Ver SOUZA, Iara. Op. Cit., p. 77. Isabel Nobre Vargues também trabalha com o pensamento de que noção de direitos e deveres, dentre outros, foram alterados com as novas ideias introduzidas com o liberalismo espanhol emanado por Cádiz em 1811. Ver: VARGUES, Isabel N. "O processo de formação do primeiro movimento liberal: A Revolução de 1820". In: MATTOSO, José. *História de Portugal. O Liberalismo (1807-1890).* Lisboa: Editorial Estampa, 1993, v. 5, p. 47.

12   PEREIRA, Miriam H. Op. Cit., p. 360-362.

13   RIBEIRO, Gladys S. Op. Cit., p. 32-33.

Cabe ressaltar que, entre ambas posições, não estavam colocadas as proposições de ruptura, ao contrário: a ideia presente entre os grupos, tanto o "português", quanto o "brasileiro", era o da unidade luso-brasileira.[14] Ela pode ser explicada pelo sentido de pertencimento de todos à monarquia portuguesa,[15] a própria absorção dos ilustrados brasileiros à estrutura administrativa do Estado[16] e as possibilidades comerciais adquiridas pelos grandes comerciantes estabelecidos no sudeste do Brasil.[17]

Os caminhos da Independência

Se o quadro político entre Brasil e Portugal era de disputa, no reino brasileiro o embate pela hegemonia política colocou em lados opostos dois grupos: um representado, dentre outros, por José Bonifácio, que lutou num primeiro momento pela permanência do rei no Brasil, por considerar tal proposição garantidora da autonomia brasileira. Do outro lado, um grupo de proprietários e fazendeiros, representado, dentre outros, por Gonçalves Ledo, alinhava-se com os vintistas e as Cortes, pois a preponderância do grupo liderado por José Bonifácio limitava sua participação na Corte do Rio de Janeiro.[18]

Se essas disputas estavam presentes nos anos de 1820-1821, os debates na Constituinte, de certo modo, dirimira-os, sem, contudo, drená-los. Estes voltariam com o estabelecimento da Constituinte de 1823 no Brasil e com o consequente fechamento dela no fim daquele ano.

Por meio dos jornais, é possível perceber que os encaminhamentos das questões não estavam agradando nenhum dos lados. Com o atraso de pelo menos dois meses para que as notícias chegassem a um dos dois lados do Atlântico, as repercussões acabavam por ser retardadas, embora seu tom sempre fosse de recrudescimento.

---

14   LYRA. Op. Cit., p. 196; RIBEIRO. Op. Cit., p. 49.

15   LYRA. Op. Cit., p. 84-86; RIBEIRO. Op. Cit., p. 46.

16   LYRA. Op. Cit., p. 149.

17   RIBEIRO. Op. Cit., p. 35-48.

18   SOUZA, Iara. Op. Cit., p. 91.

Com a chegada da notícia da aprovação, pelas Cortes, do regresso de D. Pedro para Portugal, a elite política brasileira, tanto a coimbrã, quanto a brasileira,[19] unira-se em oposição às medidas.

Folhetos começaram a circular, criticando as atitudes das Cortes que "pretendiam reduzir o Brasil ao seu antigo jugo e ao odioso estado de colônia".[20]

Paralelamente aos panfletos, as Câmaras, tanto do Rio de Janeiro, quanto a de São Paulo, organizaram movimentos protestando contra as atitudes das Cortes e reivindicando a permanência de D. Pedro no Brasil. Manifesto popular, reunindo cerca de oito mil assinaturas, fora encaminhado para a Câmara do Rio de Janeiro,[21] e, ainda que hesitante num primeiro momento, o príncipe regente decidiu por permanecer no Brasil.[22]

Os acontecimentos acabaram por causar mal-estar nas tropas portuguesas estacionadas no Rio de Janeiro, que consideraram a atitude de D. Pedro como um desafio às Cortes. O resultado foi o confronto desse exército contra as tropas "brasileiras", estas últimas congregando parcela significante de populares.

Embora rusgas, como a de fevereiro de 1822, ocorressem, as repercussões dos acontecimentos não evidenciam desejo de separação definitiva. Tanto o seio da elite brasileira, quanto D. Pedro estavam convencidos da necessidade da unidade.[23] Contudo, o otimismo inicial com as Cortes foi cedendo lugar ao pessimismo entre os brasileiros.[24]

---

19   Definição dada por Lúcia Neves. Ver NEVES, Lúcia B. P. das. *Corcundas e constitucionais A cultura política da Independência (1820-1822).* Rio de Janeiro: Revan/ FAPERJ, 2003, p. 292.

20   *O despertador brasiliense.* Apud NEVES, Lúcia.

21   Lúcia Neves, utilizando a análise do historiador Roderick Barman, conclui que esse manifesto atingiu cerca de 56% da população masculina e vaticina: "tal porcentual indica uma taxa de alfabetização bastante elevada da população masculina adulta e livre no Rio de Janeiro, equivalente àquela verificada em cidades francesas do século XVIII, como Aix-en-Provence, Lyion e Caen. Evidentemente, a situação não era a mesma no restante do território, nem mesmo nas demais cidades, com a possível exceção de Salvador e, talvez, do Recife e de São Luiz". Ver NEVES, Lúcia M. Bastos P. das. Cidadania e participação política na época da Independência do Brasil". In: *Cadernos do CEDES.* Memória, liberdade e liturgia política do cidadão, n. 58, dez. 2002, p. 55.

22   NEVES, *Corcundas e constitucionais.* Op. Cit., p. 297.

23   Idem, p. 302-304; RIBEIRO, Gladys S. *A liberdade em construção...* Op. Cit., p. 49-51.

24   Idem, p. 304; LYRA. Op. Cit., p. 208.

A recepção das notícias do Rio de Janeiro em Lisboa não foi das mais calorosas, ao contrário, a crise ganhou contornos inesperados. A partir de então, ameaças foram seguindo-se umas às outras[25] sem que, no entanto, expressassem qualquer sentido de ruptura.[26]

De abril a setembro, o que se seguiu foi o aprofundamento das rusgas, sem estar claro para ambas as partes o desejo de separação. Já em março surgira nas Cortes a proposição conciliatória, com a formação de uma comissão composta por brasileiros e portugueses. Contudo, divergências de encaminhamento levaram ao adiamento da votação relativa aos pontos propostos pela comissão.

Por outro lado, a conjuntura brasileira não era das menos difíceis. Debates seguiram-se, evidenciando que, mesmo no interior das elites brasileiras, uma unidade não estava sedimentada quanto à existência de duas Câmaras Legislativas, uma em Portugal e outra no Brasil.[27]

D. Pedro permanecia convicto da necessidade de manutenção da unidade. Após uma longa hesitação, em 7 de setembro, a Independência foi proclamada, muito mais como um ato de resistência às "propaladas injustas medidas das Cortes lisboetas"[28] do que por um desejo do herdeiro português. Ainda em 22 de setembro de 1822, D. Pedro reportava-se a seu pai, D. João VI, como sendo seu súdito. Somente em dezembro do mesmo ano é que as primeiras medidas do confisco de bens de "portugueses" de Portugal começaram a ser decretadas.[29]

---

25 Idem, p. 305-307; 335-336; 338-339.

26 RIBEIRO, Gladys S. *A liberdade...* Op. Cit., p. 45.

27 Idem, p. 49-50; NEVES, *Corcundas e...* Op. Cit., p. 345.

28 RIBEIRO. Op. Cit., p. 57. Ilmar Mattos entende que os colonos romperam com a metrópole numa situação-limite. Para ele, no fundo e no essencial, quem rompe com o pacto colonial são os agentes metropolitanos, ao invadir a face colonial da moeda, confiscando as propriedades dos colonos endividados. Segundo ele, tal contradição tendia a se agravar devido à crise vivida pela metrópole portuguesa: "desde então, aos proprietários coloniais não restava outra alternativa – caso desejassem continuar sendo proprietários em situação colonial – senão romper com a dominação metropolitana". Apud RIBEIRO, Gladys S. *Destinos e histórias dos portugueses na historiografia brasileira.* Mimeo, s/d, p. 35-36.

29 RIBEIRO, Gladys. *A liberdade em constução...* Op. Cit., p. 64.

Tensões políticas, cidadania e trabalho no longo Oitocentos

Foi no desenrolar da crise política vivida pelo Império luso-brasileiro, entre o fim de 1821 e o ano de 1822, que a palavra liberdade voltou como um uso retórico e ganhou um significado até então não visto. A partir de agora, estava em oposição à escravidão proposta pelas Cortes.

Em 22 de abril de 1822, o *Correio do Rio de Janeiro* publicava o seguinte:

> Concidadãos, a nossa liberdade está em perigo, nosso risco é iminente, e remédio deve ser pronto e legal. Temos o mais legítimo de todos os legítimos poderes executivos (...) só gozando os mesmos direitos e liberdade que gozam os nossos irmãos de Portugal, podemos conservar com ele a união...[30]

Por meio do folheto *Considerações sobre as Cortes no Brasil,* a ideia de liberdade vem à tona novamente.

> Os Brasileiros libertados já do ignominioso estado colonial, investidos de seus direitos, defendidos pelo imortal Pedro (...) não pode jamais deixar de ser um povo livre. Portugal não lho pode disputar. Por muito tempo foi o Brasil Colônia portuguesa; mas esta não foi também colônia dos Romanos? E não passou depois a formar por si uma nação livre e independente.[31]

Em agosto de 1822, quando a crise entre Brasil e Portugal estava atingindo seu clímax, Cunha Mattos, português europeu, defendendo a unidade e união dos dois reinos, dizia o seguinte:

> Tranqüilidade – Honra – Valor – e uma cordial união dos reinos do Brasil e Portugal, união fundada sobre uma bem entendida independência, liberdade e gozo pleno dos direitos, que a natureza concede aos que não são e não querem ser escravos.[32]

---

30   *Correio do Rio de Janeiro,* n. 8, 22/04/1822. Apud NEVES. *Corcunda...* Op. Cit., p. 344.

31   *Considerações sobre as Cortes no Brasil.* Apud NEVES, p. 344.

32   *Incontestáveis reflexões que um portuguez europeo offerece aos sentimentais brasileiros sobre á face do presente.* Apud NEVES, p. 328.

A elite e a noção de povo

O debate político pré e pós-Independência evidencia um claro distanciamento dos objetivos do grupo que dirigiu o processo político e dos populares.

Se por um lado o debate procurava ganhar a adesão dos diversos grupos políticos, por outro lado, temiam-se as manifestações populares, que poderiam desaguar nas chamadas anarquias. Deste modo, as elites procuraram, ainda que sem muito êxito, construir uma noção de povo que não abrangia toda a população.

Durante o processo de estruturação do pacto atávico entre o príncipe e a nascente nação, procurou-se construir a legitimidade de D. Pedro por meio das Câmaras Municipais, instituições tradicionalmente marcadas pela exclusão de parcelas da população, e "as câmaras definiam-se como um lugar da elite".[33]

Por outro lado, concepções de "povo" eram elaboradas pelos principais homens de Estado. José Bonifácio "não julgava o *brasileiro* apto a participar da esfera política, por causa do volume de escravos e índios selvagens que a população abarcava". Entendia ainda que o brasileiro "se guiava mais pela liberdade individual, pouco afeito e preparado para realizar sacrifícios que a vida pública exige".[34]

Gonçalves Ledo possuía posições não muito diferentes. Ao conceituar "povo", entendia que nem todos os indivíduos estavam aptos a participar da sociedade civil. Na sua concepção, índios, homens livres pobres e desocupados, como não possuidores de bens, não tinham capacidade intelectual e volitiva de submissão às leis. O povo que participaria do contrato não abrangia toda a população.[35]

O povo em cena

Se os acontecimentos oriundos de 1820 aguçaram os debates políticos no seio das elites, nas camadas populares não foi diferente. Ao contrário do

---

33 SOUZA, Iara. Op. Cit., p. 146.

34 Idem, p. 188.

35 Idem, p. 194.

Tensões políticas, cidadania e trabalho no longo Oitocentos

que alguns autores procuraram demonstrar,[36] a historiografia mais recente tem mostrado que as décadas de 1820-1830 foram marcantes para as camadas populares.[37] Pode-se perceber a presença de populares, não como massa de manobra, mas como agentes políticos nas manifestações ocorridas.

Quando, em 26 de fevereiro de 1821, as tropas militares pró-Cortes exigiram que o rei jurasse sua fidelidade às Cortes,[38] a praça pública foi cenário para que esses atores políticos se manifestassem. O mesmo ocorreu em 21 de abril do mesmo ano, quando os populares apresentaram suas reivindicações na Praça do Comércio, e lá se reuniram os eleitores da província do Rio de Janeiro para eleger os deputados às Cortes.[39]

O processo de independência é marcado pela redefinição das novas relações sociais no mercado de trabalho e pelo uso político do sentimento antilusitano.

Gladys Ribeiro acredita que o sentimento antilusitano foi uma construção política. Se no movimento anterior à Independência existia um controle sobre os estrangeiros, temendo-se a propagação das ideias e más influências francesas e de liberdade, o pós-Independência é marcado pelo controle, não mais dos liberais, mas sobre os portugueses. As críticas deslocavam-se então das "Cortes para Portugal".[40] Para a autora, era preciso:

> Criar uma identidade para a Nação brasileira, apagando-se da 'memória' a união, a fraternidade entre irmãos da mesma 'mãe' – 'Nação portuguesa'.[41]

Para Ribeiro, o embate político era travado em dois níveis: um sobre a gerência política do Estado e outro sobre as vivências cotidianas, que colocava

---

36 PRADO JÚNIOR, Caio. Op. Cit.; COSTA, Emília Viotti da. "Introdução ao estudo da emancipação política do Brasil". In: *Da Monarquia à República. Momentos decisivos.* 7ª ed. São Paulo: Fundação Editora da UNESP, 1999.

37 RIBEIRO, Gladys S. *A liberdade em construção.* Op. Cit.; SOUZA, Iara. Op. Cit.

38 SOUZA, Iara, p. 94-96.

39 Idem, p. 100-103.

40 RIBEIRO, Gladys S. *A liberdade em construção.* Op. Cit., p. 59.

41 Idem, p. 61.

em confronto, pelo mercado de trabalho, negros e mestiços contra os portugueses pobres.[42]

A luta pelo mercado de trabalho representou para as camadas populares um claro ponto de inflexão no novo período vivido pelo Brasil. A Constituição outorgada de 1824 abolira a barreira de sangue, o que propugnava a possibilidade de ascensão e inserção de uma camada de homens de cor na esfera do Estado.[43] Por outro lado, a entrada de imigrantes estrangeiros, em especial os portugueses pobres, que vinham para o Brasil em busca de uma vida melhor, representava uma redefinição não só no mercado de trabalho, como também nas possibilidades sociais almejadas pelas camadas cativas de conseguir a tão sonhada alforria.

> A competição favorecia aos poucos a formação de níveis diferenciados de dependentes e regulava os salários neste mercado em formação. Muito provavelmente esses trabalhadores brancos auxiliaram, gradativamente, a construção de uma "barreira de cor" como uma forma de exclusão política.[44]

Os conflitos antilusitanos devem ser considerados não só como disputas de nacionalidades, mas como questão que traziam à baila as propostas e ideias de liberdade e da participação ativa, como as questões relacionadas com o mercado de trabalho.[45]

Como ainda destaca Gladys Ribeiro, o período entre 1820 e 1831 é emblemático dessa disputa porque está ainda permeada pela discussão dos homens de Estado sobre as definições e caráter do mesmo Estado.

No período após a dissolução da Constituinte de 1823 e a outorga da Constituição de 1824, rusgas ficaram latentes entre o grupo liderado até então por José Bonifácio, alijado do poder, e o grupo comandado por Gonçalves Ledo, *pari passu*, e o sentimento antilusitano foi utilizado como forma de disputa pelos dois grupos. Alinhando-se a isso, a "barreira de cor" criada contra

---

42   Idem, p. 106.

43   COSTA, Emília V. da. Op. Cit., p. 34.

44   Idem, p. 166.

45   Idem, p. 247.

libertos e cativos alimentou os sentimentos das camadas populares. A partir de 1825, ao sentirem os efeitos de uma crise de abastecimento e das altas de impostos,[46] além da disputa pela sobrevivência no mercado de trabalho, os populares fazem com que as ruas voltem a ficar agitadas.

No bojo das disputas intra-elites, as desconfianças contra D. Pedro I começaram a surgir, ou melhor, o sentimento de um possível pró-partido português, defendido pelo Imperador, foram usados como armas políticas. O que foi favorecido pelas posições de D. Pedro que, ao receber um grupo de portugueses emigrados de Londres – que ao tentarem desembarcar em Lisboa para prestarem ajuda à D. Maria da Glória que nesse período, 1828, disputava o trono português contra D. Miguel –, bem como a resistência de D. Pedro I em demitir o chamado "Gabinete Português", em muito favoreceu as críticas antilusitanas liberais.

Segundo Iara Souza, os liberais fizeram uma releitura de 1823, por ocasião da dissolução da Assembleia Constituinte, relacionando D. Pedro I ao despotismo presente em 1831.[47]

Para o período da crise de 1831, Souza elenca pelo menos dez itens que favoreceram seu aprofundamento, dentre os quais, podemos destacar: a) o acordo com a Inglaterra sobre o tráfico negreiro; b) o nascimento de uma rede administrativa paralela ao monarca; c) as novas legislações sobre as Câmaras, além das já referidas disputas pelo mercado de trabalho e pelo círculo de portugueses que se formou em torno de D. Pedro I.[48]

As conclusões da autora aproximam-na de Gladys Ribeiro, que vê a "Noite das Garrafadas" como um simbolismo pela liberdade maior do que o sentimento "nacional". Para Ribeiro, a escravaria se reportava aos anos iniciais da década de 1820, quando a liberdade foi cara à sociedade.[49]

Pode-se dizer que os anos de 1820-1831 marcam as ruas como um espaço político, em que os eventos como a Revolução do Porto, a Constituinte de Lis-

---

46   SOUZA, Iara. Op. Cit., p. 329.

47   Idem, p. 336.

48   Idem, p. 337-341.

49   RIBEIRO, Gladys S. *A liberdade em construção*. Op. Cit., p. 250-251.

boa, o debate sobre a autonomia do Brasil, a Proclamação da Independência, a Constituinte de 1823, bem como a Noite das Garrafadas e tantos outros eventos acabaram por desaguar nas praças públicas. A cultura política se transformara e novas demandas surgiram.[50] Por outro lado, os jornais, bem como a disseminação de novas ideias, fizeram desabrochar uma opinião pública incipiente.[51]

Rastilhos de cidadania

O processo político vivido pelo Brasil no período de 1820-1831 foi marcado pela presença da praça pública e das ruas como espaços de disputas políticas. Nela, escravos, homens livres pobres, libertos e imigrantes procuraram suas formas específicas de reivindicação e de manifestação. O período marca também a tensa relação em que o recente país vivera nos seus primeiros anos.

O que nos interessa agora é mostrar e analisar como se constituiu um traço ou um rastilho de cidadania, em especial para os homens livres de cor e, num certo sentido, para os escravos.

Procuraremos, então, as raízes do que se podem denominar "novos ventos" na sociedade luso-brasileira. Antes, porém, é preciso que situemos o que consideramos no presente trabalho a definição de cidadania. Ainda que essa formulação seja incipiente, nos permitirá relacionar o processo vivido pelo Brasil nas décadas de 1820-1830, bem como, a partir de então, complexificar o período para além do que alguns autores consideram como revolução passiva, ou que no período for a de ausência de uma "ruptura molecular na ordem senhorial-escravista".[52]

---

50 Iara Souza cita uma representação de 21 de junho de 1821 em que lavradores acreditavam ter a Constituição abolido os dízimos; negociantes entendiam que os impostos da porta e outros privilégios das fábricas de açúcar; arrendatários de morgados e religiões acreditavam que a Constituição lhes dava propriedade. A representação termina dizendo que "cada indivíduo (estava) querendo dela (a Constituição) o fazer valer sua opinião". Apud SOUZA, Iara Lis de. *Pátria coroada*. Op. Cit., p. 120.

51 NEVES, Lúcia Maria Bastos P. das. *Corcundas e constitucionais*. Op. Cit., cap. 3; LUSTOSA, Isabel. Op. Cit.

52 VIANNA. Luiz W. "Caminhos e descaminhos da revolução passiva à brasileira". In: VIANNA. Luiz W. *A revolução passiva. Iberismo e americanismo no Brasil*. Rio de Janeiro: Revan/ IUPERJ, 1997.

Em *A formação da classe operária inglesa*, E. P. Thompson, ao analisar os primeiros movimentos dos trabalhadores na Inglaterra, na década de 1790, mostra que esses homens imprimiram, a partir de premissas de um discurso da *gentry* inglesa, um certo conjunto de valores que os acompanhariam até os anos de 1830-1840.[53]

Olhando pelo prisma das *mudanças político-estruturais* do incipiente capitalismo que dava seus primeiros resultados e que a classe operária estava ainda no seu nascedouro e se equilibrava entre uma sociedade dividida entre um direito consuetudinário e a racionalidade capitalista,[54] podemos depreender, a partir da noção do *inglês livre de nascimento*, que reivindicações, ainda que fulcrais, vistas em seu conjunto, podem expressar muito mais do que um simples alarido.[55]

Thompson evidencia que fora a própria retórica liberal que forneceu o paradoxo dialético para que a retórica constitucionalista fosse questionada, destruída ou superada.[56] Valendo-se da retórica do inglês livre de nascimento, os plebeus (tecelões, camponeses, mineiros e portuários) – que reivindicavam sufrágio universal masculino, parlamentos anuais, já em 1795 – passaram a reivindicar direitos antes apresentados pelos reformadores da classe média que, a partir de então, temendo o movimento das camadas inferiores, recuaram em suas posições, aceitando o domínio impetrado pelos mais conservadores liderados por William Pitt.

O que podemos resumir disso é que a cidadania nasce antes do estabelecimento ou reconhecimento expresso da lei. Ela nasce quando os homens passam a perceber-se como membros de uma dada estrutura social. Nasce, muitas vezes, das noções plantadas na sociedade em situações outras. Nasce de percepções não vistas anteriormente e que, a partir de uma conjuntura favorável, afloram-se.

---

53 THOMPSON, E. P. *A formação da classe operária inglesa*. São Paulo: Cia. das Letras, 1997, vol. 1.

54 THOMPSON, E. P. "Costumes, lei e direito comum". In: THOMPSON, E. P. *Costumes em comum. Estudos sobre a cultura popular tradicional*. São Paulo: Cia. das Letras, 1998, p. 144.

55 THOMPSON, E. P. *A formação da classe operária inglesa*. Op. Cit., p. 86.

56 Idem, p. 96.

Analisando a escravidão no Antigo Regime, Hebe Mattos procurou demonstrar que esta vinha sofrendo transformações desde meados do século XVIII. De uma sociedade baseada em ordens, corporativa, viveu-se um processo de redefinição das hierarquias: "com a expansão do império português e de seu ordenamento jurídico pressupuseram uma contínua incorporação de novas relações costumeiras de poder".[57]

Era o período pombalino, época que tendeu a criar uma "miríade de subdivisões e classificações das três ordens medievais". A expansão portuguesa, o contato com outros povos, a incorporação de novos elementos convertidos ao catolicismo, assim integrados ao corpo do Império, levou a mudança das normas jurídicas.[58]

Assim, se as Ordenações Afonsinas e Manuelinas limitaram o acesso de certos grupos (mouros, ciganos e judeus) aos cargos públicos e eclesiásticos, bem como as Ordenações Filipinas (1603) o fizeram com negros e mulatos, por outro lado, o espaço colonial estabeleceu, especialmente em situações de conquista, a possibilidade da "limpeza de sangue", por meio de serviços prestados à Coroa. Outro fator que veio favorecer certos grupos sociais foram os casamentos mistos, que tornavam descendentes de africanos e indígenas súditos do Impérios.[59] Essas duas formas de aceitação estabelecidas no Império criaram hierarquias sociais ou heteronomias "proto-raciais específicas".[60]

Ao decretar o fim da "mancha de sangue" como fator distintivo na sociedade portuguesa, Pombal dera impulso ao ingresso de outros grupos sociais, em situação colonial, que não mais se assentariam nos serviços prestados ou casamentos mistos apenas; outras possibilidades estavam abertas.

Contudo, ao estabelecer o fim da "mancha de sangue", não se estava estabelecendo a igualdade entre os homens. A própria presença de mulatos,

---

57 MATTOS, Hebe Maria. "A escravidão moderna nos quadros do Império português: o Antigo Regime em perspectiva". In: FRAGOSO, J.; BICALHO, M. F.; GOUVÊA, M. F. (org.). *O Antigo Regime nos trópicos: A dinâmica imperial portuguesa (séculos XVI-XVIII)*. Rio de Janeiro: Civilização Brasileira, 2001, p. 143.

58 Idem, p. 144.

59 Idem, p. 149-150.

60 Idem, p. 150.

Tensões políticas, cidadania e trabalho no longo Oitocentos   33

desejosos de possuírem escravos – símbolo de *status* –, criou ou aprofundou ainda mais a divisão entre os grupos de cor, tanto mulatos e libertos, quanto escravos africanos. A ideia de escravo como propriedade distanciava aqueles que obtiveram essa liberdade e os que nela nasceram.[61]

Um outro aspecto que Mattos destaca é o uso do direito costumeiro, tanto no período anterior à Independência, quanto depois dela. Para a historiadora,

> Os limites práticos entre a condição de livre e escrava continuavam dependentes de práticas costumeiras de poder.[62]

Em outras palavras, em muito dos casos, era a relação senhor-escravo que estabelecia as relações sociais entre os grupos, inclusive em casos de alforrias, bem como o de liberdade de locomoção e um certo grau de autonomia maior.

Mattos conclui ainda que, para ser escravo ou homem livre, era preciso reconhecer-se e ser reconhecido como tal, havendo a necessidade de um consenso social.[63] Essa noção apresentada por Hebe Mattos não é tão simples, e parece que a historiadora não quer concluir dessa forma. Na maioria das vezes, libertos procuravam fugir da reescravização, utilizando meios como a cidade, símbolo de refúgio e anonimato.[64]

---

61 Parto aqui da ideia apresentada por Francisco Falcon de que a cidadania, e creio poder incluir a liberdade e escravidão, não podem ser vistas teleologicamente ou anacronicamente. É comum os historiadores adotarem uma das perspectivas para pensarem essas três questões. Para tanto, parte-se do pressuposto de que as ideias se dividem entre conservadoras e "revolucionárias" ou progressistas, em especial ao tratarem da escravidão, que aqui nos interessa. Na verdade, devemos olhar – ainda que pessoalmente reprovando – os homens como sendo de seu tempo. Na sociedade dos séculos XVIII-XIX, de um modo geral, a escravidão fora aceita e reconhecida como tal. Ainda que homens como José Bonifácio prepusessem a abolição da escravatura, ele a defendia de forma gradual, como acabou acontecendo, e acrescentava ainda que o cativeiro deveria ser um instrumento de educação, para o que no período se denominavam raças bárbaras e também como meio de não prejudicar os proprietários. Sobre a ideia de cidadania, ver FALCON, Francisco J. C. "História e Cidadania" In: *Anais do XIX Simpósio Nacional da ANPUH*, Belo Horizonte, julho de 1997. São Paulo: Humanitas Publicações/ FFLCH-USP, 1998, p. 27-52.

62 MATTOS, Hebe M. Op. Cit., p. 157.

63 Idem, p. 160.

64 CHALHOUB, Sidney. *Visões da liberdade*. São Paulo: Cia. das Letras, p. 28; GRINBERG, Keila. *O fiador dos brasileiros. Cidadania, escravidão e direito civil no tempo de Antonio Pereira*

É nessa ordem nova que se enquadra o período de 1790-1822, ou seja, o período é marcado, de certo modo, pela diferenciação hierárquica entre os libertos, crioulos e escravos africanos.

Keila Grinberg[65] mostra o quadro hierárquico vivido pela sociedade baiana nos anos de 1790-1800. Ela demonstra, baseada em autores como João José Reis, Stuart Schwuartz, Kátia Matoso e outros, que a diferenciação entre os libertos e os escravos, no eclodir da Conjuração dos Alfaiates, em 1798, trouxe demandas distintas. Se para os escravos a proclamação da liberdade propugnada pelos revoltosos significava *libertação*, para os homens livres "de cor" e libertos representaria apenas a eliminação das diferenças raciais entre brancos e eles próprios.[66]

Para Grinberg,

> A cidadania significava, naquele contexto a abolição dos critérios distintivos de nascimento; isto é, o que os tornaria efetivamente iguais, como desejavam; assim, foram estes libertos que alargaram o sentido inicial da palavra liberdade e igualdade, de forma a que suas próprias demandas estivessem incluídas.[67]

João Reis e Eduardo Silva, analisando os antecedentes da Revolta dos Malês, dão uma certa ênfase à distinção entre crioulos (escravos nascidos no Brasil) e os vindos da África, revelando que mesmo entre os escravos não haveria uma homogeneidade como podemos supor,[68] o que vale também concluir, como fez Sidney Chalhoub,[69] que as diferentes visões ou definições de liberdade e de cativeiro tornaram-se formas distintas de se ver a liberdade, e que, a meu ver, pode-se ampliar para o sentido de cidadania.

Rebouças. Rio de Janeiro: Civilização Brasileira, 2002, p. 47-48.

65   GRINBERG, Keila.

66   Idem, p. 49.

67   Idem.

68   REIS, J. J. e SILVA, Eduardo. "O jogo duro do dois de julho". In: REIS, J. J. e SILVA, Eduardo. *Negociação e conflito.* São Paulo: Editora Brasiliense, 1997, p. 101.

69   CHALHOUB, Sidney. *Visões da liberdade.* Op. Cit., p. 26.

Na Independência, como demonstramos no Capítulo 1, o surgimento de um novo vocabulário político ensejou entre os homens livre "de cor", os libertos e os escravos uma nova oportunidade de inclusão social.

Em 1823, quando se instalou a Assembleia Constituinte, criou-se no interior da sociedade um sentimento de que a felicidade da nação sairia da nova Constituição, pois ela estava ligada ao sentido de felicidade e proteção aos cidadãos.[70] É bem provável que para os homens livre "de cor", os libertos e os escravos, essas questões estivessem colocadas nas suas aspirações.

A Constituinte de 1823 foi dissolvida, e uma Constituição foi outorgada. Nela a suposta abolição, boato que circulou nos anos de independência, não fora estabelecida.[71] A Constituição silenciou sobre os escravos. Aceitou-se como brasileiros os ingênuos e os libertos, preterindo-os, no entanto, da participação política. Mesmo antes, nos debates das Cortes de Lisboa, os sentidos de liberdade e de igualdade não abarcavam os escravos e libertos. A distinção social permanecia, como demonstramos no capítulo anterior.

Olhando a trajetória de dois mulatos, Antônio Pereira Rebouças e Francisco de Paula Brito, podemos perceber como essas questões se colocavam. Socialmente, eles distinguiam-se tanto dos escravos, quanto dos libertos por terem nascidos de casamentos mistos. Contudo, numa sociedade em que a escravidão vigorava, não fica difícil concluir o quanto fora difícil a ascensão desses dois vultos.

Antonio Pereira Rebouças, mulato nascido na Bahia, alcançou a notoriedade no mesmo período em que o Brasil defini sua autonomia. Protetor dos

---

70 NEVES, Lúcia M. B. P. das. *Corcundas e constitucionais...* Op. Cit., p. 152.

71 Sobre a questão, Emília Viotti da Costa faz referência a um boato que circulou, em 1821, na cidade de Ouro Preto, que dizia que a Constituição estava para ser promulgada, e a escravaria reuniu-se para celebrar a liberdade. Gladys Ribeiro informa a ocorrência de duas denúncias, uma veiculada pelo *Correio do Rio de Janeiro*, em 24 de abril de 1822, e uma outra por meio de ofício enviado por D. Eugênia Maria Incarnação (*sic*) ao ministro José Bonifácio, datado de 5 de agosto de 1822. Ver, respectivamente, COSTA, Emília Viotti da. "Liberalismo: Teoria e prática". In: *Da Monarquia à República*. Momentos decisivos. 7ª ed. São Paulo: Fundação Editora da UNESP, 1999, p. 137; RIBEIRO, Gladys S. "O desejo da liberdade e a participação dos homens livres pobres e 'de cor' na Independência do Brasil". In: *Cadernos do CEDES*. Memória, liberdade e liturgia política do cidadão, 1ª ed, nº 58, dez. 2002. p. 35.

direitos civis, procurou construir sua trajetória defendendo o Direito como porta de entrada para a civilização. Defendia ainda a extensão dos direitos de cidadania a todos os brasileiros livres, em especial os mulatos.[72] Contudo, procurava não racializar a discussão, tentando, então, estabelecer as discussões sob o prisma do liberalismo e da igualdade de direitos.[73]

A vida de Francisco Paula Brito, cidadão negro e maçom, é bem parecida com a de Rebouças. Distingue-se pela sua inserção nas lutas sociais, principalmente em periódicos publicados no período Regencial, como *O Mulato* ou *O Homem de Cor*. É radical contra qualquer tipo de segregação social.[74] Para ele

> O título 2. da Constituição marcando os cidadãos brasileiros não distinguio o roxo do amarelo o vermelho do preto.[75]

Célia Azevedo afirma que

> Ele sedimentara a percepção da Constituição de 1824 como uma conquista, na esfera do direito, da população pobre e negra. Isto porque o caráter universalista do texto constitucional determinava o fim das práticas segregacionistas dos tempos coloniais.[76]

Contudo, tanto Rebouças, quanto Brito, silenciavam-se a respeito dos escravos, pois entendiam estes como propriedades.

Célia Azevedo tenta compreender o porquê do silêncio de Paula Brito, levantando algumas possibilidades: a) suas críticas contra a escravidão atingiriam os brancos "não moderados" dispostos a se aliar aos negros "exaltados"; b) os homens negros de elite também possuíam escravos; c) a questão da soberania nacional, uma vez que a Inglaterra pressionava, desde 1822, pelo fim do tráfico de escravos. Contudo, a hipótese mais interessante é a que faz referência à Constituição.

---

72   GRINBERG, K. Op. Cit., p. 28.

73   Idem, p. 12.

74   AZEVEDO, Célia Maria M. "Maçonaria, cidadania e a questão racial no Brasil escravagista". In: *Estudos Afro-Asiáticos* (34), p. 121-136, dez. 1998.

75   Apud AZEVEDO, Célia Maria M., p. 128.

76   Idem, p. 129.

Célia Azevedo entende que Brito imaginava que a Constituição monárquica brasileira, ao silenciar sobre a escravidão, deixava claro que os libertos nascidos no Brasil, isto é, aqueles que saíram da condição de escravos, eram cidadãos brasileiros. Tal questão poderia ser comparada com a Constituição dos Estados Unidos, que não deixava dúvida de que quem nascia escravo deveria continuar nessa condição. Ou seja, Brito acreditava que aos escravos lhes era garantida a condição de alcançarem uma nova condição social, ainda que restrita.[77]

Das trajetórias dos dois mulatos, podemos tirar outras conclusões que não apenas suas posições políticas. Uma primeira é a de imaginarmos o que significava para parcelas escravas ou mesmo libertas as figuras de Rebouças e Paula Brito.

Outro dado importante é que a leitura de Brito nos possibilita pensar no que Hebe Mattos afirmara sobre as medidas de Pombal e a recuperação do seu significado, tanto na Constituição de 1824, quanto nos anos de 1830. Percebe-se a releitura que Brito faz da questão da cor antes e depois da Independência, afirmando que as práticas segregacionistas do período colonial foram abolidas, quando, na verdade, estas foram estabelecidas com o fim da "mancha de sangue".

Uma terceira questão que podemos pensar é no impacto que as posições desses dois mulatos tiveram para setores populares que pressionavam pelo reconhecimento de direitos e da cidadania. Como afirmamos ao citarmos Thompson, a luta por direitos pode passar pelo que não fora percebido antes, ou seja, por questões estabelecidas em tempos outros e que retornam revestidas de outras motivações. Parece-nos que esse foi elemento central não só para a luta dos libertos, como também para os escravos.

No período da Independência, estava em questão a autonomia, tanto dos libertos, quanto dos escravos.

> Para a maioria das pessoas que compunham o povo, ter liberdade traduzia-se em atos pequenos do cotidiano, que aos poucos foram tomando forma ao longo do século XIX e foram se constituindo em direitos maiores, vinculados à cidadania.[78]

---

77   Idem, p. 130.

78   RIBEIRO, Gladys S. "O desejo da liberdade..." Op. Cit., p. 31.

As concepções de cidadania estavam presentes no movimento das praças e ruas. Ao reivindicar o espaço de trabalho, agora disputado por libertos, escravos e portugueses pobres, como salientamos anteriormente, a questão da igualdade propalada na Constituição estava, de certo modo, tangenciando o cotidiano. A possibilidade de alforrias para os cativos distanciava-se. O possível acesso de libertos a espaços que pudessem promovê-los dificultava-se.

Por outro lado, numa sociedade que não se estruturava pela igualdade social e a questão da cor era uma barreira, portugueses pobres representavam a "barreira de cor" para a reivindicada "igualdade entre todas as raças" pretendidas por Francisco Paula Brito. Embora invocasse a Constituição de 1824, que estabelecia a igualdade de oportunidades para todos,[79] que estabelecia que ninguém poderia ser preterido aos cargos públicos por sua condição social, apenas pelos seus talentos e virtudes, a distinção social era um elemento presente. A própria luta de Brito espelha isso.

É nesse quadro ainda desfavorável que o destino, tanto de escravos, quanto de libertos e homens "de cor" estava sendo jogado. A exclusão desses grupos, em especial a dos escravos, se deu pela vitória de umas das possibilidades levantadas. Ou seja, os projetos dos pobres e dos escravos fora derrotado naqueles anos conturbados. A partir dos anos de 1830, assiste-se o recrudescimento político e o estabelecimento de um modelo baseado em privilégios e critérios distintivos de nascimento.[80] Essa mesma exclusão já fora sentida, quando da outorga da Constituição de 1824, deixando de "fora do banquete" setores populares mais amplos, transformando-os, quando muito, em cidadãos passivos.[81] Contudo, os debates em torno da Independência e da liberdade, que ganhou as ruas, encobriram, de um certo modo, a letra da lei. A praça estava reivindicando a liberdade e a autonomia. Os populares incorporaram, a seu modo e reelaboração, os significados da liberdade.

Forjou-se uma certa noção de cidadania, que teve nas lutas das ruas sua dimensão maior. Os anos da independência foram anos de discussão da li-

---

79   CONSTITUIÇÃO DE 1824, art. 179, item XIV.

80   GRINBERG, Keila. Op. Cit., p. 34.

81   RIBEIRO, Gladys S. "O desejo da liberdade..." Op. Cit., p. 32.

Tensões políticas, cidadania e trabalho no longo Oitocentos

berdade; esta estava no dia a dia das ruas. Desde o ano de 1821, escravos de diversas localidades do país vinham, imaginando uma suposta libertação que teria ocorrido e que estava sendo ocultada elos proprietários. Para tanto, ela significou um dilema.

Bibliografia

ADORNO, Sérgio. "Nos limites do direito, nas armadilhas da tradição. A revolução descolonizadora na América Latina". In: COGGIOLA, Osvaldo (org.). *A Revolução Francesa e seu impacto na América Latina*. São Paulo: Editora Nova Stella, Brasília-DF: Cnpq; 1ª ed. São Paulo: Edusp, 1990, p. 181-193.

ARENDT, Hannah. *Da revolução*. São Paulo: Editora Ática; 2ª ed. Brasília--DF: Editora UnB, 1990.

AZEVEDO, Célia Maria M. "Maçonaria, cidadania e a questão racial no Brasil escravagista". In: *Estudos Afro-Asiáticos* (34), dez. 1998, p. 121-136.

CARVALHO, Marcus J. M. "O encontro da "soldadesca desenfreada" com os "cidadãos de cor mais leviano" no Recife em 1831". In: *Clio-Série História do Nordeste*, Recife, n. 18, v. 1, 1988, p. 109-138.

CARVALHO, Marcus J. M. "Cavalcantis e cavalgados: a formação das alianças políticas em Pernambuco, 1817-1824". In: *Revista Brasileira de História*, São Paulo, n. 36, v. 18, 1998.

CARVALHO, Marcus J. M. *Liberdade. Rotinas e rupturas do escravismo. Recife, 1822-1850*. Pernambuco: Editora Universitária UFPE, 2001.

BOBBIO, Noberto. *Era dos direitos*. Rio de Janeiro: Campus, 1992.

CASTRO, Zília Osório. "A ideia de liberdade (1821-1823). Fundamentação teórica e prática política. In: *Cultura*. Revista de História e Teoria das Ideias. Centro de História da Cultura. Universidade Nova de Lisboa, vol. XIII/2000-2001, p. 19-35.

CHALHOUB, Sidney. *Visões da liberdade*. São Paulo: Cia. das Letras, 1999.

CHEVALLIER, Jean-Jacques. *As grandes obras políticas. De Maquiavel a nossos dias*. 2ª ed. Rio de Janeiro: Editora Agir, 1982.

Constituições Brasileiras: 1824. Senado Federal e Ministério da Ciência e Tercnologia, Centro de Estudos Estratégicos, 2001.

COSTA, Emília Viotti da. *Da Monarquia à República. Momentos decisivos.* 7ª ed. São Paulo: Fundação Editora da UNESP, 1999.

CUNHA, Manuela Carneiro da. *Antropologia do Brasil: Mitos, história, etnicidade.* São Paulo: Ed. Brasiliense; Editora da Universidade de São Paulo, 1986.

DIAS, Maria Odila L. "A Revolução Francesa e o Brasil: sociedade e cidadania". In: COGGIOLA, Osvaldo (org.). *A Revolução Francesa e seu impacto na América Latina.* São Paulo: Editora Nova Stella, Brasília-DF: CNPq; 1ª ed. São Paulo: EDUSP, 1990, p. 299-309.

FALCON, Francisco J. C. "História e Cidadania". In: *Anais do XIX Simpósio Nacional da ANPUH*, Belo Horizonte, julho de 1997. São Paulo: Humanitas Publicações/ FFLCH-USP, 1998, p. 27-52.

FONSECA, Maria Rachel Fróes da. "Luzes das ciências na Corte americana – observações sobre o periódico "O Patriota". In: *Anais do Museu Histórico Nacional*, v. 31, 1999, p. 81-106.

FORTES, Alexandre. "O direito na obra de E. P. Thompson". In: *História Social.* Campinas/SP, n. 2, 1995, p. 89-111.

FRANCO, Maria S. de C. *Homens livres na ordem escravocrata.* São Paulo: Editora Ática, 1974.

FREITAS, Décio. *A revolução dos malês. Insurreições escravas.* 2ª ed. Porto Alegre: Editora Movimento, 1985.

GOMES, Angela de Castro. "Venturas e desventuras de uma república de cidadãos: In: ABREU, M.; SOHIET, Raquel (org.). *Ensino de História. Conceitos, temáticas e metodologia.* Rio de Janeiro: Oficina do Livro/ FAPERJ, 2003.

GRINBERG. Keila. *Liberata. A lei da ambiguidade. As ações de liberdade da Corte de apelação do Rio de Janeiro no século XIX.* Rio de Janeiro: Relume-Dumará, 1994.

GRINBERG. Keila. *O fiador dos brasileiros. Cidadania, escravidão e direito civil no tempo de Antonio Pereira Rebouças.* Rio de Janeiro: Civilização Brasileira, 2002.

HABERMAS, J. *Direito e democracia – entre a facticidade e a validade*. Rio de Janeiro: Tempo Brasileiro, v. 1, 1997.

LUSTOSA, Isabel. *Insultos impressos. A guerra dos jornalistas na Independência – 1821-1823*. São Paulo: Cia. das Letras, 2000.

LYRA, Maria de Lourdes V. *A utopia do poderoso império. Portugal e Brasil: Bastidores da política. 1798-1822*. Rio de Janeiro: Sette Letras, 1994.

MARQUES, Mário Reis. "Estruturas jurídicas". In: MATTOSO, José. *História de Portugal. Liberalismo (1807-1890)*. Lisboa: Editoral Estampa, v. 5, 1994, p. 167-181.

MARTINS, Ismênia de Lima. "Cidadania e História". In: *Anais do XIX Simpósio Nacional da ANPUH*, Belo Horizonte, julho de 1997. São Paulo: Humanitas Publicações/ FFLCH-USP, 1998, p. 17-26.

MATTOS, Hebe Maria. *Escravidão e cidadania no Brasil monárquico*. Rio de Janeiro: Jorge Zahar Editor, 2000.

MATTOS, Hebe Maria. "A escravidão moderna nos quadros do Império português: o Antigo Regime em perspectiva". In: FRAGOSO, J.; BICALHO, M. F.; GOUVÊA, M. F. (org.). *O Antigo Regime nos trópicos: A dinâmica imperial portuguesa (séculos XVI-XVIII)*. Rio de Janeiro: Civilização Brasileira, 2001.

MOTA, Carlos Guilherme. *Nordeste 1817. Estrutura e argumentos*. São Paulo: Perspectiva, 1972.

MUNTEL FILHO, Oswaldo. "O liberalismo num outro Ocidente – política colonial, ideias fisiocratas e reforminsto mercantilista". In: GUIMARÃES, L. M. P.; PRADO, M. E. *O liberalismo no Brasil Imperial. Origens, conceitos e práticas*. Rio de Janeiro: Revan/UERJ, 2001.

NEVES, Lúcia Maria Bastos P. das. "Da repulsa ao triunfo. Ideias francesas no Império luso-brasileiro, 1808-1815. In: *Anais do Museu Histórico Nacional*, v. 31, 1999.

NEVES, Lúcia Maria Bastos P. das. "Liberalismo político no Brasil: Ideias, Representações e Práticas (1820-1823)". In: GUIMARÃES, L. M. P.; PRADO, M. E. *O liberalismo no Brasil Imperial. Origens, conceitos e práticas*. Rio de Janeiro: Revan/UERJ, 2001, p. 73-101.

NEVES, Lúcia Maria Bastos P. das. *Corcundas e constitucionais. A cultura politica da Independência (1820-1822)*. Rio de Janeiro: Revan/FAPERJ, 2003.

NEVES, Lúcia Maria Bastos P. das. "Cidadania e participação política na época da Independência do Brasil". In: *Cadernos do CEDES*. Memória, liberdade e Liturgia Política do Cidadão, 1ª ed, n. 58, dez. 2002, p. 47-64.

NIGRO, Raquel Barros. *Cidadania e identidade nacional. Considerações multi-disciplinares sobre a construção do Estado Nacional Brasileiro no século XIX*. PUC-Rio. Disserteção de Mestrado. Departamento de Direito, 2000.

PEIXOTO, Antonio C. "Liberais ou conservadores?" In: GUIMARÃES, L. M. P.; PRADO, M. E. *O liberalismo no Brasil Imperial. Origens, conceitos e práticas*. Rio de Janeiro: Revan/UERJ, 2001, p. 11-29.

PEREIRA, Miriam H. *A crise do Antigo Regime e as Cortes Constituintes de 1821-1822. Negociantes, fabricantes e artesãos, entre as velhas e as novas instituições*. Lisboa: Edições João Sá da Costa, v. II, 1992.

PIMENTA, Maria do R. "Escravos ou livre? A condição de filho de escravo nos discursos jurídicos-filosóficos". In: *Cultura*. Revista de História e Teoria das Ideias. Centro de História da Cultura. Universidade Nova de Lisboa, vol. XIII/2000-2001, p. 37-53.

PRADO JÚNIOR, Caio. *Evolução política do Brasil e outros estudos*. 11ª ed. São Paulo: Editora Brasiliense, 1979.

REIS, J. J. *Rebelião escrava no Brasil. A história dos levantes dos malês (1835)*. São Paulo: Editora Brasiliense, 1986.

REIS, J. J.; SILVA, Eduardo. "O jogo duro do dois de julho". In: REIS, João José e Silva. *Negociação e conflito*. São Paulo: Editora Brasiliense, 1997.

REIS, J. J. "Quilombos e revoltas escravas no Brasil". In: *Revista USP*, São Paulo, n. 28, dez./fev. 1996, p. 14-39.

REIS, J. J. *Rebelião escrava no Brasil. A história dos levantes dos malês (1835)*. São Paulo: Editora Brasiliense, 1986.

RIBEIRO, Gladys S. *Destinos e histórias dos portugueses na historiografia brasileira*. Mimeo.

RIBEIRO, Gladys S. *A liberdade em construção. Identidade nacional e conflitos antilusitanos no Primeiro Reinado*. Rio de Janeiro: Relume-Dumará/FAPERJ, 2002.

RIBEIRO, Gladys S. "O desejo da liberdade e a participação dos homens livres pobres e "de cor" na Independência do Brasil". In: *Cadernos do CEDES*. Memória, liberdade e Liturgia Política do Cidadão. 1ª ed, n. 58, dez. 2002, p. 21-45.

SAES, Décio. "O conceito de Estado burguês". In: SAES, Décio. *Estado e democracia. Ensaios teóricos*. 2ª ed. Campinas: Unicamp-IFCH, 1998.

SOUZA, Iara Lis de. *Pátria coroada. O Brasil como corpo político autônomo –* 1780-1831. São Paulo: Fundação Editora UNESP, 1999.

TAVARES, Luís Henrique Dias. *A Independência do Brasil na Bahia*. Rio de Janeiro: Civilização Brasileira. Brasília/DF: INL, 1982.

THOMPSON, E. P. *A formação da classe operária inglesa*. São Paulo: Cia. das Letras, v. 1, 1997.

TOSTES, Vera Lúcia B. "Corre, cão, que te fazem barão". In: *Anais do Museu Histórico Nacional*, v. 30, 1998, p. 99-108.

VARGUES, Isabel Nobre. "O processo de formação do primeiro movimento liberal: a Revolução de 1820". In: MATTOSO, José. *História de Portugal. Liberalismo (1807-1890)*. Lisboa: Editorial Estampa, v. 5, 1994, p. 45-63.

VARGUES, Isabel Nobre; RIBEIRO, M. M. T. "Estruturas políticas: parlamentos, eleições, partidos políticos e maçonaria". In: MATTOSO, José. *História de Portugal. Liberalismo (1807-1890)*. Lisboa: Editorial Estampa, v. 5, 1994, p. 183-211.

VIANNA. Luiz W. "Caminhos e descaminhos da revolução passiva à brasileira". In: VIANNA. Luiz W. *A revolução passiva. Iberismo e Americanismo no Brasil*. Rio de Janeiro: Revan/IUPERJ, 1997.

2. As relações exteriores do Brasil no Primeiro Reinado e o debate acerca da representação constitucional

Aline Pinto Pereira[1]

> Os tratados públicos só podem ser celebrados pelas mais altas autoridades, pelos soberanos, que contratam em nome do Estado. (...) O soberano que possui um império pleno e absoluto tem, sem dúvida, o direito de tratar em nome do Estado que ele representa e seus compromissos vinculam toda a Nação. Mas nem todos os dirigentes dos povos têm o poder de fazer tratados públicos por sua própria autoridade; alguns são obrigados a seguir o parecer do Senado ou dos representantes da Nação. É nas leis fundamentais de cada Estado que se deve verificar qual é o poder capaz de contratar validamente em nome do Estado. (...) As constituições do império lhes dão, a este respeito como em muitos ouros, os direitos de soberania.[2]

O trecho acima em destaque foi escrito pelo filósofo e jurista Emer de Vattel, reconhecido como um dos fundadores da lei internacional no período Moderno. Ele se preocupou em estabelecer direitos e deveres entre os Estados, bem como apresentou à sociedade do século XVIII uma análise bastante didática sobre o direito natural e o direito positivo – conceitos para ele diferenciados – que nos inspiram a perceber qual foi a principal força motriz do confronto entre o Executivo e o Legislativo no Brasil do Primeiro Reinado. Qual poder era capaz de contratar validamente em nome do Estado? Afinal, diante de uma prerrogativa tão importante – "o direito de tratar em nome do Estado que ele representa e seus compromissos vinculam toda a Nação", como dito acima por Vattel –, consolidava-se o poder que, de fato, teria as rédeas do curso do Estado e das relações por ele estabelecidas com outros países e que interfeririam nas suas políticas externa e interna.

---

1   Doutora em História pela UFF e pesquisadora do CEO.

2   VATTEL, Emer de. *O direito das gentes*. Brasília: Editora da UnB, 2004, p. 274-275.

A centralização política do Brasil que se pretendia Império passa, indubitavelmente, pela política externa do Primeiro Reinado e seus grandes eixos: o reconhecimento da Independência por meio do diploma legal, a convenção do tráfico escravo e o debate com os ingleses; a tensão na região do Prata e seu desfecho. Em todas essas questões da agenda internacional da época, é possível pensar o debate que envolve a questão da representação política no Estado em construção, sobretudo porque os tratados não foram devidamente bem recebidos no Parlamento.

Durante o Primeiro Reinado, Executivo e Legislativo protagonizaram discussões que se tornaram mais complexas com o passar do tempo. De acordo com Caio Prado Junior, quando a Câmara dos Deputados foi reaberta, a maioria dos deputados, eleitos já em 1824, era "francamente desfavorável" ao monarca. Segundo o autor, ao avaliar que as condições eram adversas, Pedro I teria adiado o quanto pôde a convocação dos trabalhos da Casa. "Mas posto em xeque por este lado, cobriu-se com o Senado, que formou a seu gosto."[3]

Segundo Caio Prado Junior, o Parlamento foi conclamado às funções em 1826 porque o imperador estava "premido pelas aperturas do tesouro".[4] Se não fosse tal necessidade – piorada pelas questões que envolviam os tratados celebrados com Portugal, Inglaterra e a contenda no Prata –, o imperador talvez tivesse protelado ainda mais para convocar as Câmaras, como sugere o autor.

Certo de que Pedro I era um monarca absolutista, Caio Prado Junior salientou que o imperador sempre quis, após o juramento da Carta Constitucional, torná-la "letra morta", revogando-a na primeira oportunidade.

Embora as palavras e as acusações dos tribunos ao governo tenham se tornado mais duras com o passar dos anos, Caio Prado Junior adverte que o monarca provavelmente não tenha pretendido dissolver o Parlamento, nem mesmo quando os tempos eram de maiores furores. Diante da nova experiência política, Pedro I não poderia "rasgar a Constituição e francamente instituir o absolutismo",[5] pois, a opinião pública conquistava, cotidianamente,

---

3   PRADO JUNIOR, Caio. *Evolução política do Brasil*: Colônia e Império. São Paulo: Brasiliense, 2007, p. 62 e 63.

4   Idem, p. 62.

5   Idem, p. 64.

certa maturidade para fazer frente ao governo e, em consequência, minar a popularidade do imperador. Para Caio Prado Junior, o monarca ainda tendia ao absolutismo, sendo freado pela Constituição e pelo Parlamento.

Os autores Lúcia Bastos e Humberto Machado não se apressam em taxar Pedro I de absolutista. Entendem-no como um sujeito do seu tempo e, portanto, de posicionamento ambíguo, conforme a ocasião exigisse. Segundo os historiadores, o imperador:

> exprimia, assim, uma curiosa duplicidade, bastante comum na época, entre o soberano ilustrado, partidário de novas ideais liberais, e a tradição absolutista, que não admitia poder superior ao do monarca. Ambiguidade que marcaria sua trajetória posterior, de déspota, na abdicação do trono brasileiro em 1831, a soberano responsável pela vitória do liberalismo em Portugal, três anos depois. E que, marcara, não menos, a sua atuação anterior.[6]

Pedro I era um sujeito contraditório, que se viu premido pela tensão que se estabeleceu entre o Executivo e o Legislativo, tão logo iniciados os trabalhos da primeira legislatura. O monarca contou com o apoio majoritário do Senado, cujos membros vitalícios foram selecionados a dedo por ele, para lhes dar respaldo político. Os senadores eram também conselheiros de Estado. Lúcia Bastos e Humberto Machado explicam que aquela Casa foi composta da seguinte forma: "dois terços de coimbrãos e metade dos oficiais militares, mas apenas um terço de clérigos e um vinte avos de dos notáveis locais".[7] Metade dos representantes no Senado possuía título de nobreza, indicando que interessava ao imperador garantir:

> a formação de um círculo privado e restrito de poder e uma política aristocrática. Ideias que não eram bem vistas pela população, incluindo aí alguns segmentos da elite política das diversas províncias.[8]

---

6   NEVES, Lúcia M. B. P. das; MACHADO, Humberto Fernandes. *O Império do Brasil*. Rio de Janeiro: Nova Fronteira, 1999, p. 84.

7   Os autores definem os coimbrãos como homens que eram naturais do Brasil, estudaram em Coimbra, antes de 1816, e serviram ao governo como juízes ou burocratas. Idem, p. 111.

8   Idem.

A composição da Câmara dos Deputados, casa eletiva, fez toda a diferença na luta entre o Executivo e o Legislativo. Em sua primeira legislatura, a maioria dos tribunos era formada pelo grupo brasiliense e por um grupo que se formou em Coimbra no período de 1816 a 1825,[9] provenientes de diferentes províncias. Segundo Bastos e Machado, os tribunos estavam unidos pelo sentimento de que a nação era "objeto supremo de sua identidade e afeição. Ao contrário dos membros do grupo coimbrão, acreditavam que a herança colonial portuguesa devia ser inteiramente rejeitada, aproximando-se assim dos elementos mais radicais".[10]

O Senado e a Câmara eram compostos, portanto, por padres, magistrados, bacharéis e oficiais do Exército, proprietários, funcionários públicos, militares, médicos, advogados, e jornalistas, que souberam se articular de acordo com seus interesses. No trabalho em tela, interessa-nos principalmente a atuação da oposição que se formou na Câmara dos Deputados.

Vantuil Pereira classificou os parlamentares em dois grandes grupos – da oposição e os governistas –, considerando os deputados mais atuantes na Câmara.[11] Junto a Bernardo Pereira de Vasconcelos, um dos líderes da oposição ao Executivo, estiveram nomes como os do padre José Custódio Dias e do magistrado Antônio Paulino Limpo de Abreu (todos por Minas Gerais). Havia também os médicos José Lino Coutinho e Antônio Ferreira França (os dois pela Bahia), o jornalista Manuel Odorico Mendes (Maranhão), o bacharel em Ciências Jurídicas Augusto Xavier de Carvalho (Paraíba), o bacharel em Direito Manoel José de Souza França (Rio de Janeiro) e Francisco de Paula Souza e Mello (São Paulo).

Aos adversários à administração do imperador, achamos importante incluir os nomes dos militares Raymundo José da Cunha Mattos (Goiás) e Antônio Francisco de Paula *Holanda Cavalcanti* de Albuquerque (Pernambuco). Ambos se destacaram pelas críticas à má administração do governo diante das lutas no

---

9   Ibidem.

10   Ibidem.

11   PEREIRA,Vantuil. *Ao soberano congresso: direitos do cidadão na formação do estado imperial (1822-1831).* São Paulo: Alameda Casa Editorial, 2010, p. 161.

Tensões políticas, cidadania e trabalho no longo Oitocentos 49

Prata, mas, durante a Primeira Legislatura (1826-1829), Holanda Cavalcanti foi especialmente enfático ao criticar a questão econômica do Brasil, decorrente do Tratado de 1825 e de uma guerra que considerava fratricida.

Suas críticas contundentes lhe valeram um estratégico convite para atuar como ministro da Fazenda, no auge da crise política, de 1830 até abril de 1831.[12] O futuro Visconde de Albuquerque não se furtou a "virar a casaca" e ir atrás de seus próprios interesses, fulgurando entre o primeiro escalão do governo que ele tanto criticara. Ao ter Holanda Cavalcanti ao seu lado, o imperador provavelmente tenha pensado, em vão, em desestabilizar o grupo que lhe proferia as mais duras censuras. Em relação à Cunha Mattos, é preciso indicar sua postura aguerrida contra a Convenção de 1826, que previa a abolição do tráfico de escravos para o Brasil.

Segundo Vantuil Pereira, o grupo dos partidários do governo de Pedro I era composto essencialmente por D. Marcos Antonio de Souza (bispo do Maranhão), magistrado Lúcio Soares Teixeira de Gouvêa (Minas Gerais), monsenhor Francisco Correa Vidigal e magistrado José Clemente Pereira (ambos pelo Rio de Janeiro), arcebispo da Bahia Romualdo Antônio de Seixas (pelo Pará), bacharel em Direito Miguel Calmon du Pin e Almeida e magistrado Antônio Augusto da Silva (os dois últimos pela Bahia).

Ainda citando o mesmo autor, consideramos importante indicar sua percepção de que as províncias tiveram um peso relevante na composição desse grande grupo (oposição ou pró-governo), pois o jogo da representação passava pelo equilíbrio entre a questão política e econômica.[13] O Rio de Janeiro, de acordo com ele, foi a localidade que mais perdeu espaço de representação política na primeira legislatura, embora arcasse com quase 50% do necessário para a manutenção do aparato político.[14]

Ao mesmo tempo, havia um desequilíbrio na distribuição de cadeiras, que era feita segundo as Instruções Eleitorais de 23 de março de 1824.[15] De será-

---

12 Brasil. *Dados biográficos dos senadores de Pernambuco 1826-2001*. Brasília: Editora do Senado, 2001, p. 23-24.

13 PEREIRA, Vantuil. *Ao soberano congresso*. Op. Cit., p. 146.

14 Idem.

15 Idem, p. 148.

ter provisório, tal normativa garantia que a representação de cada província levasse em consideração a população local. Contudo, segundo Vantuil Pereira, as Instruções Eleitorais desequilibravam a representação das províncias, pois havia defasagem entre os dados acerca da população e a realidade. Para citar um exemplo, o Rio de Janeiro deveria ter 11 representantes, e contava com apenas oito. Bahia deveria ter 16 e possuía 13. Eram as principais províncias em termos econômicos, mas tal fato não se refletia nas representações, segundo o autor. Por outro lado, Rio de Janeiro, Bahia e Minas Gerais tiveram relevância no Executivo, porque a maioria dos ministros vinha dessas localidades.

De acordo com Vantuil Pereira, as províncias do Norte (especialmente Maranhão, Pernambuco, Ceará e Alagoas) e Minas Gerais ganhavam assento na Câmara dos Deputados, adquirindo maior representatividade no jogo político parlamentar.[16] Não à toa, os principais nomes da oposição eram daquelas regiões.

Entendemos que esses homens se articularam em torno de interesses comuns – no caso dos oposicionistas, o foco era limitar o poder do imperador e ampliar o da Câmara – e que, por isso, podem ser identificados como um "grupo de pressão política",[17] embora seus posicionamentos pudessem oscilar de acordo com seus próprios interesses particulares. Alguns nomes emergiram como figuras centrais durante os mais diferentes debates. Conforme indicado por Vantuil Pereira, é importante lembrar que alguns tribunos vivenciaram a experiência da Constituinte bem de perto, tal como Custódio Dias, Ferreira França, Teixeira de Gouvêa, Miguel Calmon du Pin e Almeida. Outros parlamentares da primeira legislatura também participaram do processo anterior, a exemplo de Manoel Rodrigues da Costa, Antonio da Rocha Franco, Candido José de Araújo Vianna (os três por Minas Gerais), Antônio Ferreira França, Manoel Antônio Galvão, José da Costa Carvalho (o trio pela Bahia), Pedro de Araújo Lima e Caetano Maria Lopes Gama (ambos por Pernambuco).[18]

---

16   Idem.

17   Idem.

18   Vantuil Pereira indicou que aproximadamente 44% do efetivo do Senado também participaram do processo anterior, em 1823. Dentre eles, José da Silva Lisboa, Francisco Carneiro

Ao analisar requerimentos, queixas, representações e petições apresentadas à Câmara dos Deputados e ao Senado no período em tela, Vantuil Pereira concluiu que os indivíduos participavam da vida política, conclamando seus direitos. Foi nesse período que o Legislativo, "encarnado essencialmente em grupos políticos no interior da Câmara dos Deputados, objetivava mostrar-se afeito às demandas oriundas da sociedade",[19] se consolidando como uma esfera importante de representação política. Para o pesquisador,

> as petições simbolizavam precisamente uma via de mão dupla. Ao receber as petições, o Parlamento se legitimava para afirmar uma hegemonia política, bem como se configurava como órgão da soberania imperial. Este pelo menos era um desejo de parte dos parlamentares da oposição, que acreditavam ser os representantes da nação, e capazes de conter os abusos das autoridades, principalmente do Imperador.[20]

Segundo o mesmo autor, eles "instavam o Parlamento a se posicionar frente às demandas originadas na sociedade",[21] tais como representantes do Estado em construção. Ao politizarem suas queixas, os indivíduos viam o Parlamento como uma instância legítima de representação. E, como lembra-nos, a disputa em relação à soberania está diretamente relacionada à onda constitucional que anos antes chegara ao Brasil.

O Parlamento era, portanto, um espaço de conflitos de poder, sobretudo porque o que estava em disputa era o direito à representação, à soberania do Brasil. As lutas centravam-se no desejo da oposição ao imperador em manter os poderes políticos em equilíbrio e, no entendimento dos partidários do monarca, de que ele era o principal representante do Império nascente.

Vantuil Pereira também nos alerta que aquela instância representativa não poderia ser considerada um grupo coeso, sobretudo porque os membros do próprio Senado e aqueles pertencentes à Câmara dos Deputados prota-

---

de Campos, Felisberto Caldeira Brant e Manoel Joaquim Nogueira da Gama. Cf. PEREIRA, Vantuil. *Ao soberano congresso*. Op. Cit., p. 51-52.

19   Idem, p. 307.

20   Idem, p. 22.

21   PEREIRA, Vantuil. *Ao soberano congresso*. Op. Cit., p. 21.

gonizaram alguns embates entre si. Além disso, Câmara e Senado também disputavam espaço de atuação política, divergindo e opondo-se com certa rivalidade. Tal questão se torna evidente no contexto da formulação dos tratados no Brasil do Primeiro Reinado, quando os assuntos da política interna e externa convergem e se tornam foco de disputa.

Na ocasião, os deputados explicitaram as tensões em torno da representação, questionando as prerrogativas do artigo 102 da Constituição e chamando para si o desejo de interferir nas decisões da política do país. Discorreram sobre o Tratado de Paz e Amizade de 1825; aquele sobre a Convenção de 1826 e ainda sobre os termos que findaram a Guerra da Cisplatina em 1828. Foi uma estratégia encontrada pelo Legislativo para também clamar por maior espaço nas decisões do país.

No caso do Brasil Império, o único poder capaz de contratar em nome do Estado era o Executivo, conforme determinado pelo artigo 102 da Constituição de 1824. Ele respaldava todas as ações exercidas tanto pelo imperador, quanto pelos ministros. Era competência do Executivo convocar as reuniões da Assembleia-Geral, nomear bispos, magistrados, embaixadores e agentes diplomáticos, e prover empregos civis e políticos, bem como conceder benefícios, ordenações honoríficas ou militares. Contudo, também lhe era facultado, pelo mesmo artigo, o direito exclusivo de dirigir as negociações políticas com as nações estrangeiras, fazendo tratados de alianças e de comércio.

De acordo com o referido artigo constitucional, após concluídos, os tratados seriam levados ao conhecimento da Assembleia-Geral. Porém, o mesmo item assegurava que "se os Tratados concluídos em tempo de paz envolverem cessão, ou troca de território do Império, ou de possessões a que o Império tenha direito, não serão ratificados, sem terem sido aprovados pela Assembleia Geral".[22] O artigo citado ainda garantia ao Executivo o direito de "declarar a guerra, e fazer a paz, participando à Assembleia as comunicações, que forem compatíveis com os interesses, e segurança do Estado".[23]

---

22 BRASIL. *Coleção Constituição do Império*. Brasília: Editora do Senado, 2001, p. 93.

23 Idem.

Durante os primeiros anos em que a Assembleia-Geral recobrou suas funções, houve uma série de críticas aos tratados firmados pelo Executivo. Importante destacar que, entre os anos de 1825 e 1829, foram concluídos 14 tratados entre o Brasil e outros países, conforme a tabela abaixo.

TABELA 1 – Tratados bilaterais firmados pelo Brasil

Data	País
29/8/1825	Portugal
18/10/1825	Grã-Bretanha
8/1/1826	França
23/11/1826	Grã-Bretanha
6/6/1827	Áustria
9/7/1827	Prússia
17/8/1827	Grã-Bretanha
17/11/1827	Lümberck, Bremen, Hamburgo
26/4/1828	Dinamarca
21/8/1828	França
27/8/1828	Províncias Unidas do Rio da Prata
12/12/1828	Estados Unidos
20/12/1828	Países Baixos
7/2/1829	Sardenha

FONTE: ALMEIDA, Paulo Roberto. *Formação da diplomacia econômica no Brasil*. São Paulo: Editora Senac-Funag, 2001, p. 127-128.

Em uma das sessões legislativas, Manoel José de Souza França, deputado pelo Rio de Janeiro, dizia:

> A ninguém é oculto, que, nos primeiros tratados se violou a Constituição muito positivamente; eles são a sátira do governo que os celebrou. Como é que nós, representantes da nação brasileira, nos havemos de guardar silenciosos.[24]

O deputado criticava o Tratado de Paz e Amizade, celebrado em 29 de agosto de 1825, pelo qual o Brasil obteve o reconhecimento da sua autonomia

---

24 ANAIS DA CÂMARA DOS DEPUTADOS, 12 maio 1828.

política, após um longo processo de negociações intermediadas pelos ingleses.[25] De acordo com Gladys Ribeiro, em meio às muitas variantes que levaram à ratificação do Tratado de 1825, a questão da soberania e da legitimidade dos governantes foram os "eixos fulcrais" para o Brasil e Portugal. Ela, então, aborda as seguintes questões: "Seria o Brasil independente sem ser soberano? Seria correto deixar que o rei de outro país usasse o Título de Imperador do Brasil? (...) teria D. Pedro poder/soberania para ratificá-lo sem Parlamento?".[26] Essas dúvidas também permearam o debate na Câmara dos Deputados.

No Brasil, o Tratado de Paz e Amizade foi mal recebido pela Assembleia Legislativa. Se na Câmara o tratado em foco foi alvo de descontentamento, no Senado do Império, como era se de esperar, o assunto não foi tema de discordâncias tão profundas. Na sessão de 4 de julho de 1826, os senadores discutiam a importância e a urgência de se solicitar ao ministro dos Negócios Estrangeiros – que havia comunicado o pagamento de dois milhões esterlinos a Portugal – uma cópia da convenção assinada com antiga metrópole. O Visconde de Barbacena dizia estar muito preocupado com as notícias que se espalhavam pela Corte de que a Independência do Brasil havia sido comprada. Três dias depois, os senadores receberam a documentação que explicitava o acordo firmado entre Brasil e Portugal – mas este não gerou discussões tão acaloradas quanto as que ocorriam na Câmara dos Deputados.

O tratado chegou à Câmara dos Deputados por meio de um ofício do governo. As críticas sobre o assunto apareciam, muitas vezes, de forma fragmentada, dentre outros debates. De maneira bastante arguciosa, os deputados explicitavam suas discordâncias com o Tratado de Paz e Amizade. Aproveitavam o ensejo para reforçar o protagonismo da Câmara como um dos vértices do Legislativo.

À medida que as discussões sobre a necessidade de se indenizar os portugueses, pelos termos do tratado, tomavam vulto, as críticas cresciam na

---

25 Sobre o processo que levou à ratificação do Tratado de Paz e Amizade, ver PEREIRA, Aline Pinto. *Domínios e Império: o Tratado de 1825 e a Guerra da Cisplatina na construção do Estado no Brasil.* Dissertação de Mestrado – Universidade Federal Fluminense, Niterói, 2007.

26 PEREIRA, Aline Pinto. *Domínios e Império.* Op. Cit., p. 33.

Câmara. O documento não teria dado conta de garantir, no entendimento de outros deputados, como Vasconcelos, Teixeira de Gouvêa e Custódio Dias, o atendimento aos prejuízos do Brasil. Segundo Vasconcelos, o diploma legal foi uma costura de gabinete, e não estava claro em todos os seus termos, sobretudo porque ao concordar em promover a indenização aos portugueses, de certa forma ignorava-se a causa pela qual se lutara contra a metrópole.

De acordo com o parlamentar, o Brasil deveria, então, indenizar todo o Velho Continente, pois ele devia sua liberdade ao trono americano. "Fique a Europa feliz e sofra o Brasil; sejamos generosos em todo o sentido",[27] afirmou. Vasconcelos também dizia que os negociadores do reconhecimento da nossa Independência foram desleais; era preciso, então, responsabilizá-los pelas suas atitudes. O padre José Custódio Dias, deputado por Minas Gerais, também desabafou: "nem posso entender como se fez esse Tratado, reparando-se as perdas dos portugueses e não reparando eles as dos brasileiros. Isso é o que revolta a razão: nós tínhamos forças para resistir (...)".[28]

Os tribunos afirmavam que, se o tratado fora engendrado antes de 1826, os parlamentares não deveriam depreender energia para implementá-lo. Afirmavam que tinha sido feito muito depois de jurada a Constituição do Império, e às vésperas de ser instalado o Corpo Legislativo, sem que o governo tivesse consultado a Assembleia Constituinte a esse respeito. A oposição afirmava que a Câmara não deveria aprovar no orçamento um só real para pagamento do empréstimo português.[29] Custódio Dias novamente não perdeu a oportunidade de esbravejar:

> Esta mania de fazer tratados (...) tanto mal tem feito ao Brasil. O que nos importa que não fossemos reconhecido pelas outras nações? Não temos visto os Estados Unidos passarem muito tempo sem este reconhecimento? Era necessário que mandássemos por ministros, daqui enviados, mendigarem o reconhecimento de nações estrangeiras? O que fizeram eles? Um dispêndio extraordinário sem utilidade alguma! Eu me envergonho de ver como foram mandados daqui homens para

27 Idem.

28 Idem.

29 ANAIS DA CÂMARA DOS DEPUTADOS, 21 ago. 1827.

negociar o nosso reconhecimento! Não temos negócios que tratar com os absolutistas. Prouvera Deus que não houvesse tratados; talvez fossemos mais felizes.[30]

Mendigar foi um termo que apareceu inúmeras vezes durante as discussões que envolviam o Tratado de Paz e Amizade, mesmo junto àqueles que achavam ser necessário moderar o discurso. Em meio às discussões que pareciam menores, mas que eram gigantes em significâncias, a Câmara se reafirmava como o campo do exercício da crítica. A concepção geral era a de que ali era o *lócus* de uma opinião intelectualizada e qualificada. Mais do que isso: respaldada pelo dispositivo constitucional. Como observado pelos próprios parlamentares, experimentava-se, principalmente nos anos de 1827 e 1828, uma nova prática política. Muitos tribunos agiam como delegados dos poderes da nação e refutavam a noção de legitimidade monárquica em prol do constitucionalismo.

É nesse contexto que compreendemos a disputa entre Legislativo e Executivo como uma estratégia para buscar maior amplitude frente às decisões das políticas de Estado. Os tribunos viram-se na necessidade de questionar as ações do governo, afirmando que ele não estava cumprindo as prerrogativas do artigo 102 da Constituição, tal como feito por meio da crítica à assinatura ao Tratado entre Brasil e Portugal. O pernambucano Holanda Cavalcanti foi taxativo na crítica ao governo e deixou claro que a função da Câmara também era legislar sobre os acordos internacionais – embora a mesma Carta dissesse que essa prerrogativa pertencia ao Executivo. Para a oposição, se o Legislativo era o *lócus* da representação da nação, e eles estavam em pé de igualdade com o Executivo, por que não podiam fazer tratados que interferiam diretamente nos interesses do país? Como lembrou o tribuno, a Câmara deveria ser consultada antes mesmo que esses tratados fossem ratificados pelo governo porque deveria discorrer sobre os interesses estatais. Havia, portanto, discordâncias em relação ao artigo 102, uma vez que se compreendia que este feria o equilíbrio de poderes e as prerrogativas da Câmara.

---

30   Idem.

Assim como H. Cavalcanti, Manoel J. de S. França também culpou o Executivo pelo teor do Tratado de 1825. Para ele, os ministros passaram por cima da Câmara porque à época não havia o Parlamento para fiscalizá-lo e a lei de responsabilidades para puni-los. De acordo com Souza França, os ministros "atacaram a Constituição e assinaram tratados como e quando quiseram. Tratados houve em que impuseram penas aos cidadãos brasileiros",[31] lembrando que era de competência do Legislativo atuar sobre as leis, conhecê-las. O ministério deveria, nas palavras de Souza França, redimir-se e não estabelecer mais quaisquer tratados sem a anuência da Câmara. Segundo ele, os tribunos seriam capazes de garantir todas as medidas para que não houvesse a diminuição de direitos ou ataques à Carta de 1824, até porque, para ele, a Câmara dos Deputados estava "convencida que nesses tratados antecedentes não se consultaram os interesses do Brasil nem da dignidade nacional: isto é tão claro como a luz do meio dia".[32]

Mas o acordo de 1825 não foi o único que pôs em xeque o referido artigo da Carta Outorgada, que garantia ao Executivo o direito de estabelecer acordos sem a anuência do Parlamento, salvo em caso de raras condições. As críticas também se materializaram em relação à convenção com os ingleses, que previa o fim do tráfico de escravos.

O tema da escravidão no Brasil já suscitou uma gama variada de análises e abordagens ao longo dos últimos anos. Leslie Bethell lembra-nos que para que a Inglaterra aceitasse nossa Independência, o representante do governo britânico condicionou tal reconhecimento ao compromisso imperial de cessar o tráfico de escravos para o novo país.[33] E entre os anos de 1826 e 1865, segundo Tâmis Parron, o debate sobre a escravidão esteve relacionado a temas como "soberania, crescimento econômico, raça, cidadania e ordem social".[34] Sobre a primeira legislatura, foco do nosso recorte cronológico, o autor diz

---

31   Idem.

32   Idem.

33   BETHELL, Leslie. *A abolição do comércio brasileiro de escravos: a Grã-Bretanha, o Brasil e a questão do comercio de escravos 1807-1869*. Brasília: Senado, 2002, p. 61.

34   Idem, p. 44.

que o "houve no Parlamento uma *politização do tráfico negreiro*, mas não a formação de uma *política do tráfico* (...)"[35] [com grifos no original].

Interessa-nos o enfoque apresentando por Tâmis Parron de que o cessar da escravidão e do tráfico de negros, além de envolver a pressão de grupos econômicos, estava ligado ao debate sobre a soberania política por dois prismas. Um deles era o externo, quando os deputados deixaram claro que o Brasil libertou-se de Portugal para subjugar-se aos interesses dos ingleses, cuja influência determinava até os rumos da política e da economia nacional; o outro se dava no plano interno – por que firmar um tratado de tamanha relevância para o Brasil sem ao menos considerar a opinião do Legislativo? Essa questão é mais um exemplo de que o artigo 102, conforme os termos da Constituição de 1824, estava sob a mira dos parlamentares. Iniciava-se mais uma vertente da pressão interna da Câmara para que o Legislativo pudesse participar efetivamente das negociações para a consumação de tratados entre o Brasil e outros países. Era uma luta pela faculdade de legislar plenamente e fazer frente ao Executivo.

Antes, é preciso que se diga que os próprios debates, além de refletirem mais uma cena do constante esforço da Câmara pela obtenção de maior autonomia em relação ao governo, revelam o quanto aquela sociedade era contraditória em sua origem e manutenção. O Parlamento era constituído por homens que exortavam, sob o enfoque o Liberalismo e do Constitucionalismo, verdadeiros discursos sobre os direitos do homem e do cidadão, mas que, ao mesmo tempo, reproduziam preocupações típicas de uma sociedade aristocrática, capaz de naturalizar a escravidão de negros.

As hipóteses contrárias aos termos do tratado firmado em 1826 passavam pela questão do comércio, que, nas palavras dos deputados, ainda estava em fase de florescimento. Os argumentos contra o acordo com a Inglaterra revelam ainda a defesa dos interesses pessoais dos próprios parlamentares, que, além de tribunos, também eram proprietários de terras e de escravos.[36]

---

35   Idem, p. 79.

36   A afirmação acima pode ser ilustrada, se tomarmos como exemplo o caso de um dos mais ferrenhos opositores aos desmandos do imperador: Lino Coutinho, médico, filósofo e poeta que

Os discursos parlamentares indicam, então, o que pensavam os formuladores da política imperial não somente sobre a escravidão, mas principalmente sobre a forma como o governo conduzia os assuntos do país.

A Convenção de 1826 incomodava em muitos aspectos: 1) era tomada como uma imposição inglesa, atacando, portanto, o princípio de igualdade e respeito mútuo entre as nações; 2) atingia aos parlamentares no nevrálgico comércio de escravos – preocupação daquela Casa do Legislativo; 3) permitia que os brasileiros fossem julgados pelos tribunais ingleses sob a pena de crime de pirataria, constituindo, portanto, uma violação da honra nacional, por se admitir a intromissão de outro Estado nos interesses do Império, e por permitir que brasileiros fossem julgados em tribunais de outro país; 4) não havia sido ainda ratificada e assinada pelo ministro inglês e já estava dada como certa para o governo do Brasil. Nas palavras do Marquês de Queluz, então ministro dos Negócios Estrangeiros, o governo imperial havia cedido por bem o que lhes seria tirado à força, mais cedo ou mais tarde.

---

se destacou pela defesa de ideias liberais. O deputado pela Bahia, que pregava o Constitucionalismo de forma aguerrida, era, de acordo com Adriana Dantas Reis, um homem de origem modesta, que galgou melhores condições de vida após o matrimônio com a senhora Maria Adelaide Sodré Pereira, filha de um coronel que lhe deixou posses, mas também algumas dívidas. Diz a autora que, ao morrer em 24 de julho de 1826, Coutinho deixou "113 escravos e o Engenho Trindade. Em Salvador, tinha mais dez escravos e, pela descrição dos moveis e da arquitetura de sua casa na Rua Quitanda Velha, Freguesia de São Pedro, percebe-se que realmente tratava-se de um rico sobrado da época" (p. 138). Cf. REIS, Adriana Sodré. *Cora: lições de comportamento feminino na Bahia do século XIX*. Salvador: UFBA, 2000, p. 138-139. Vale dizer ainda que outro político liberal, José Custódio Dias, produtor em Minas Gerais, estava ligado ao "comércio de abastecimento na Corte". Isso explica, de acordo com Tâmis Parron, porque Dias foi contra a lei de 1826 com os ingleses, combatendo-a com veemência. PARRON, Tâmis. *A política da escravidão no Império do Brasil, 1826-1865*. Rio de Janeiro: Civilização Brasileira, 2011, p. 77. Raimundo José da Cunha Mattos também possuía escravos, como indica-nos Neuma B. Rodrigues: "Raimundo José da Cunha Mattos serviu como governador das armas em Goiás entre meados de 1823 e início de 1826. Chegou à cidade de Goiás em 15 de julho, depois de pouco mais de dois meses viajando pelos sertões brasileiros na companhia do alferes José Antônio da Fonseca, seu oficial de ordens, de Ângelo José da Silva, de um tropeiro que lhes servia de guia, e de alguns de seus escravos pessoais". Cf. RODRIGUES, Neuma Brilhante. *Nos caminhos do Império: a trajetória de Raimundo José da Cunha Mattos*. Tese de Doutorado – UnB, Brasília, 2008.

Não só o conteúdo do tratado anglo-brasileiro era, de fato, a mola propulsora das discussões. Mais explicitamente, os deputados apresentaram suas opiniões sobre a necessidade de se respeitar (e repensar) o artigo 102º da Constituição do Império. Segundo Augusto May, o imperador foi conivente com a negociação de seu ministro e mesmo precipitado diante da causa em debate. Foi o referido deputado quem primeiro colocou os termos do tratado de abolição da escravatura em franca e explícita correlação com o artigo 102 da Constituição.[37]

A mesma atitude teve Cunha Mattos, para quem aquela negociação entre o Império e a Inglaterra era "derrogatória da honra, dignidade, independência e soberania da nação brasileira",[38] enumerando sete razões para criticá-la. Dentre elas, dizia que a lei era prematura, prejudicial ao comércio nacional e cruel para as rendas do Estado por ameaçar a agricultura do Brasil. Além disso, ele considerava que o acordo atacava a lei fundamental do Império, quando "se atribui o direito de legislar, direito que só pode ser exercitado pela Assembleia-Geral com a sanção do imperador, sujeitando os súditos brasileiros aos tribunais e justiças inglesas".[39] Justificava sua crítica ao acordo anglo-brasileiro dizendo que era extemporâneo, porque foi ajustado "em uma época em que a Câmara dos Deputados havia apresentado um projeto para dirimir gradualmente a importação da escravatura para o Brasil",[40] salientando que desaprovava a convenção feita por um governo que se deixou oprimir pelos britânicos e não respeitou o corpo legislativo.

Ainda dizia que não era contrário ao fim da escravidão no Brasil, mas o comércio de escravos deveria acabar quando a nação brasileira assim o quisesse. "Uma nova ordem de coisas sucedeu a antiga marcha da administração",[41] afirmava o deputado por Goiás, que fazia questão de lembrar aos tribunos que o tempo da política não era mais o daquela empreendida por D. João.

---

37   ANAIS DA CÂMARA DOS DEPUTADOS, 2 jul. 1827.

38   Idem.

39   Idem.

40   Idem. O projeto ao qual ele faz menção foi apresentado, em 19 de maio de 1826, por José Clemente Pereira, propondo abolir o tráfico de africanos em 1840.

41   Ibidem.

Em tempos de paz, não seriam válidos assinados sob o poder da coação. E em longo discurso, Cunha Mattos deixou claro que a intenção dos ingleses era apartar o Brasil da costa africana para ali dominarem sozinhos. "O tempo já passou; antigamente fomos nós e no dia de hoje são os ingleses quem tiram toda a vantagem destas grandes riquezas",[42] avaliou Cunha Mattos, também duvidando da filantropia britânica: "(...) eu bem conheço que entre eles há inumeráveis moralistas, verdadeiros amigos da humanidade, mas também sei que muitos desses que se chamam filantropos são mais políticos do que amigos da humanidade (...)".[43]

O tribuno dizia que não era contra o fim da escravidão, mas, sim, declaradamente contrário à convenção de 1826 porque a lei não partira do Legislativo brasileiro. A escravidão, segundo o deputado, ainda era necessária ao desenvolvimento econômico do Brasil, cuja riqueza dependia do trabalho majoritariamente agrário. Por meio de um discurso bastante extenso, Mattos dizia que era primordial manter a escravidão no Brasil pelos próximos anos, e chegava a indicar que ela parecia ser uma opção positiva para os negros que corriam risco de morte durante guerras fratricidas.[44] Defendia que o Tratado de 1826 fosse considerado nulo.

O deputado por Goiás também disse que os escravos iriam diminuir e que faltaria mão de obra para lidar com o trabalho braçal. Para ele, os europeus que aqui chegavam serviam para trabalhar como mascates, mas não estavam acostumados ao cotidiano dos engenhos. Segundo uma suposta superioridade de raça, Mattos dizia que um europeu imigrante não aguentaria desempenhar as atividades de um africano. Foi o mesmo tribuno quem ainda disse, com veemência, que o Brasil não deveria ter cedido às pressões externas

---

42   Ibidem.

43   Ibidem.

44   O deputado fez questão de lembrar-se de sua experiência na Ilha de São Tomé e Príncipe, que, como grande produtora de açúcar, logo foi povoada de africanos. O comércio de escravos movimentou a antiga capitania portuguesa, que já estava em decadência no fim dos Setecentos, e era palco de confronto de elites locais. Foi ele quem esteve em missão para apaziguar os conflitos entre a tropa e o governo da região, logo sendo alçado à função de Comandante da Artilharia, chegando a ser aquartelado ao ser acusado de ter inflado seus soldados à insubordinação. Sobre a experiência, ver RODRIGUES, Neuma Brilhante. *Nos caminhos do Império*. Op. Cit.

porque a Inglaterra era uma das grandes beneficiárias das relações diplomáticas que estabeleceu com a única monarquia reinante na América. Indicou que desde a abertura dos portos, os britânicos lograram vantagens nas relações que estabeleceram com o Brasil. De acordo com ele, se os representantes brasileiros tivessem se mantido firmes, a Inglaterra nada poderia fazer, pois não lhe interessava bloquear nossos portos ou ainda nos declarar a guerra.

Portanto, os deputados deveriam ser coerentes e cobrar do governo uma postura menos subserviente, porque todos os ministros, cônsules, embaixadores, negociadores e capelães se portaram, nas palavras de Mattos, como escravos diante da Inglaterra. Irônico, o tribuno argumentava que se seus colegas estavam tão consternados sobre os malefícios da escravidão no Brasil, deveriam logo libertar todos os negros, não dependendo de qualquer convenção para fazê-lo.

Fazendo coro ao discurso de Cunha Mattos, o deputado por São Paulo, Francisco de Paula Sousa e Melo, dizia:

> Esta negociação não é daquelas que pela Constituição tem o governo o poder de fazer, pois, os que podem e são eles – de aliança ofensiva e defensiva, comércio e subsídios – e nenhum outros, e num governo representativo constitucional, todos sabem que os poderes constituídos só têm faculdade de fazer tão solenemente aquilo que a constituição prescreve e nada mais; não podem saltar, nem ainda levemente nas suas órbitas, pois, sendo em tal sistema de governo os poderes delegações da nação, não tem sido delegada aquela atribuição, que a lei fundamental expressamente não faculta: tanto mais que no caso presente a Constituição não quis dar mais amplitude que a expressada, mesmo que o governo não pudesse abusar, sobretudo, fazendo tratados.

Muitos afirmavam que o problema do Tratado de 1826 não estava ligado ao seu teor, mas à forma como os negócios foram conduzidos pelos representantes do Império. Não poderia haver, segundo pensava, a interferência do governo em questões do Legislativo. "Em um governo representativo, ninguém senão o corpo legislativo pode fazer leis",[45] falava. Diziam que a Convenção era, "desgraçadamente, a fatalidade dos negócios do Brasil".[46]

---

45   Idem.

46   Idem.

Deputados acusavam o Executivo, especialmente o ministério, de inabilidade política. Era preciso demonstrar como o governo era, nas palavras dos tribunos, arbitrário e exorbitava suas atribuições para além do que determinava a Constituição. De acordo com a mesma Carta, depois de concluídos, os tratados deveriam ir à Câmara para conhecimento dos representantes do Legislativo. O ministro ratificou o tratado sem antes tê-lo levado ao Parlamento, e, por isso, era crucificado pelos tribunos.

Como apontado por Nicolau Vergueiro (de São Paulo), uma coisa era tratado concluído, outra era um documento ratificado, referendado, sacramentado pelo monarca, como chefe do Executivo: "(...) diz-se um tratado concluído logo que é assinado pelos negociadores, porém só se diz ratificado quando posteriormente é aprovado pelo soberano".[47] O ministro, nas palavras do parlamentar, se antecipou ao que determinava a Constituição.

Bernardo Pereira de Vasconcelos – assim como fizeram Vergueiro, Coutinho, Calmon, Paula e Sousa, Cunha Mattos e Augusto May – desejava responsabilizar o ministro dos Estrangeiros pelo tratado com os ingleses. Não o fazia sem antes criticar a postura do governo brasileiro, alegando desrespeito aos termos do artigo 102 e retomando as colocações anteriores que diziam que os representantes do Império não poderiam ter aceitado a punição de brasileiros por meio de tribunais estrangeiros. Vasconcelos defendeu que a infração ao referido item legal não se deu pelo fato de se firmar o acordo com outra nação. Ocorreu porque se permitiu que imputassem pena aos que não andassem de acordo com a nova determinação. Atribuir a penalidade ao infrator seria, segundo o parlamentar por Minas Gerais, uma atribuição do Legislativo.

De fato, esse, que era o artigo primeiro do Tratado de 1826, foi tema de muitas discussões parlamentares nas décadas seguintes. Ao governo inglês, era interessante que os desertores fossem acusados de pirataria, pois, assim, seria mais fácil coibirem o tráfico no Atlântico. Por outro lado, o Brasil estabeleceu uma luta para garantir que seus cidadãos fossem julgados pelos seus.[48]

---

47 Idem.

48 Cf. BETHELL, Leslie. Op. Cit. Capítulo IX.

E muito se discutiu sobre o assunto, que incomodava tanto a outros parlamentares por ferir o que Almeida Albuquerque identificou como "direito de soberania". Era exatamente aí que se manifestavam os deputados para dizer que o governo estava ultrapassando fronteiras e ocupando o espaço do Legislativo. Usurpavam-se atribuições de outros poderes, nas palavras de Paula Sousa:

> se um ministro pôde por um tratado fazer leis e desfazê-las, fechem-se as portas das salas dos senadores e deputados, é escusada esta forma de governo e abracemos outra vez os proscritos do absolutismo.[49]

As questões eram quase todas sobre o fato de o governo ter ratificado o acordo sem apresentá-lo à Assembleia-Geral, tolhendo-a do exercício de um direito constitucional. Para Lino Coutinho, houve violação da lei:

> Para que manda a Constituição que os tratados sejam apresentados ao poder legislativo sem exigir aprovação? Está visto que é para que as câmaras legislativas discutam e falem sobre esses tratados, emitam a sua opinião: e então o poder executivo, à vista das nossas ideias emitidas, ratifique ou não o tratado.[50]

Fica entendido, na fala de Coutinho, que também seria de bom tom que o governo quisesse ouvir as contribuições dos representantes do Estado. Deveria ser estabelecida uma relação colaborativa entre os poderes do Império. Para Lino Coutinho, o governo não entendia que a Câmara era a representação da nação e, por isso, não lhe enviara um acordo tão sério e que tinha tanta interferência na política de Estado. Ele afirmava que o governo interpretava a Constituição a seu favor, dispondo das competências do Parlamento. Para os tribunos, cabia ao governo ouvir as opiniões que deliberavam sobre um dado tema. Por que não fazê-lo?

Apontamos algumas razões. A primeira, um tanto óbvia, embora, nem por isso menos importante: o imperador não tinha a maioria na Câmara, que, desde que foi restabelecida, já lhe dava indícios de que não seria subserviente aos seus interesses. Além disso, quando em negociação o reconhecimento da

---

49   ANAIS DA CÂMARA DOS DEPUTADOS, 4 jul. 1827.

50   Idem.

Independência, o Parlamento ainda estava fechado. E a Convenção de 1826, como sabemos, foi um desdobramento das conversações anteriores, que culminaram com as bênçãos de Portugal e da Inglaterra quanto à legalidade do novo Estado na América. Se tivessem chegado à Câmara, não se poderia dizer que seria aprovado o acordo com os ingleses, em detrimento dos interesses de muitos dos membros do Legislativo.

Outro fator que deve ser considerado, e, para nós, o mais importante deles, é que a mesma Carta Constitucional que nos apresenta as especificidades do Poder Executivo (artigo 102), também nos dizia que "o Poder Legislativo é delegado à Assembleia Geral com a Sanção do Imperador" (artigo 13). De acordo com esse artigo, os poderes de Pedro I se estendiam, portanto, sobre os poderes do Estado. Além de ser o detentor do Poder Moderador e do Executivo, ele era quem autorizaria os trabalhos do Legislativo. Todavia, essa não era a percepção dos opositores do governo. Eles se valiam do artigo 12 da Carta de 1824 para defender que não estavam sob a tutela do monarca. Esse artigo dizia que todos os poderes no Império do Brasil eram delegações da nação. Tratava-se, portanto, de uma contradição oriunda da própria lei fundamental do Estado. Para a oposição, o Legislativo não era uma ramificação do poder imperial. Dependendo da leitura que se fizesse desses dois artigos, os parlamentares saberiam se valer de que lado iriam tomar partido. A Câmara não era, portanto, um mero corpo consultivo e, sim, um órgão da nação.

Segundo Bernardo Pereira de Vasconcelos, o papel da Assembleia-Geral era ser mais do que "conselheira do trono, porque ela é superior ao conselho de estado; ao menos eu preferirei a honra de ser representante da nação, ao cargo de conselheiro de estado, ainda que muito brilhante (...) Se passa esta opinião, que não devem os tratados ser apresentados às Câmaras antes de sua ratificação, adeus constituição, adeus monarquia, porque nesses tratados se podia então convencionar que não houvesse constituição, que os estrangeiros fossem admitidos aos cargos públicos. (...)"

Vasconcelos defendeu que a lei era o grande baluarte de um sistema monárquico e constitucional. Na interpretação dos deputados, o artigo 102 contrariava o artigo 12 do Título 3º (todos os poderes do Império são delegados da nação). Nunca é demais lembrar que o Título 3º da Constituição determinava "os Poderes, e a Representação Nacional", enquanto o artigo 102 explicitava as atribuições do Executivo. Como cada deputado interpretava a Constituição conforme seus interesses, para a oposição, a discordância residia no fato de o artigo 12 ser considerado mais importante do que o 102. A retórica se materializava entre as contrariedades e interpretações divergentes sobre a lei: todos se diziam constitucionais.

Se para os tribunos o governo burlou a Constituição em relação aos tratados de 1825 e de 1826, o fez também em relação à Convenção de 1828. O Executivo violou a Carta Constitucional em seu artigo 102 ao firmar uma negociação de paz, que cedeu território do Brasil, e não passou pelo crivo da Câmara. Novamente, os debates se repetiram como as mesmas acusações aos ministros. A diferença é que, em 1828, a Lei de Responsabilidade dos Ministros já estava vigorando a todo vapor. Os deputados falavam em buscar os culpados e em levarem-nos à Câmara para explicações concernentes.

Na sessão de 16 de maio de 1828, Silva Maia chamou a atenção para o fato de que o governo também já havia estabelecido negociações para firmar um tratado, novamente sob a intermediação inglesa, para findar a Guerra da Cisplatina. Os deputados passaram então a questionar a natureza do confronto, no mesmo momento em que debatiam o Voto de Graças à Fala do Trono de 1828. Novamente abria-se espaço para a polêmica, quando os tribunos apreciavam o fato de o imperador ter indicado que as negociações de paz já estavam em curso.

E se em 1826 falava-se em defesa da honra brasileira, dois anos depois, era hora de imputar culpa àqueles que envergonharam o Brasil na condução de uma guerra sofrível, que "estraga a nação brasileira",[51] como dito por Lino Coutinho. Segundo ele, era preciso saber que princípios foram postos em prática para entabular negociações pela paz, pois "eu tenho visto que um entabulamento destes negócios tem sido feito de maneira extraordinária".[52]

Maia e Coutinho referiam-se à Convenção de 1828, que selou a paz entre Brasil e Buenos Aires. O conflito cessou somente quando a Grã-Bretanha interferiu no processo, mediando um tratado que lhe garantiu a livre navegação

---

51   Idem.

52   Idem.

no Rio da Prata pelo período de 15 anos. Como dito por Eric Hobsbawm,[53] até meados do século XIX, a Inglaterra foi a única potência capaz de exercer completa hegemonia mundial, especialmente porque soube apropriar-se das artimanhas da diplomacia para reverter questões da política internacional a seu favor. Há muito, a Inglaterra vinha demonstrando ter interesses em se envolver com as questões políticas e comerciais na América do Sul.[54]

De acordo com Lino Coutinho, a Câmara merecia saber as razões pelas quais foram feitas a guerra e como estavam sendo conduzidos os termos de paz. Ele enfatizou que não era interesse daquela representação que os acordos fossem desvantajosos para o Brasil, tal como os tratados firmados pelo Executivo anteriormente.

Em 1828, para Holanda Cavalcanti, o Império deu mostras de que não soube se fazer respeitar em combate. Possuía maiores recursos e soldados do que Buenos Aires e, no entanto, não soube conduzir suas ações no *front*. O mesmo tribuno lembrou que o Brasil possuía condições materiais de ter derrotado Buenos Aires, dizendo que não o fez por incompetência do ministro de Guerra. O Executivo poderia ter imposto, segundo ele, restrições à república opositora, mas, se nada fez, decerto não obteria uma paz vantajosa no fim do confronto. As afirmações de Cavalcanti na Câmara indicavam que Pedro I empreendeu uma guerra que não contou com o crivo do Parlamento. Foi uma atitude encabeçada por ele, sem a anuência da representação da nação. Portanto, cobrava-se do governo que respondesse pelas suas atitudes, lembrando que a guerra foi sustentada por ele e que a derrota do Brasil no Prata atestava o despreparo do seu ministério: "É necessário que (...) digamos ao governo que tem abusado inteiramente de todo o poder que se acha depositado nas suas mãos e que só neste caso se achará comprometida a honra nacional".[55]

---

53   Cf. HOBSBAWM, Eric. *A era dos Impérios*. São Paulo: Paz e Terra, 1988, especialmente as páginas 46-48.

54   Sobre a Convenção de 1828 e o processo que levou à ratificação desse documento, veja: PEREIRA, Aline Pinto. *Domínios e Império*. Op. Cit. Conferir especialmente o capítulo 3.

55   Idem.

Outros tribunos queixavam-se, dizendo que o Executivo não havia deixado claro quais eram efetivamente as razões da guerra no Prata. "Mostre o governo a esta Câmara a necessidade de defender a honra da nação, e a Câmara o coadjuvará",[56] afirmava Holanda Cavalcanti.

O tratado que entabulava a paz, foi, para os deputados, mais uma violação do artigo 102, pois houve a cessão de território sem a consulta formal à Câmara. O deputado Luis Augusto May declarou aos colegas que se achava coagido (termo usado por ele) em relação a todos os tratados firmados pelo Império.

E era papel da Câmara explicitar, sem medo, suas discordâncias em relação ao Executivo. A Carta de 1824 já havia determinado as prerrogativas do Poder Legislativo. E os parlamentares souberam se valer da letra da lei para se reafirmarem como os representantes legítimos do Estado que se forjava. Pela oposição ao governo, B. P. de Vasconcelos pedia aos colegas de tribuna que comparassem a situação do país, em 1826, e a que viviam dois anos depois. As conjunturas eram, segundo o parlamentar mineiro, completamente diferentes. Para ele, o que se estava criando era o novo edifício institucional e político, sob as bases constitucionais.

Em face da conjuntura de crise, pré e pós-abdicação, durante a Regência foi aprovada, em 14 de junho de 1831, a lei "Forma de Eleição da Regência Permanente e suas atribuições". No seu artigo 20 afirmava que o governo não poderia dissolver a Câmara dos Deputados, como também não estava autorizado a ratificar tratados e convenções com outros países – independentemente da natureza deles – sem a aprovação do Parlamento. A Regência também não poderia declarar guerra, suspender liberdades individuais e nomear conselheiros, conceder títulos nobiliárquicos e anistiar pessoas sem o consentimento do Parlamento. Com a lei em tela, o Legislativo limitou a atuação do Executivo, no período de 1831 a 1840, e "invertia a relação de forças vigentes até então, fortalecendo o poder dos deputados, em detrimento dos regentes".[57]

---

56 ANAIS DA CÂMARA DOS DEPUTADOS. Sessão 12 ago. 1828.

57 BASILE, Marcello. "O laboratório da nação: a era regencial (1831-1840)". In: GRINBERG, Keila; SALLES, Ricardo (org.). *O Brasil Imperial – 1831-1889, vol. II*. Rio de Janeiro: Civilização Brasileira, 2009, p. 73.

A lei de 14 de junho foi discutida aos poucos, em várias sessões na Câmara. Entretanto, em 25 de maio daquele ano, os deputados apresentaram suas considerações sobre os tratados a serem feitos pelo país, votando e aprovando o artigo que dizia respeito à ratificação dos acordos internacionais. Era necessário "pôr obstáculos à continuação de tais abusos, sem privar, contudo, o governo da força necessária para promover o bem público".[58] Afinal, eles lembraram que eram "todos os tratados, até certo ponto, medidas legislativas",[59] apresentando ainda suas impressões mais específicas para definir as especificidades dos termos: convenções, tratados, armistícios e tréguas.

Na Regência, ainda que a correção de forças políticas tenha sido transformada, conforme os interesses dos homens à época, fato é que os tribunos da Câmara dos Deputados, em sua Primeira Legislatura, foram o principal anteparo às medidas arbitrárias do governo de Pedro I. Logo inverteram a polaridade e consagraram o Legislativo, na letra da lei, como o mais influente órgão de representação da nação.

Bibliografia

ALMEIDA, Paulo Roberto. *Formação da diplomacia econômica no Brasil*. São Paulo: Editora Senac-Funag, 2001.

BARBOSA, Silvana Mota. *A sphinge monárquica: o poder moderador e a política imperial*. Tese de Doutorado – Unicamp, Campinas, 2001.

BASILE, Marcello. "O laboratório da nação: a era regencial (1831-1840)". In: GRINBERG, Keila; SALLES, Ricardo (org.). *O Brasil Imperial – 1831-1889*, vol. II. Rio de Janeiro: 2009.

BETHELL, Leslie. *A abolição do comércio brasileiro de escravos: a Grã-Bretanha, o Brasil e a questão do comércio de escravos 1807-1869*. Brasília: Senado, 2002.

BRASIL. *Coleção Constituição do Império*. Brasília: Editora do Senado, 2001.

BRASIL. *Dados biográficos dos Senadores de Pernambuco 1826-2001*. Brasília: Editora do Senado, 2001.

---

58   ANAIS DA CÂMARA DOS DEPUTADOS. Sessão 25 maio 1831.

59   Idem.

CALOGERAS, Pandiá. *Política exterior do Império*, v. 2. Brasília: Câmara dos Deputados, 1989.

CERVO, Amado; BUENO, Clodoaldo. *História da política exterior do Brasil.* 3ª ed. Brasília: Editora Universidade de Brasília, 2008.

CONCEIÇÃO, Lívia Beatriz. *Soberania no mundo atlântico: tráfico de escravos e a construção do Estado nacional no Brasil monárquico (1831-1850).* Dissertação de Mestrado – Universidade Federal Fluminense, Niterói, 2004.

GUERRA, François-Xavier. *Modernidad y Independencias: ensayos sobre las revoluciones hispanicas.* México: Editorial Mapfre, Fondo de Cultura Económica, 1992.

NEVES, Lúcia M. B. P. das; MACHADO, Humberto Fernandes. *O Império do Brasil.* Rio de Janeiro: Nova Fronteira, 1999.

PARRON, Tâmis. *A política da escravidão no Império do Brasil, 1826-1865.* Rio de Janeiro: Civilização Brasileira, 2011.

PEREIRA, Aline Pinto. *Domínios e Império: o Tratado de 1825 e a Guerra da Cisplatina na construção do Estado no Brasil.* Dissertação de Mestrado – UFF, Niterói, 2007.

PEREIRA, Vantuil. *Ao soberano congresso: direitos do cidadão na formação do estado imperial (1822-1831).* São Paulo: Alameda Casa Editorial, 2010.

PRADO JUNIOR, Caio. *Evolução política do Brasil: Colônia e Império.* São Paulo: Brasiliense, 2007.

REMOND, René (org.). *Por uma história política.* Rio de Janeiro: Ed. UFRJ/ Ed. FGV, 1996.

RIBEIRO, Gladys S. *A liberdade em construção. Identidade nacional e conflito antilusitano no Primeiro Reinado.* Rio de Janeiro: Relume-Dumará, 2002.

RIBEIRO, Gladys S. "Legalidade, legitimidade e soberania no reconhecimento da Independência". RIBEIRO, Gladys Sabina (org.). *Brasileiros e cidadãos: modernidade política (1822-1930).* São Paulo: Alameda Casa Editorial, 2008.

RIBEIRO, Gladys S. "O Tratado de 1825 e a construção de uma determinada identidade nacional: os sequestros de bens e a Comissão Mista Brasil – Portugal". In: CARVALHO, José Murilo de (org.). *Nação e cidadania no Império: novos horizontes*. Rio de Janeiro: Civilização Brasileira, 2007, p. 395-420.

RIBEIRO, Gladys S.; PEREIRA, Vantuil. "O Primeiro Reinado em revisão". In: GRINBERG, Keila; SALLES, Ricardo (org.). *Coleção Brasil Imperial*, v. 1. Rio de Janeiro: Civilização Brasileira, 2009.

RODRIGUES, Neuma Brilhante. *Nos caminhos do Império: a trajetória de Raimundo José da Cunha Mattos*. Tese de Doutorado: UnB, Brasília, 2008.

SLEMIAN, Andréa. *Sob o império das leis: Constituição e unidade nacional na formação do Brasil (1822-1834)*. Tese de Doutorado – Universidade de São Paulo, São Paulo, 2006.

SOUZA, Iara Lis Carvalho. *Pátria coroada: o Brasil como corpo autônomo, 1780-1831*. São Paulo: Unesp, 1999.

VATTEL, Emer de. *O direito das gentes*. Brasília: Editora da UnB, 2004.

3. O ocaso de Justiniano José da Rocha? Perspectivas para um debate cruzado com Tavares Bastos em meados do Oitocentos

Gladys Sabina Ribeiro[1]

Em pesquisa e análise de jornais nos quais Justiniano José da Rocha atuou como redator ou jornalista, bem como nos folhetos *Ação, Reação e Transação*[2] e *Monarchia-democracia*,[3] tive clareza que Rocha escreveu especificamente para travar um diálogo com homens do Partido Conservador e Liberal, esgrimindo posições que vinha defendendo desde o período regencial e que traçavam uma espécie de teoria política sobre como se devia gerir o Estado brasileiro. Também a leitura do dia a dia da Câmara dos Deputados trouxe à tona um advogado, escritor e parlamentar que não era um simples pena de aluguel.[4] Se é verdade que, como político, se manifestava pouco na tribuna, quando o fazia, seu discurso tinha força e era ácido. É certo que emprestava seu conhecimento para servir aos conservadores, porém, partia de uma visão própria dos acontecimentos.

Assim, o que temos procurado mostrar em outros textos é que Justiniano preconizava possibilidades de reformas dentro do Partido Conservador desde o início de sua carreira como jornalista e, depois, deputado. Nesse sentido, é importante que compreendamos o impacto dos seus escritos por meio do di-

---

1   Professora Titular do Instituto de História da UFF, pesquisadora do CNPq e do CEO, coordenadora do NEMIC.

2   ROCHA, Justiniano José da. Ação, Reação e Transação. In: MAGALHÃES JÚNIOR, Raimundo. *Três panfletários do Segundo Reinado.* Rio de Janeiro: Academia Brasileira de Letras, 2009.

3   ROCHA, Justiniano José da. *Monarchia-democracia.* Rio de Janeiro: Typ. De F. de Paula Brito, 1860, p. 55.

4   RIBEIRO, G. S. Pena de aluguel? Justiniano José da Rocha e o Poder Judiciário. In: CARVALHO, José Murilo de; NEVES, Lucia Maria Bastos P. (org.). *Dimensões e fronteiras do Estado brasileiro no Oitocentos.* Rio de Janeiro: Eduerj, 2014.

álogo que outros políticos travavam com suas ideias, debate que muitas vezes era indireto, mas bem claro em suas referências. Esse é o caso, por exemplo, do folheto de Tavares Bastos, *Realidade, Ilusão e Solução,* publicado em *Os males do presente e as esperanças do futuro,*[5] que é um claro contraponto ao texto citado de Justiniano, *Ação, Reação e Transação,* como tentaremos demonstrar neste capítulo.

Tavares Bastos tinha saído das hostes conservadoras e, na década de 1860, pregava reformas dentro do Partido Liberal. Como Justiniano, considerava a monarquia um bom caminho para o progresso. Portanto, as propostas de Rocha e Bastos visavam ao progresso por meio de uma correta administração do Estado, passando o primeiro pelo município e o segundo, pela província. Então, para embasarmos nossa premissa, teceremos alguns comentários sobre seus escritos, tentando demonstrar, em seguida, esse contrapondo por meio das ideias traçadas por um e por outro em seus respectivos folhetos. Mostraremos igualmente, no fim, como o que se discutia em meados do Oitocentos foi fundamental para o desenho político da Primeira República.

Comecemos por Justiniano José da Rocha, que desde seus primeiros escritos propunha um caminho de continuidade constante e ordeiro para o progresso, com base na lei. Para ele, ao progresso se havia chegado depois de um período de *Ação* e de *Reação,* e tinha de se cuidar do presente, pensamento renovado em vários textos, tais como nos verbetes do *Dicionário crítico da língua política,* que publicou em *O Brasil,* bem como em outros artigos que escreveu neste e em outros jornais, e nos folhetos citados *Ação, Reação e Transação* e *Monarquia-democracia.*[6] Neste último folheto, por exemplo, fez leitura das liberdades individuais e de como devia ser a gestão do Estado, via Executivo. Essas ideias também estão presentes na carta que enviou ao Visconde de Paraná, de 3 de novembro de 1854, e no célebre discurso feito em 19 de maio de 1855. Desde o início de sua vida pública tinha uma visão de como

---

5   BASTOS, Aureliano Cândido Tavares. *Os males do passado e as esperanças do futuro.* São Paulo – Porto Alegre – Rio de Janeiro: Companhia Editora Nacional, 1939.

6   BARBOSA, Silvana Mota. "'Panfletos vendidos como *canela*': anotações em torno do debate político nos anos 1860." In: CARVALHO, José Murilo de (org.). *Nação e cidadania no Império:* novos horizontes. Rio de Janeiro: Civilização Brasileira, 2007, p. 153-183.

o Estado e as suas instituições deviam ser conduzidos, e de como os poderes deviam ser controlados para conter as agitações das ruas, sendo sempre peças fundamentais a lei e o Poder Judiciário.

Vários autores sublinharam que as ideias de Rocha continuaram a fazer eco na historiografia que tratou da primeira metade do século XIX. Raimundo Magalhães Júnior afirmou que Joaquim Nabuco tomou-lhe emprestado a linha mestra dos primeiros capítulos de *Um estadista do Império*.[7]

Tâmis Parron traçou alguns desses impactos ao escrever que Joaquim Nabuco e Silvio Romero elogiaram sua obra *Ação, Reação e Transação*, enquanto Machado de Assis a teria parodiado em dois capítulos do romance *Isaú e Jacó* ("Fusão, Difusão e Confusão..." e "Transfusão, Enfim"), e, ainda, que o panfleto teria sido assimilado nos estudos de Oliveira Lima, Hélio Viana e Otávio Tarquínio de Souza. As interpretações de Sérgio Buarque de Holanda, que designou um volume da obra *História geral da civilização brasileira*, de *Reações e Transações*, e de Ilmar R. de Mattos, *O tempo Saquarema*, também teriam sido capturadas pela visão de Justiniano José da Rocha sobre a primeira metade do século XIX.[8]

Às influências que seus escritos tiveram na historiografia, podemos somar as discussões a respeito da sua posição política dentro do Partido Conservador e a polêmica em relação à originalidade de seus textos. Discutiu-se à farta se o folheto era defesa ou não da política da *Conciliação*, versão que chegou até mesmo a dissertações mais recentes sobre o assunto.[9]Embora estas tragam novas perspectivas sobre Justiniano, acabaram se restringindo a discutir o folheto e a sua memória sobre o período regencial, contemplando a atuação de Justiniano no Regresso e nos primeiros anos de atuação do Partido Conservador.

---

7 MAGALHÃES JÚNIOR, R. *Três panfletários do Segundo Reinado*. Rio de Janeiro: Academia Brasileira de Letras, 2009, p. 142.

8 PARRON, Tâmis Peixoto. *Justiniano José da Rocha. Ação, reação e transação. Duas palavras acerca da atualidade política do Brasil (1855)*. São Paulo: EDUSP, 2016, p. 15-16.

9 TORRES, Valéria Aparecida Rocha. *Justiniano José da Rocha e a memória do Período Regencial*. Campinas: Dissertação de Mestrado - UNICAMP, 1998 e QUEIROZ, Tatiane Rocha de. *Do regressismo ao conservadorismo do periódico O Brasil (1840-1843)*. Dissertação (Mestrado em História Social) – UERJ, São Gonçalo, 2011.

Esses foram os objetivos, respectivamente, de Valéria Aparecida Rocha Torres e de Tatiane Rocha de Queiroz. A primeira defendeu uma dissertação de mestrado intitulada *Justiniano José da Rocha e a memória do período regencial*.[10] No primeiro capítulo, resenhou a historiografia da Regência. Nos dois últimos, tratou do folheto tanto no contraponto com Timandro, quanto abordou a discussão sobre a real intenção de Justiniano: se era apoiar o futuro Marquês do Paraná, ou se o texto era expressão de outras formas de pensar dentro do campo conservador. Já Tatiane tematizou o Regresso e os primeiros anos após a Maioridade. Em *Do regressismo ao conservadorismo do periódico O Brasil (1840-1843)*,[11] centrou sua análise em alguns artigos desse jornal para pensar em como se forjou, nesses anos, a identidade dos conservadores. Escolheu analisar dois temas: a forma como Rocha tratou a Maioridade e abordou as revoltas liberais de 1842. No último capítulo, cuidou do *Dicionário crítico da língua política*, publicado em 1843, nesse mesmo impresso. Foi essa publicação que balizou o fim da sua dissertação, embora o jornal tenha existido até 1845. Entretanto, ressaltou que só trabalhou vocábulos que ajudassem a compreender o ideário político dos regressistas, compreendidos por ela como os futuros conservadores. Portanto, não se debruçou sobre o *Dicionário* como um todo e tomou como pressuposto que este seria uma espécie de adaptação de um outro dicionário: o de J. C. Bailleul, também impresso na tipografia de Paula Brito.[12]

Político, mas, sobretudo, jornalista. Esse foi o foco do doutorado de Cláudia Adriana Alves Caldeira sobre a longa atuação de Rocha na imprensa da Corte, investigando sua trajetória em outros campos de atuação: como professor e censor do Conservatório de Artes Dramáticas.[13]

Magalhães Júnior, Elmano Cardim, Maria de Lourdes Mônaco Janotti, Lúcia Guimarães e Tâmis Parron trouxeram análises que julgamos mais pro-

---

10 TORRES, Valéria Aparecida Rocha. Op. Cit.

11 QUEIROZ, Tatiane Rocha de. Op. Cit.

12 Idem, p. 68.

13 CALDEIRA, Cláudia Adriana Alves. *Justiniano José da Rocha: bastidores da imprensa política*. Rio de Janeiro: UERJ, 2016.

fícuas. No artigo *Pena de aluguel? Justiniano José da Rocha e o Poder Judiciário*, dialogamos com estes autores imediatamente citados, exceto Tâmis Parron.[14] Magalhães Júnior[15] afirmou ser Justiniano um "jornalista governamental", "intérprete do pensamento conservador e defensor dos ministérios dessa facção"; um "ministerialista de profissão" e homem que defendeu os gabinetes de 1848 a 1853, de 1858 a 1862, ano da sua morte, e que serviu a Paraná e a Caxias, preservando a política de *Conciliação*.[16]

Para Elmano Cardim,[17] Justiniano não aceitava a *Conciliação*; ao contrário, tinha ideias independentes e até contraditórias. Analisava os fatos frente a uma ameaça futura de má condução da política de *Conciliação*, que podia levar mais uma vez o Brasil imperial à ação, à desordem. Afirmava que Rocha julgava oscilar o governo entre exageros e tendências monárquicas, mas enfatizava ser o Brasil uma democracia. Para ele, a *Transação* era um "anseio nacional", e o que desejava de fato era alertar Honório que a *Conciliação* tinha de ser mais ampla, para não haver nova reação.[18]

Em 1982, Maria de Lourdes Mônaco Janotti listou os momentos da história do folheto para afirmar que sua periodização era mais aparente do que real porque a *Ação* era de fato o tema central, uma vez que "a Reação e o Triunfo monárquicos redundavam na mesma terceira temática". Para ela, a divisão era um recurso didático, e o último período concluía o texto do autor porque entrevia a "continuação do processo".[19] Não havia inspiração em He-

---

14   RIBEIRO, Gladys Sabina. Pena de aluguel? Justiniano José da Rocha e o Poder Judiciário. In: CARVALHO, José Murilo de; NEVES, Lucia Maria Bastos P. (orgs.). *Dimensões e fronteiras do Estado brasileiro no Oitocentos*. 1ed. Rio de Janeiro: EdUERJ, 2014, p. 63-70. Neste artigo analiso com mais vagar como cada um desses autores interpreta Justiniano José da Rocha.

15   MAGALHÃES JÚNIOR, Raimundo. Justiniano José da Rocha e Ação, Reação e Transação. In: MAGALHÃES JÚNIOR, Raimundo. *Três panfletários do Segundo Reinado*. Rio de Janeiro: Academia Brasileira de Letras, 2009, p. 125-158.

16   MAGALHÃES JÚNIOR, Raimundo. Op. Cit., p. 126

17   CARDIM, Elmano. *Justiniano José da Rocha*. São Paulo: Companhia Editora Nacional, 1964.

18   Idem, p. 83.

19   JANOTTI, Maria de Lourdes Mônaco. A falsa dialética: Justiniano José da Rocha. *Revista Brasileira de História*, São Paulo, 2 (3): 3-17, mar 1982, p. 7.

gel, como sugeriu R. Magalhães Júnior. Também não viu ser esse texto "peça de apoio incondicional à política do gabinete". Situou o folheto como peça de ocasião, romântica, tal qual as escritas por Sales Torres Homem e por João Francisco Lisboa.[20]

Para Lúcia Maria Paschoal Guimarães, ao contrário de Janotti, o folheto tinha clara inspiração em Hegel.[21] Achou que a preocupação de Justiniano não era exatamente a dialética, mas introduzir um "problema contemporâneo".[22] O folheto censurava Honório e não era uma resposta aos que se opunham à *Conciliação*. Criticou ainda Magalhães Júnior e Francisco Iglesias, que diziam que Justiniano enaltecia a *Transação*. Ao ser desfavorável à gestão de Honório, Justiniano cobrava reformas, porém escrevia sendo pena de aluguel porque havia algum segredo entre ele e Nabuco de Araújo.[23]

Tâmis Parron publicou recentemente uma excelente análise do folheto.[24] Criticou Jeffrey Needell e Roderick Barman por, ao serem menos ousados na interpretação desse texto, terem se concentrado mais na condição do subtítulo (*Duas palavras acerca da atualidade política*), trazendo uma visão limitada da história, ao reverso do que o havia consagrado: uma interpretação do século XIX. Fez dois movimentos importantes de análise do folheto. O primeiro, para "restaurar o contexto integrante do enunciado e da enunciação do texto"; o segundo, para identificar seu modelo retórico de tal modo que afirmou se poder "extrair dos eventos particulares um alto poder de generalização conceitual".[25] No capítulo "Homem do Partido, Homem Partido", apesar de sublinhar o que considerou as mudanças contínuas de posição política de Justiniano no seio dos conservadores, por vezes apoiando e por outras criticando pautas discutidas, trouxe a importância de um primeiro momento

---

20   Idem, p. 15.

21   GUIMARÃES, Lúcia Maria Paschoal. Ação, reação e transação: a pena de aluguel e a historiografia. In: CARVALHO, José Murilo de (org.). *Nação e cidadania no Império: novos horizontes.* Rio de Janeiro: Civilização Brasileira, 2007, p. 76-77.

22   Idem, p. 77.

23   Idem, p. 83.

24   PARRON, Tâmis Peixoto. Op. Cit.

25   Idem, p. 16-17.

de vida de Rocha, junto aos liberais moderados e em defesa de uma certa dose de federalismo, antes da queda de D. Pedro I,[26] e examinou sua adesão ao Regresso como necessidade de uniformizar o Judiciário e centralizá-lo.[27] Mostrou como divulgou pautas do seu grupo no jornal *O Brasil* e se situou na discórdia que aconteceu entre os conservadores com relação à *Conciliação*, à sua aproximação com os fazendeiros de Vassouras e à sua mudança de posição, segundo o autor, por uma "cintilante cifra de 400 mil réis por mês, pagos pelo Ministério da Justiça, em troca de artigos a serem publicados no Jornal do Commercio [...]".[28] Entretanto, o mais interessante do texto de Parron é pontificar a autonomia das ideias de Rocha, tal como venho tentando demonstrar faz alguns anos. Tâmis afirmou que "Seus textos eram vendidos; sua opinião, não".[29] Desta forma, traçou uma análise instigante do pensamento de Justiniano, que, na sua interpretação, expressava uma teoria geral do regime representativo, e da *Conciliação* como quebra dessa teoria, pondo em risco o presente e o futuro do Império naquele momento. Ainda para Tâmis, o folheto *Ação, Reação e Transação* foi "uma obra de interpretação e uma obra de intervenção".[30] Mostrou como se assemelhava em sua linguagem aos escritores franceses da Restauração e da Monarquia de Julho (doutrinários), revelando sua estrutura inspirada em Jean-Baptiste Raymond Capefigue, "coevo dos doutrinários, membro dos conservadores e autor da Histoire de la reforme, de la ligue et du régne de Henri IV (1834-1835)".[31]

Desta maneira, depois de sumariar algumas interpretações sobre o porquê de o folheto ter sido escrito, afirmo com Elmano Cardim que no pensamento de Justiniano a *Transação* se distinguia da *Conciliação* e que a *Transação* do Segundo Reinado não podia se dar contando com "o recurso à reação democrática contra a reação ao absolutismo". Ela devia ser obra do Poder

---

26   Idem, p. 19.

27   Idem, p. 22.

28   Idem, p. 24-29. A sua venda por umas moedas está na p. 29.

29   Idem, p. 31.

30   Idem, p. 36.

31   Idem, p. 37-38.

Judicial, organizado de acordo com a Constituição e com as necessidades públicas.[32] O biógrafo de Justiniano afirmou que a chave das mudanças que Rocha pregava estava nesse poder, uma vez que no Império o Judiciário não tinha independência. Cardim ainda defendeu que para Justiniano o Judiciário devia ter força sempre, e essa ideia teria se manifestado mais uma vez no período da *Transação*, ideia que não teria vingado porque o Executivo não abriu mão de suas prerrogativas.[33]

Justiniano desenvolveu, sim, uma teoria política. Em 8 de março de 1837, em um artigo publicado pelo jornal *O Chronista,* Rocha fez uma reflexão sobre o que chamava de "ciência política", que não era ligada à teoria, mas, sim, à experiência, às nacionalidades, às situações mutáveis que faziam parte da política. Cabia à *ciência política* a difícil tarefa de reunir "estabilidade com flexibilidade", sendo que a mobilidade seria parte da sua natureza. A variedade das possibilidades que abrangiam a constituição de um governo dependia de questões como a história de um povo, a sua juventude ou velhice, o clima, a indústria, os interesses locais e gerais, dentre outras. E as diferenças eram tão grandes que nenhuma monarquia ou república eram iguais, nem se mantinham as mesmas ao longo do tempo: compreendia serem essas qualificações genéricas e feitas de acordo com as convenções. Logo, as revoluções que norteavam as nações não se davam apenas em momento de crise. Esse axioma político era perigoso porque podia ser usado de acordo com interesses particulares. As mudanças deviam acontecer no correr da história. Em seguida, parecia se inspirar em Hegel, quando na mesma sessão e número, após comentar um artigo do *Cinccinato* que versava sobre as ditaduras no mundo, elegeu quatro maiores ditadores: Napoleão, Richelieu, Cromwell e Pedro I da Rússia. Embora afirmasse ser contra sistemas ditatoriais, admitia situações nas quais era importante aparecer um "homem gênio" – homem ao qual

---

32   CARDIM, Elmano. Op. Cit., p. 78, 131-135.

33   CARDIM, Elmano. Op. Cit., p. 79. Sigo esse mesmo rastro no artigo que citei e no que escrevi com Beatriz Momesso. Ver: RIBEIRO, Gladys Sabina; MOMESSO, B. P. Ideias que vão e que vem: o diálogo entre Nabuco de Araújo e Justiniano José da Rocha. In: RIBEIRO, Gladys Sabina; Tânia Bessone; GONÇALVES, Monique de Siqueira; MOMESSO, Beatriz Piva. (org.). *Imprensa, livros e política nos Oitocentos.* 1ed. São Paulo: Alameda Casa Editorial, 2018, p. 243-282.

se podia dar muitos nomes – para salvar a nação da anarquia. A esses homens cabiam três características básicas: amor à nação, conhecimentos superiores e um nome prestigioso. Nessa argumentação, embora Tâmis tenha demonstrado uma possível influência de Capefigue na tripartição do folheto, parece que Rocha buscava igualmente alguma inspiração nos indivíduos histórico-cósmicos de Hegel. Segundo este último autor, tais homens tinham papel especial e operavam pela sua ação na história: mesmo sem consciência da *Ideia Geral*, perseguiam seus objetivos e os realizavam porque apreendiam as necessidades de suas épocas, por serem políticos e práticos. Para Hegel, eram guiados pela razão e o *Espírito – Ideia Geral* – se corporificavam no Estado. Esses homens percebiam o momento de realizarem as reformas necessárias em prol do progresso do Estado.[34]

Por um lado, Justiniano se aproximava do que defendia Bernardo Pereira de Vasconcelos na formulação do Regresso: o poder devia estar com a classe conservadora, composta dos que em mudanças repentinas perderiam tudo e nada ganhariam, tais como os capitalistas, os negociantes, os homens industriosos, os que se dedicavam às artes e às ciências, ao exemplo do que pensava Burke.[35] Por outro lado, opunha-se a Bernardo nas questões relativas à defesa da escravidão (embora não desprezasse pessoalmente o trabalho escravo) e na ênfase que dava ao aperfeiçoamento da lei e das instituições promotoras da ordem. Leis más gerariam uma má atuação que implicaria até mesmo juízes togados, cuja função seria de aplicá-las em obediência.

A sua visão específica dos benefícios e dos malefícios da *Conciliação* e da *Transação* para o país podem ser vistas nos jornais da década de 1840 e do início dos anos de 1850. Paula Ferraz afirmou que os termos do folheto já estavam presentes no discurso que fez na Câmara dos Deputados, em 25 de maio de 1855, onde dizia que

> era preciso aproveitar a calma das paixões para trazer uma fusão de princípios práticos da ação e da reação [...], isto é, o elemento demo-

---

34 Para uma explicação didática das ideias de Hegel, com base em extratos desse autor, ver GARDINER, Patrick. *Teorias da História*. Lisboa: Fundação Calouste Gulbenkian, 1984, p. 71-88.

35 CARVALHO, José Murilo de. Introdução. In: CARVALHO, José Murilo de. (org.). *Bernardo Pereira de Vasconcelos*. São Paulo: Editora 34, 1999, p. 26-28.

crático e monárquico [...]. Lamentamos: muito mais perto estivemos desta época no ano de 1848 do que estamos hoje.[36]

Esse diagnóstico sobre a divisão dos conservadores, segundo Paula Ferraz, foi feito também por Souza Franco, que acusava existirem os que

> não insistiam em conservar medida que, cessado as circunstâncias que as podiam justificar, precisavam ser alteradas e, assim, apoiavam mudança na legislação; e aqueles que estavam de tal modo 'aferrados aos interesses do partido' que se opunham a todas as propostas de reforma apresentadas pelo gabinete.[37]

O folheto *Ação, Reação e Transação* saiu a lume após esse pronunciamento. Paula Ferraz afirmou que Justiniano "não era uma voz destoante e solitária",[38] pois outros conservadores discursaram contra a *Conciliação*, como Ângelo Muniz da Silva Ferraz, Sayão Lobato e Joaquim Otávio Nebias. Essa divisão entre os conservadores fez com que o *Correio Mercantil* estampasse um artigo sobre a divisão interna dos chamados saquaremas: "os dos homens da conservação sem progresso e o daqueles que desejavam aliar a liberdade com a ordem".[39]

Portanto, novas e recentes pesquisas nos ajudam a compreender melhor o que foi o pensamento liberal conservador, uma vez que nem todos os conservadores eram saquaremas,[40] e as investigações mostram que os liberais se apresentavam desunidos desde a década de 1840.

Ao abrir sua tese de doutorado, Eide Abrêu[41] mencionou essas disputas

---

36 Citado por FERRAZ, Paula Ribeiro. *O gabinete da Conciliação: atores, ideias e discursos (1848-1857)*. Dissertação de Mestrado – UFJF, Juiz de Fora, 2013, p. 116.

37 FERRAZ, Paula Ribeiro. Op. Cit., p. 129.

38 FERRAZ, Paula Ribeiro. Op. Cit., p. 116.

39 Citado por FERRAZ, Paula Ribeiro. Op. Cit., p. 117.

40 Essa visão está presente em FERRAZ, Paula Ribeiro. Op. Cit.; ESTEFANES, Bruno Fabris. *Conciliar o império. Honório Hermeto Carneiro Leão, os partidos e a política da Conciliação no Brasil monárquico (1842-1856)*. São Paulo: Dissertação (Mestrado em História) – USP, São Paulo, 2010.

41 ABRÊU, Eide Sandra Azevêdo. *O evangelho do comércio universal. Tavares Bastos e as tramas da Liga Progressista e do Partido Liberal (1861-1872)*. Tese de Doutorado – Campinas, 2004. A tese foi revisada e publicada em livro: ABRÊU, Eide Sandra de Azevêdo. *O evangelho do comércio universal. Tavares Bastos e as tramas da Liga Progressista e do Partido Liberal (1861-1872)*. São Paulo: Annablume/FAPESP, 2011.

nos campos políticos. O seu estudo sobre Tavares Bastos se concentrou na década de 1860 e começo de 1870, momento de nova configuração partidária, especialmente a partir da Liga Progressista. Registrou que essa liga foi a união de conservadores e de liberais para oposição aos conservadores *puros*. Dentre os membros da Liga, estavam chefes conservadores, como Nabuco de Araújo, Zacarias, Olinda e Saraiva. A divisão entre os conservadores moderados e os puros teria se dado por conta da lei de 22 de agosto de 1860, que colocava limites à liberdade de crédito e de empresa. Contrários à essa lei, esses moderados começaram a se unir aos liberais já para as eleições de 1861. Tais eleições trouxeram liberais para a Câmara, aos quais os conservadores se uniram. Ainda segundo essa autora, os eixos sob os quais a união teria se promovido seriam questões como o Poder Moderador, a descentralização política, a liberdade de empreendimentos e de crédito. Crescida ao longo de 1861, em maio de 1862 teria conseguido derrubar o gabinete de Caxias. Os liberais também estavam divididos entre os *puros* e os *históricos*.

A Liga organizou os gabinetes até 1868 e se afastou do poder com a queda de Zacarias, em julho de 1868, desdobrando-se no novo Partido Liberal, que já nasceu dividido.[42] Mesmo partida, a Liga conseguiu a aprovação das seguintes medidas: abertura da navegação de cabotagem e do Amazonas à concorrência de empresários estrangeiros e subvenção de uma linha de navegação entre o Brasil e os Estados Unidos. Então, o doutorado de Eide Abrêu teve como objetivo acompanhar Tavares Bastos nos debates daquele momento, seu engajamento com a Liga e com o próprio Partido Liberal.

> [...] sistematizar os seus argumentos e delinear os projetos políticos por ele defendidos, buscando descobrir os interesses que esses argumentos resguardavam, bem como os interesses contra os quais se voltavam, ou seja, os de seus interlocutores. Interessa-nos esclarecer as características do liberalismo praticado por Bastos, seus vínculos políticos e seu percurso das hostes conservadoras para as liberais, percurso não registrado nos estudos que o abordaram.[43]

---

42   ABRÊU, Eide Sandra Azevêdo. Op. Cit., p. 1-2.

43   Idem, p. 2.

Assim, sua tese é extremamente interessante porque contrasta com estudos anteriores que colocavam Tavares Bastos sempre como defensor do Partido Liberal, como voz solitária e observador isento do Segundo Reinado. Ao contrário, Eide o situa como político que participava das discussões do seu momento, tanto no que dizia respeito ao Brasil, quanto à Europa. Situou seus escritos dentro das "emaranhadas tramas em que viveu" e afirmou sua importante participação na luta pela

> liberdade de empresa e de crédito, bem como a derrubada de barreiras legais à presença de empresas estrangeiras na atividade de navegação e cabotagem e do Amazonas, e a adoção de medidas que favorecessem a vida de imigrantes do 'norte do globo', chegando até as dificuldades envolvidas na constituição de um 'novo' Partido Liberal, que se fortalecesse pelo acordo das frações que sempre marcaram a Liga.[44]

Apoiada em sua análise dos escritos de Tavares Bastos, Eide estudou também a história das ideias liberais no Brasil[45] e mapeou autores que chegaram a conclusões díspares sobre Tavares Bastos. Então, por ser uma estudiosa dos escritos de Bastos, tomaremos suas críticas e observações como norteadoras de nossa análise.

Eide Abrêu considerou instigante a tese de doutorado de Walquíria Leão Rego,[46] *Um liberalismo tardio. Tavares Bastos, reforma e federação*, porque abordou as mediações políticas e as tramas sociais nas quais o político esteve envolvido. Disse que esta autora partiu do pressuposto que ele viveu em um momento que o Brasil não era capitalista. Nas palavras de Walquíria, momento de transição entre a "economia colonial" e a "economia mercantil escravista nacional". Nessa condição, para Eide, Walquíria viu ambiguidade em Tavares Bastos como ter se posicionado a favor da *Conciliação*, em discurso de 18 de julho de 1861. Seria ambíguo porque

---

44 Idem, p. 3.

45 Idem, p. 5.

46 LEÃO REGO, Walquíria. *Um liberalismo tardio. Tavares Bastos, reforma e federação*. Tese de Doutorado, 1989; RÊGO, Walquíria D. Leão. Tavares Bastos: um liberalismo descompassado. *Revista USP*, São Paulo, n. 17, mar./maio 1993, p. 74-85, citados por ABRÊU, Eide Sandra Azevêdo. Op. Cit., p. 5-6.

a *Conciliação* estava sendo levada por conservadores, mesmo depois, com a dissidência de Nabuco, que viera do campo conservador e se mantinha desejoso de conter os excessos liberais.[47] Walquíria endossou igualmente ter sido Tavares Bastos incoerente por apoiar o poder pessoal e a "oligarquia tenebrosa", condenados por Teófilo Ottoni,[48] e apontou três aspectos na sua obra: constitucionalismo com base na Constituição de 1824; "temor da revolução social" e "forte monarquismo liberal", reforçados pelas repúblicas latino-americanas.[49]

Eide Abrêu, então, criticou tal posição de Walquíria porque esta não daria conta de explicar a singularidade de Tavares Bastos e o porquê de ele tomar as posições que tomou. De acordo com Eide Abrêu, ele "defendia princípios políticos e econômicos liberais. Mas, ao mesmo tempo, se opunha nesse momento a posições políticas tomadas por membros do partido liberal".[50] Até mesmo dava apoio a algumas causas tidas ou defendidas por conservadores, tais como a questão do poder da Coroa e a escravidão – questão para a qual mantinha uma posição de cautela.[51]

Deste modo, Eide diz que Walquíria retomou os textos de Bastos para propor "a tese segundo a qual haveria uma dissonância entre o liberalismo europeu e a sociedade brasileira da segunda metade do século XIX".[52] Em Walquíria, as propostas de reformas de Bastos seriam avançadas com relação ao Brasil, contudo, irrealizáveis pelo atraso do desenvolvimento econômico do país. No entanto, do ponto de vista do desenvolvimento do capitalismo internacional, suas propostas de livre comércio e de federalismo estariam defasadas em um mundo de oligopólios e de concentração de capital.[53] Assim, Eide afirmou que Walquíria pensou ser paradoxal o pensamento de Bastos

---

47 ABRÊU, Eide Sandra Azevêdo. Op. Cit., p. 5-6.

48 Idem, p. 7.

49 Idem, p. 7-8.

50 Idem.

51 Idem.

52 ABRÊU, Eide Sandra Azevêdo. Op. Cit., p. 8.

53 Idem, p. 9.

de a agricultura ser a vocação do Brasil, se consideramos sua visão racional e moderna em outros pontos. Walquíria lamentaria ainda que a ordenação política e institucional prevista por Tavares Bastos, em *A província*, não tenha sido levada a cabo.[54]

O projeto de descentralização de Tavares Bastos também foi estudado por Gabriela Nunes Ferreira,[55] que fez um contraponto entre Tavares Bastos, pelo Partido Liberal e propugnador da descentralização, e Paulino Soares de Souza, o Visconde de Uruguai, alinhado com os conservadores e defensor da centralização. Eide Abrêu também criticou seu trabalho. Para ela, Gabriela usou o mesmo esquema de interpretação de Walquíria: Tavares Bastos teria um descompasso com a realidade brasileira e europeia. Além disso, teria incorporado também a tese por meio da qual o liberalismo político seria incompatível com a escravidão. Entretanto, diferente de Walquíria, Eide observou que Gabriela não destacou paradoxos em Tavares Bastos: as diferenças que apontou foram mostradas como coerência de autuação em contextos diferentes e em tom de evolução do seu pensamento político ao longo dos anos.[56]

Já Lupércio Antônio Pereira teve posicionamento distinto das autoras acima,[57] segundo Eide Abrêu. Para ele, Tavares Bastos obedeceu ao propósito de compreender a história do século XIX e do liberalismo brasileiro, concluindo que o liberalismo aqui estaria em consonância com nossa realidade, a daquele momento, e com o que os protagonistas da nossa história desejavam e defendiam. Tinham, deste modo, a consciência da transitoriedade da escravidão, e não eram atrasados com relação nem aos pensadores europeus nem aos norte-americanos. Entretanto, ainda para Eide Abrêu, a falha das conclusões de Lupércio está em não ter se aproximado do célebre debate entre Maria

---

54 Idem, p. 10.

55 FERREIRA, Gabriela Nunes. *Centralização e descentralização no Império. O debate entre Tavares Bastos e Visconde de Uruguai*. São Paulo: DCP-USP, Editora 34, 1999, citado por ABRÊU, Eide Sandra Azevêdo. Op. Cit., p. 10 e seguintes.

56 ABRÊU, Eide Sandra Azevêdo. Op. cit., p. 10-13.

57 PEREIRA, Lupércio Antonio. *Para além do Pão de Açúcar: uma interpretação histórica do livre--cambismo em Tavares Bastos*. Tese de Doutorado – USP, São Paulo, 2000, citado por ABRÊU, Eide Sandra Azevêdo. Op. Cit., p. 12-15.

Sylvia de Carvalho Franco e Roberto Schwarz porque, de forma surpreendente, alinhou estes últimos a uma leitura particular que fez dos pressupostos de Schwarz. Para Lupércio Pereira, havia uma assimetria entre o desenvolvimento brasileiro e o do capitalismo, cara também a Schwarz, que colocou o Brasil dependente de outras sociedades centrais. As ideias de Tavares Bastos estariam "no lugar" porque, vendo um país escravista, ensejava a abertura deste aos capitais e mercadorias estrangeiros, bem como preconizava a imigração de assalariados europeus. Para Pereira, Tavares Bastos não era nem agrarista, nem anti-industrialista, mas, sim, um homem que buscava a "modernização do país" e se opunha aos que queriam o protecionismo que fechasse o país aos outros países. Segundo Eide, como nesse momento não se pode falar em país industrializado, o autor colocou Tavares Bastos como um homem à frente do seu tempo, quase como um "industrialista".[58] Mas, diferente das análises de Walquíria e Nunes, enfatizou suas posturas com relação ao livre comércio e ao imigrantismo, colocou-os como elementos-chave e centrais de seu projeto.[59] Ao diferenciar-se desses autores, Eide Abrêu propôs "mostrar a sintonia e compromissos dos argumentos liberais de Tavares Bastos com seu tempo, e com os acirrados debates parlamentares em que ele se envolveu".[60]

Considerando essas críticas feitas por Eide Abrêu a alguns autores que estudaram Tavares Bastos, tomamos suas conclusões como base para tentar compreender o diálogo possível entre Justiniano e Tavares Bastos no que diz respeito às propostas para o futuro do Brasil, em meados do XIX.

No capítulo "O projeto de descentralização de Tavares Bastos e a luta política no Império", Eide situou Tavares Bastos em seu tempo e no debate político.[61] Tendo sido conservador,[62] também se decepcionou com liberais

---

58 ABRÊU, Eide Sandra Azevêdo. Op. Cit., p. 16-18.

59 Idem, p. 18-19.

60 Idem, p. 19-20.

61 ABRÊU, Eide Sandra Azevêdo. O projeto de descentralização de Tavares Bastos e a luta política no Império. COSTA, Wilma P.; OLIVEIRA, Cecília Helena de Salles (org.). *De um Império a outro: estudos sobre a formação do Brasil, séculos XVIII e XIX.* São Paulo: FAPESP, Hucitec, 2007, p. 119-142.

62 ABRÊU, Eide Sandra Azevêdo. Op. Cit., p. 120.

progressistas, ficando mais próximo dos liberais radicais (históricos), nos anos de 1868 e 1869. Igualmente, não teria concordado com os líderes dos progressistas, como Zacarias e Nabuco,[63] razão pela qual passou a apoiar as propostas que vinham dos radicais, nas chamadas conferências radicais.[64]

Em *A província*, livro composto por textos saídos publicados no jornal *A Reforma*, em 1870, não sinalizou sua aproximação com os republicanos. O seu grande problema foi enfrentar as divisões dos liberais, que julgava ser o motivo pelo qual não conseguiam retornar ao governo. Citando Célio Ricardo Tasinafo, Eide Abrêu afirmou que a prova que Bastos queria contornar as divisões do Partido Liberal foi a tentativa que empreendeu de reorganizar o jornal *A Reforma*, em agosto de 1870, junto com Conselheiro Furtado, Tito Franco e Quintino Bocaiúva. Assim, aceitaria novos colaboradores que "fossem além da defesa do programa restrito publicado pelo Centro, ou mesmo que a ele fossem 'hostis'".[65] Contudo, as propostas de Bastos, Furtado e Tito Franco foram recusadas por Sinimbú, Paranaguá e Zacarias.

> Enquanto atuava desse modo no intuito de produzir uma unidade partidária que fosse mais inclusiva dos liberais "radicais", Bastos publicava *A Província*, obra em que defendia um projeto de descentralização política que significaria a realização imediata de reformas que o Centro Liberal, em maio de 1869, tinha arrolado entre as "aspirações" que seriam acalentadas pelo Partido Liberal apenas para um futuro mais longínquo, excluindo-as do rol de medidas a serem defendidas com urgência: as reformas eleitoral, policial e judiciária, a abolição do recrutamento e da guarda nacional, e a emancipação dos escravos.[66]

Assim, em *A província*, Tavares Bastos teria delineado seu projeto de descentralização com a ideia de demarcar bem o campo de divisão entre os liberais progressistas e os conservadores, de modo a atrair os liberais históricos. Propôs, contra o que desejavam os liberais do Centro, "uma postura de

---

63   ABRÊU, Eide Sandra Azevêdo. Op. Cit., p. 124.

64   Idem, p. 124-125.

65   Idem, p. 125.

66   Idem, p. 126.

Tensões políticas, cidadania e trabalho no longo Oitocentos

não-conciliação, e busca do 'verdadeiro liberalismo'". Para isso, o caminho que via era o da recuperação das antigas lutas políticas com o fim do Poder Moderador, do Conselho de Estado, da vitaliciedade do Senado, para que a monarquia perdesse poder e ficasse "inofensiva" (aspas colocadas por Eide Abrêu porque a palavra foi usada por Bastos no livro).[67] Tavares Bastos considerava que essas obras teriam sido o que almejava, e, em parte, conseguidas pelo Ato Adicional e pelo Código do Processo, pois a geração de 1831 teria alargado a Constituição de 1824. Essa proposta de união dos liberais fez com que produzisse uma releitura do Império diferente daquela que havia feito em *Os males do presente e as esperanças do futuro*. Nesse momento, ele teria positivado as reformas liberais da década de 1830 e colocado as de 1840 como negativas, aquelas promovidas pelos conservadores regressistas.[68] A principal reforma defendida por ele seria a autonomia das províncias, que daria novos ares ao sistema político de então.[69] Portanto, Bastos não queria romper com a monarquia, apenas "limitar o poder executivo central às altas funções políticas somente".[70] Isso não quer dizer que não reputasse como importantes as outras reformas que os liberais propugnavam. A autonomia provincial recuperava e aperfeiçoava, para Tavares Bastos, o estabelecido no Ato Adicional, que seria o legado dos estadistas de 1831, e isso daria nova força aos liberais da nova geração. Seriam reformas baseadas na tradição histórica e a volta a uma liberdade que teria sido aniquilada. Eide Abrêu defende que Bastos queria uma monarquia federativa porque, para ele, monarquia e república eram questões relacionadas à forma. O destino da monarquia seria traçado por sua capacidade de sustentar instituições livres, e isso não era incompatível com a monarquia, tal como mostravam as colônias inglesas.[71]

---

67 Idem, p. 126-127.

68 ABRÊU, Eide Sandra Azevêdo. Op. Cit., p. 127.

69 Idem, p. 127-128.

70 BASTOS, Aureliano Cândido Tavares. *A província*, p. 39, citado por ABRÊU, Eide Sandra Azevêdo. Op. Cit., p. 128.

71 ABRÊU, Eide Sandra Azevêdo. Op. Cit., p. 128-129.

Recuperando o que propunha Tavares Bastos, Eide Abrêu afirmou que o político recorria ao passado, porém, ao revisitar o Ato Adicional e o Código de Processo, usava-os como recurso retórico, pois as

> suas propostas de organização do legislativo provincial, da presidência da província, da municipalidade, da polícia, e da justiça, não coincidiam exatamente com as consignadas no Ato e no Código. Defendia a recuperação da ideia de descentralização, contudo, de modo que não houvesse uma mera restauração do passado.[72]

Para ela, o próprio Bastos apontava as diferenças entre o seu pensamento e o que estava no Ato Adicional e no Código: era contra a uniformização de tratamento das províncias, que tinham de ser vistas em consonância com a diversidade local. Para ele, as leis não deviam ser uniformes; mas promulgadas pelas províncias para atender às peculiaridades dos municípios, e as províncias tinham diferentes graus de civilização, o que devia regular as instituições.[73]

Eide Abrêu asseverou que o argumento dos conservadores – diziam que havia províncias que não tinham civilização suficiente e era melhor o governo centralizado – tinha uma similaridade com o pensamento de Tavares Bastos, ao julgar que algumas províncias não tinham ainda uma civilização avançada e não podiam experimentar uma ampla liberdade política.[74] Desta forma, por exemplo, defendia que não podia ser regra todas as províncias elegerem os funcionários públicos municipais.[75]

Para ela, entretanto, Tavares Bastos se reportaria ao Ato Adicional para adotar a liberdade de organização de sociedades anônimas, que teria sido cerceada pela lei de 22 de agosto de 1860. Nesse caso, ele afirmaria que o espírito do legislador de 1834 era deixar a liberdade de formar associações ao livre arbítrio dos cidadãos, de modo que as assembleias provinciais pudessem legislar sobre isso. Teria usado um termo genérico – associações – de propósito porque garantia a liberdade de organização das sociedades políticas, religiosas

---

72   Idem.

73   Idem.

74   Idem, p. 129-130.

75   Idem.

e mercantis pela assembleia provincial, enquanto no Ato Adicional de 1834 isso estaria restrito apenas às sociedades políticas e religiosas. Garantia, assim, a liberdade mercantil restrita pela lei de 1860, que era atacada por Tavares Bastos e pelos liberais do centro. Uma vez que não se conseguiria evitar a interferência do Estado na organização de companhias, Bastos preferia que a província fosse o local dessa interferência.[76] Para Eide, "com isso, revestia com a fórmula da descentralização uma questão que não dizia respeito diretamente a ela, e a lei de restrição econômica de 1860 passou a figurar numa linha contínua definida pelas leis de centralização política".[77]

Segundo Tavares Bastos:

> A lei de polícia e justiça (1841) e a da guarda nacional (1850) aniquilaram o espírito público nas localidades, centralizaram a política: a lei e o aviso de 1860 atacaram a prosperidade material das províncias e o princípio de associação, coroando a obra do golpe de Estado de 12 de maio de 1840. Por isso, 1860 é o *non plus ultra* da reação. Desde que valeu-se de simples avisos para interceptar e corrigir o ato adicional, revogando leis expressas, nenhum poder mais restava ao governo usurpar.[78]

Sob a bandeira da descentralização, Bastos colocaria, agora, suas propostas anteriores dentro do que via como "missão das províncias" (aspas de Eide), tal como a instrução, emancipação, imigração, tributos e despesas do Estado. Todos tratados dentro de item denominado "Interesses provinciais", de modo que as províncias não fossem colônias do Rio de Janeiro, de forma a se garantir a "lucratividade dos grandes proprietários". A província devia cuidar com cautela da extinção da escravidão, para "garantir a tranquilidade pública". Os escravos tinham de ser disciplinados; devia-se combater a vagabundagem e as condições em que viviam os emancipados. Para livres e emancipados, Bastos julgava ser a educação importante, e esta devia estar a cargo da província. Queria a formação de trabalhadores morigerados e que se incentivasse o en-

---

76   Idem p. 130-131.

77   Idem, p. 131.

78   BASTOS, Aureliano Cândido Tavares. *A província*, p. 288-289, citado por ABRÊU, Eide Sandra Azevêdo. Op. Cit., p. 132.

sino primário e secundário profissional. Nesse sentido, via com bons olhos a liberdade para o exercício da profissão de mestre e para a abertura de escolas.[79]

Ainda de acordo com Eide Abrêu, para Bastos, o controle da ociosidade devia ser feito pela polícia no âmbito da província.[80] Apresentou também uma reorganização geográfica das províncias porque julgava que havia as que eram grandes e maltraçadas e as que eram desertos: a mudança no desenho das províncias ajudava a pôr fim à corrupção no sistema representativo.[81]

Igualmente, apregoava a mudança da capital para um local mais resguardado e uma nova organização parlamentar, onde cada província nomearia dois senadores e haveria uma distribuição de cadeiras na Câmara dos Deputados, de acordo com a população do último censo, para haver equilíbrio na representação política do Império. Contra o predomínio do Rio de Janeiro, desejava uma igualdade entre as províncias porque julgava que o Norte era desfavorecido, o que levava às crises que ameaçavam a integridade do Império. E contra a desigualdade de tratamento do Norte, pregava a descentralização.[82]

Em 1871, Tavares Bastos acreditava que era preciso que os liberais demarcassem "melhor a sua identidade em relação aos conservadores" porque estes já estavam realizando o programa dos liberais, de 1869, que ele julgava restrito (reforma judiciária realizada, emancipação encaminhada dentro da lei, encaminhadas as questões relativas ao recrutamento, guarda nacional e eleições). Queria retomar o proposto em 1869, sedimentando o que estava posto em 1831, e de modo a criar um Partido Liberal forte e que não visasse apenas ao poder imediato, como na experiência da Liga Progressista.[83]

Desta maneira, pensamos haver um paralelismo com as atitudes de Justiniano, que reclamava ser o Marquês do Paraná um dos responsáveis pela dissolução da identidade dos conservadores. Bastos queria uma identidade para os liberais, que julgava perdida na experiência da Liga, e que seria para

---

79 ABRÊU, Eide Sandra Azevêdo. Op. Cit., p. 133.

80 Idem, p. 134.

81 Idem, p. 135.

82 Idem, p. 135-136.

83 ABRÊU, Eide Sandra Azevêdo. Op. Cit., p. 137.

ele retomada com base na tradição liberal de 1831, relida da forma acima mencionada. Lembremos que Justiniano também releu os anos regenciais.

> Que o Partido Liberal proclame reformas urgentes os princípios fundamentais de 1831, qualificados aspirações em 1869! Aí está a razão da sua existência e o segredo do seu prestígio.[84]

Tavares Bastos queria então tornar mais clara a linha de separação entre os liberais e os conservadores; desejava igualmente afastar os liberais do "governo pessoal". Preocupava-se com o alcance que a ideia republicana estava tomando porque se pedia a federação, que era almejada pelas províncias. Pelo que traz Eide Abrêu, vê-se em Bastos a mesma preocupação com o progresso e a democracia que encontramos em Justiniano. Para Bastos, isso já era pretendido pelo Clube da Reforma. Para tal, propunha que se reunissem em assembleia delegados de todas as províncias. Explicou a proposta aos correligionários em cartas do ano de 1871.[85] Por exemplo, Leão Veloso, político da Bahia, respondeu que concordava com Bastos e achava também ruim o apoio dado por políticos liberais ao encaminhamento que os conservadores haviam dado à questão do elemento servil. Queixavam-se dos chefes do Partido Liberal que tinham apoiado os conservadores, e que estavam realizando reformas que antes eram bandeira do Partido Liberal. Deste modo, para que o Partido Liberal tivesse razão de ser, tinha de encampar a descentralização e reformas mais ousadas. Portanto, existiram apoios a Tavares Bastos, mas ele os considerou em pequeno número, e nesse momento se distanciou das lideranças de seu partido.

> [...] as deliberações do Clube da Reforma baseadas em suas proposições "não foram atendidas pelo Centro Liberal", sendo elas impugnadas por Otaviano, Sousa Franco, Paranaguá e Nabuco, "que se fez representar por seu filho".[86]

---

84 Bastos, Aureliano Cândido Tavares. *A situação do partido liberal*. p. 146-147, citado por ABRÊU, Eide Sandra Azevêdo. Op. Cit., p. 137.

85 ABRÊU, Eide Sandra Azevêdo. Op. Cit., p. 140-141.

86 ABRÊU, Eide Sandra Azevêdo. Op. Cit., p. 141.

Como Justiniano, Tavares Bastos queria garantir a unidade dos conservadores e apresentar uma proposta para a monarquia em meados do Oitocentos; também reafirmava as ideias dos liberais e tentava manter uma unidade no seu programa, voltando-se a um liberalismo histórico, pois não concordava com o que os líderes do liberalismo regressista faziam ao transigir em ideias, e não quererem fazer as reformas constitucionais que eram defendidas pelos liberais históricos.

Portanto, estudar a produção jornalística dos últimos anos de vida de Justiniano José da Rocha, período final da sua última atuação parlamentar, tendo como contraponto Tavares Bastos, político que havia sido conservador e que na década de 1860 se tornou liberal, ajudará a lançar novas luzes na problemática enfrentada por políticos e governo em meados do Oitocentos. [87]Depois de discorrermos brevemente sobre os escritos de ambos, penso que devemos voltar ao início deste texto, quando mencionamos o possível diálogo entre *Ação, Reação e Transação* e o *Realidade, Ilusão e Solução*.

Tendo como pano de fundo as análises feitas sobre esse folheto de Justiniano José da Rocha, inclusive as que eu mesma já fiz,[88] o que desejo ressaltar é que esse texto de Justiniano está inserido nos quadros mais amplos do liberalismo conservador da primeira metade do XIX, no Brasil e na Europa.[89] O que Rocha visava era muito mais apontar a uma direção para o futuro do que propriamente uma análise do passado em si. Revisitou a primeira metade do século XIX elaborando uma interpretação própria do que para ele a história ensinara. Recuperou acontecimentos pretéritos, que fez questão de remontar ao momento da Independência. O que ali registrou não só estava em consonância com o que publicara antes, mas tinha o sentido de pautar o que escreveria nos anos seguintes, nos jornais de curta duração da segunda metade dos anos de 1850 até sua morte em 1862, a saber: *O Novo Brasil, O Três de Maio, O Constitucional, O Regenerador, Revista Popular, Revista do Instituto Científico de São Paulo* e *O Novo Constitucional*.

---

87   ABRÊU, Eide Sandra de Azevêdo. Op. Cit., p. 2.

88   RIBEIRO, G. S. Op. Cit.

89   PARRON, Tâmis Peixoto. Op. Cit.

Voltemos a Eide Sandra Azevêdo Abrêu,[90] para quem Tavares Bastos estava insatisfeito com a política conservadora, ao começar sua guinada para as hostes liberais nesses anos. Já no Partido Liberal, ele também questionaria seus pares liberais. Assim, o texto *Realidade, Ilusão e Solução* igualmente visava ao futuro, em uma releitura própria dos anos regenciais. Propunha que os liberais da nova geração, os da década de 1860, se inspirassem naqueles da Regência. As reformas que preconizava teriam de ser baseadas no aprofundamento do que estipulava o Ato Adicional e o Código de Processo, que haviam alargado a Constituição de 1824 e que eram alguns dos legados dos estadistas de 1831.[91]

Então, em Justiniano José da Rocha e Tavares Bastos percebemos o mesmo: nos seus escritos o que estava em jogo eram as disputas entre os campos conservador e liberal para os anos vindouros. E foi R. Magalhães Júnior, em uma biografia introdutória ao folheto em tela de Justiniano, que levantou essa hipótese que seguimos: o contraponto feito por Tavares Bastos ao célebre texto de Justiniano ao escrever *Realidade, Ilusão e Solução*, capítulo de *Os males do presente e as esperanças do futuro, que* apareceu em 1861 e teve sua primeira publicação sob o pseudônimo "Um Excêntrico".[92] Segundo Evaristo de Morais Filho,[93] esse texto foi dedicado a José Bonifácio, o Moço, que pertencia ao Partido Liberal e foi deputado por São Paulo. Cândido Tavares Bastos, no prefácio do livro *Os males do presente e as esperanças do futuro,* publicado no centenário de nascimento de Tavares Bastos, pela Companhia Editora Nacional, afirmou que a menção ao deputado – alcunhado de o Moço –, no folheto de 35 páginas, se devia a Tavares Bastos ter se diplomado deputado muito jovem.[94] Estreante no Parlamento, havia se admirado da eloquência do

---

90 ABRÊU, Eide Sandra de Azevêdo. Op. Cit.

91 ABRÊU, Eide Sandra Azevêdo. Op. Cit., p. 119-142; 127-128.

92 JÚNIOR, R. Magalhães. *Três panfletários do Segundo Reinado*. Rio de Janeiro: Academia Brasileira de Letras, 2009, p. 142.

93 Esses são capítulos do livro *Os males do presente e as esperanças do futuro,* que apareceu em 1861, ano em que se elegeu para a Câmara de Deputados pela província de Alagoas. MORAIS FILHO, Evaristo de. *As ideias fundamentais de Tavares Bastos*. Rio de Janeiro: Difel; Brasília: INL, 1978, p. 6.

94 BASTOS, C. Tavares. Prefácio. *Os males do passado e as esperanças do futuro*. São Paulo – Porto Alegre – Rio de Janeiro: Companhia Editora Nacional, 1939, p. 9 e 13.

deputado José Bonifácio em discurso realizado no dia 28 de junho de 1861, por meio do qual criticava Caxias.[95]

Lembremos que 1861 foi exatamente o ano que se Tavares Bastos se elegeu para a Câmara de Deputados, pela província de Alagoas. E foi exatamente na abertura de *Realidade, Ilusão e Solução* que mostrou sua inquietude ao elogiar as "lutas da tribuna," trazendo a epígrafe: "*Il y a des esprits mal faits pour qui le repos et le silence ne sont pas le bien suprême*". (C. DE MONTALEMBERT).[96]

Citando o primeiro discurso de Tavares Bastos na Câmara, a 18 de setembro de 1861, Eide Abrêu reportou-se também a R. Magalhães Júnior para reforçar a hipótese deste autor: Bastos usou como inspiração o texto de Rocha porque possuíam uma "partilha de noções que se explicam pela proximidade política".[97] Para a autora, ele não era um excêntrico ou solitário. Situava-se em seu tempo e, ao lhe terem atribuído apelidos como uma espécie de marca de identidade, desvincularam-no "de interesses partidários imediatos", distantes do contexto brasileiro ou europeu. A historiografia teria esquecido seu passado dentre os conservadores "moderados", suas tentativas de alianças com os liberais e suas dificuldades no enfrentamento de lutas políticas para a formação de um Partido Liberal novo, distinto do anterior e no bojo da constituição da Liga Progressista, ao caracterizá-lo apenas como um liberal, observador do Segundo Reinado.[98]

Analisando o item a *Realidade*, percebemos que o silêncio e o repouso ao qual Bastos fez menção na citação de Montalembert não eram bens supre-

---

95 Bruno Ferreira esclarece este episódio: Tavares Bastos se desentendeu com o ministro da Marinha do Gabinete de Caxias, futuro Visconde de Inhaúma (Joaquim José Inácio), por críticas feitas à sua gestão. Depois das críticas proferidas na tribuna, e encaradas como afrontas, teria sido demitido do cargo de oficial da pasta da Marinha no dia 16/9/1861. As cartas do solitário teriam sido escritas nesse contexto, a partir de 19/9/1861, e publicadas no *Correio Mercantil*. FERREIRA, Ricardo Bruno da Silva. Um *outsider* no Império: o pensamento político de Tavares Bastos. *Revista Estudos Políticos*, n. 1, v. 7, p. 66-67. Disponível em: http://revistaestudospoliticos.com/wp-content/uploads/2018/01/Vol.7-N.1_p.63-83.pdf. Acesso em: 13/10/2019.

96 BASTOS, A. C. Tavares. *Os males do passado e as esperanças do futuro*. São Paulo – Porto Alegre – Rio de Janeiro: Companhia Editora Nacional, 1939, p. 25.

97 ABRÊU, Eide Sandra Azevêdo. Op. Cit., p. 39.

98 Idem, p. 3.

mos; era preciso se fazer o exame das causas que traziam males para aquele momento, justamente a década de 1850 e limiar dos anos de 1860. As causas interessavam porque provocavam *Ilusão* para problemas para os quais urgiam *Soluções*. Então, Bastos usou uma partição do seu texto em três etapas, tal qual Justiniano, para dar uma resposta ao presente. Voltou ao passado lusitano, à colonização portuguesa, como veremos adiante, mas, para estudar o remédio para as doenças que afligiam meados do Oitocentos brasileiro.[99]

Aqui justamente está o ponto de conexão forte entre os dois folhetos apontado por R. Magalhães Júnior: ambos visavam ao presente, à correta condução da política naqueles anos. Para Justiniano, a *Transação* era o ápice, não devia dissolver partidos; era o momento crucial para se aproveitar a maturidade do regime monárquico. Já para Bastos, o passado também devia ser examinado para propor uma *Solução* para os males que afligiam aqueles mesmos anos, cujas reformas eram disputadas entre os partidos e cujos males remontavam à configuração do governo, herdeiro de práticas absolutistas e viciadas na sua origem na monarquia portuguesa.

Para Justiniano, o período da *Ação*, de 1822 a 1836, era dividido em dois momentos: *Ação: Luta (1822-1831)* e *Ação: Triunfo (1831-1836)*. No momento da *Ação: Luta* enfatizou os fatos do Primeiro Reinado e afirmou que naquela época todos queriam o bem; o mal teria se dado pela falta de conhecimento prático e de experiência política.[100] Não esquadrinhou o que levou à abdicação. Atribuiu sua causa imediata aos acontecimentos da França, de 1830, às conspirações das associações, à falta de freios da imprensa democrática e à revolta do Exército.[101] Ao escrever sobre a *Ação: Triunfo* o fez em tom laudatório, dizendo que o que poderia ter sido o "caos" se fez ordem porque o coração brasileiro tinha um "instinto nobre".[102] Se D. Pedro I foi transformado em "vítima expiatória", os "famintos da nacionalidade" não precisavam de vingança porque D. Pedro II era brasileiro, e os membros da representação

---

99   Idem, p. 26.

100 ROCHA, Justiniano José da. Ação, Reação e Transação. In: Op. Cit., 2009, p. 169.

101 Idem.

102 Idem. In: Op. Cit., 2009, p. 170.

nacional tomaram para si a tarefa de organizar o governo.[103] Mas seus elogios iniciais tinham como limite a reforma da Constituição proposta e o tema da federação – segundo ele, compromisso dos que participaram em 1831.[104] Com as reformas do Ato Adicional, para ele, a "democracia" teria invadido tudo (Poder Legislativo, Judicial e Executivo), e a organização política tinha virado um "pesadelo", desconfiando-se do poder que era considerado "inimigo nato da liberdade, em luta contra os cidadãos a quem só desejava oprimir (...), enquanto isso, os conservadores e sustentadores da monarquia não compreendiam a sua missão".[105]

Assim, se para Justiniano, de 1822 a 1831, foi o "período da inexperiência e da luta dos elementos monárquico e democrático" e, de 1831 a 1836, ocorreu o "triunfo democrático incontestado," os anos de 1836 a 1840 foram da "luta da reação monárquica, acabando pela maioridade".[106] Portanto, os extremismos e distúrbios atrapalhavam a organização democrática, e a reação monárquica tinha se dado para arrancar o poder da democracia.[107] O Regresso teria sido uma saída para sanar as disputas entre o Poder Executivo e o Legislativo, pois já havia suficiente experiência política.[108] Naquele momento, governo, nação e oposição achavam que tudo ia mal: o Código do Processo atrapalhava a administração da Justiça; o Ato Adicional trazia a anarquia e ruína da unidade brasileira; criticava ainda o funcionamento das assembleias provinciais; e, finalmente, houve a renúncia do regente.[109] Para ele, os inconvenientes das instituições democráticas iam se revelando. A paz pública era quebrada com as revoltas do Maranhão, Bahia e Rio Grande, ameaçadas pela anarquia, e a exemplo de outras nações americanas. Isso travava a indústria

---

103 Idem. In: Op. Cit., 2009, p. 173.

104 Idem. In: Op. Cit., 2009, p. 178.

105 ROCHA, Justiniano José da. Ação, Reação e Transação. In: Op. Cit., 2009, p. 180.

106 Idem. In: Op. Cit., 2009, p. 161.

107 Idem. In: Op. Cit., 2009, p. 181-182.

108 Idem. In: Op. Cit., 2009, p. 182.

109 Idem. In: Op. Cit., 2009, p. 184-185.

Tensões políticas, cidadania e trabalho no longo Oitocentos   99

e onerava o Tesouro.[110] A maioridade teria acontecido movida pelo ódio, e foi realizada em meio a troca de posições: "... os promotores da reação monárquica foram daí a alguns meses chamados ao poder e aos conselhos da coroa".[111] Contudo, se a maioridade foi apressada, a "grande lei do progresso" foi cumprida, e a segunda fase da luta foi tão necessária quanto a terceira.[112]

Para Justiniano, o *Quarto período – 1840 a 1852*, o *Triunfo monárquico*, caracterizou-se pela reação contra a democracia como esta havia se apresentado: marcada pela violência.[113] É aqui então que ele mostra de forma objetiva suas ideias, em claro jogo de análises críticas, sublinhando acertos e erros com intenção de influenciar o futuro. Ao falar da lealdade e da franqueza que sempre teriam dirigido a sua pena,[114] ressaltou que não tinha ressentimentos pelas lutas do passado e passou a dissertar sobre assuntos para os quais via a necessidade de reformas: os partidos, o Código de Processo, o *habeas corpus*, a Guarda Nacional e o sistema eleitoral. Fez críticas aos liberais, mas admitiu que, de 1840 até 1851, os ministérios foram instrumentos dessa reação,[115] exceção apenas para o de Paula Sousa, que não teve força para fazer as reformas necessárias.[116] O grande erro, tanto dos conservadores (caramurus, de 1831 a 1836), quanto dos liberais (1841 a 1851), teria sido se deixarem conduzir por movimentos europeus, que buscavam a popularidade e reformas irrealizáveis, levando às revoltas, como as que aconteceram em 1842 e 1848, e fortalecendo seus adversários.[117] O marco da final da *Reação* teria sido o ano de 1852, quando esta se completou. Era, pois, hora de efetuar a *Transação*. A democracia, experimentada pelo princípio democrático na época da *Reação*, teria mostrado seus limites, e o "bom senso" nacional estabelecia a "liberdade

---

110   Idem. In: Op. Cit., 2009, p. 186-187.

111   Idem. In: Op. Cit., 2009, p. 188.

112   Idem. In: Op. Cit., 2009, p. 189.

113   Idem. In: Op. Cit., 2009, p. 161.

114   ROCHA, Justiniano José da. *Ação, Reação e Transação*. In: Op. Cit., 2009, p. 189.

115   Idem. In: Op. Cit., 2009, p. 190-192.

116   Idem. In: Op. Cit., 2009, p. 193.

117   Idem. In: Op. Cit., 2009, p. 193, 200.

100 Gladys Sabina Ribeiro • Karoline Carula (orgs.)

como condição da ordem, ordem como condição da liberdade", fundadas no "justo equilíbrio dos elementos monárquicos e democráticos".[118] A *Conciliação* aparecia aí como chave dessa *Transação* colocada como três interrogações para os parlamentares: houve esquecimento do passado?; será que o movimento da *Conciliação* foi pressentido e fruto da convicção que as paixões e lutas do passado tinham acabado? e, finalmente, será que o vivido revelava sintomas de que a sociedade havia chegado ao período de calma e de reflexão que devia ser aproveitado para a *Transação*? Para a realização da *Transação*, o governo devia "renunciar ao arbítrio" que suprimia a liberdade e

> (...) ver entre as ideias que os liberais puseram pó diante nos dias de suas lutas (ideias que felizmente foram escritas em três programas notáveis), quais as que satisfazem as verdadeiras necessidades públicas, quais as que, sem perigo, dão ao elemento democrático algum quinhão na organização política do país; cumpre que o que é do povo seja restituído ao povo.[119]

Para Justiniano, aquele momento era ímpar porque as convulsões tinham ficado no passado, e o regime representativo podia ser equilibrado, o que levaria o país a "grandes destinos." Já no fim do folheto, seu texto apresenta um indicador claro de futuro: para ele, se houvesse a incompreensão do presente, se voltaria ao "moscovitismo", tido como o condutor do caminho para a anarquia e a demagogia. Para Rocha, de 1855 a 1856, o governo não podia compreender de forma equivocada e exagerada suas conquistas e seu dever para com a pátria. Se isso ocorresse, tal como nos três anos anteriores, novamente haveria a *Reação* democrática.[120] Então, para Justiniano, houve dois períodos ricos e desperdiçados: quando a *Ação* havia sido levada a termo, e "o regente do Ato Adicional tornou (*sic*) conta do governo para dar testemunho da desorganização social que o assombrou",[121] e, em 1852, quando a *Reação* também já estava completa. A *Transação* podia seguir seu curso a partir daquele

---

118 Idem. In: Op. Cit., 2009, p. 201-202.

119 Idem. In: Op. Cit., 2009, p. 203.

120 ROCHA, Justiniano José da. *Ação, Reação e Transação.* In: Op. Cit., 2009, p. 204.

121 Idem. In: Op. Cit., 2009, p. 202.

momento em que escrevia, e devia ser devidamente aproveitada, sobretudo no que dizia respeito às eleições de 1855, que não podiam presenciar "a luta da sociedade manietada para repelir os representantes que o moscovitismo lhe quiser impor". Portanto, suas reflexões destinavam-se ao presente, momento ímpar, e para alertar os que dirigiam o governo para encaminhar um futuro que se apresentava promissor.[122]

Assim, o momento da *Ação* para Justiniano foi o de fundação do Brasil, levado a cabo pela monarquia bragantina, que havia estabelecido uma Constituição e instituições, uma organização política verdadeira que teve na *Ação: Triunfo* o seu momento de teste. A *Reação* monárquica finda em 1852 e seu triunfo, mesmo com altos e baixos, também tinha sido exitosa. Cabia não desperdiçar os anos de 1855 em diante, como tinham sido em vão os anos de 1853 a 1855.

Já Tavares Bastos começou sua análise da *Realidade* remontando aos anos anteriores a 1822. Traçou características da mesma monarquia bragantina, porém, pintada de forma bastante diferente de Justiniano José da Rocha, embora, para Eide Abrêu, seu discurso no Parlamento ainda revelasse Bastos adepto da *transação* de modo a ter pronunciado um "nós moderado" – o que o incluiria ainda nesse último grupo.[123]

Contudo, o exame que fizermos desse folheto de Tavares Bastos revelou um desenho dos males bem distintos daqueles que causaram a desordem e a anarquia, no entender de Justiniano, nos anos da *Ação*. Para o deputado alagoano, a monarquia portuguesa era o mal, o atraso que causava "aflição de muitos", "desespero de alguns, e o incomodo geral dos homens de bem, desde o humilde lavrador até o estadista, desde o eleitor até o deputado, desde o menor funcionário público até o ministro da Coroa".[124] Para ele, o patriotismo – invocado no texto de Rocha em várias passagens – era *Ilusão* porque a origem dos males não estava nos erros do passado mais recente, como discorreu Justiniano. Mas no "tempo longinquo em que se encerrou o drama terrível da história moderna".[125]

---

122 Idem. In: Op. Cit., 2009, p. 204-205.

123 ABRÊU, Eide Sandra Azevêdo. Op. Cit., p. 39.

124 BASTOS, A. C. Tavares. 1939, p. 27.

125 Idem.

Ao contrário da benévola visão de Justiniano sobre a monarquia de origem bragantina, Tavares Bastos pintava um regime que era o local da

> corrupção e o crime sem pudor, a rotina e o fanatismo, a imbecilidade e a ignorância, o ceticismo no coração e a desordem nas ideias, que involuntariamente cada qual se interroga acerca do resultado de uma situação tão ameaçadora e tão sombria, e sobre as causas que acumularam essas nuvens negras no horizonte que há pouco ostentava as rosadas cores de uma aurora de venturas.[126]

Foi dessa forma que iniciou o texto *Realidade* com uma epígrafe que mencionava uma árvore má, que produzia maus frutos e cujos males estavam exatamente no passado português do século XVI, em uma monarquia absolutista, sem a energia de outras "nacionalidades do norte".[127] Portugal era o atraso, sem indústria, com lavoura minguada, sem artes, com o comércio feito apenas por meio do exclusivo colonial, com o envenenamento social dado pela escravatura – que alterava a ordem natural do trabalho e corrompia os costumes.[128] Enquanto isso, os Estados Unidos eram o exemplo para Tavares Bastos. A Independência brasileira tinha sido arrancada de um "país aniquilado"; os patriotas não tinham capacidade para fazer de

> cada brasileiro um homem verdadeiramente livre, independente e soberano. My house is a Kingdom, diz cada inglês; no Brasil de então, como de hoje, só a autoridade gozava o mais ilimitado arbítrio. Depois, os chefes de movimento de 1822, educados nas trevas de Coimbra, eram eivados de aspirações, sentimentos e prejuízos republicanos à guisa da Grécia e Roma, cujos heróis e cujos efeitos citavam a propósito de tudo. [129]

O chefe de partido dominava a política nas províncias, onde "as lutas se travam com barbaridade".[130] Então, ao reafirmar a falta de uma fisionomia moral, logo seu texto chega ao período de 1850 a 1853. Nesse momento,

---

126 Idem. 1939, p. 27.

127 BASTOS, A. C. Tavares. 1939, p. 29.

128 Idem, p. 31.

129 BASTOS, A. C. Tavares. 1939, p. 31-32.

130 Idem. 1939, p. 33.

entre a crítica à forma como a Praieira foi esmagada e a política vencedora se comportou, ressaltou igualmente, por um lado, a necessidade da Conciliação; por outro, fez-lhe as mesmas críticas e observações que Justiniano: podia servir a interesses individuais, a "empregocracia", que desprestigiava a iniciativa. Contudo, tal como Justiniano José da Rocha, Tavares Bastos, em sua análise dos fatos passados, destacou ser aquele o momento adequado para a *Conciliação*, para as necessárias reformas porque havia uma "ideia popular" e uma "necessidade pública" no novo curso do que se pensava e se vivia.[131]

Para Bastos, em 1857, na abertura do Parlamento, a reforma eleitoral – imposta pela força – havia dissolvido o predomínio saquarema nas províncias, e os partidos tinham perdido sua identidade, fazendo a política caminhar sem rumo.[132] Criticou essa confusão de atitudes, geradas pela *Conciliação*:

> (...) qualificado de reator ou saquarema puro, inventaram-se as locuções *conservador-moderado*, e até *liberal-conservador*, exprimindo o mesmo que a palavra conciliação, repelida por desmoralizada. O *conservador com critério*, o *liberal acautelado* e o *ligueiro*, vocábulos recentemente introduzidos na circulação, vêm substituir aqueles que, por gastos, já se estão dela retirando.[133] (itálicos no original)

Foi veemente ao comentar a morte dos partidos, que teriam virado no máximo facções ou *côteries*, gerando o desânimo vislumbrado no sobe e desce de gabinetes; o Parlamento fraco em sua composição; o péssimo regime eleitoral, que julgava ser uma ficção que viciava a Câmara eletiva e revolvia as massas; a Polícia e a Guarda Nacional, sendo que esta última significaria a militarização do país e a obediência do cidadão-soldado ao comandante; o Poder Judiciário, que era inconstitucional.[134]

Apontava também os vícios administrativos, que para ele também eram muitos, sobretudo os referentes às províncias: dificuldades financeiras por conta da centralização; presidentes assessorados por homens sem experiên-

---

131 Idem, p. 33-34.

132 Idem, p. 34.

133 Idem.

134 BASTOS, A. C. Tavares. 1939, p. 36-38.

cia e sem planos para seus desenvolvimentos, trazendo desânimo por ser "a câmara (...) um recurso demais para o influente local, e a assembleia uma aprendizagem política para o pretencioso bacharel".[135]

Para completar sua lista de males do presente, listava ainda a indiferença do governo com a imigração, a escravatura, o decréscimo do comércio e rendas, a dívida externa e interna de 200 mil contos – segundo ele, o déficit acumulado desde 1858 podia levar à bancarrota.[136] Todos esses temas foram retomados por Bastos mais tarde, quando já reconhecido pela historiografia como político de matiz liberal.

Na parte do folheto intitulada *Realidade* descreveu o que levou o país a todos os males, uma espécie de *Ação* malconduzida. Já em *Ilusão,* retomou tanto à análise feita pela *Ação,* quanto pela *Reação,* divisão do folheto de Justiniano. No entanto, censurou o exame de alvos circunscritos, dando a eles um remédio. Desta maneira, propôs comentários sobre esses alvos, que se dizia na época serem os males do país. Ao fazê-lo, discordou das opiniões que afirmou serem correntes e expôs o que pensava sobre os temas tratados.

Antes de prosseguirmos, voltemos ao texto de Eide Abrêu para recordar que nos anos de 1860 e1861 os conservadores estavam divididos (moderados ou puros) quanto à pauta a ser seguida no tocante a alguns temas candentes: os apoios dados ao Gabinete Caxias; às prerrogativas do Poder Moderador e à responsabilidade, ou não, dos gabinetes pelos atos do quarto poder; aos debates sobre a economia, incluindo a emissão bancária e o funcionamento das companhias e sociedades anônimas – motivos de divergência que, dentre outros, teriam levado à Liga Progressista.[137] Assim, no início da parte intitulada *Ilusão,* teceu algumas premissas: soberania nacional, e não a monarquia representativa, era o que julgava importar, uma vez que os ministérios eram formados pelos deputados, sendo a expressão nacional. Nesse sentido, afirmava a soberania do Parlamento e ser o governo o ministério, uma vez que o governo pessoal era uma "visão," pois o imperador não excedia os limites

---

135   Idem, p. 38-39.

136   Idem, p. 39-40.

137   ABRÊU, Eide Sandra Azevêdo. Op. Cit., p. 26-37.

Tensões políticas, cidadania e trabalho no longo Oitocentos

institucionais. Logo, para Tavares Bastos, o problema estava nos gabinetes que não eram fortes, nas oligarquias. Mas afirmava que se temia em demasia as oligarquias porque, ao mencionar as vitórias saquaremas em 1838, 1842 e 1849, sublinhou que se exagerava ao tributar aos chefes saquaremas um poder que não tinham. A ortodoxia e o imobilismo, entretanto, teriam se expressado na "esterilidade do movimento conciliador".[138] Para ele, era ilusão querer acabar com o Senado vitalício, o Conselho de Estado e temer a anarquia, que teria sido produzida dos liberais que se rebelaram contra o governo, dando tanto poder a essas mesmas oligarquias vitoriosas.[139] Comparava as propostas que estavam postas pelos contemporâneos como se fosse cortar uma árvore para colher um fruto.

> (...) só o desenvolvimento gradual do espírito público, a energia dos homens políticos, a independência de cada um, a prática do *self-government,* a liberdade das Câmaras e a força própria dos ministérios podem evitar que pese demais uma influência qualquer, abalando o equilíbrio constitucional.[140]

Ao contrário de Justiniano José da Rocha, para quem a monarquia era o caminho para a democracia,[141] Tavares Bastos apontava outros caminhos, como a independência e a liberdade das Câmaras, do ministério e da monarquia, se tivesse como premissa o *self-government.* Acreditava que não se podia ver na democracia uma "tempestade perpétua" porque a revolução já tinha sido feita pelos que tinham vivido os anos até 1831 e pelos que tinham tirado lições do *Triunfo,* cujo termo usado era uma clara alusão às análises feitas por Justiniano.[142] Para Bastos, as desordens e as revoltas foram geradas por aqueles que viam a "fabulosa prosperidade dos Estados Unidos", porém "não viram as diferenças profundas que distinguiam e distinguem os dois países", o que

---

138 BASTOS, A. C. Tavares. Op. Cit., p. 34, p. 43-44.

139 Idem. Op. Cit., p. 34, p. 43-45.

140 Idem. Op. Cit., p. 44.

141 ROCHA, Justiniano José da. 1860, 55 p.

142 BASTOS, A. C. Tavares. 1939, p. 45-46.

teria levado à *Reação,* em uma nova alusão ao texto de Rocha.[143] Então, as reformas do período regencial se degeneraram porque não tinham respeitado os costumes, as tradições e as instituições aristocráticas; o problema não estaria, pois, na monarquia. Se a República fosse proclamada, "não encontraria chefe capaz, nem servidores dignos de governo". A anarquia e a demagogia viriam. Não se invocaria Washington ou Lafayette, mas possivelmente "demolidores", "carbonários", como na Itália ou no México. Déspotas apareceriam depois do primeiro abalo, como na Revolução Francesa. Portanto, Tavares Bastos concluía que o problema não era a oligarquia ou a revolução, mas como se poderia salvar o país, portanto, na condução para uma *Solução.*[144]

Sem abaixar a cabeça ao "fatalismo muçulmano", "O direito do livre-exame é o melhor resultado do *self-government*".[145] Para Tavares Bastos esse era o governo de base democrata, tal como na Inglaterra; era a *Solução:* "que, firme nos seus gloriosos rochedos no Norte, domina impassível as tempestades do continente..."[146] Nesse aspecto sua diferença com Justiniano é clara, uma vez que este último elogiava as instituições anglo-saxãs como ideais para a ilha europeia, e tão somente para ela: no Brasil, teriam sido um fracasso e conduzido à anarquia!

Tavares Bastos enumerou igualmente outras *Soluções*; "eleição direta, com um censo elevado e proporcional às localidades"; Câmaras independentes na sua origem, sem o "espetáculo de ministérios de *côteries* e reposteiros"; administração central desembaraçada com províncias dotadas de "presidentes dignos e duradouros", que cumprissem a lei; reforma na instrução pública superior, ministrando-se conhecimentos úteis para se acabar com "médicos sem clínica e bacharéis sem emprego"; organização da magistratura pelo modelo constitucional; independência da Polícia Judiciária; prisões não arbitrárias; equilíbrio da despesa com a receita; desarmamento da "parte supérflua da marinha e do exército"; os excessos de renda deviam ser aplicados para subvencio-

---

143 Idem.

144 BASTOS, A. C. Tavares. 1939, p. 46-48.

145 Idem. 1939, p. 48.

146 Idem. 1939, p. 49.

nar o serviço de Polícia Provincial e Municipal; se extinguiria ou diminuiria a Guarda Nacional; devia se levantar "o peso de impostos sobre a exportação oprimida"; seria fundamental se desenvolver trabalhos públicos; "fomentaria o espírito livre da empresa particular; mas não se faria fiador e banqueiro de empresas impraticáveis, cujo único e perigoso fim é imobilizar capitais e desviá-los da agricultura necessitada"; "solveria a enorme dívida dos empréstimos levantados em Londres, e a do papel moeda, consolidando assim o meio circulante"; "obteria a lei de livre cabotagem, para que braços nacionais nela distraídos cultivem a terra, tonando a concorrência do estrangeiro muito mais barato o serviço de navegação"; abriria o "Amazonas ao comércio do mundo, à emigração superabundante dos Estados Unidos, aos irlandeses, aos alemães, aos suíços"; arrancaria dos argentinos e dos paraguaios a "franqueza dos portos de Mato Grosso"; voltaria ao período da Independência – retomando o projeto de José Bonifácio – para propor uma emancipação lenta, de tal forma, a poder se reconstituir as bases do trabalho.[147]

E foi para concluir suas *Soluções* que Tavares Bastos retomou o discurso de José Bonifácio, o Moço. Se o orador tinha arrebatado até os rivais, que julgavam que suas ideias só seriam realidade em um século, o deputado alagoano via caminhos possíveis no sistema representativo, na imprensa e na persistência em se enfrentar as dificuldades na composição da maioria da Câmara.[148] Pedia que não se invocasse nem as oligarquias nem a anarquia, mas que se deixasse

> os governos de transição, que se sucedem desde 1852, obrar na medida de nossos desejos, ora comprimindo as pretensões reacionárias de alguns, ora opondo-se às tendências libérrimas de outros.[149]

Pode ser que, naquele contexto, Tavares Bastos ainda estivesse ligado aos conservadores, mas, com toda a certeza, as bases econômicas e políticas do seu pensamento liberal já se colocavam, bem como a necessidade de priorizar o governo das províncias e sua correta administração.

---

147 BASTOS, A. C. Tavares. 1939, p. 49-50.

148 Idem. 1939, p. 52-53.

149 Idem. 1939, p. 52.

Conclusão

Devemos compreender o campo político mais amplo, no qual Justiniano José da Rocha e Aureliano Cândido Tavares Bastos atuavam, antes de buscar uma definição para o que era ser conservador ou liberal em meados do Oitocentos. Aqueles foram anos nos quais as identidades políticas mudaram de forma marcante. Conservadores e liberais se dividiram a respeito de temas vários.

Como jornalistas e políticos, é impressionante constatar como Justiniano José da Rocha e Tavares Bastos foram coerentes na defesa de suas propostas para o presente e o futuro – projetos de como o país devia se desenvolver e qual o melhor modelo a ser adotado. Então, para melhor situarmos o pensamento de ambos, é preciso fazer algumas ressalvas. A primeira, e mais geral, é que coerência não significou para ambos se aferrarem às suas primeiras ideias, registradas em folhetos e artigos de jornais. Ao contrário, foram capazes de desenvolver um pensamento próprio e original ao longo dos anos, e no diálogo com a política daquele momento, com os acontecimentos do tempo.

Sobre Justiniano José da Rocha, seus escritos foram absorvidos pela historiografia como interpretação da história do Império brasileiro até o momento da *Conciliação*. Foi considerado um conservador "puro", atributo político que talvez tenhamos que reconsiderar se nos debruçarmos sobre os seus últimos anos de vida,[150] quando em um discurso na sessão da Câmara dos Deputados, em 20 de junho de 1854,[151] fez uma defesa forte do município e da importância deste para o governo e o futuro da monarquia: sua proposta era de uma Confederação de Municípios!

Em Tavares Bastos é importante observarmos sua proposta de federalismo e a relação entre o governo central e a província, com sua administração. Creio que em um primeiro momento, podemos situar seu pensamento em relação, primeiro, às instituições inglesas; mais tarde, ao federalismo norte-americano, à sociedade norte-americana durante e depois da Guerra de Secessão e ao libe-

---

150 MARSON, Izabel Andrade. Apresentação. In: ABRÊU, Eide Sandra de Azevêdo. *O evangelho do comércio universal. Tavares Bastos e as tramas da Liga Progressista e do Partido Liberal (1861-1872)*. São Paulo: Annablume/ FAPESP, 2011, p. 18.

151 *ANAIS DO PARLAMENTO BRASILEIRO: Câmara dos senhores Deputados – Sessão de 1854, Tomo Segundo – 20/06/1854*. Rio de Janeiro: Tipografia Parlamentar, 1876.

ralismo, de forma geral. Para esse enfoque, podemos contar hoje em dia com a contribuição dada pela historiografia que abordou o que se convencionou chamar de segunda escravidão,[152] o que trouxe novos aspectos a se considerar para aprofundarmos as análises sobre um liberalismo que se distanciou daquele do fim do século XVIII e inícios do século XIX: o "segundo liberalismo".[153]

Portanto, ambos os projetos de gestão do Estado e de exercício da cidadania passavam pela "localidade". Contudo, o termo localidade era distinto no conjunto das ideias desses políticos e jornalistas. Enquanto Justiniano pregava que se fizesse a reforma das municipalidades, uma vez que os municípios deviam se confederar e substituir a administração provincial com suas assembleias legislativas e seus presidentes, a exemplo de Roma, Atenas e Esparta, que eram confederações,[154] Tavares Bastos defendia a autonomia das províncias, o que para ele daria novos ares ao sistema político de então.[155]

As ideias desenvolvidas por esses autores só fazem sentido no contexto das discussões do Segundo Reinado, quando o Poder Moderador e sua irresponsabilidade estavam mais uma vez postos na berlinda. Naqueles anos, a configuração dos poderes devia levar em conta seu funcionamento, de modo a controlar a população e atuar nas agitações das ruas, que foram típicas da Regência e se repetiram em descontentamentos provinciais com o governo, em 1842 e 1848. A história dos primeiros anos do Império foi revisitada por Justiniano José da Rocha e por Tavares Bastos, respectiva-

---

152 SALLES, Ricardo. *E o vale era escravo. Vassouras, século XIX. Senhores e escravos no coração do Império.* Rio de Janeiro: Civilização Brasileira, 2008; MARQUESE, Rafael; SALLES, Ricardo. A escravidão no Brasil oitocentista: história e historiografia. In: MARQUESE, Rafael; SALLES, Ricardo. *Escravidão e capitalismo histórico no século XIX. Cuba, Brasil e Estados Unidos.* Rio de Janeiro: Civilização Brasileira, 2016; MARQUESE, Rafael; SALLES, Ricardo. A cartografia do poder senhorial: cafeicultura e formação do Estado nacional brasileiro. 1822-1848. In: SALLES, Ricardo; MUAZE, Mariana. *O vale do Paraíba e o Império do Brasil nos quadros da Segunda Escravidão.* Rio de Janeiro: 7 Letras, 2015.

153 MANET, Pierre. *História intelectual do liberalismo:* dez lições. Rio de Janeiro: Imago, 1987, p. 123.

154 *Anais DO PARLAMENTO BRASILEIRO: Câmara dos senhores Deputados – Sessão de 1854, Tomo Segundo – 20/06/1854.* Rio de Janeiro: Tipografia Parlamentar, 1876. Essas ideias estão ali defendidas.

155 ABRÊU, Eide Sandra Azevêdo. Op. Cit., p. 119-142; 127.

mente como *Ação* e *Reação* e como *Realidade* e *Ilusão*. Aspectos fundamentais nessas leituras da história foram a participação eleitoral e os direitos dos indivíduos, por um lado; a lei e as formas de atuação dos poderes dados às instâncias do Judiciário, por outro, tematizados no célebre ministério da *Conciliação* e nos anos subsequentes.

Também para a compreensão da virada dos anos de 1850 para os de 1860, é mister situarmos melhor a discussão sobre centralização, descentralização, federalismo, Executivo forte, irresponsabilidade do Moderador, Poder Judiciário forte, este último autônomo em seus campos de pensamento e de atuação políticos. Esses dois níveis estão antenados com as questões de gestão e de administração do Estado brasileiro – que atravessaram o período imperial e se desdobraram na primeira década republicana –, e em diálogo com o que se convencionou chamar de um liberalismo herdeiro da Revolução Francesa, tal como descreveu Pierre Rosanvallon, em *Le moment Guizot*.[156]

Rosanvallon chamou a atenção para a originalidade da cultura política no período de 1814 a 1848, mostrada pelos planos de reforma ou afirmação de princípios em fatos concretos e instituições viáveis; discussão sobre as eleições, a imprensa, o papel do Parlamento e a soberania da razão.[157] Esses temas foram igualmente frequentados por Justiniano José da Rocha e Tavares Bastos, bem como por outros políticos, tanto do campo considerado conservador, quanto no liberal, e todos visavam à realidade nacional e o melhor caminho para o progresso. Tratavam de "interesses" e de "necessidades." Mais do que palavras, repetidas à farta, revelavam realidades e posicionamentos políticos – eram verdadeiros conceitos! Os seus projetos certamente não eram únicos. Se Justiniano não foi "pena de aluguel", como a historiografia o considerou por vezes, Tavares Bastos não foi um "solitário," como demonstrou Eide Sandra Azevêdo Abrêu.[158] Assim, é um bom conselho a observação feita por Bruno Fabris Estefanes a respeito da análise que propôs sobre Honório Hermeto Carneiro Leão: "não há correspondência automática – e nem eterna

---

156 ROSANVALLON, Pierre. *Le moment Guizot*. Paris: Gallimard, 1985.

157 Idem, p. 28-29.

158 ABRÊU, Eide Sandra de Azevêdo. Op. Cit.

Tensões políticas, cidadania e trabalho no longo Oitocentos

coerência – entre o pertencimento a um grupo político-econômico e as concepções e ações dos indivíduos".[159]

O binômio clássico centralização e descentralização, mudados em governo forte por meio dos municípios confederados, para Justiniano José da Rocha, e em província e federalismo, para Tavares Bastos, tiveram repercussão mais adiante, na Primeira República. O governo republicano foi inaugurado com a candente discussão sobre a localidade, o município e/ou a província. Mais uma vez, se quebrarmos os marcos cronológicos tradicionais entre Monarquia e República nascente, veremos a primeira década republicana às voltas com o federalismo, o unitarismo e com o problema de como o centro governaria a periferia. Em definitivo, os anos Oitocentos não se esgotaram na proclamação da República.

Américo Freire[160] apontou dois modelos possíveis de Constituição, no início do período republicano: o modelo presidencialista norte-americano e o federalismo, que havia sido implantado. Rui Barbosa capitaneava os que defendiam a Constituição e o Judiciário com base no modelo norte-americano, configurando um sistema presidencialista que fortalecia a atuação da federação diante dos estados. Já Campos Sales, ministro da Justiça, representava o federalismo caracterizado pela dupla soberania, garantidora da autonomia dos estados diante da federação. A dualidade do Judiciário adotada obedeceu ao modelo dual norte-americano, com uma justiça federal e outra estadual, diferente do Império. Campos Sales queria garantir a autonomia desse poder, frente ao centralismo forte exercido pelo Marechal Deodoro. Não foi à toa que "antecipou o estabelecimento do novo código penal, a organização da Justiça Federal e da Justiça do Distrito Federal por meio de três decretos que foram publicados antes mesmo da Constituição ser promulgada [...]"[161]

---

159 Estefanes, Bruno Fabris. Op. Cit.

160 FREIRE, Américo Oscar Guichard. *Uma capital para a República: o poder federal e as forças políticas locais no Rio de Janeiro na virada do século XX*. Rio de Janeiro: Revan, 2000.

161 CASTRO, Tatiana de Souza. *"Assim se espera Justiça": o remédio jurídico do habeas corpus no Supremo Tribunal Federal (1920-1929)*. Tese de Doutorado – UFRRJ, Rio de Janeiro, 2018, p. 45.

Tatiana Castro analisou os projetos constitucionais que foram apresentados no início da República pela "Comissão dos Cinco": a que resultou da revisão desta por Deodoro e alguns ministros, e a publicação de uma Constituição provisória em 23 de outubro, por meio do Decreto nº 914-A, que mudava o projeto anterior para incluir a palavra *república* no título da Constituição. Ao fazer isso, ressaltou que os diversos projetos "divergiam muito em relação à autonomia dos Estados (*sic*) e a atuação e controle federal sobre os mesmos". Campos Sales, ao defender a maior autonomia dos estados em relação ao Estado nacional, obedecendo a dupla soberania que julgava ser o fundamento do sistema federativo, acabou suprimindo "o predomínio da jurisdição federal sobre a estadual estabelecido por Rui Barbosa no projeto de Constituição".[162] Citando o livro de Koerner, a autora afirmou que a República protegia os estados, não os cidadãos republicanos; que o Poder Judiciário "foi utilizado pelas oligarquias para assegurarem seu poder no âmbito federal" e que a nomeação dos juízes era feita por meio de inscrição, e a escolha dos três melhores era realizada pelos ministros do STF, que os enviava para a escolha do presidente. Este, por sua vez, escolhia aquele que tinha ligações com a "oligarquia que iria receber esse juiz em sua seção judicial". Ressaltou ainda que, para Korner, a oligarquia indicava o nome ao presidente da República.[163]

Portanto, vemos que os debates sobre os poderes locais, consubstanciados em municípios ou em províncias que deviam fortalecer, ou enfraquecer, o poder central, ou mesmo viabilizar o governo do Estado, ultrapassaram o Império. Esse é um tema que merece um estudo aprofundado, compreendendo as vozes que contribuíram para esse debate como representantes de grupos e de propostas de governo que não se esgotaram na *Conciliação*, nem nos anos de 1860, nem mesmo no fim do Império. Sem dúvida, nessa perspectiva, tal tema tem de ser abordado também levando em consideração outros estudos

---

162 Ver CASTRO, Tatiana de Souza. 2018, p. 46-47. Para a análise dessa disputa entre os projetos constitucionais, que visavam a formas distintas de gestão do Estado, Tatiana Castro se baseou em KOERNER, Andrei. *Judiciário e cidadania na Constituição da Primeira República brasileira (1841-1920)*. Curitiba: Juruá, 2010, p. 152.

163 CASTRO, Tatiana de Souza. Op. Cit., p. 48.

Tensões políticas, cidadania e trabalho no longo Oitocentos

clássicos, tais como os de Maria Isaura Pereira de Queiroz,[164] Nestor Duarte,[165] Vicente Licínio Cardos,[166] Raymundo Faoro,[167] Fernando Uricochea,[168] Jeanne Berrance de Castro[169] e Paulo Mecadante.[170]

Por último, cabe dizer que estudos sobre o século XIX têm igualmente importância hoje, momento em que se discute competências e papéis dos poderes e das instituições no Brasil contemporâneo. Para finalizar, retomo premissas do projeto Dimensões e Fronteiras do Estado Brasileiro no Século XIX, quando analisamos o Estado "em uma perspectiva multifacetada, inter-relacional e dinâmica,"[171] com estudo não restrito à administração pública e à governabilidade. Ali também negamos a existência de um Estado demiúrgico, monolítico, unilateral ou dicotômico, que não deve ser reduzido a representante ou instrumento dos interesses de uma classe social (os proprietários rurais) nem a um corpo burocrático estreito, fechado e solidamente constituído (um estamento).[172]

---

164 QUEIROZ, Maria Isaura Pereira de. *O mandonismo local na vida política brasileira e outros ensaios.* S.l.: Alfa Ômega, 1976.

165 DUARTE, Nestor. *A ordem privada e a organização política nacional.* São Paulo: Editora Nacional, 1939.

166 CARDOSO, Vicente Licínio. À margem da História do Brasil. Rio de Janeiro: Companhia Editora Nacional, 1928.

167 FAORO, Raymundo. *Os donos do poder. Formação do patronato político brasileiro.* Porto Alegre: Editora Globo, 1977.

168 URICOCHEA, F. *O minotauro imperial. A burocratização do Estado patrimonial brasileiro no século XIX.* Rio de Janeiro: Difel, 1978.

169 CASTRO, Jeanne Berrance de. *A milícia cidadã e a Guarda Nacional de 1831 a 1850.* Rio de Janeiro: Companhia Editora Nacional, 1977.

170 MERCADANTE, Paulo. *A consciência conservadora no Brasil.* Rio de Janeiro: Editora Saga, 1965.

171 NEVES, Lúcia Bastos Pereira das Neves. *Projeto Dimensões e Fronteiras do Estado Brasileiro no Século XIX.* Rio de Janeiro: Edital de PRONEX – FAPERJ/CNPq, 2009, p. 3.

172 NEVES, Lúcia Bastos Pereira das Neves. Op. Cit., p. 2.

Fontes

ANAIS DO PARLAMENTO BRASILEIRO: Câmara dos senhores Deputados – Sessão de 1854, Tomo Segundo – 20/06/1854. Rio de Janeiro: Tipografia Parlamentar, 1876.

BASTOS, Aureliano Cândido Tavares. *Os males do passado e as esperanças do futuro.* São Paulo – Porto Alegre – Rio de Janeiro: Companhia Editora Nacional, 1939.

ROCHA, Justiniano José da. Ação, Reação e Transação. In: MAGALHÃES JÚNIOR, Raimundo. *Três panfletários do Segundo Reinado.* Rio de Janeiro: Academia Brasileira de Letras, 2009.

ROCHA, Justiniano José da. *Monarchia-democracia.* Rio de Janeiro: Typ. De F. de Paula Brito, 1860.

Bibliografia

ABRÊU, Eide Sandra Azevêdo. O projeto de descentralização de Tavares Bastos e a luta política no Império. COSTA, Wilma P.; OLIVEIRA, Cecília Helena de Salles (org.). *De um Império a outro: estudos sobre a formação do Brasil, séculos XVIII e XIX.* São Paulo: FAPESP, Aderaldo e Rothschild, 2007.

ABRÊU, Eide Sandra de Azevêdo. *O evangelho do comércio universal. Tavares Bastos e as tramas da Liga Progressista e do Partido Liberal (1861-1872).* São Paulo: Annablume/FAPESP, 2011.

BARBOSA, Silvana Mota. "Panfletos vendidos como *canela*": anotações em torno do debate político nos anos 1860. In: CARVALHO, José Murilo de (org.). *Nação e cidadania no Império:* novos horizontes. Rio de Janeiro: Civilização Brasileira, 2007, p. 153-183.

CALDEIRA, Cláudia Adriana Alves. *Justiniano José da Rocha: bastidores da imprensa política.* Rio de Janeiro: UERJ, 2016.

CARDIM, Elmano. *Justiniano José da Rocha.* São Paulo: Companhia Editora Nacional, 1964.

CARDOSO, Vicente Licínio. *À margem da História do Brasil.* Rio de Janeiro: Companhia Editora Nacional, 1928.

CARVALHO, José Murilo de. Introdução. In: CARVALHO, José Murilo de. (org.). *Bernardo Pereira de Vasconcelos*. São Paulo: Editora 34, 1999.

CASTRO, Jeanne Berrance de. *A milícia cidadã e a Guarda Nacional de 1831 a 1850*. Rio de Janeiro: Companhia Editora Nacional, 1977.

CASTRO, Tatiana de Souza. *"Assim se espera Justiça": o remédio jurídico do habeas corpus no Supremo Tribunal Federal (1920-1929)*. Tese de Doutorado – UFRRJ, Rio de Janeiro, 2018.

DUARTE, Nestor. *A ordem privada e a organização política nacional*. São Paulo: Editora Nacional, 1939.

ESTEFANES, Bruno Fabris. *Conciliar o império. Honório Hermeto Carneiro Leão, os partidos e a política da Conciliação no Brasil monárquico (1842-1856)*. São Paulo: Dissertação (Mestrado em História) – USP, São Paulo, 2010.

FAORO, Raymundo. *Os donos do poder. Formação do patronato político brasileiro*. Porto Alegre: Editora Globo, 1977.

FERRAZ, Paula Ribeiro. *O gabinete da Conciliação: atores, ideias e discursos (1848-1857)*. Dissertação de Mestrado – UFJF, Juiz de Fora, 2013.

FERREIRA, Ricardo Bruno da Silva. "Um outsider no Império: o pensamento político de Tavares Bastos". *Revista Estudos Políticos*, n. 1, v. 7, 2016/01.

FREIRE, Américo Oscar Guichard. *Uma capital para a República: o poder federal e as forças políticas locais no Rio de Janeiro na virada do século XX*. Rio de Janeiro: Revan, 2000.

GARDINER, Patrick. *Teorias da História*. Lisboa: Fundação Calouste Gulbenkian, 1984.

GUIMARÃES, Lúcia Maria Paschoal. Ação, reação e transação: a pena de aluguel e a historiografia. In: CARVALHO, José Murilo de (org.). *Nação e cidadania no Império: novos horizontes*. Rio de Janeiro: Civilização Brasileira, 2007.

JANOTTI, Maria de Lourdes Mônaco. "A falsa dialética: Justiniano José da Rocha". *Revista Brasileira de História*, São Paulo, 2 (3), p. 3-17, mar., 1982.

KOERNER, Andrei. *Judiciário e cidadania na Constituição da Primeira República brasileira (1841-1920)*. Curitiba: Juruá, 2010.

MAGALHÃES JÚNIOR, Raimundo. Justiniano José da Rocha e Ação, Reação e Transação. In: MAGALHÃES JÚNIOR, Raimundo. *Três panfletários do Segundo Reinado*. Rio de Janeiro: Academia Brasileira de Letras, 2009.

MANET, Pierre. *História intelectual do liberalismo: dez lições*. Rio de Janeiro: Imago, 1987.

MARQUESE, Rafael; SALLES, Ricardo. A cartografia do poder senhorial: cafeicultura e formação do Estado nacional brasileiro. 1822-1848. In: SALLES, Ricardo; MUAZE, Mariana. *O vale do Paraíba e o Império do Brasil nos quadros da Segunda Escravidão*. Rio de Janeiro: 7 Letras, 2015.

MARQUESE, Rafael; SALLES, Ricardo. A escravidão no Brasil oitocentista: história e historiografia. In: MARQUESE, Rafael; SALLES, Ricardo. *Escravidão e capitalismo histórico no século XIX. Cuba, Brasil e Estados Unidos*. Rio de Janeiro: Civilização Brasileira, 2016.

MARSON, Izabel Andrade. Apresentação. In: ABRÊU, Eide Sandra de Azevêdo. *O evangelho do comércio universal. Tavares Bastos e as tramas da Liga Progressista e do Partido Liberal (1861-1872)*. São Paulo: Annablume/FAPESP, 2011.

MERCADANTE, Paulo. *A consciência conservadora no Brasil*. Rio de Janeiro: Editora Saga, 1965.

MORAIS FILHO, Evaristo de. *As ideias fundamentais de Tavares Bastos*. Rio de Janeiro: Difel; Brasília: INL, 1978.

NEVES, Lúcia Bastos Pereira das Neves. *Projeto Dimensões e Fronteiras do Estado Brasileiro no Século XIX*. Rio de Janeiro: Edital de PRONEX – FAPERJ/CNPq, 2009.

PARRON, Tâmis Peixoto. *Justiniano José da Rocha. Ação, reação e transação. Duas palavras acerca da atualidade política do Brasil (1855)*. São Paulo: EDUSP, 2016.

QUEIROZ, Maria Isaura Pereira de. *O mandonismo local na vida política brasileira e outros ensaios*. S.l.: Alfa Ômega, 1976.

QUEIROZ, Tatiane Rocha de. *Do regressismo ao conservadorismo do periódico O Brasil (1840-1843)*. Dissertação (Mestrado em História Social) – UERJ, São Gonçalo, 2011.

RIBEIRO, G. S. Pena de aluguel? Justiniano José da Rocha e o Poder Judiciário. In: CARVALHO, José Murilo de; NEVES, Lucia Maria Bastos P. (org.). *Dimensões e fronteiras do Estado brasileiro no Oitocentos*. Rio de Janeiro: Eduerj, 2014.

ROSANVALLON, Pierre. *Le moment Guizot*. Paris: Gallimard, 1985.

SALLES, Ricardo. *E o vale era escravo. Vassouras, século XIX. Senhores e escravos no coração do Império*. Rio de Janeiro: Civilização Brasileira, 2008.

TORRES, Valéria Aparecida Rocha. *Justiniano José da Rocha e a memória do Período Regencial*. Campinas: Dissertação de Mestrado - UNICAMP, 1998

URICOCHEA, F. *O minotauro imperial. A burocratização do Estado patrimonial brasileiro no século XIX*. Rio de Janeiro: Difel, 1978.

4. Em busca do 'Novo Mundo': imprensa e trocas culturais entre brasileiros nos Estados Unidos (1867-1881)[1]

Silvana Mota Barbosa[2]

Introdução

> O que é, porém, esse país republicano que tanto terror inspira às imaginações dos nossos estadistas?[3]

> Queremos chegar à Europa? Aproximemo-nos dos Estudos Unidos. É o caminho mais perto essa linha curva.[4]

Com essas palavras, Tavares Bastos resumiria em boa medida a maneira como os Estados Unidos eram tratados por boa parte dos homens públicos brasileiros de meados do século XIX. Era o ano de 1863, e a Tipografia da *Actualidade* publicava a segunda edição das *Cartas do Solitário*, série de 30 cartas que Tavares Bastos havia lançado no *Correio Mercantil* entre setembro de 1861 e abril de 1862.[5]

---

1   Esse artigo é parte de uma pesquisa maior desenvolvida graças ao apoio da Capes (Estágio Sênior Processo nº BEX 2376/15-6) como Visiting Fellow na Princeton University, entre setembro de 2015 e agosto de 2016. Professora titular do Departamento de História e do Programa de Pós-Graduação em História da Universidade Federal de Juiz de Fora, Minas Gerais, Brasil.

2   Professora Titular do Departamento de História da Universidade Federal de Juiz de Fora, MG, pesquisadora do CEO e fundadora e pesquisadora do Núcleo de Estudos em História Social da Política (NEHSP).

3   BASTOS, Aureliano Candido Tavares. *Cartas do Solitário (Estudos sobre Reforma administrativa, Ensino religioso, Africanos livres, Trafico de escravos, Liberdade da cabotagem, Abertura do Amazonas, Comunicações com os Estados Unidos, etc.).* 2ª ed. Rio de Janeiro: Typ. da Actualidade, 1863. Carta XXIX, p. 341.

4   BASTOS, Aureliano Candido Tavares. Op. Cit., Carta XXX, p. 345.

5   Sobre Tavares Bastos e sua interpretação para os Estados Unidos, ver, dentre outros autores, ROSI, Bruno Gonçalves. *Saquaremas, Luzias, o Brasil e os Estados Unidos.* Tese (Doutorado

Se, de fato, inspirava "terror aos estadistas", como afirmou Tavares Bastos, ao menos não era um destino de todo desconhecido. Desde pelo menos 1836, já circulavam na imprensa reflexões em torno das investigações de Tocqueville sobre os Estados Unidos, geralmente comparando os ideais democráticos aos aristocráticos.[6] Em 1838, no *Jornal do Commercio*, encontramos um anúncio da venda de diversos livros numa livraria na Rua do Ouvidor. Os primeiros citados eram todos sobre os Estados Unidos. Dos estudos de Warden (*Descrição dos Estados Unidos*[7]), *Princípios do governo republicano na América* de Murat,[8] além dos livros de Tocqueville, não apenas *Democracia na América*, mas também aquele sobre o sistema penitenciário escrito com Beaumont.[9] Os livros, publicados em francês, aparecem anunciados em diversos momentos ao longo da década de 1830.

Essas indicações nos permitem inferir que o país, apesar de não ser o destino preferido, já era conhecido pelos círculos dos homens e mulheres de letras. Os Estados Unidos pareciam assombrar exatamente porque representavam a possibilidade da república num país de grandes dimensões, para parafrasear o texto de Benjamin Constant.[10]

---

em Ciência Política) –Instituto de Estudos Sociais e Políticos/Universidade do Estado do Rio de Janeiro. Rio de Janeiro, 2016, p. 86. Ver também o artigo de ROSI, Bruno Gonçalves. The americanism of Aureliano Cândido Tavares Bastos. *Almanack*, Guarulhos, n. 19, ago. 2018, p. 244-277. Disponível em: http://www.scielo.br/scielo.php?script=sci_arttext&pid=S2236-46332018000200244&lng=es&nrm=iso. Acesso em: 03 set. 2019.

6   *CORREIO OFICIAL*, 4 nov. 1835, p. 4.

7   Ao que tudo indica, tratava-se do livro de David Bailie Warden, publicado originalmente em 1819, *A statistical, political, and historical account of the united states of north america: from the period of their first colonization to the present day*. Edimburg: Constable and Company, 1819. Disponível em: https://play.google.com/store/books/details?id=dlYTAAAAYAAJ&rdid=book-dlYTAAAAYAAJ&rdot=1. Acesso em: 20 ago. 2019.

8   MURAT, Achille. *Exposition des principes du gouvernement républicain, tel qu'il a été perfectionné en Amérique*. Paris: Paulin, 1833. Disponível em: https://gallica.bnf.fr/ark:/12148/bpt6k5806214h/f10.image.texteImage. Acesso em: 07 set. 2019.

9   *JORNAL DO COMMERCIO*, 4 maio 1838, p. 4.

10   CONSTANT, Benjamin. *Fragments d'un ouvrage abandonné sur la possibilité d'une constitution républicaine dans un grand pays*. Edição organizada por Henri Grange. Paris: Aubier, 1991.

Tensões políticas, cidadania e trabalho no longo Oitocentos

O objetivo deste texto é detectar a existência de brasileiros que, por diversos motivos, migraram para os Estados Unidos entre meados dos anos 1860 até 1880. Não se pode afirmar que se trata de um grupo, ainda que em muitos aspectos se assemelhem, mas viveram a experiência de morar naquele país numa época na qual as relações entre as duas grandes nações das Américas estavam se transformando – a república norte-americana de um lado, o império sul-americano de outro.

A presença brasileira nos Estados Unidos em meados do século XIX não é um tema muito visitado pela historiografia. Pode-se afirmar que os estudos que tocam, indiretamente, no tema, partem de alguns personagens centrais, o que é, também, o caminho deste artigo. O primeiro deles é José Carlos Rodrigues, o editor de *O Novo Mundo*, jornal publicado em Nova York, entre 1870 e 1879. Paralelamente, temos os estudos que enfocaram o poeta maranhense Sousândrade, que atuou no mesmo jornal.[11] Além dos dois, temos outros temas que atraíram a atenção da historiografia. De um lado, a história das duas estudantes brasileiras que foram estudar medicina nos Estados Unidos e publicaram o jornal *A Mulher,* em 1880; de outro, os também estudantes brasileiros que estudaram na Cornell e publicaram *Aurora Brasileira*, também em língua portuguesa, nos Estados Unidos, entre 1873 e 1875.[12]

Em comum, todos os textos retratam a presença, nesses jornais, de um discurso que valorizava o progresso, a ciência, o "avançado estado da civilização", a educação feminina e, claro, em alguns casos, a própria república. Enfim, a historiografia reforça o quanto esses jornais, e sujeitos, estavam alinhados com os grandes temas do último quartel do século XIX.

Destoa desse recorte o trabalho de Natalia Bas que, ao deslocar o debate e retirar do *Novo Mundo* o foco central e poder atrativo, fez um deslocamento também narrativo, relativizando esses discursos de modernidade e progres-

---

11 CARNEIRO, Alessandra da Silva. *O Guesa em New York: Republicanismo e americanismo em Sousândrade.* Tese de Doutorado – Faculdade de Filosofia, Letras e Ciências Humanas/Universidade de São Paulo, São Paulo, 2016.

12 FREITAS, Marcus Vinicius de. *Contradições da modernidade: O jornal Aurora Brasileira (1873-1875).* Campinas: Ed. Unicamp, 2011. A edição, generosa, inclui o CD-Rom com todas as edições do jornal.

so.[13] Em suas palavras, "é tentador sugerir que, apesar das representações públicas louváveis dos Estados Unidos", notamos uma série de "representações imperfeitas ou, talvez melhor, as omissões e silêncios" por parte dos brasileiros que observavam os norte-americanos e que poderiam ser, na verdade, "indiretamente, um endosso ao *status quo*" e "o reforço das tradições que eles próprios responsabilizavam pelas limitações da modernização no Brasil".[14]

Este artigo não pretende reforçar ou insistir nesses debates em torno da apregoada ode ao progresso. A estratégia aqui pretende ser outra. Em vez de discutir os textos publicados sobre os Estados Unidos, as comparações, as defesas do ideal de progresso e civilização, procuro deslocar o olhar para quem escreveu ou foi citado nesses jornais publicados em Nova York entre 1870 e 1881, e entender um pouco a experiência de ser imigrante em terras norte-americanas. Passamos assim do texto para o autor.[15]

Trata-se, também, de um exercício metodológico de estudo da imprensa. O que pretendo demonstrar é que o jornal – fonte e objeto – pode nos ajudar a pensar além da superfície, desconstruir um pouco a lógica dos textos e debates em torno do progresso, e entender o que estava em jogo ou disputa.

O problema dos paquetes

No último quartel do século XIX, os Estados Unidos eram os maiores compradores de café do Brasil, e exportavam para o país produtos de primeira necessidade, como farinha de trigo, querosene, banha, material para estradas de ferro e máquinas agrícolas.[16] Tal comércio, contudo, sofria com a falta de regularidade das linhas de paquetes, que ligavam o Porto do Rio de Janeiro ao de Nova York.

---

13 BAS, Natalia. *Brazilian images of the United States, 1861-1898: A working version of modernity?* PhD thesis – University College London-UCL, out. 2011. Disponível em: http://discovery.ucl.ac.uk/1324514/1/1324514.pdf. Acesso em: 02 set. 2019.

14 Ibidem. Tradução da autora.

15 A inspiração aqui é bastante clara. Trata-se de Robert Darnton e seus estudos sobre o universo letrado do fim do século XVIII, especialmente DARNTON, Robert. *Boemia literária e revolução: o submundo das letras no antigo regime.* São Paulo: Cia. das Letras, 1987, p. 7-49.

16 *O NOVO MUNDO*, 23 set. 1877, p. 194.

Em meados da década de 1860, um investidor e construtor naval de Nova York, chamado Cornelius K. Garrison, comprou, com seu filho William, a New York and Brazil Mail Steam Company. De início, recebeu um subsídio anual do governo dos Estados Unidos e, em seguida, também do Brasil.[17] O governo monárquico dava sinais de que pretendia investir na relação entre os dois países. A chamada linha Garrison iniciou suas operações em 29 de setembro de 1865, e foi a primeira linha de navio a vapor operando mensalmente entre o Rio de Janeiro e Nova York. Por dez anos, essa linha regular funcionou. Os navios saíam todos os meses, por volta do dia 23 "de New York, com escalas em S. Thomaz, Pará, Pernambuco e Bahia".[18]

Até que, em 1874, o governo suspendeu o subsídio, e em um ano Garisson faliu. Para Natalia Bas, a polêmica em torno da manutenção ou não do financiamento para a linha de vapor era uma manifestação de que não havia ainda um consenso em torno das relações entre os dois países.[19] Os que se opunham à manutenção do benefício, afirmavam que a linha não atingiu os níveis de eficiência exigidos. Um exemplo aconteceu em fevereiro de 1874, quando o vapor *Merrimack*, um dos que fazia o trecho entre o Rio de Janeiro e Nova York, sofreu um

> desmancho na machina entre o porto de Pernambuco e do Pará, de modo que só chegou ao primeiro porto com quarenta e tantos dias de viagem. É de lamentar que havendo entre o Brasil e os Estados Unidos uma só linha de vapores à que esse pertence, e se devia geralmente ser o melhor, não se importe a companhia que a viagem seja regular ou não e exponha os raros passageiros a esses dissabores.[20]

A reclamação deixava entrever que não era raro viverem problemas nessa viagem do Brasil aos Estados Unidos. Até que, em outubro de 1875, o *Novo*

---

17   Garrison, que já recebia um subsídio anual do governo norte-americano, assinou um contrato com o governo brasileiro, que lhe concedia um subsídio anual $ 100.000. BAS, Natalia. Op. Cit., p. 287-288.

18   *O NOVO MUNDO*, 23 dez. 1872, p. 50.

19   BAS, Natalia. Op. Cit., p. 303.

20   *AURORA BRASILEIRA*, 20 abr. 1874, p. 55.

Mundo informou a suspensão, que se esperava temporária, do "serviço de paquete à vapor da linha Garrison" e frisava como tal suspensão causava "necessariamente muito transtorno ao comércio de New York com o Brasil".[21]

A alternativa, então, passou a ser a linha de Baltimore que fazia o seguinte trajeto: de Nova York seguia para Baltimore, daí para o Rio de Janeiro. Só depois, iria para os portos do Norte até o Pará. "De modo que o Pará virá a receber os periódicos cerca de um mês depois do que antigamente recebia."[22]

Segundo a imprensa da Corte, para restabelecer a comunicação direta era preciso aguardar uma reunião do Congresso norte-americano agendada para dezembro daquele ano, quando a linha seria novamente autorizada.[23] Não parece, contudo, que tenha dado certo, pois, em 1877, ainda segundo o *Novo Mundo*, a única opção para o comércio com os Estados Unidos era uma linha inglesa de vapores que fazia o trajeto Rio de Janeiro- Liverpool, com escalas, na ida, nos portos da Bahia, Pernambuco, Pará e Nova York, mas que voltava diretamente da Inglaterra ao Brasil.[24] Em suma, um surpreendente trecho triangular!

A visita de D. Pedro II aos Estados Unidos, em 1876, para a Exposição Universal comemorativa do Centenário da Independência, marcou uma nova fase nas relações, que passaram a ser encorajadas pelo monarca. Em 1878, o Imperador autorizou, por decreto imperial, a assinatura de um contrato com Willard P. Tisdel, representante no Rio de Janeiro de um dos principais construtores de navios dos Estados Unidos na era pós-Guerra Civil, John Roach & Sons. Observa-se assim que as relações entre os dois países passam a um novo patamar com a inauguração do paquete *City of Rio de Janeiro*, primeiro da nova linha, lançado pelos estaleiros de John Roach, da cidade de Chester, no Estado da Pensilvânia, no dia 6 de março de 1878.[25] Era o maior saído dos estaleiros, desde a inauguração dos *City of Tokio* e *City of Pequin*, da Pacific

---

21   *O NOVO MUNDO*, 23 out. 1875, p. 6.

22   Ibidem.

23   *DIÁRIO DO RIO DE JANEIRO*, 29 out. 1875, p. 2.

24   *O NOVO MUNDO*, 23 set. 1877, p. 194.

25   Idem, abr. 1878, p. 92.

Mail Line, produzidos no mesmo local. O dia da inauguração foi noticiado em detalhes. Sabemos que foi:

> presenciado por milhares de pessoas das mais importantes classes deste país. Conselheiro Carvalho Borges, enviado extraordinário e ministro plenipotenciário do Brasil em Washington, Dr. Salvador de Mendonça, Cônsul Geral do Brasil nos Estados Unidos, Sully José de Souza, Cônsul em Baltimore, Benjamin Aceval, Ministro do Paraguai, José Tomas Sosa, secretário desta legação, Jordan S. Mott, Charles Delmonico, (...) o editor desta folha e muitos outros cavalheiros que representavam, como os precedentes, quer a classe oficial de um e outro país, quer ambas as casas do Congresso, quer o comércio de New York, Philadelphia e Baltimore, quer a imprensa, quer a industria norte-americana. [26]

Com direito à artilharia dos alunos da Escola Militar de Chester, essa inauguração era um momento importante porque demonstrava interesse em firmar uma linha regular, com paquetes construídos especificamente para atendê-la. A construção do cavername do *City of Rio de Janeiro* teve início em 5 de novembro de 1877, e pouco tempo depois, começaram a construir um segundo paquete, que seria o *City of Pará*. No geral, esses navios acomodavam cem passageiros de primeira classe e cerca de 500, de proa. O que é um número significativo de viajantes. Como John Roach, dono do estaleiro, lembrou,

> Não tendo os dois países comunicação direta a vapor sob suas bandeiras, o seu comércio estava praticamente nas mãos na Inglaterra. (...) A marcha triangular das comunicações a vapor pelas duas nações, por via da Inglaterra, já muito afetava os seus interesses e ameaçava tornar-se ainda mais prejudicial.[27]

Em pouco tempo iniciava-se uma nova fase nas comunicações entre os dois países. Em junho de 1878, ficamos sabendo que o *City of Pará*[28] também estava pronto, e as duas embarcações tinham frete tomado por vários meses

---

26 Ibidem.

27 Ibidem.

28 *O NOVO MUNDO*, jun. 1878, p. 122.

em Nova York.[29] E, como sempre, nessas ocasiões, o *Novo Mundo* usava das imagens e incluía em sua edição um desenho do lançamento do navio.[30]

O que essa rápida passagem pela questão dos vapores nos permite perceber é que, apenas em 1865 começamos a ter facilidade na ligação com os Estados Unidos. O período estudado aqui, contudo, na maior parte do tempo, foi vivido pelo transporte via a velha linha Garisson, o emblema do passado quando comprado com as novas embarcações. E, ao que tudo indica, ainda assim, não era uma viagem fácil. Então, o que levava esses brasileiros aos Estados Unidos? O personagem mais famoso, José Carlos Rodrigues, não teria ido numa dessas linhas e nem foi um projeto pessoal. Pelo contrário, teria embarcado, escondido, num barco à vela com destino aos Estados Unidos.

Mas, afinal, quem era José Carlos Rodrigues?

Filho de fazendeiro de Cantagalo, na província do Rio de Janeiro, José Carlos Rodrigues recebeu, como afirmou George Boehrer, a melhor educação então disponível no Brasil – estudou no Pedro II e, depois, formou-se bacharel no Largo de São Francisco, em São Paulo.[31] Ali, como todos os homens de letras do período, deu os primeiros passos na imprensa, ao criar, em 1862, a *Revista Jurídica*, em parceria com José da Silva Costa. Mais tarde, em 1866, sabemos pelo *Diário do Rio de Janeiro* que eles estão publicando a revista

---

29   O paquete que encerrou ou não? Segundo Alcides Goularti Filho, a linha funcionou até 1893. Ele não conta nada sobre a suspensão. Contudo, usa documentação oficial, que talvez não registre as interrupções. GOULARTI FILHO, Alcides. Abertura da navegação de cabotagem brasileira no século XIX. *Ensaios FEE*, Porto Alegre, n. 2, v. 32, nov. 2011, p. 409-434.

30   Lançamento do paquete *City of Rio de Janeiro*. *O NOVO MUNDO*, abr. 1878, p. 80.

31   José Carlos Rodrigues foi criado "por uma tia de estirpe e hábitos fidalgos, D. Joaquina Alves de Abreu Lima Paes e Oliveira, viúva de Cipriano de Abreu Lima Pais (*sic*) e Oliveira, filho do Marquês de Ponte de Lima Paes e Oliveira". Sua mãe (D. Ana de Albuquerque Vidal Alves Rodrigues) morreu bem jovem, e seu pai era Carlos José Alves Rodrigues, de uma família de fazendeiros de Cantagalo, RJ. CARDIM, Elmano. José Carlos Rodrigues – sua vida e sua obra. Conferência realizada em 5 de setembro de 1944 no Instituto Histórico e Geográfico Brasileiro na sessão solene comemorativa do centenário de nascimento do grande jornalista. *Revista do IHGB*, Rio de Janeiro, v. 185, out./dez. 1944.

Tensões políticas, cidadania e trabalho no longo Oitocentos

agora na Corte, sempre envoltos em uma aura de muito compromisso e serie-dade, com elogios aos dois editores.[32]

Na Corte trabalhava no escritório de Zacharias de Góes e Vasconcellos e, paralelamente, também atuava como oficial de Gabinete do ministro da Fazenda, conselheiro João da Silva Carrão, que havia sido seu professor em São Paulo. Até aqui, sua história se misturava com a de tantos bacharéis e ho-mens de letras do período, trafegando pela imprensa, exercendo a advocacia ou mesmo em alguma função pública. Muitos davam os primeiros passos na vida pública e se tornariam referências políticas na Corte – podemos pen-sar em Saldanha Marinho, Quintino Bocayuva, José de Alencar, Salvador de Mendonça e tantos outros. A lista é quase interminável.

Mas o caso de José Carlos Rodrigues ganha ares de drama policial quando se torna pública a notícia de que ele teria sido responsável por uma tentativa de fraudar o Tesouro. O Gabinete Olinda havia acabado naqueles dias, sendo chamado Zacarias de Góes e Vasconcellos para compor o ministério, em 3 de agosto de 1866. Munido de uma procuração com amplos poderes, José Carlos Rodrigues apresentou ao Tesouro Nacional um aviso no qual o agora ex-ministro Carrão mandava pagar ao capitão Luiz Jacome de Abreu e Sousa "a quantia de doze contos e trezentos mil reis (12:300$), como gratificação pelo desempenho de uma comissão reservada que lhe fora incumbida".[33]

Como conseguiu Rodrigues essa procuração? É aqui, portanto, que co-meçamos a entender a história pelo prisma do capitão Luiz Jacome. Em seu relato, conta que contratou os serviços do escritório de Zacharias de Goes para cuidar do inventário de seu pai. Foi por essa relação que José Carlos Rodrigues conseguiu o "novo mandato com amplos poderes". Nas palavras do próprio Luiz Jacome, o documento apresentado por Rodrigues era "du-plamente falso, visto que nunca desempenhei comissão alguma reservada de

---

32   Confira a edição do *Diário do Rio de Janeiro*, 22 jul. 1866, p. 2.

33   Documentos relacionados por Luiz Jacome de Abreu e Silva e publicados no jornal *O Paiz*, de 8 de maio de 1895. Doc. 1 Ministério dos negócios da justiça, 11 de agosto de 1866, João Lustosa da Cunha Paranaguá. Doc. 3 *Diário Oficial* n. 200, de 2 de setembro de 1866, do Mi-nistro da Fazenda; (Zacharias de Góes e Vasconcellos) para o Ministro da Justiça (Paranaguá).

governo algum". O dinheiro seria entregue em seu nome, e ele ficaria "em perpétua ignorância desse fato".[34]

O que intriga aqui é que a denúncia foi enviada pelo ministro da Fazenda que era, nesse momento, o próprio Zacarias de Góes e Vasconcellos, que havia sido indicado presidente do Conselho de Ministros do Gabinete, em 3 de agosto de 1866. Talvez José Carlos Rodrigues julgasse que não corria riscos, visto que estava apresentando um documento de antigo ministro para ser pago pelo gabinete recém-empossado de seu chefe na advocacia, Zacarias de Góes.[35]

A situação vai se tornando pior. Quase 15 dias depois do primeiro ofício, publicado no Diário Oficial, em 2 de setembro de 1866, um novo documento enviado pelo ministro da Fazenda (Zacharias) ao ministro da Justiça (Paranaguá), ficamos sabendo que "acaba de reconhecer-se no tesouro que o bacharel José Carlos Rodrigues, além do crime de que tratou o aviso de 11 do corrente mês, praticou o de falsidade (...) na qual fabricou a assinatura falsa [assim no original] do ex-ministro da Fazenda conselheiro João da Silva Carrão". Completava o ofício pedindo que o ministro enviasse o quanto antes os documentos ao chefe de Polícia para a abertura do processo.[36]

Numa declaração publicada anos depois por Luiz Jacome, Zacarias de Góes e Vasconcellos teria convidado Rodrigues para ser seu chefe de Gabinete. Contudo, Rodrigues, já ciente de que estava sendo investigado, recusou a

---

34 Panfleto publicado em *O Paiz*, de 8 de maio de 1895. Existe também uma versão em papel: *Banquet Offert au Corps Dilomatique a Rio-de-Janeiro*: Le 22 Mars 1895: Brésil. [Rio de Janeiro]: s.n., [1895?]. Brazilian and Portuguese History and Culture. Web. 1 Feb. 2016. Disponível em: URL http://tinyurl.galegroup.com/tinyurl/32c9E1.

35 João da Silva Carrão era ministro da Fazenda do Gabinete de Araujo Lima (Olinda) em 12 de maio de 1865. Era, contudo, o terceiro ministro da Fazenda, tendo sucedido José Pedro Dias de Carvalho e Francisco de Paula da Silveira Lobo. O gabinete seguinte, de 3 de agosto de 1866, era chefiado por Zacarias de Góes e Vasconcellos, que acumulava as funções de presidente do Conselho de Ministro e ministro da Fazenda. JAVARY, Barão de. *Organizações e Programmas Ministeriaes (1822 a 1889)*. Rio de Janeiro: Câmara dos Deputados (Imprensa Nacional), 1889.

36 Diário Oficial de n. 211 de 18 de setembro de 1866 do Ministro da Fazenda (Zacharias) ao da Justiça (Paranaguá). Transcrito em *O Paiz,* de 8 de maio de 1895.

oferta e se escondeu na casa de Sabino Batista Lopes, "seu cunhado e amigo íntimo daquele ministro".[37]

Diante desse conflito de interesses, e pressionado pelo chefe de Gabinete, conselheiro Galvão, Zacarias de Góes resolveu regularizar o aviso e chamou Luiz Jacome Abreu para conversar, contar o "crime praticado pelo oficial de gabinete" e explicar a situação. Nessa ocasião, teria Zacharias Goes pedido a Jacome:

> eis aqui a prova que ele deixou no tesouro, e pelo que sou obrigado a fazê-lo processar. entretanto solicito de v. conceder ao criminoso espaço de tempo necessário a fugir para os Estados Unidos da América do norte.[38]

E, assim, Rodrigues teria embarcado num "navio de vela, na qualidade de tripulante", escondido de todos.[39]

Voltando ao caso da fraude, sabemos que José Carlos Rodrigues construiu uma vida confortável e uma ótima reputação nos Estados Unidos, onde começou trabalhando como tradutor na American Tract Society. Além disso, recorreu a um amigo, George Chamberlain, que estava nos Estados Unidos estudando teologia. Atuou como correspondente do *Diário Oficial* e do *Jornal do Commercio*. E, finalmente, tornou-se tradutor para o "então ministro da Justiça dos Estados Unidos, (...) Caleb Cushing, que lhe fez um convite irrecusável: traduzir documentos americanos para uso de um juiz brasileiro, referentes ao caso *Alabama*".[40]

---

37 *O PAIZ*, 8 maio 1895.

38 Panfleto publicado em *O Paiz*, de 8 de maio de 1895.

39 GAULD, Charles Anderson. José Carlos Rodrigues. O Patriarca da Imprensa Carioca. *Revista de História*, n. 16, v. 7, dez. 1953, p. 427-438. Disponível em: http://www.revistas.usp.br/revhistoria/article/view/35784/38500. Acesso em: 24 fev. 2016.

40 Para acompanhar os detalhes das relações que José Carlos Rodrigues estabeleceu ao longo da vida, ver a excelente tese de Julia Junqueira. A autora trabalha com a hipótese de que José Carlos Rodrigues cresceu graças às suas relações: "O fato é que a característica de José Carlos de interpor-se em inúmeras relações como um intermediário, tanto para questões profissionais como para favores mais corriqueiros, abriu-lhe um campo de possibilidades. (...) O estreitamento de tais redes de sociabilidade caminhava conjuntamente com seu acesso a determinadas relações no país natal, que colaboravam para a manutenção ou ampliação daqueles vínculos.

130 · Gladys Sabina Ribeiro • Karoline Carula (orgs.)

Enquanto isso, no Brasil, encontramos uma notinha que pode se referir ao nosso personagem. Em 25 de janeiro de 1868, a *Vida Fluminense* faz menção a um *jornal americano* que seria publicado:

> Grande, grandíssimo, enorme, incommensuravel vai ser o jornal americano, que, consta, tem de ver brevemente entre nos a luz da publicidade.
>
> – O proprietário já comprou um terreno em Andarahy, para montar em grande escala uma fabrica de papel! affirmão alguns.
>
> – Não é no Andarahy, porém em S. Christovao, respondem outros.[41]

Seria o jornal do José Carlos Rodrigues? Poderíamos concluir que não, que essa sugestão é muito frágil, e seria apressado definir a relação entre a nota e um futuro jornal que seria criado. Mas, dias depois, uma outra referência ao "jornal norte-americano" aparece, e aí não deixa dúvida de que se trata do jovem advogado:

E foi justamente por sua articulação nestes campos, que lhe foi possível conceber a criação de uma folha ilustrada". JUNQUEIRA, Júlia Ribeiro. *José Carlos Rodrigues: um interlocutor privilegiado nos bastidores do poder (1867-1915)*. Tese de Doutorado – Instituto de Filosofia e Ciências Humanas – Universidade do Estado do Rio de Janeiro, Rio de Janeiro, 2015, p. 65-66.

41 *A VIDA FLUMINENSE*, 25 jan. 1868, p. 40.

Imagem 1. Fonte: *A Vida Fluminense*, 4 de abril de 1868 – A

Por essa charge, podemos inferir algumas ideias. Primeiro, pela imagem da cadeia, a referência aos atos criminosos é perfeita. A postura remete a uma iconografia da História da Arte identificada como representação da melancolia.[42] Como na gravura famosa de Albrecht Dürer (Melancolia I), nosso personagem está lá, com a mão apoiada no queixo. E como no original, tem um olhar perdido no nada, um semblante moldado por visível descontentamento, e um papel (em branco) com um tinteiro faz referências ao compasso sobre um livro aberto, que aparece na imagem de Dürer.

Um segundo aspecto aqui chama a atenção. Ao que tudo indica, a ideia de criar um jornal teria sido aventada por ele logo que chegou aos Estados

---

[42] Ver a gravura famosa do Albrecht Dürer (Melancolia I). "Desde o início do período moderno, a introversão melancólica foi capturada na imagem de uma figura sentada com o queixo apoiado no cotovelo. Apoiar a cabeça com a mão já na escultura antiga indicava dor, luto, tristeza e pensamento profundo; Hércules e Ajax foram ocasionalmente representados em tal postura. Impulsionado por seu interesse pelas origens antigas e sua vida após a morte, Warburg fez questão de identificar a origem antiga não apenas do queixo em repouso, mas também do corpo reclinado, apoiado em um cotovelo. A evidência dessa busca aparece em seu estudo sobre o paganismo na época de Lutero." Ver mais em WEDEPOHL, Claudia; WARBURG, Saxl. Panofsky and Dürer's Melencolia I. *Schifanoia*, Roma, nº 48-49, 2015, p. 27-44. Tradução livre.

Unidos, ou seja, ainda com pouco tempo para ter "cultivado" as relações necessárias; um terceiro elemento é perceber como tais notícias chegavam ao Brasil, rapidamente. E, finalmente, unindo o comentário e a charge, podemos imaginar que o jornal estava se referindo ao fato de o monarca ter, de certa maneira, acobertado José Carlos Rodrigues. Se nos fiarmos nas palavras de Luiz Jacome, a fuga foi permitida pelo governo. Sua carreira começa nos Estados Unidos, mas seu passado recente ainda poderia assombrar. No fim das contas, a charge, melancólica, está fazendo o que deve – tem de nos fazer rir da imagem do jovem bacharel, falsário, preso, melancólico, mas também está aí para nos fazer pensar.

O 'jornal norte-americano' e o poeta maranhense

Quando surgiu o primeiro número de O *Novo Mundo*, em 1871, observava-se claramente que o objetivo era oferecer aos brasileiros uma nova imagem dos Estados Unidos, essa república gigante, que se assemelhava ao Brasil em tantos aspectos, mas com quem tínhamos poucos contatos. Em seu programa afirmava que *se propunha*

> a registrar rápida e concisamente, pela letra e pelo desenho, as principais evoluções da Era; A expor e a tratar mais ao comprido as mais importantes questões do dia, especialmente as que tocam aos interesses de ambas as Américas.[43]

Funcionou durante nove anos no mesmo endereço – uma salinha no prédio do *New York Times*. E sempre com o mesmo guarda-livros, assim como o impressor era o mesmo desde o segundo número. Rodrigues, no último ano de seu jornal, ressaltava a estabilidade de sua empresa, mas também as dificuldades que enfrentava.[44]

Penso que a publicação do artigo de Machado de Assis, "Instinto de Nacionalidade", conferiu a ele boa parte de sua popularidade entre historiadores

---

43 Ver o programa completo em: *O NOVO MUNDO*, 24 de Outubro de 1870, p. 14.

44 *O NOVO MUNDO*, abr. 1879, p. 102.

e teóricos da literatura.[45] Em comum, os trabalhos demonstram a pertinência de se estudar esse periódico, pelas ideias que vinculava ou pelo pioneirismo de suas temáticas.

Como afirmei antes, o objetivo aqui não é investigar o jornal, mas, sim, entender quem eram as pessoas que estavam vinculadas a ele. Passando então do texto ao autor, é preciso reforçar que, além de José Carlos Rodrigues, temos no jornal a participação de um outro brasileiro, também muito reconhecido tanto no século XIX, quanto na teoria literária – o poeta maranhense Joaquim de Sousa Andrade, o Sousândrade. Na historiografia, é recorrente a imagem de que os dois funcionavam bem na redação exatamente por suas diferenças – um fazia a pregação elogiosa ao progresso norte-americano, e o outro era o fiel da balança, com um olhar mais apurado para as contradições daquele país.[46] Gabriela Vieira Campos resume bem o poeta:

> Como vice-diretor, Joaquim de Sousa Andrada – o Sousândrade – que, ao contrário de Rodrigues, não era completamente um entusiasta do progresso norte-americano. É importante salientar que ver os Estados

---

45 Como objeto monográfico, o periódico foi tema de alguns estudos como a livre-docência de Elza Miné da Rocha e Silva e as dissertações de Gabriela Vieira Campos, *Monica Maria Rinaldi Asciutti* e, recentemente, Vanessa da Cunha Gonçalves. SILVA, Elza Mine da Rocha e. *Novo mundo, 1870-1879: da enunciação da proposta as suas revisitações*. 1991. Tese (Livre-docência em Letras) – FFLCH-USP, São Paulo, 1991. CAMPOS, Gabriela Vieira de. O *literário e o não-literário nos textos e imagens do periódico ilustrado 'O Novo Mundo' (Nova York, 1870-1879)*. Dissertação (Mestrado em Teoria Literária) – IEL - Unicamp, 2001. ASCIUTTI, Monica Maria Rinaldi. *Um lugar para o periódico 'O Novo Mundo' (Nova York, 1870-1879)*. Dissertação (mestrado em Literatura Brasileira) – FFLCH-USP, São Paulo, 2010. GONÇALVES, Vanessa da Cunha. *O imperador poderia tornar-se segundo Washington se abdicasse da monarquia em prol do povo: 'O Novo Mundo' e as relações entre Brasil e Estados Unidos na segunda metade do século XIX (1870-1879)*. Dissertação (Mestrado em História). ICHF-UFF, Niterói, 2016.

46 Sobre Sousândrade, temos diversos textos, mas gostaria de citar a tese de Alessandra Carneiro que traz uma ótima pesquisa bibliográfica e também o artigo de Torres Marchal, que mostra uma pesquisa detalhada a respeito da biografia do autor. CARNEIRO, Alessandra da Silva. *O Guesa em New York: Republicanismo e americanismo em Sousândrade*. Tese de Doutorado – FFLCH-USP, São Paulo, 2016. TORRES-MARCHAL, Carlos. Contribuições para uma biografia de Sousândrade – III. As filhas do poeta. *Revista Eutomia*, Recife, jul. 2014, 13(1), p. 5-31. Disponível em: https://periodicos.ufpe.br/revistas/EUTOMIA/article/view/585. Acesso em: 07 set. 2019.

Unidos como um modelo de progresso, de república, de civilização, distinto completamente do europeu, representava um posicionamento novo, e, não raras vezes, incompreendido para os que viviam sob o Império, tão arraigados à Europa. Sousândrade era considerado "estranho" por muitos dos seus compatriotas; não escolheu Direito em Coimbra, mas Engenharia de Minas na França, e procura a América do Norte e não a Europa para a educação de sua filha.[47]

A primeira referência a ele, no *Novo Mundo*, é de junho de 1871, quando foi apresentado como "Joaquim de Souza Andrade, do Maranhão, onde já tem publicado dous volumes de poesias".[48] Aos poucos, vamos percebendo sua presença no jornal. Em correspondência enviada ao editor, datada de "Manhattanville",[49] discute a maneira como o *Herald* tratou a questão da emancipação no Brasil, valorizando o monarca como o grande responsável pelas políticas emancipacionistas. Para o maranhense, o jornal fez uma leitura ignorante e absurda visto que, nesse caso, o monarca "ouviu a voz da nação que bradava forte". Em outras palavras, as iniciativas eram resultado do apelo popular e não da ação de D. Pedro II.[50]

Nesse mesmo número temos uma outra menção a Sousa Andrade, quando o jornal, seguindo um pedido do poeta, apresenta o Sacred Heart, o colégio para moças do Sagrado Coração, onde sua filha estava estudando. O colégio (*Sacre Coeur*) foi instituído na França para educação de meninas, no início do Oitocentos. Chegou aos Estados Unidos em 1818, fixando-se em Saint Louis, no Missouri. Em 1841, a Princesa da Galitzina veio ao país e transferiu a sede para Nova York.

> Além da filhinha do Sr. Andrade, estão agora educando-se no Instituto três outras brasileirinhas, duas filhas do Dr. Gama Lobo, do Rio de Janeiro (agora na Europa), e uma do Sr. Amaral, negociante no Pará.[51]

---

47 CAMPOS, Gabriela Vieira de. *O literário e o não-literário nos textos e imagens do periódico ilustrado 'O Novo Mundo' (Nova Iorque, 1870-1879)*. Dissertação de Mestrado – IEL-Unicamp, Campinas, 2001, p. 21.

48 *O NOVO MUNDO*, 24 jun. 1871, p. 141.

49 Idem, 9 nov.1871, p. 31.

50 Ibidem.

51 *O NOVO MUNDO*, 24 nov. 1871, p. 25.

Tensões políticas, cidadania e trabalho no longo Oitocentos

O poeta maranhense viveu nos Estados Unidos entre 1871 e 1878, e depois de 1880 até 1884.[52] Alessandra Carneiro nos oferece informações valiosas sobre a vida de Sousa Andrade ali. Por um lado, a partir de uma série de inferências, é possível sugerir que o poeta escrevia regularmente para o *Novo Mundo*, e recebia por esses artigos, sem contudo, assinar todos eles. A inferência só é possível porque a autora observou, em André Rebouças, o mesmo procedimento:

> Sabemos que os textos assinados por Sousândrade publicados em *O Novo Mundo* foram poucos e esparsos, mas que é provável que existam contribuições suas não identificadas, como também foi o caso de André Rebouças. O engenheiro baiano teve diversos artigos anônimos publicados n'*O Novo Mundo*, mas mantinha em seu diário registros de quando os mesmos eram enviados a Rodrigues, fato que hoje nos permite identificar a autoria das suas contribuições, bem como ter ciência da quantia de 200$000 mensais que por elas ele recebia. Por isso, apesar de Rodrigues assinar como único redator d'*O Novo Mundo* e afirmar ser o seu único responsável, não há dúvida que ele mantinha colaboradores remunerados, como parece ter sido o caso de Sousândrade.[53]

Deste modo, vamos descobrindo como vivia o poeta. Outra fonte de renda parece ter sido a empresa de importação de borracha Burdett & Pond, que fazia o comércio do Pará até Nova York. Alessandra Carneiro destaca que Sousa Andrade usou o endereço da empresa em carta pessoal, o que ele já havia feito como endereço do jornal de José Carlos Rodrigues.

> Em ambos os casos o uso de endereços comerciais em cartas de conteúdo pessoal leva a crer que Sousândrade estava usando seu endereço profissional, onde possivelmente passaria a maior parte do tempo. Somado a isso, outro detalhe importante é que a Burdett & Pond aparece nos registros da Academy of the Sacred Heart como a responsável pelo pagamento das despesas da filha de Sousândrade.[54]

Penso que esta última informação esclarece em definitivo que o poeta também recebia recursos dessa empresa. Viver nos Estados Unidos não era

---

52 CARNEIRO, Alessandra da Silva. Op. Cit., p. 14.

53 CARNEIRO, Alessandra da Silva. Op. Cit., p. 54.

54 CARNEIRO, Alessandra da Silva. Op. Cit., p. 63.

barato. Uma referência no jornal nos conta que ele alugava um quarto numa casa de família e vivia "muito retiradamente no confim de Nova York, em Manhattanville, a sete milhas do centro da cidade".[55] Mas outros autores já demonstraram que ele pode ter morado em diversos outros endereços, inclusive no Hotel Washington, onde também se hospedou André Rebouças durante sua passagem pelos Estados Unidos.[56]

A imagem que se formou sobre o poeta, de um homem recluso, avesso aos deslumbramentos de Wall Street, precisa, contudo, ser discutida. Sousa Andrade não estava sozinho com sua filha Maria Barbara nos Estados Unidos. Numa pesquisa surpreendente, Carlos Torres-Marchal nos traz informações sobre uma segunda filha do poeta.

> Em 1976, Frederick Williams apresentou informações sobre uma filha de Sousândrade, cuja existência permanecia até então inédita na biografia do poeta. D. Ada Valente de Carvalho, entrevistada por Williams, lembrou acontecimentos de oito décadas atrás, que enviviam Vana, filha natural do poeta.[57]

Assim, por meio dessa pista, Torres-Marchal encontrou diversos vestígios dessa outra moça, que também esteve com o pai e a irmã nos Estados Unidos. Seu nome era Valentina de Sousa Andrade, provavelmente filha dele com uma escrava. Os documentos dão conta de que a menina era de "cor parda" e que, em 1902, faleceu na cidade de Santos.[58]

Em que momento Valentina desapareceu dos registros? Exatamente no trajeto para os Estados Unidos. Torres-Marchal acompanhou as diversas viagens, as listas de passageiros que entravam e saíam dos portos, e percebeu a falha.

---

55 *O NOVO MUNDO*, fev. 1877, p. 39.

56 VERISSIMO, Ana Flora; VERÍSSIMO, Inácio José (org.). *André Rebouças Diário e notas autobiográficas*. Rio de Janeiro: Livraria José Olympio Editora, 1938. Apud CARNEIRO, Alessandra da Silva. Op. Cit., p. 53.

57 TORRES-MARCHAL, Carlos. Op. Cit., p. 5.

58 O atestado de óbito informa que "no dia primeiro de fevereiro de 1902, na cidade de santos, faleceu D. Vanna de Andrade, brasileira, natural do Maranhão com trinta e seis annos de idade, solteira filha de Joaquim de Souza Andrade, cor parda de cachexia canceroza". TORRES-MARCHAL, Carlos. Op. Cit., p. 8.

> D. Valentina de Souza Andrade é citada na lista de passageiros chegados a Belém no vapor Gurupy, vindo de São Luís (1871). Já na liberação pela polícia de Belém para embarque aos Estados Unidos, aparece como criada (...) Na lista de passageiros na chegada a Nova Iorque, o grupo familiar é apresentado com o chefe (Joaquim de S. Andrade) em primeiro lugar, pela convenção da época. Maria Bárbara aparece como Maria B. Andrade e Valentina como Valentina S. Andrade (...)[59]

Pelas anotações da administração portuária dos Estados Unidos, Maria Barbara tinha 12 anos e Valentina, 15 quando chegaram ao país. Nenhuma fonte indica que a menina tenha estudado no mesmo colégio que a irmã, mas pode ter frequentado uma escola mantida pelas mesmas freiras para meninas das redondezas. Como argumentou Torres-Marchal, Valentina deve ter recebido uma boa educação ao longo desses anos nos Estados Unidos, já que, anos depois, se tornaria professora e diretora de um colégio em São Luiz.[60]

A família deixou os Estados Unidos em 1878, e ao longo da viagem de retorno, que passou pelo Chile, encontramos a seguinte descrição: Joaquim de Sousa Andrade, filha e criada (*nurse*, em inglês).[61] Dois anos depois, retornam aos Estados Unidos, e novamente os registros são falhos:

> Na chegada a Nova Iorque, em 1880, a lista de passageiros inclui uma "Valentina Costa", brasileira, imediatamente após os nomes de Sousândrade e Maria Barbara. Nota-se uma emenda no sobrenome. Como os nomes na lista estão ordenados por grupos familiares e "uma criada" acompanhou Sousândrade e Maria Barbara de São Luís até Belém.[62]

Enfim, o que a pesquisa de Torres-Marchal demonstra é que Joaquim de Sousa Andrade, o grande poeta maranhense, tinha uma filha negra, que não podia frequentar os mesmos lugares que sua meia-irmã branca e, provavelmente por conta da cor, foi se tornando apenas "criada", anônima, nos regis-

---

59   Ibidem.

60   O artigo apresenta uma pesquisa de fôlego com todos esses dados e também com um resgate da trajetória das filhas de Sousa Andrade no Brasil. TORRES-MARCHAL, Carlos. Op. Cit., p. 10.

61   Ibidem, p. 11.

62   Ibidem.

tros da imigração. Como ela viveu em Nova York? Onde morava? Decerto, não era com o pai. Mas onde ficou? Ao longo da vida, as irmãs continuaram juntas, mudando, inclusive, para Santos. Enfim, sobre sua experiência nos Estados Unidos, é possível fazer apenas algumas suposições.

Para compreender os motivos do silenciamento em torno da filha de Sousa Andrade, podemos recorrer a uma outra experiência, a viagem de André Rebouças aos Estados Unidos, em 1873. Quando chegou a Nova York, vindo da Europa, Rebouças estava sozinho, mas vinha como um representante do Império brasileiro, engenheiro, um homem refinado, em busca do progresso tecnológico que ele sabia que existia naquela nação. Logo na chegada, no desembarque, já encontrou um certo estranhamento:

> O viajante descreveu a revista como "mais aparatosa do que rigorosa" (...). Sem dar muitos detalhes, ele não explicou o que aconteceu, mas cabe notar que a tal "revista" foi tão marcante que já valeu um breve registro no seu diário.[63]

A partir daí, e ao longo dos dias que passou naquele país, Rebouças vivenciou por diversas vezes o racismo norte-americano. A dificuldade para encontrar um hotel onde se hospedar, o tratamento nos hotéis onde conseguiu quarto (por exemplo, saídas alternativas para não circular com outros hóspedes ou comer nos seus aposentos), a impossibilidade de ir à ópera, algo que tinha costume de fazer na Europa, enfim, a necessidade de estar sempre acompanhado por brancos para que sua presença não significasse um "incômodo" para os (brancos) que estavam ao seu redor.

Nas palavras de Luciana da Cruz Brito:

> André Rebouças, (...) quando chegou a Nova York em 9 de junho de 1873, esperava somente ser tratado como representante do Império Brasileiro e reconhecido como um homem letrado, sofisticado e disposto a aprender com o progresso tecnológico daquela que acreditava

---

63 BRITO, Luciana da Cruz. 'Mr. Perpetual motion' enfrenta o Jim Crow: André Rebouças e sua passagem pelos Estados Unidos no pós-abolição. *Estudos Históricos*, Rio de Janeiro, n. 66, v. 32, abr. 2019, p. 241-266. Disponível em: http://www.scielo.br/scielo.php?script=sci_arttext&pid=S0103-21862019000100241&lng=en&nrm=iso. Acesso em: 17 set. 2019.

ser uma grande nação. Possivelmente desavisado da dinâmica racial do País ou acreditando que as rígidas regras raciais não valeriam para ele, como estrangeiro, Rebouças não contava que os elementos que de alguma maneira lhe protegiam da violência racial no Brasil, nos Estados Unidos fariam pouca ou nenhuma diferença.[64]

O que podemos entender pela experiência de Rebouças, seguindo todas as pistas deixadas pela historiografia, é que o ambiente nos Estados Unidos durante a Reconstrução (1865-1877), não seria propício também para a filha negra de Sousa Andrade.

> Esse momento também foi de graves tensionamentos, uma vez que a população branca do País resistia a aceitar a população negra como parte do corpo social, como iguais e cidadãos. Assim, a passagem de Rebouças é um fio condutor para que conheçamos essa realidade, na qual as políticas de segregação racial, conhecidas como "Jim Crow", ainda funcionavam de forma costumeira na Região Norte, e posteriormente ganhariam amplo status legal e se consolidariam após o fim de período.[65]

Seguindo este fio condutor, podemos pensar que Valentina de Sousa Andrade nunca seria aceita como filha em igual condição de Sousândrade. Sua raça e gênero fizeram com que ela desaparecesse dos registros durante sua morada nos Estados Unidos. Uma passagem significativa de *O Novo Mundo*, de 1874, elenca as poucas mulheres brasileiras que moravam no país naquele ano:

> Ao passo que na Europa há sempre um bom numero de senhoras Brasileiras, nos Estados Unidos só ha duas, uma sendo a esposa do nosso digno ministro, o Sr. Conselheiro Borges, e a outra sendo casada com o Sr. Grauert, da casa Amsinck & Co. Há mais duas meninas de collegio, uma do Sr. J. de Souza Andrade, o bem conhecido poeta do Maranhão e a outra do Sr. Amaral, negociante paraense.[66]

Enfim, é um exercício marcante imaginar a jovem Valentina, que, a essa altura, devia ter 18 anos, lendo no jornal para o qual seu pai contribuía, que

---

64 Idem, ibidem.

65 Idem, ibidem.

66 *O NOVO MUNDO*, 23 out. 1874, p. 21.

140 Gladys Sabina Ribeiro • Karoline Carula (orgs.)

ela não estava no país, que não era contabilizada como uma brasileira vivendo ali. Nesse sentido, a leitura que fez Hebe Mattos para o caso dos Rebouças (pai e filho), utilizando o conceito de racialização de F. Barth, parece interessante também para compreender a experiência de Valentina Sousa nesse contexto. Em suas palavras:

> Ao invés de utilizar o conceito de raça, prefiro pensar em racialização, de modo a enfatizar o caráter dinâmico, relacional e fundamentalmente não essencialista dos processos de classificação e identificação racial vividos pelos dois personagens [Rebouças pai e filho].[67]

Ao que tudo indica, na volta ao Brasil, a experiência de Valentina seria diferente. As duas meninas, já adultas, moravam com a mãe de Maria Barbara, Mariana de Almeida e Silva (separada do Sousa Andrade), no Colégio de Indústria, em São Luís.[68] Existem registros de que ela seria "professora de Primeiras Letras e de Bordados, Costuras etc.," atuava com a irmã na direção do colégio e que, mais tarde, mudaram para Santos, com o objetivo de abrir ali um outro colégio.

Maria Barbara, por sua vez, estudou durante todos os anos em que viveu nos Estados Unidos no Sacre Coeur, alternando fases de internato, semi-internato e aluna externa, o que sugere residência próxima à escola.

> Nos meses de agosto a escola permanecia fechada e as alunas deviam procurar outras acomodações. Em O Guesa são mencionadas estações de veraneio (Tarrytown, Saratoga) para onde Sousândrade e suas filhas poderiam ter viajado na época das férias. Estas mudanças no regime de matrícula de Maria Bárbara podem indicar ausências de Sousândrade de Nova Iorque (por viagens ou por motivos de saúde) ou, em algumas épocas, uma residência em Manhattanville, próxima à escola.[69]

---

67 MATTOS, Hebe. De pai para filho: África, identidade racial e subjetividade nos arquivos privados da família Rebouças (1838-1898). In: MATTOS, Hebe; COTTIAS, Myriam (org.). *Escravidão e subjetividades no Atlântico luso-brasileiro e francês (séculos XVII-XX)*. Marselha: Open Edition Press, 2016. Disponível em: https://books.openedition.org/oep/792#text.

68 O Collegio de Industria funcionou em São Luís entre 1893 e 1897, pelo menos. Inicialmente só aceitava alunas, mas em 1896 passou a matricular meninos, o que ocasionou reclamações dos pais e mães de família, "a bem da moralidade e boa ordem". Veja essas e todas as informações sobre a vida das filhas do poeta em TORRES-MARCHAL, Carlos. Op. Cit.

69 TORRES-MARCHAL, Carlos. Op. Cit., p. 20.

Assim, aos poucos, vamos recuperando as experiências de vida desses brasileiros que viveram nos Estados Unidos no último quartel do século XIX. Sousa Andrade vinha de uma família ligada à produção "de algodão, arroz, farinha e mais gêneros", e era proprietário, juntamente com sua esposa, de terras em Cururupu e Codé.[70] Provavelmente, ele se manteve nos Estados Unidos com o uso de recursos que trouxe do Brasil, da renda que devia continuar recebendo e também do que recebia da empresa Burdett & Pond e, também, dos textos para *O Novo Mundo*.

Estudantes brasileiros nas universidades americanas

Ao que tudo indica, no fim da década de 1860, os Estados Unidos passaram a ser uma boa opção para cursar o ensino superior. Foram muitos os brasileiros que frequentaram as universidades americanas, em cursos geralmente da área tecnológica.

Contudo, é preciso reconhecer que existe uma tentação enorme quando se trata de investigar estes estudantes: "ler" em seus nomes e, especialmente, sobrenomes, os grandes feitos que, anos depois, se seguiriam. Elias Fausto Pacheco Jordão e Alberto Salles trilharam caminhos diversos, mas deixaram uma destacada biografia. Mas quando estava nos Estados Unidos, quem era o jovem Salles? Se nos fiarmos na parte da historiografia, todos ali pareciam ser já grandes republicanos. Não vamos antecipar as coisas.

Ao investigar nos diversos cruzamentos de histórias, a experiência de viver e estudar nos Estados Unidos em meados do século XIX, algumas questões se destacam. Bem, a primeira é financeira: um brasileiro que quisesse estudar ali, no início da década de 1870, gastaria em torno de 1,000$. Se fosse alguém muito econômico, conseguiria viver com 800$ ao ano. "As despesas aqui", diria José Carlos Rodrigues, "não são maiores do que em S. Paulo ou Pernambuco, e os brasileiros farão bem em mandarem seus filhos receberem a educação prática americana".[71]

---

70 TORRES-MARCHAL, Carlos. Op. Cit., p. 26.

71 *O NOVO MUNDO*, 24 jul. 1871.

142 Gladys Sabina Ribeiro • Karoline Carula (orgs.)

Uma das opções para esses jovens brasileiros era a Universidade de Lehigh, localizada na cidade de Bethlehem, na Pensilvânia. Era uma instituição nova, fundada em 1865, mas cujo funcionamento começou apenas em setembro de 1866, graças ao financiamento de um "cidadão do Estado da Pennsylvania (...) Asa Packer".[72] A matrícula ali era gratuita, e aos estudantes estrangeiros era oferecido um curso de inglês, ministrado pelo próprio presidente, Dr. Cappée, que, "além da proficiência no magistério, falla o francez e o hespanhol, o que é de utilidade incalculável para o estudante brasileiro".[73]

Segundo Manuel Dias Carneiro, maranhense que estudou em Lehigh, a cidade de Bethlehem era considerada barata para se viver, o que favorecia aqueles com menos recursos, mas ainda assim aconselhava que reservassem "um conto e quinhentos no mínimo para suas despesas anuais".[74]

Se pensarmos que apenas a matrícula no Largo de São Francisco girava em torno de 51$200, ia se tornando tentador enviar um filho para estudar na Universidade de Lehigh. Até o transporte para o campus era gratuito para os estudantes. Localizada entre as duas grandes cidades norte-americanas, Filadélfia e Nova York, também contava com um fácil acesso pelos transportes públicos. Por tudo isso, entendemos que tenha atraído vários brasileiros. Dois alunos que já tinham se graduado ali eram Raimundo da Floresta de Miranda (Engenharia Mecânica) e Hildebrando Barjona de Miranda (Química Analítica).[75] Além destes, mais dois alunos estudavam na instituição, e outros três estavam para iniciar seus estudos por volta de 1873.[76]

Muito do que se sabe a respeito dos brasileiros nos Estados Unidos se deve à publicação da *Aurora Brasileira – periódico noticioso*, mantido pelos

---

72 A Universidade de Lehigh, em Bethtehem, Estado da Pensilvânia. *AURORA BRASILEIRA*, 20 nov. 1873, p. 11.

73 Ibidem.

74 Ibidem.

75 Ibidem.

76 Os nomes são citados pelo jornal, e temos no trabalho de Marcus V. de Freitas uma relação completa desses nomes. Ver em *AURORA BRASILEIRA*, 20 nov. 1873, p. 11. FREITAS, Marcus Vinicius de. Op. Cit., p. 44, tabela 2.

Tensões políticas, cidadania e trabalho no longo Oitocentos

estudantes da Universidade de Cornell entre 1873 e 1875, em Ithaca, Nova York. O jornal publicava, com frequência, notícias a respeito das universidades e dos estudantes.[77]

Mas, antes disso, contudo, o que se observa é uma verdadeira campanha de José Carlos Rodrigues de valorização do ensino superior norte-americano em geral, dos brasileiros que foram para lá estudar, mas, especialmente, de propaganda para a Universidade de Cornell.[78] Ficamos sabendo como se deu sua fundação, graças aos "esforços e as valiosas somas" de Ezra Cornell, que acabou dando à universidade seu nome. Rodrigues conta dos cursos, dos prédios doados e dos que estavam em construção, laboratórios, biblioteca. Em suma, em suas palavras, "tudo em Cornell parece fresco e está incompleto. Todos os dias há um melhoramento de mais, um passo ha mais no progresso".[79] O artigo ocupa mais do que duas páginas, e na segunda, vemos até uma gravura que mostra "alguns dos edifícios da universidade".[80]

Estudavam engenharia em Cornell três paulistas; um deles estava matriculado no curso de Direito em São Paulo e teria se transferido para os Estados Unidos atraído pelo artigo que leu no *Novo Mundo:* "ainda há outros trez, dois também de S. Paulo, e um do Maranhão, que se preparam para se matricularem brevemente na Universidade".[81]

O Novo Mundo e a *Aurora Brasileira* oferecem muitas informações sobre como era ser um estudante nos Estados Unidos. Mas havia um certo preconceito com o diploma americano, visto que ali os cursos eram mais intensos, e, em três ou quatro anos, um estudante conseguia seu diploma de engenheiro ou médico, enquanto no Brasil eram necessários seis anos. A diferença, eles

---

77 Ver o trabalho primoroso de Marcus Vinicius de Freitas que fez uma análise do periódico e também nos ofereceu uma cópia digital desse jornal tão difícil de ser encontrado. O original encontra-se na Carl A. Kroch Library – Division of Rare and Manuscript Collections da Cornell University. FREITAS, Marcus Vinicius de. Op. Cit.

78 *O NOVO MUNDO,* 24 jun. 1871, p. 141.

79 Ibidem.

80 Ibidem.

81 *O NOVO MUNDO,* 23 out. 1872, p. 2. Brasileiros em Cornell.

diriam, estava no método de ensino. Nos Estados Unidos, o contato entre professor aluno era constante. Os alunos acompanhavam os docentes em atividades práticas. Não havia aquele "distanciamento e rigidez típicos das faculdades" no Brasil.[82]

Contudo, apesar da grande propaganda, não foi apenas com *O Novo Mundo* que os brasileiros seguiram cursos na América do Norte. Uma universidade muito antiga na Pensilvânia, cidade da Filadélfia, já atraía alunos brasileiros para o curso de Medicina. Antes da criação do *Novo Mundo*, temos a presença de dois brasileiros que foram estudar medicina nos Estados Unidos. Primeiro, Alfredo Ellis[83] e, em seguida, seu irmão, Guilherme Ellis.[84] Os dois eram filhos da brasileira Maria do Carmo Cunha e do inglês William Ellis, médico e cirurgião que veio da Grã-Bretanha para o Brasil, em 1832.[85] Alfredo Ellis iniciou o curso em 1867, matriculado em Medical Class. Logo em seguida, nos catálogos de 1871-1872 em diante, apareceu seu irmão.[86] O pai, que era médico conceituado, deve ter ensinado inglês aos filhos, o que facilitou na escolha dessa universidade nos Estados Unidos. Em pouco tempo, já eram oito estudantes brasileiros naquela instituição.[87]

---

82 *AURORA BRASILEIRA, PERIODICO LITERARIO E NOTICIOSO*, 20 nov. 1873, p. 12.

83 Sobre Alfredo Ellis, ver o verbete do CPDOC. Disponível em: https://cpdoc.fgv.br/sites/default/files/verbetes/primeira-republica/ELLIS,%20Alfredo.pdf

84 É possível acompanhar a trajetória dos alunos pelo catálogo de alunos da universidade. Ao que tudo indica, Alfredo Ellis foi o primeiro estudante brasileiro nessa conceituada e antiga universidade.

85 ACADEMIA DE MEDICINA DE SÃO PAULO. Patrono nº 108, Guilherme Ellis. Disponível em: https://www.academiamedicinasaopaulo.org.br/biografias/150/BIOGRAFIA-GUILHERME-ELLIS.pdf.

86 Ver, dentre outros, os seguintes catálogos: *CATALOGE OF UNIVERSITY OF PENNSYLVANIA*. Philadelphia: Collins Printer, 705, Jayne Street, 1873, p. 16. Disponível em: https://archives.upenn.edu/digitized-resources/docs-pubs/catalogues/catalogue-1872-73; CATALOGE OF *UNIVERSITY OF PENNSYLVANIA*, CXVIII th Session, 1867-68. Philadelphia: Collins Printer, 705, Jayne Street, 1868, p. 13. Disponível em: https://archives.upenn.edu/digitized-resources/docs-pubs/catalogues/catalogue-1867-68.

87 CATALOGE OF *UNIVERSITY OF PENNSYLVANIA*, 1875-76. Philadelphia: Collins Printer, 705, Jayne Street, 1876, p. 82. Relação total de alunos por procedência. Disponível em: https://archives.upenn.edu/digitized-resources/docs-pubs/catalogues/catalogue-1875-76.

A Universidade da Pensilvânia foi criada em meados do século XVIII, numa cidade de tradição letrada, como escola de caridade. Mas, em 1751, se tornou academia e, em 1755, *college*. Seu primeiro presidente foi ninguém menos que Benjamin Franklin[88] Em artigo no *Aurora Brasileira*, Guilherme Ellis explicita o quanto a diferença de mentalidade dos norte-americanos manifestava-se na diferente maneira de pensar o curso superior.

> Sua máxima aprendido dos inglezes é "tempo é dinheiro", e hoje a propria Inglaterra para e contempla o progresso dos Estados Unidos, diariamente alargando e fortalecendo as fontes de sua riqueza e nunca satisfeitos.
>
> Este modo de dispender tempo é a rasao porque aqui um estudante pode fazer um curso de medicina em trez annos.
>
> aqui nao se desperdiça tempo, porque para elles sempre "time is money", e com a perda de um perdem ambos.[89]

A formatura não significava que os brasileiros voltavam correndo para o Brasil. Ao que tudo indica, alguns desejaram ficar nos Estados Unidos, como foi o caso de Carlos Paes de Barros, de Sorocaba. Ele e A. Vieira Bueno Junior se formaram em meados de 1876, como engenheiros civis.

> O Sr. Bueno Junior foi sempre estudante muito estimado pelo seu talento superior e não temos a menor duvida que fará uma carreira brilhante no Brasil. Ultimamente tem estado redigindo a *Aurora Brazileira*, uma revista que publica em Syracusa o Sr. J. C. Alves Lima estudante nessa cidade, revista que reflecte muito credito para ambos, e que vai sempre melhorando. O Sr. Paes pretende voltar aos Estados Unidos para praticar aqui a sua profissão que de certo honrará.[90]

---

88 Sobre Benjamin Franklin e a Universidade da Pensivânia, ver SMITH, William (1727-1803). *Eulogium on Benjamin Franklin, L. L. D. president of the American philosophical society... fellow of the Royal society of London, member of the Royal academy of sciences at Paris... and of many other literary societies in Europe and America; late minister.* [Philadelphia]: Printed by Benjamin Franklin Bache, Philadelphia, 1792. In: *Annenberg Rare Book and Manuscript Library*. Disponível em: http://sceti.library.upenn.edu/sceti/printedbooksNew/index.cfm?textID=e302_6_f8_s65&PagePosition=1.

89 *AURORA BRASILEIRA*, 20 abr.1874, p. 50.

90 *O NOVO MUNDO*, set. 1876, p. 267.

Como a vida longe da família e das redes tracionais não devia ser fácil, os estudantes se organizavam em torno de espaços de sociabilidade para brasileiros. O próprio jornal *Aurora Brasileira* era um deles. Mas não apenas. Em Bethlehem, na Pensilvânia, criaram uma "União Scientífica Brasileira", uma "associação litteraria", sendo J. J. Gama Malcher presidente e J. C. Guimarães, o secretário. E dela participariam os alunos de Cornell – Pacheco Jordão, Queiroz Telles Neto, Vieira Bueno e Sousa Barros. Nesse mesmo número, temos a notícia de que em Gand, na Bélgica, foi criado um Club Brasileiro, que enviou os estatutos para os alunos de Cornell. Ficava claro que a prática de criar associações e clubes era uma boa estratégia de sobrevivência.[91]

Durante boa parte desse período, observa-se como José Carlos Rodrigues operava para aglutinar esses brasileiros. Ao narrar a viagem do Rio de Janeiro até Nova York, Thomaz de Aquino e Castro, que ia estudar engenharia mecânica,[92] revela muitas particularidades dessa relação:

> O Dr. Rodrigues é incontestavelmente, permitta-me dizer, o patrono dos estudantes brasileiros nos Estados Unidos; a estima e consideração que goza como homem particular e jornalista na sociedade americana é uma honra para o nosso paiz.[93]

A narrativa continua e nos revela detalhes desse início nos Estados Unidos. Logo no dia seguinte à sua chegada, depois de encontrar José Carlos Rodrigues, seguiram para o Hotel Washington, onde estava hospedado o Dr. C. da Costa Ferreira, que viajou com o narrador. E também ali se hospedava, há tempos, o poeta Joaquim Sousa Andrade.[94]

Bem, depois de três dias em Nova York, os novos alunos partem para Ithaca,[95] na companhia de José Carlos Rodrigues que, nas palavras de Aqui-

---

91   *AURORA BRASILEIRA*, 20 abr. 1874, p. 54.

92   Ver a tabela com os nomes dos Estudantes matriculados em Cornell até 1875. FREITAS, Marcus. Op. Cit., p. 43.

93   *AURORA BRASILEIRA*, 20 jun. 1874, p. 70.

94   Ibidem.

95   *AURORA BRASILEIRA*, 20 maio 1874, p. 62.

Tensões políticas, cidadania e trabalho no longo Oitocentos

no, "bondosamente nos conduz até Ithaca, para apresentar seus amigos (...) com sacrifício de seus afazeres e somente conduzido pelo espírito de patriotismo".[96] Cornell dista 280 milhas de Nova York, ou seja, são 450 quilômetros. Não era uma viagem rápida. Pelo relato, pegaram o trem às 19h e chegaram a Ithaca pela manhã.[97] E, ao que tudo indica, José Carlos Rodrigues fez isso várias vezes, sempre que um novo aluno chegava para estudar ali.

Hospedados no hotel em Ithaca, receberam a visita dos brasileiros que estavam estudando ali, no total de oito alunos, todos "da heróica Província de S. Paulo".[98] Outros ficaram em Nova York, e viriam alguns dias depois. Criavam-se, assim, os vínculos que garantiriam a manutenção de redes e espaços de sociabilidade.

Mas, além dos estudantes da Universidade de Cornell, estava também com eles um dos irmãos Prado, José Prado, que tinha então apenas 12 anos e frequentava a Academia de Ithaca:

> Era o Brasil que aqui se vinha fundir de novo, despir o estulto manto da realeza e tomar as vestes de humilde operário do século![99]

Naquele mesmo dia da chegada, à noite, foram "apresentados pelo Dr. J. C. Rodrigues aos professores da Universidade de Cornell – C. F. Hartt, distincto lente de geologia, e J. L. Morris, digno presidente de Artes Mechanicas". Até o jornal dos estudantes da universidade, o *Cornell Era*, anunciava no dia seguinte a chegada dos novos brasileiros. Finalmente, parece que não havia um número suficiente de dormitórios, por isso, Aquino e Alves Lima, os recém-chegados, foram "morar em casa de uma respeitável família americana".[100]

Segundo os dados de Marcus V. de Freitas, um total de 34 brasileiros se matricularam na Universidade de Cornell nos primeiros 20 anos de sua existência. Mas o que surpreende é que nem todos concluíram os cursos.

---

96   Idem, 20 jun. 1874, p. 70.

97   Idem, 20 maio 1874, p. 61.

98   Idem, 20 jun. 1874, p. 71.

99   Idem, 20 jun.1874, p. 71.

100 Ibidem.

Apenas nos anos de existência do jornal (1873-1875), dos 26 matriculados, seis abandonaram os estudos.[101]

Observa-se nesses relatos a centralidade do papel de José Carlos Rodrigues. Das propagandas que fazia em seu jornal aos elogios aos novos estudantes, tudo demonstrava uma ligação um tanto mais interessada do jornalista com os rumos do intercâmbio de estudantes brasileiros nos Estados Unidos.[102] Nas palavras do próprio Lima:

> Por certo que nunca deixamos de ter um cônsul em Nova York, mas o nosso de facto, para nos guiar, nos aconselhar, fora sempre o Dr. José Carlos Rodrigues.[103]

Não apenas Alessandra Carneiro, mas praticamente todos os que se debruçaram sobre esse período, destacam a relação entre José Carlos Rodrigues e os estudantes. Marcus Freitas considera mesmo que o editor teria um "interesse genuíno em prover a expansão do horizonte intelectual brasileiro através da educação".[104]

Talvez a ausência de um cônsul mais atuante tenha criado para Rodrigues a possibilidade de atuar de maneira mais efetiva. e, claro, sempre recolhendo frutos financeiros dessa atuação. Afinal, somente os estudantes oriundos das elites brasileiras, em sua maioria da cafeicultura paulista, teriam condições de estudar nos Estados Unidos. Não seria absurdo que o editor recebesse de Cornell, e também das famílias, algum retorno por sua "ajuda". Tanto "interesse genuíno" me parece mesmo desejos de algibeira.

A figura do cônsul, aliás, merece um rápido comentário. Seu nome era Luiz Henrique Ferreira de Aguiar, e recebeu o título de "mau cônsul" nas páginas do *Novo Mundo*.[105]

---

101 FREITAS, Marcus. Op. Cit., p. 42-43.

102 CARNEIRO, Alessandra. Op. Cit., p. 59.

103 ALVES DE LIMA, José Custodio. *Recordações de cousas e homens do meu tempo*. Rio de Janeiro: Livraria Editora Leite Ribeiro Freitas Bastos, Spicer & Cia., 1926, p. 50. Apud CARNEIRO, Alessandra. Op. Cit., p. 59.

104 FREITAS, Marcus. Op. Cit., p. 36.

105 *O NOVO MUNDO*, 23 jul. 1874, p. 175.

> Um cônsul que em vez de proteger os Brazileiros desgraçados, como é seu dever, até os expulsa de sua própria casa com circunstancia indígenas dos sentimentos da mais comesinha humanidade, como aconteceu há pouco.[106]

Não sei se o jornal está se referindo ao evento com André Rebouças, mas a passagem ilustra muito bem a forma como o cônsul atuava. Quando o engenheiro enfrentou as dificuldades de hospedagem, recorreu ao cônsul, mas quem arrumou um quarto foi um filho deste.

> Em se tratando de um representante do Império em visita oficial, questionamos se a questão da hospedagem de Rebouças não deveria ser resolvida pelo próprio cônsul, e não pelo seu filho. Além disso, a solução encontrada pelo filho do cônsul parecia estar longe de ser a mais apropriada, visto que as condições do quarto, tal como descritas pelo próprio Rebouças, estavam longe daquilo que era o ideal para alguém do seu prestígio.[107]

Para o editor do *Novo Mundo,* todos os brasileiros, funcionários públicos ou não, que estiveram em Nova York nos últimos anos, reconheciam a necessidade trocar o cônsul. "O próprio Consul reconhece que não pode cumprir fielmente seus deveres", mas o problema era o valor da aposentadoria, que seria insuficiente para suas despesas.

> O emprego de cônsul geral rende oito contos de réis e não faltarão no Brazil homens bastantes, mais fortes, mais inteligentes e mais cordatos, que queiram vir servir seu paiz.[108]

Mas nem tudo eram flores na relação entre o editor e os jovens brasileiros. Um dos procedimentos mais interessantes, quando se utiliza a imprensa como fonte e objeto, é tentar recuperar os debates entre jornais contemporâneos, o que nos permite ver além do costumeiro. E foi nessa contraposição entre os jornais *O Novo Mundo* e *Aurora Brasileira* que se encontra, na

---

106 Ibidem.

107 BRITO, Luciana da Cruz. Op. Cit.

108 *O NOVO MUNDO*, 23 jul. 1874, p. 175.

verdade, um debate em torno do estudo no exterior. A historiografia sempre reforçou a ideia de que José Carlos Rodrigues era um defensor dos Estados Unidos, que elogiava o progresso, a civilização, as universidades americanas. Mas, em janeiro de 1874, com o título "Educação no Exterior", fez um longo artigo criticando a prática de se enviar os jovens para estudar fora do Brasil. Em suas próprias palavras: "desvantagens da educação de jovens brasileiros no estrangeiro – como retel-os na pátria". Qual o motivo desse artigo, se há anos vinha fazendo propaganda do ensino superior americano? Se ele mesmo afirmava que as publicações do *Novo Mundo* tratando de instituições de ensino nos Estados Unidos atraíram muitos alunos, como explicar que agora ele estivesse criticando a prática? Considerava que mandar estudar fora do país era uma espécie de "colonização intelectual", "se continuarão a ser colonos intellectuaes desses paizes, como há 50 annos, o éramos da velha Coimbra". Ele sugere, então, que o Brasil deveria empreender mudanças.

> Precisamos de reformas radicais. Em vez de virem estudantes para aqui, deve o governo mandar professores, amigos do progresso, que venham estudar os methodos de ensino mais geralmente adoptados. De fato o governo deve contratar professores estrangeiros suficientes, se não os há no paiz.[109]

E ele continuava o argumento, explicando como nos Estados Unidos, terra de grandes engenheiros, o diretor da Faculdade de Engenharia em Cornell é o senhor Fuertes, um cubano. Ou seja, não seria falta de patriotismo reconhecer que era preciso contratar bons profissionais estrangeiros. E terminou sugerindo que diversos professores da própria Cornell iriam "fundar novos cursos no Brasil com ordenados moderados".[110]

A resposta veio em forma de artigo, no jornal dos estudantes de Cornell, que foram diretamente criticados. José Carlos Rodrigues considerava que o tempo que gastavam no país estrangeiro faria com que, numa idade muito jovem, tais estudantes voltassem ao Brasil com um olhar crítico e antipático

---

109   Idem, 23 jan. 1874, p. 66.

110   *O NOVO MUNDO*, 23 jan. 1874, p. 66.

à própria nação. F. Bueno argumentou que ele foi para os Estados Unidos, e continuaria a incentivar outros jovens, visto que no Brasil ainda eram muito iniciais as medidas voltadas para incentivo ao ensino, enquanto "não tivermos instituições tão boas como estas, emquanto [*sic*] não for outro o ambiente que respiramos". Se José Carlos Rodrigues reconhecia que "as influencias que cercao a nossa mocidade são más, que se as deve pelo menos melhorar; não compete à mocidade fazel-o por si".[111]

Se pensarmos que os alunos, professores, editor, poeta, fixaram laços que se assemelham a relações clientelares, a atuação de José Carlos Rodrigues para com esses alunos não é desinteressada e apaixonada. Pelo contrário, parece ser bastante racional. Apoiá-los significaria algum retorno para o editor. Por outro lado, ao criticar a vinda de tais alunos, estaria também garantindo um reforço de outro tipo de laços, aqueles que ele firmou com os professores de Cornell. Seria um plano gigante, mas que poderia lhe render bons frutos, a criação de uma universidade no Brasil com docentes americanos. Em suma, Rodrigues oscilou em seus argumentos porque oscilavam, também, suas redes.

A vez das mulheres

Com o título "Biographia de uma brasileira", *O Cruzeiro* reproduziu texto do *Diário de Notícias* da Bahia, de 13 de agosto de 1878, sobre a publicação em livro da biografia da "distinta futura médica" Maria Augusto Generoso Estrella. O leitor poderia ver na vitrine da loja dos Srs. Catilina & Lefevre sua fotografia tirada em Nova York, um mês depois de matriculada na Faculdade de Medicina. E também outra imagem, um pouco menor, representando-a vestida de marinheiro. "Dela é sua majestade o Imperador do Brasil o admirador e protetor pela ciência."

> Sua biografia tem episódios tão tocantes e sentimentais desde a idade de 12 anos até aquela em que se matriculou na faculdade de medicina para senhoras de Nova-York, que fazem correr as lágrimas a todas as pessoas que a ler, principalmente pelo naufrágio que ela já passou com

---

111 F. Bueno. Comunicados – Educação no Exterior. *AURORA BRASILEIRA*, 20 fev. 1874, p. 33-34.

seu bom pai no vapor inglês *Flamsteed* em novembro de 1872 vindo da Europa para o Rio de Janeiro.[112]

Por esse pequeno trecho já se tem a dimensão de como Maria Augusto Generoso Estrella se tornou uma personagem emblemática, com direito a biografia, fotografias e muitas notícias nos jornais. Filha de um comerciante chamado Albino Augusto Generoso Estrella,[113] a menina tinha 14 anos em 23 de abril de 1875, quando chegou aos Estados Unidos com uma dama de companhia, a senhora D. M. Guimarães. Inicialmente, vai estudar em Oswego, uma importante cidade do Estado de Nova York, com um movimento portuário muito intenso. Talvez seu pai, comerciante experiente em terras americanas, tivesse boas referências ou mesmo conhecesse a cidade.[114] No ano seguinte, seu pai volta ao país e a transfere para a cidade de Nova York, para ser aluna da senhora Meade, ao que tudo indica, uma professora que preparava estudantes para exames admissionais.

Em setembro de 1876, provavelmente mais fluente na língua, fez o pedido para prestar exames admissionais da Women College. Contudo, seu pedido foi recusado, já que não tinha ainda 18 anos, como era exigido pelos estatutos. Diante da recusa, pediu que a faculdade permitisse que ela, "de viva voz, apresentasse os motivos de sua insistência".[115] E assim, segundo a imprensa brasileira, a "Escola abriu as portas para recebê-la". Os jornais narram tais eventos de maneira muito emocional.[116]

---

112 *O CRUZEIRO*, 23 ago. 1878.

113 Albino Augusto Generoso Estrella aparece em diversas referências na imprensa como comerciante que trazia produtos da Europa, especificamente de Portugal, e dos Estados Unidos. Vemos que ele assinava como membro da Perseverança Brasileira – associação de benefícios mútuos e Caixa Econômica Auxiliares. *JORNAL DO COMMERCIO*, 3 jan. 1875, p. 6.

114 Encontramos diversas referências aos produtos que Albino Estrella comercializava, Dentre eles, artigos médicos, mas também lubrificantes para máquinas, ou seja, uma variedade imensa, além de gêneros do Dr. Bristol, cujos nomes denunciam a origem norte-americana: Água de Flores da Virginia, Tônico Vegetal da Carolina do Sul. *O MONITOR* (Salvador), 9 ago. 1877, p. 8. Veja outros anúncios também em *O Monitor*, de 11 e 13 de setembro de 1877. As propagandas são quase que diárias.

115 *A LEI*, Salvador, jan. 1877, p. 2.

116 Ibidem.

Tensões políticas, cidadania e trabalho no longo Oitocentos   153

O que surpreende nessa passagem é o fato de que nem a menina nem o pai tinham se dado conta de que ela não teria a idade mínima necessária. Contudo, observando a legislação que funda o colégio e dá uma série de orientações, encontramos o seguinte:

> Nenhuma pessoa receberá um diploma a menos que tenha estudado ciências médicas por pelo menos três anos, após os *dezesseis anos*, com algum médico ou cirurgião, devidamente autorizado por lei para exercer a profissão, e também deve, após essa idade, ter participado de dois cursos completos de todas as palestras ministradas em alguma faculdade de medicina incorporada; cujo último curso deve ter sido ministrado pelos professores do referido colégio.[117]

Como se pode observar, na *Charter of the New York Medical College and Hospital for Women*, alterada em junho de 1866, a idade necessária para ingresso era 16 anos, o que Maria Augusta Estrella teria em pouco tempo. Talvez tenham se apoiado nessa legislação para entrar com o pedido. Foi marcada, então, uma reunião pública, para que ela fosse sabatinada a respeito de suas intenções. A própria presidente da *college*, Clemence S. Harned Lozier, a inquiriu se estaria apta aos estudos em língua inglesa e se poderia suportar lidar com ossos e cadáveres.

> Quanto ao inglês, disse, falava bem, e quanto aos ossos, que com eles já estava acostumada, porquanto já tinha estudado alguma cousa de anatomia com a sua digna professora, que nesta ocasião achava-se presente; e quanto ao cadáver havia de acostumar-se em companhia de seus colegas de estudo.[118]

Por tal resposta, já se pode perceber que a professora Meade estava ali, assistindo à pupila fazer sua defesa, e que a havia preparado para os exames. Aprovada, foi marcado então o dia para os exames de fato, momento que foi

---

117 Tradução livre. Ver o original em *Charter of the New York Medical College and Hospital for Women*, Amended June 12, 1866. Disponível em: http://www.homeoint.org/cazalet/histo/newyork.htm. Acesso em: 15 ago. 2019.

118 *A LEI*, jan. 1877, p. 2.

presenciado por "diversas senhoras e cavalheiros" e, claro, seu próprio pai.[119] Começava, assim, cercada de eventos espetaculares, sua trajetória como estudante de medicina.

No início de 1878, contudo, temos a notícia de que ela estava enfrentando dificuldades financeiras, seu pai teria passado por algum revés no comércio e não poderia mais mantê-la.[120] Foi, então, que D. Pedro II, depois de um pedido de Albino Generoso, tomou a decisão de arcar com os custos da estudante, concedendo, por decreto, "uma mesada em dólares, equivalente a 100 mil réis e uma quantia anual equivalente a 300 mil réis, destinada a vestuário".[121] Não seria essa a única ajuda. Ao longo dos próximos anos, Maria Estrella teria recebido a ajuda de diversos brasileiros. Com a morte de seu pai, em agosto de 1880, tais socorros devem ter se multiplicado.[122]

Enquanto Maria Estrella estudava em Nova York, outra brasileira, provavelmente influenciada pelas diversas notícias na imprensa sobre a menina, também buscou o curso de Medicina nos Estados Unidos. A pernambucana Josefa Agueda F. Mercedes de Oliveira nasceu em 1865 e era considerada de "inteligência superior", falava bem inglês, francês e espanhol e com 14 anos teria publicado um artigo na imprensa.[123] Seu pai, Romualdo de Oliveira, era um advogado influente em Pernambuco, mas, com uma família numerosa, não poderia arcar sozinho com os custos da filha. Além disso, como a própria Josefa Oliveira afirmaria poucos anos depois, recorreu à Assembleia Provincial de Pernambuco:[124]

---

119 Ibidem. Os exames foram marcados para 16 de outubro e a matrícula seria no dia seguinte.

120 *O NOVO MUNDO*, jan. 1878, p. 2.

121 SHUMAHER, S.; BRAZIL, Érico V. *Dicionário mulheres do Brasil: de 1500 até a atualidade.* Rio de Janeiro: Zahar, 2000, p. 368.

122 Sobre os diversos nomes que ajudaram, ver: Ibidem.

123 Veja a rápida biografia que publicou Sylvio Guanabarino sobre Josefa Oliveira. *O MERCANTIL*, 13 maio 1885, p. 3.

124 Em outro texto, acompanho os debates. Em virtude dos limites deste artigo, deixo apenas a referência ao pagamento da ajuda anual. Segundo o *Echo das Damas*, a Assembleia aprovou o pagamento de 1:200$ anuais para suas despesas. *ECHO DAS DAMAS*, 2 maio 1879.

> Isto não era cousa de admirar pois havia precedentes e diversos compatriotas nossas estavam estudando nos Estados-Unidos e Europa à custa de cofres publicos, e so a Progressista Província do Pará contava aqui quatro de seus filhos.[125]

A subvenção aprovada originalmente era de 100$ réis por mês, o que seria pouco diante dos gastos que ela teria, mas ainda assim não foi sancionada pelo presidente da Assembleia, Dr. Adolpho de Barros. Segundo Josefa Oliveira, quem passou a financiar seus estudos foram dois grandes proprietários da província, o Visconde de Livramento e Barão de Nazareth: "para proteger-me nessa contingencia difícil em que colocou-me o veto do presidente".[126]

Em 1881, as brasileiras se organizaram e publicaram um jornal em português, *A Mulher*, editado em Nova York.[127] O jornal duraria pouquíssimo tempo, mas é demonstrativo de uma necessidade de mandar notícias e de firmar uma determinada identidade. Mas não era apenas isso. O jornal servia para divulgar a atuação das mulheres americanas, as diversas profissões que poderiam seguir, os exemplos de senhoras nos Estados Unidos e na Europa. E, claro, colocavam também propagandas e sugestão de chapéu!

'Jeering Incident'

Até aqui acompanhamos em boa parte muito do que a bibliografia sobre as duas meninas já divulgou. A principal fonte é a imprensa, nas diversas províncias que divulgaram as notícias, como Pará e Pernambuco, além da Corte. Muitas vezes, o mesmo artigo aparecia em mais de um jornal. As imagens vão se repetindo, e o que elas nos contam? Que as duas "pensionistas" corajosas, estavam alcançando muitos elogios de suas professoras, e que eram uma honra para seus pais e o Brasil.

---

125 *A MULHER*, abr. 1881, p. 26.

126 Ibidem.

127 OLIVEIRA, Adriana Vidal de. *A constituição da mulher brasileira. Uma análise dos estereótipos de gênero na Assembleia Constituinte de 1987-1988 e suas consequências no texto constitucional.* Tese de Doutorado – Departamento de Direito /Pontifícia Universidade Católica do Rio de Janeiro, 2012, p. 106.

Bem, mas seria um bom exercício espantar um pouco esse tom apologético e observar melhor o universo dos cursos de Medicina para mulheres no exterior. A imprensa brasileira criou e reforçou a imagem perfeita da jovem moça que representa o progresso e vai em busca dos estudos nos Estados Unidos. O país era a personificação da civilização e do progresso. Tudo ali parecia funcionar nesse sentido. Contudo, ao observarmos de perto, a realidade norte-americana não era bem essa. Para compreender o contra-argumento, recorro a uma aluna, não mais Estrella, e, sim, uma norte-americana contemporânea, que estudou na Filadélfia.

Anna Broomall, estudante da Woman's College of Pennsylvania (WMCP), deixou um relato muito interessante do chamado *Jeering Incident*, ou seja, o incidente da zombaria, em tradução direta. Era o início de novembro de 1869, poucos anos antes da chegada de Estrella, quando a aluna recebeu um convite para assistir às aulas de clínica no Pennsylvania Hospital, uma aula até então exclusiva para os homens. Logo que ela e outras 19 alunas chegaram ao anfiteatro, viveram o que ela chamou de *pandemonium*: os alunos, homens, gritavam, cuspiam, xingavam as alunas, num comportamento tão ofensivo, que o caso correu pela imprensa americana que, em grande parte, mas não em toda, recriminou os estudantes.[128]

Esse evento é um sinal de que, mesmo nos Estados Unidos, o ensino de medicina para mulheres não foi instituído facilmente. Quando Maria Generoso Augusto Estrella foi estudar nos Estados Unidos, atraída pelas notícias que recebia dos cursos de lá que aceitavam mulheres, talvez não soubesse dessa dificuldade. Josefa Oliveira, por sua vez, foi inspirada nos passos de Estrella. Ambas provavelmente desconheciam que a manutenção dos cursos de Medicina para mulheres era uma bandeira nova. Eram cursos recentes, sofriam muitas censuras e estiveram vinculados ao debate em torno da emancipação feminina. Não apenas os de Medicina. Na Universidade da Pensilvânia que, como vimos antes, já recebia alunos brasileiros, as mulheres passaram a

---

128 WELLS, Susan. *Out of the Dead House Nineteenth-Century Women Physicians and the Writing of Medicine*. Madison: The University of Wisconsin Press, 2001.

Tensões políticas, cidadania e trabalho no longo Oitocentos 157

ser admitidas apenas em 1876, quando vemos ali os nomes das três primeiras alunas da instituição.[129]

A New York Medical College for Women, onde Maria Estrella e Josepha Oliveira foram estudar, tem uma história interessante na vinculação entre o curso de Medicina e a defesa da emancipação feminina. Sua criação foi fruto de uma série de petições, encabeçadas por Clemence Sophia Harned Lozier e Elisabeth Stanton, para que o governo de Nova York autorizasse a abertura de um curso de Medicina para mulheres.

Clemence Lozier, que se tornaria a presidente da faculdade, já era reconhecida como médica especializada em doenças de mulheres e de crianças. Desde 1860, oferecia lições gratuitas para senhoras que queriam estudar medicina. Elizabeth Cady Stanton, por sua vez, era uma das maiores defensoras do sufrágio e dos direitos femininos. Esse seria, na verdade, o segundo curso nos Estados Unidos que era ministrado por mulheres para mulheres. A elas se juntaria Maria C. Ewen, como primeira presidente do Conselho de Curadores da faculdade.[130]

Em 1867, a faculdade formou a primeira médica canadense, Emily Stowe, a quem fora negada a admissão em todas as escolas de medicina em seu país natal. Em 1870, foi a vez de outra expoente, Susan McKinney, que tornou-se a primeira médica afro-americana a se formar no Estado de Nova York e a terceira no país. A bibliografia que cita os nomes de destaque, também menciona Maria Estrella como a primeira médica brasileira formada pela New York Medical College for Women.[131]

---

129 Gertrude Klein Peirce e Anna Lockhart Flanigen se conheceram na Women's Medical College em 1876 e foram as duas primeiras mulheres admitidas na Universidade da Pensilvânia. Em seguida, temos Mary Thorn Lewis, que entrou em 1878 e recebeu o certificado de proficiência em Química em 1880. Disponível em: https://archives.upenn.edu/exhibits/penn-people/notables/women. No catálogo de 1877, temos o comentários de que passaram a aceitar mulheres em seus cursos. *CATALOGE OF UNIVERSITY OF PENNSYLVANIA, 1877-78.* Philadelphia: Collins Printer, 705, Jayne Street, 1878, p. 48. Disponível em: https://archives.upenn. edu/digitized-resources/docs-pubs/catalogues/catalogue-1877-78.

130 HALLER, John. *The History of American Homeopathy: The Academic Years, 1820-1935.* Binghamton, NY: Haworth Press, 2005, p. 137-138.

131 Ver essas referências, por exemplo, em SNODGRASS, Mary Ellen. *The Civil War Era and Reconstruction: An Encyclopedia of Social, Political, Cultural and Economic History.* Londres: Routledge, 2012.

Apesar desses avanços, é preciso lembrar que o Estado de Nova York proibiu o atendimento de mulheres, como médicas, em hospitais até o início do século XX. A proibição só cairia em Nova York em 1918, um ano depois da liberação do sufrágio feminino no estado. Nesse mesmo ano, os cursos são unificados, e as mulheres passam a estudar junto com os homens, transformando a *college* em coeducacional.[132]

O que tudo isso pode nos dizer sobre a experiência das brasileiras no exterior? Por um lado, fica claro que elas se juntaram a um grupo de mulheres que atuava politicamente pela defesa de direitos iguais para ambos os sexos. A publicidade que Maria Estrella e todo o seu "pequeno show" trouxe, seria, nesse sentido, interessante para a *college* de Lozier. Por outro lado, tais estímulos não eram capazes de evitar que as mesmas alunas estivessem sujeitas a uma série de zombarias por parte daqueles que, também nos Estados Unidos, achavam que o ensino da medicina levava as mulheres a se masculinizarem e perderem sua essência.

Ao se juntarem para publicar o jornal *A Mulher*, Maria Generoso Estrella e Josepha Agueda de Oliveira demonstraram claramente a necessidade de continuar a defesa, no Brasil e fora dele, da capacidade feminina para o ensino superior em geral e para a medicina em particular. O jornal não era, assim, uma propaganda dos Estados Unidos em geral, mas, sim, especificamente, das mulheres que lá estavam buscando equiparação de direitos, como Clemence Lozier. O jornal serviria, também, como forma de estabelecer vínculos com as inúmeras mulheres citadas. Não seria absurdo supor que receberam algum tipo de ajuda financeira das patronesses da faculdade.

Ao longo do tempo, vamos acompanhando as duas alunas, especialmente Estrella, que havia adoecido no fim de 1879.[133] No ano seguinte, ficamos sabendo que ela, com 19 anos, passou em seus exames finais, mas não poderia ainda receber o diploma, visto que precisava esperar ter completado 20 anos.[134]

---

132 Ver também biografia da Lozier. Disponível em: http://www.womenhistoryblog.com/2014/03/clemence-sophia-harned-lozier.html. Acesso em: 31 ago. de 2019.

133 No fim de novembro a imprensa noticia que a saúde de Maria Augusta G. Estrella estaria melhor, e que ela deveria receber seu diploma de medicina em abril de 1880. *THE ANGLO-BRAZILIAN TIMES*, 15 nov. 1879, p. 4.

134 *THE ANGLO-BRAZILIAN TIMES*, 31 maio 1880, p. 4.

No fim, não se sabe ao certo se Josefa Oliveira concluiu ou não o curso em Nova York. O que se sabe é que as duas voltaram ao Brasil, pois, em 1883, publicaram o número 7 do jornal *A Mulher*, mas dessa vez no Recife.[135] A imprensa informava que Josefa de Oliveira havia interrompido o curso de Medicina e estava no Brasil para tratar de sua saúde.[136] Até que, em 13 de maio de 1885, no *Mercantil*, é publicada uma biografia de Josefa Oliveira, a quem o autor se refere como Mercedes (seu nome do meio), e no qual ficamos sabendo que ela acabara de falecer. O *Dicionário das Mulheres no Brasil* afirma que as duas meninas trocaram correspondência por 20 anos, mas não sabe também o que houve com Josefa Oliveira. Supõe-se que a jovem desapareceu das fontes porque, de fato, faleceu em 1885. Já Maria Estrella casou-se em 1884, teve filhos e exerceu a clínica médica na farmácia de seu marido, na Rua da Quitanda, Centro do Rio de Janeiro. E ela, a pensionista do Imperador, viveu por muitos anos, morrendo apenas aos 86 anos.

Conclusão

O *Novo Mundo*, assim como os jornais *Aurora Brasileira* e *A Mulher*, nos possibilitam ver aquilo que não era sua narrativa principal. Impossível não lembrar de Walter Benjamin.[137] Os periódicos são, assim, fontes multifacetadas que nos permitem ver além das aparências. O que só é possível com uma leitura sistemática do texto na íntegra. Em outras palavras, o que estou argumentando é que a imprensa também fala daquilo que não queria falar. Não se trata de ler nas entrelinhas (onde, afinal, só temos um espaço em branco), mas de recuperar uma determinada narrativa e também as múltiplas histórias paralelas que não são contadas.

Símbolo do progresso e da civilização, não era fácil viver nos Estados Unidos naqueles anos. A ligação entre os dois países também não era fácil, os gastos, altos e o racismo, uma realidade constante.

135　*A MULHER* (Recife), 15 fev. 1883.

136　*JORNAL DO RECIFE*, 20 fev. 1883, p. 1.

137　LÖWY, Michael. "A contrapelo". A concepção dialética da cultura nas teses de Walter Benjamin (1940). *Lutas Sociais* [S.l.], n. 25-26, jun. 2011, p. 20-28. Disponível em: https://revistas. pucsp.br/index.php/ls/article/view/18578. Acesso em: 23 out. 2018.

Desses relatos todos, o único que, de fato, demonstra uma novidade, uma busca por viver em um novo tempo, é exatamente aquele das jovens alunas do curso de Medicina. Maria Estrela, mesmo tendo conseguido se manter graças ao recebimento de uma ajuda do Imperador, prática tão comum numa sociedade baseada na ideologia senhorial e no paternalismo, estava ali fazendo um novo caminho, algo que lhe era negado em terras brasileiras. Sua companheira não teve a mesma sorte, e parece que não voltou médica para uma terra que, até pouco tempo, proibia às mulheres o ensino superior. Mas elas, de fato, ousaram quando pediram suas pensões. Lembro que a própria Josefa Oliveira, ao explicar os motivos que a levaram a recorrer aos cofres públicos, frisava que não era uma atitude absurda, visto que diversos rapazes recebiam a mesma ajuda do governo.

Parece sintomático que parte dessa atração pelos Estados Unidos tenha se intensificado exatamente pelo poder de atração do *Novo Mundo*. O grande poeta que ali estava com sua filha Maria Barbara, mas também com sua filha ilegítima com uma escrava. A filha bastarda cuidava da sinhazinha e desapareceu dos registros biográficos do "grande poeta maranhense", crítico de Wall Street.

E, finalmente, tudo isso graças a uma ação de José Carlos Rodrigues, o editor do 'jornal americano', que envolveu-se claramente numa série de redes clientelares, numa prática muito recorrente no antigo regime. E sem esquecer que ele era o mesmo "fraudário" que tentou desviar recursos do ministério e fugiu num barco à vela para Nova York. Começo de mau agouro. O mundo mobilizado pela imprensa não era um mar de rosas, nem uma locomotiva a vapor.

Fontes

A ACTUALIDADE, Rio de Janeiro, 1864.

A DEMOCRACIA, Porto Alegre, 1874, 1875.

A LEI: Sob os auspicios do funcionalismo publico desta Provincia (BA), Salvador, 1875 a 1878.

A MULHER, Nova York, 1881.

A MULHER, Recife, 1883.

A VIDA FLUMINENSE, Rio de Janeiro, 1868.

AURORA BRASILEIRA, PERIODICO LITERARIO E NOTICIOSO, Nova York, 1873-1875.

CATALOGE OF UNIVERSITY OF PENNSYLVANIA. Philadelphia: Collins Printer, 705, Jayne Street, 1873, p. 16. Disponível em: https:// archives.upenn.edu/digitized-resources/docs-pubs/catalogues/catalogue-1872-73;

CATALOGE OF UNIVERSITY OF PENNSYLVANIA, CXVIII th Session, 1867-68. Philadelphia: Collins Printer, 705, Jayne Street, 1868, p. 13. Disponível em: https://archives.upenn.edu/ digitized-resources/docs--pubs/catalogues/catalogue-1867-68.

CATALOGE OF UNIVERSITY OF PENNSYLVANIA, 1875-76. Philadelphia: Collins Printer, 705, Jayne Street, 1876, p. 82. Relação total de alunos por procedência. Disponível em: https://archives.upenn.edu/digitized-resources/docs-pubs/catalogues/catalogue-1875-76.

CORREIO OFICIAL, 4 nov.1835, p. 4.

DIÁRIO DO RIO DE JANEIRO, Rio de Janeiro, 1866, 1875.

DIÁRIO ILUSTRADO, Lisboa, 1876.

ECHO DAS DAMAS, Rio de Janeiro, 1879.

GAZETA DE NOTICIAS, Rio de Janeiro, 1881.

JORNAL DO COMMERCIO, Rio de Janeiro, 1838, 1887, 1892, 1893.

JORNAL DO RECIFE, Recife, 1883.

O CRUZEIRO, Rio de Janeiro, 23 ago. 1878.

O GLOBO, Rui de Janeiro, 1874.

O GRÁTIS DA MARMOTA, Rio de Janeiro, 1859.

O MERCANTIL, Salvador, 1885.

O MONITOR, Salvador, 1877.

O NOVO MUNDO, Nova York, 1870-1879..

O PAIZ, de 8 de maio de 1895. Doc. 1 Ministério dos negócios da justiça, 11 de agosto de 1866, João Lustosa da Cunha Paranaguá. Doc. 3 Diário

Oficial n. 200, de 2 de setembro de 1866, do Ministro da Fazenda; (Zacharias de Góes e Vasconcellos) para o Ministro da Justiça (Paranaguá).

O PAIZ, Maranhão, 1880.

SEMANA ILUSTRADA, Rio de Janeiro, 1862-1874

SMITH, William (1727-1803). *Eulogium on Benjamin Franklin, L. L. D. president of the American philosophical society... fellow of the Royal society of London, member of the Royal academy of sciences at Paris... and of many other literary societies in Europe and America; late minister.* [Philadelphia]: Printed by Benjamin Franklin Bache, Philadelphia, 1792. In: *Annenberg Rare Book and Manuscript Library*. Disponível em:http://sceti.library. upenn.edu/sceti/printedbooksNew/index.cfm?textID=e302_6_f8_ s65&PagePosition=1.

THE ANGLO-BRAZILIAN TIMES, 31 maio 1880.

Bibliografia

ASCIUTTI, *Monica Maria Rinaldi. Um lugar para o periódico 'O Novo Mundo' (Nova York, 1870-1879)*. Dissertação (mestrado em Literatura Brasileira) – FFLCH-USP, São Paulo, 2010.

BAS, Natalia. *Brazilian images of the United States, 1861-1898: A working version of modernity?* PhD thesis – University College London-UCL, out. 2011. Disponível em: http://discovery.ucl.ac.uk/1324514/1/1324514. pdf. Acesso em: 02 set.2019.

BRITO, Luciana da Cruz. 'Mr. Perpetualmotion' enfrenta o Jim Crow: André Rebouças e sua passagem pelos Estados Unidos no pós-abolição. *Estudos Históricos*, Rio de Janeiro, n. 66, v. 32, abr. 2019, p. 241-266. Disponível em: http : //www.scielo.br/scielo.php?script=sci_arttext&pid=S0103-21862019000100241&lng=en&nrm=iso. Acesso em: 17 set. 2019. Disponível em: http://dx.doi.org/10.1590/s2178-14942019000100012.

CAMPOS, *Gabriela Vieira* de. O *literário e o não-literárionos textos e imagens do periódico ilustrado 'O Novo Mundo' (Nova York, 1870-1879)*. Dissertação (Mestrado em Teoria Literária) – IEL- Unicamp, 2001.

CARDIM, Elmano. "José Carlos Rodrigues – sua vida e sua obra". Conferência realizada em 5 de setembro de 1944 no Instituto Histórico e Geográfico Brasileiro na sessão solene comemorativa do centenário de nascimento do grande jornalista. *Revista do IHGB*, Rio de Janeiro, v. 185, out./dez. 1944. Disponível em https://drive.google.com/file/d/0B_G9pg7CxKSsWXJiM1BjZ3JINlk/view.

CARNEIRO, Alessandra da Silva. *O Guesa em New York: Republicanismo e americanismo em Sousândrade*. Tese de Doutorado –Faculdade de Filosofia, Letras e Ciências Humanas/Universidade de São Paulo, São Paulo, 2016.

DARNTON, Robert. *Boemia literária e revolução: o submundo das letras no antigo regime*. São Paulo: Cia. das Letras, 1987.

David Bailie Warden, *A statistical, political, and historical account of the united states of north america: from the period of their first colonization to the present day*. Edimburg: Constable and Company, 1819. Disponível em:https://play.google.com/store/books/details?id=dlYTAAAAYAA-J&rdid=book-dlYTAAAAYAAJ&rdot=1. Acesso em: 20 ago. 2019.

FREITAS, Marcus Vinicius de. *Contradições da modernidade: O jornal Aurora Brasileira (1873-1875)*. Campinas: Ed. Unicamp, 2011.

GAULD, Charles Anderson. José Carlos Rodrigues. O Patriarca da Imprensa Carioca. *Revista de História*, n. 16, v. 7,dez. 1953, p. 427-438. Disponível em:http://www.revistas.usp.br/revhistoria/article/view/35784/38500. Acesso em: 24 fev. 2016.

GONÇALVES, Vanessa da Cunha. *O imperador poderia tornar-se segundo Washington se abdicasse da monarquia em prol do povo: 'O Novo Mundo' e as relações entre Brasil e Estados Unidos na segunda metade do século XIX (1870-1879)*. Dissertação (Mestrado em História). ICHF-UFF, Niterói, 2016.

GOULARTI FILHO, Alcides. Abertura da navegação de cabotagem brasileira no século XIX. *Ensaios FEE*, Porto Alegre, n. 2, v. 32, nov. 2011, p. 409-434.

HALLER, John. *The History of American Homeopathy: The Academic Years, 1820-1935*. Binghamton, NY: Haworth Press, 2005, p. 137-138.

JAVARY, Barão de. *Organizações e Programmas Ministeriaes (1822 a 1889)*. Rio de Janeiro: Câmara dos Deputados (Imprensa Nacional), 1889.

JUNQUEIRA, Júlia Ribeiro. *José Carlos Rodrigues: um interlocutor privilegiado nos bastidores do poder (1867-1915)*. Tese de Doutorado – Instituto de Filosofia e Ciências Humanas - Universidade do Estado do Rio de Janeiro, Rio de Janeiro, 2015.

LÖWY, Michael. "A contrapelo". A concepção dialética da cultura nas teses de Walter Benjamin (1940). *Lutas Sociais* [S.l.], n. 25-26, jun. 2011,p. 20-28. Disponível em: https://revistas.pucsp.br/index.php/ls/article/view/18578. Acesso em: 23 out. 2018.

MATTOS, Hebe. De pai para filho: África, identidade racial e subjetividade nos arquivos privados da família Rebouças (1838-1898). In: MATTOS, Hebe; COTTIAS, Myriam (org.). *Escravidão e subjetividades no Atlântico luso-brasileiro e francês (séculos XVII-XX)*. Marselha: Open Edition Press, 2016. Disponível em:https://books.openedition.org/oep/792#text.

MURAT, Achille. *Exposition desprincipesdugouvernementrépublicain, telqu'il a étéperfectionnéenAmérique*. Paris: Paulin, 1833.

OLIVEIRA, Adriana Vidal de. *A constituição da mulher brasileira. Uma análise dos estereótipos de gênero na Assembleia Constituinte de 1987-1988 e suas consequências no texto constitucional*. Tese de Doutorado–Departamento de Direito/Pontifícia Universidade Católica do Rio de Janeiro, 2012, p. 106.

ROSI, Bruno Gonçalves. *Saquaremas, Luzias, o Brasil e os Estados Unidos*. Tese (Doutorado em Ciência Política) –Instituto de Estudos Sociais e Políticos/Universidade do Estado do Rio de Janeiro, Rio de Janeiro, 2016.

ROSI, Bruno Gonçalves. The americanismof Aureliano Cândido Tavares Bastos. *Almanack*, Guarulhos, n. 19, ago. 2018, p. 244-277.

SHUMAHER, S.; BRAZIL, Érico V. *Dicionário mulheres do Brasil: de 1500 até a atualidade*. Rio de Janeiro: Zahar, 2000..

SILVA, Elza Mine da Rocha e. *Novo mundo, 1870-1879: da enunciação da proposta as suas revisitações*. Tese (Livre-docência em Letras) – FFLCH--USP, São Paulo, 1991.

SNODGRASS, Mary Ellen. *The Civil War Era and Reconstruction: An Encyclopedia of Social, Political, Cultural and Economic History.* Londres: Routledge, 2012.

TORRES-MARCHAL, Carlos. Contribuições para uma biografia de Sousândrade – III. As filhas do poeta. *Revista Eutomia*, Recife, jul. 2014, 13(1), p. 5-31. Disponível em: https://periodicos.ufpe.br/revistas/EUTOMIA/article/view/585 Acesso em: 07 set. 2019.

WEDEPOHL, Claudia;WARBURG, Saxl. Panofsky and Dürer's Melencolia I. *Schifanoia*, Roma, n. 48-49, 2015, p. 27-44.

WELLS, Susan. *Out of the Dead House Nineteenth-Century Women Physicians and the Writing of Medicine.* Madison: The Universityof Wisconsin Press, 2001.

5. A *Guerra da Tríplice Aliança* e a atividade bancária no Rio de Janeiro no período c.1865-c.1870: os casos do Banco Rural e Hipotecário do Rio de Janeiro e do Banco Commercial do Rio de Janeiro

Carlos Gabriel Guimarães[1]

Introdução

A Guerra *da Tríplice Aliança, também conhecida como a Guerra do Paraguai,* acentuou o período de crise na praça do comércio do Rio de Janeiro, motivada pela política econômica conservadora implementada pelo governo imperial desde a Lei dos Entraves de 1860, e que culminou com a quebra da casa bancária Antônio José Alves do Souto & Cia., em setembro de 1864. O esforço de guerra demandou despesas cada vez maiores, e fez com que o governo abandonasse sua "ortodoxia econômica", principalmente monetária, por meio do aumento das emissões via Tesouro Nacional, que substituiu o Banco do Brasil como agente emissor de notas em 1866, da depreciação da moeda frente à libra com o abandono do padrão-ouro e aumentasse os empréstimos externo e interno, este último com o aumento das emissões de títulos do governo.

Diante desse quadro, qual foi o comportamento do sistema bancário da praça do Rio de Janeiro? Quais foram as estratégias desenvolvidas pelos bancos "cariocas? Tiveram as mesmas estratégias?

No intuito de responder às tais questões, analisamos as atuações de dois bancos nacionais, o Banco Rural e Hipotecário do Rio de Janeiro, criado em 1854, e o segundo Banco Commercial do Rio de Janeiro, criado em 1866, no período da guerra.

O texto foi dividido em duas partes mais a conclusão. Na primeira parte, analisamos a conjuntura econômica e política do Império, particularmente no Rio de Janeiro, no período da Crise de 1864 e da Guerra do Paraguai.

---

1 Professor Associado IV do Instituto de História da UFF e pesquisador do CNPq, dos Grupos de Pesquisa CEO, do HEQUS e do Escravismo Atlântico: Família, Riqueza e Poder.

168   *Gladys Sabina Ribeiro • Karoline Carula (orgs.)*

Na segunda parte, com base na documentação primária composta pelos relatórios das diretorias dos bancos e das publicações nos periódicos *Jornal do Commercio* e do *Diário do Rio de Janeiro*, analisamos a atuação dos bancos nessa conjuntura, suas estratégias e mudanças da organização do banco, como a que ocorreu no Banco Rural, em1869.

A crise de 1864 e a Guerra do Paraguai: uma conjuntura difícil

A *Crise do Souto*, nome este relacionado com a bancarrota da casa bancária Antônio José Alves do Souto & Cia., em setembro de 1864, constituiu-se no ápice da crise por que passava a praça comercial do Rio de Janeiro desde 1860.[2] Como é de conhecimento da historiografia econômica brasileira, tal situação estava relacionada com a política de contração monetária e creditícia efetuada pelo governo imperial desde a promulgação da Lei nº 1.083, de 22/8/1860,[3] e conhecida como a "Lei dos Entraves".[4]

---

2   PELAEZ, Carlos M.; SUZIGAN, Wilson. *História monetária do Brasil.* 2ª ed. Brasília: Ed. UNB, 1981; NOGUEIRA, Dênio. *Raízes de uma nação. Um ensaio de História Socioeconômica comparada.* Rio de Janeiro: Forense Universitária,1988; LEVY, Maria Barbara. *A indústria do Rio de Janeiro através de suas sociedades anônimas (esboços de história empresarial).* Rio de Janeiro: Sec. Municipal de Cultura/EDUFRJ, 1995; VILLELA, André. Tempos difíceis: reações às crises de 1857 e 1864 no Brasil. *Anais do III Congresso Brasileiro de História Econômica e 4ª Conferência Internacional de História de Empresas.* Curitiba: UFPR, 1999; GUIMARÃES, Carlos Gabriel. *A presença inglesa nas Finanças e no Comércio no Brasil Imperial: os casos da Sociedade Bancária Mauá, MacGregor & Co. (1854-1866) e da firma inglesa Samuel Phillips & Co. (1808-1840).* São Paulo: Alameda Casa Editorial, 2012; GAMBI, Thiago F. Rosado. *O banco da Ordem: política e finanças no império brasileiro (1853-1866).* Tese (Doutorado em História Econômica) – FFLCH-PPGHE-USP, São Paulo, 2010; VILLA, Carlos E. V. Pequenos credores de grandes devedores: Depositantes e credores das casas bancárias cariocas na falência de 1864. *3º Congresso Fluminense de História Econômica.* Niterói: UFF, 2015; ALVARENGA, Thiago. Os pequenos credores na bancarrota das casas bancárias cariocas em 1864. *Revista do Arquivo Geral da Cidade do Rio de Janeiro,* n. 15, 2018, p. 251-277. Disponível em: http://wpro.rio.rj.gov.br/revistaagcrj/wp-content/uploads/2019/05/Artigo-6_Livre-1.pdf. Acesso em: 18 ago. 2019.

3   Gabinete conservador de 10 de agosto de 1859 a 2 de março de 1861, era presidido pelo ministro da Fazenda Angelo Muniz Ferraz, futuro Barão de Uruguaiana.

4   A respeito da Lei dos Entraves e da crise do Souto verificar os seguintes trabalhos: SOARES, Sebastião Ferreira. *Esboço ou primeiros traços da crise commercial da cidade do Rio de Janeiro em 10 de setembro de 1864.* Rio de Janeiro: Ed. Laemmert, 1864; PELAEZ; SUZIGAN. Op.

Diante dessa situação financeira difícil, a Sociedade dos Assinantes da Praça do Rio de Janeiro, poderosa *corporação* que defendia os interesses da fração da classe dominante imperial ligada ao grande comércio,[5] organizou uma comissão para analisar os problemas da praça. Liderada pelo próprio presidente da sociedade, o negociante e banqueiro José Joaquim de Lima e Silva, Visconde, depois Conde de Tocantins, e irmão do Duque de Caxias, a comissão lançou um apelo ao imperador em 12 de setembro de 1864, para que o governo imperial tomasse providências: Dizia o apelo:

> Senhor: A comissão da Praça do Comércio vem respeitosamente trazer ao conhecimento do governo de Vossa Majestade Imperial o estado calamitoso em que se acha esta praça, em conseqüência da catástrofe comercial ocorrida no dia 10 corrente (setembro), pela suspensão que fez dos seus pagamentos a casa bancária de Antonio José Alves Souto & Cia.

> O pânico que sobre o público produziu este acontecimento não se pode bem descrever mas pode ser avaliado por todos quantos conhecem a importância desta casa, a grande quantidade de depósitos que tem em si e o entrelaçamento em que se acha com todos os bancos e principais casas de comèrcio desta praça.

> O susto e a desconfiança tornaram-se gerais e o resultado foi correrem os portadores de títulos, não só desta casa como de outras, a exigirem das mesmas o embolso imediato deles.

> (...) Não são, porém, somente estes os males que acarretou a referida catástrofe. Teve ela como imediato resultado paralisar o crédito, suscitar

---

Cit., p. 104-115; ANDRADE, Ana Maria Ribeiro de. "Souto & Cia." In: LEVY, Maria Barbara (coord.). *Anais da 1ª Conferência Internacional de História de Empresas.* Rio de Janeiro: Div. Gráfica da UFRJ, 1991; VILLELA, André Arruda. *The Political Economy of Money and Banking in Imperial Brazil, 1850/1870.* Thesis (Doctorate in Economic History). LSE: London, 1999 (Chapter 4); GUIMARÃES. Op. Cit., cap. 4.

5   A respeito da Sociedade dos Assinantes da Praça do Rio de Janeiro, que se transformou na Associação Comercial do Rio de Janeiro em 1867, conferir os trabalhos de RIDINGS, Eugene. *Business interest groups in nineteenth century Brazil.* Cambridge: Cambridge University Press, 1994; MATHIAS, Herculano Gomes. *Comércio, 173 anos de desenvolvimento: história da Associação Comercial do Rio de Janeiro, (1820-1993).* Rio de Janeiro: Expressão e Cultura, 1993; PIÑEIRO, Theo Lobarinhas. *Os simples comissários: Negócios e política no Brasil Império.* Tese (Doutorado em História). PPGH-UFF, Niterói, 2002.

uma desconfiança geral, e fazer pairar sobre todas as casas comerciais, que em grande número se acham ligadas com a mencionada casa bancária, uma ameaça de se verem arrastadas na mesma catástrofe. Quem pode prever até onde chegarão as conseqüências deste acontecimento?

(...) A comissão desta praça, confiada no zelo que Vossa Majestade Imperial sempre se mostra possuído pelo bem do país e no interesse que lhe merece tudo quanto diz respeito à prosperidade e grandeza do Império aguarda tranqüila as medidas que prover ao Governo Imperial tomar para salvar esta praça da formidável crise por que está passando.[6]

A preocupação da Sociedade dos Assinantes da Praça do Rio de Janeiro com a repercussão da crise de 1864 pôde ser traduzida por alguns números, que demonstraram a gravidade dessa crise. No período de setembro de 1864 a março de 1865, ocorreram 95 falências, "com um passivo total de 115 mil contos superior portanto ao meio circulante de todo o país, que era de pouco mais de 100 mil contos".[7] No tocante ao sistema bancário, e de acordo com a Tabela 1, os bancos "nacionais", com sede no Rio de Janeiro, como a Sociedade Bancária Mauá, MacGregor & Cia.[8] e o Banco Rural e Hipotecário do Rio de Janeiro e, mais ainda, as casas bancárias como a própria Souto & Cia., a Montenegro, Lima & Cia., a Gomes & Filhos e outras, tiveram de recorrer ao redesconto e à caução do Banco do Brasil no mês de setembro, para dar conta da corrida sobre seus depósitos. Com relação aos bancos estrangeiros, nessa época restritos aos bancos ingleses, como o London and Brazilian Bank e o Brazilian and Portuguese Bank, ambos recorreram aos descontos e cauções também do Banco do Brasil, porém, com quantias bem menores se comparadas com as dos bancos e casas bancárias "nacionais".[9]

---

6   BRASIL. Ministério da Justiça. *Commissão de Inquérito sobre as causas da crise na praça do Rio de Janeiro. Relatório da commissão encarregada pelo governo imperial por avisos do 1º de outubro a 28 de dezembro de 1864 de preceder a um inquerito sobre as causas principaes e acidentaes da crise do mês de setembro de 1864.* Rio de Janeiro: Typ. Nacional, 1865. Documentos anexos ao Relatorio da commissão de Inquerito (...), serie A, p. 4.

7   NOGUEIRA. Op. Cit., p. 377.

8   GUIMARÃES. Op. Cit.

9   Com relação ao banco inglês London and Brazilian Bank verificar os trabalhos de JOSLIN, David. *A century bank in Latin America.* Oxford: Oxford University Press, 1963. GRAHAN,

Tabela 1. Quadro demonstrativo das quantias fornecidas pelo Banco do Brasil entre 10 e 30 de setembro de 1864

Instituições	Descontos	Cauções
Banco Rural & Hipotecário	1.240:000$000	4.630:000$000
Banco Mauá, MacGregor & Cia.	5.246:440$136	-
London & Brazilian Bank	382:766$240	500:000$000
Brazilian and Portuguese Bank	-	1.013:300$000
Gomes & Filhos	3.222:239$512	1.934:000$000
Bahia, Irmãos & Cia.	8.207:831$061	1.804:600$000
Montenegro, Lima & Cia.	2.108:507$274	1.088:000$000
Oliveira & Bello	22:250$000	-
D'Illion & Marques Braga	682:349$604	-
Portinho & Moniz	850:895$569	63:000$000
Silva Pinto, Melo & Cia.	337:458$220	-
João Baptista Vianna Drummond	254:233$971	-
Manoel Gomes de Carvalho	183:343$282	-
Lallemant & Cia.	347:884$570	-

Fonte: BRASIL. Ministério da Justiça. *Comissão de Inquérito sobre as causas da crise na praça do Rio de Janeiro... 1864.* Op. Cit., p. 204.

A eclosão da Guerra do Paraguai acentuou não só a conjuntura econômica difícil, como também trouxe inúmeros problemas de ordem política e social para o Império,[10] a ponto de Joaquim Nabuco afirmar que foi um divisor de águas. Para ele, a guerra marcou

---

Richard. *Grã-Bretanha e o início da modernização no Brasil.* Tradução de Roberto Machado de Almeida. São Paulo: Brasiliense, 1973; GUIMARÃES, Carlos Gabriel. Foreign Direct Investment in Imperial Brazil and the activities of British and Portuguese banks: colonial banking versus imperial banking? In: BONIN, P. and VALERIO, Nuno (ed.). *Colonial and Imperial Banking History.* 1ª ed. New York: Routledge, 2016, p. 39-62.

10   Há uma extensa bibliografia sobre a Guerra do Paraguai. Dentre os vários trabalhos, conferir: COSTA, Wilma Peres. *A espada de Dâmocles:* o exército, a Guerra do Paraguai e a crise do Império. São Paulo: HUCITEC/Ed. da UNICAMP, 1996; MARQUES, Maria Eduarda C. Magalhães (org.). *A Guerra do Paraguai:* 130 anos depois. Rio de Janeiro: Relume Dumará, 1995; SALES, Ricardo. *A Guerra do Paraguai:* escravidão e cidadania na formação do exército. Rio de Janeiro: Paz e Terra, 1990.

o *apogeu do Império, mas também procedem dela as causas principais da decadência e da queda da dinastia* (grifos nossos): o aspecto e o desenvolvimento do Prata, com fascinação que ele exerce, o ascendente pelos nomes chamados legendários, pelas reivindicações da classe, tendo à frente os homens que se deram a conhecer ao exército e se ligaram entre si pela camaradagem da campanha; o americanismo; a própria emancipação dos escravos que por diversos modos se prende à guerra (...); a propaganda republicana (...).[11]

Em virtude da guerra, o governo imperial tomou decisões importantes em 1866, tais como a de transferir o poder emissor do Banco do Brasil para o Tesouro Nacional, estabelecer uma nova carteira hipotecária no referido banco e restringir o direito de nomeação do presidente e vice-presidente do banco pelo governo. Tais mudanças, para John Schulz, possibilitaram uma maior independência do Banco do Brasil com relação ao intervencionismo do governo.[12] Para Dênio Nogueira, a nova política econômica proporcionou uma folga no caixa do banco, na medida em que "a transferência do poder emissor para o Tesouro Nacional eliminaria ainda o custo desnecessário dos juros que o governo tinha de pagar ao Banco do Brasil para financiar seu elevado déficit fiscal".[13] Para Tiago Gambi, a reforma significou o "fim do banco da ordem", de manutenção de uma política monetária desde sua criação em 1854.[14] Outros historiadores, como Maria Barbara Levy, destacaram que o projeto significou por um lado o abandono da política contracionista e das pretensões da conversibilidade preconizadas pelo padrão-ouro; por outro lado, o governo se tornou o "principal agente do crédito interno, através do mecanismo inflação e compra; ao mesmo

---

11 NABUCO, Joaquim. *Um estadista do Império: Nabuco de Araújo, sua vida, suas opiniões, sua época*. Rio de Janeiro: Garnier, 1897/98, 3 vol., p. 189-190.

12 A maior independência do Banco do Brasil pode ser comprovada com a liquidação das filiais do banco, com exceção da de São Paulo e a diminuição da emissão dos bilhetes do banco. Conferir: SHULZ, John. *A crise financeira da Abolição (1875-1901)*. São Paulo: EDUSP/ Instituto Fernand Braudel, 1996, p. 44.

13 NOGUEIRA. Op. Cit., p. 378.

14 GAMBI. Op. Cit., p. 436-457.

Tensões políticas, cidadania e trabalho no longo Oitocentos

tempo em que aumentava os impostos, recolhia ouro através de recursos sistemáticos do lançamento de títulos públicos".[15]

Os custos totais da Guerra do Paraguai foram de 614 mil contos de réis,[16] e "gerou um déficit de 387.393 contos, ou seja, 6,5% do total da receita".[17] As principais fontes de financiamento foram os empréstimos externo e interno, a cobrança de impostos e a emissão de moeda – Tabelas 2 e 3. Como ressaltou Dênio Nogueira, houve um "empréstimo externo, realizado em 1865, no valor de £ 6.693.000, ao tipo 74, que propiciou o líquido de £ 5.000.000 (cerca de 49 mil contos), com juros de 5% e 30 anos de prazo; empréstimo interno de 27 mil contos, além da emissão de letras do Tesouro (a 6% ao ano), no valor de 171 mil contos no decorrer da guerra; e o restante, cerca de 120 mil contos, em emissões de papel moeda".[18]

No tocante aos impostos, a partir de 1867, na Tabela 3, além da cobrança em ouro de 15% dos impostos de exportação e importação, houve um aumento das contribuições provinciais. Segundo Dênio Nogueira, "essa última fonte de receita foi a que acusou maior crescimento, passando de 15% para 25% da receita total arrecada entre 1864 e 1869".[19]

---

15 LEVY, 1995. Op. Cit., p. 95.

16 Em valores nominais. PELAEZ e SUZIGAN. Op. Cit., p. 114.

17 BUESCU, Mircea. *História administrativa do Brasil. Organização e administração do Ministério da Fazenda no Império.* Coordenação de Vicente Tapajós. Brasília: FUNCEP, 1984, p. 93.

18 NOGUEIRA. Op. Cit., p. 378.

19 Ibidem, p. 380.

Tabela 2. Financiamento da Guerra do Paraguai
(valores de 1822, em milhares de contos)

Ano	Direitos Aduaneiros	Imposto de Exportação	Contribuição Provincial	Outros Tributos	Receita Total
1864/65	5,9	1,7	1,6	0,4	9,6
1865/66	4,7	1,6	1,3	0,4	8,0
1866/67	4,7	1,4	1,5	0,2	7,8
1867/68*	4,1	1,8	2,0	0,1	8,0
1868/69	4,4	1,9	1,9	0,5	8,7
1869/70	5,3	1,8	2,3	0,1	9,5

Obs.: *A partir de 1867, 15% dos impostos de exportação e importação passaram a ser cobrados em ouro, isto é, à taxa de câmbio do mercado. Fonte: NOGUEIRA. Op. Cit., p. 379.

Gráfico 1. Financiamento da Guerra do Paraguai
(valores de 1822, em milhares de contos)

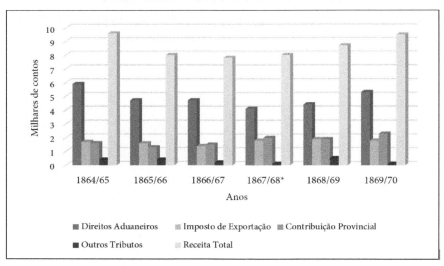

Fonte: Tabela 2.

Tensões políticas, cidadania e trabalho no longo Oitocentos

Tabela 3. Contas públicas, meio circulante e preços – Brasil (1861-1870)

ANO	Índices (1822=100)		TAXA DE CÂMBIO (mil réis/£)	POLÍTICA FISCAL (mil contos)								SALDO
				RECEITA				DESPESA				
	Meio Circu-lante	Preços		TOTAL	Direitos Alfând.	Imp. Export.	Cont. Prov.	TOTAL	Militar	Serv. Dívida		
1861/62	891,3	549,2	9,39	51,4	31,4	8,2	9,4	53,0	18,9	5,5		– 2,6
1862/63	958,7	568,1	9,06	47,0	27,4	8,3	8,9	57,0	19,8	5,4		– 10,0
1863/64	1.016	495,5	8,81	51,7	30,8	9,1	9,5	56,5	21,2	5,2		– 4,8
1864/65	1.204	580,4	8,97	55,7	34,5	9,7	9,3	83,3	40,6	5,1		– 27,6
1865/66	1.392	703,4	9,60	56,1	33,4	11,0	9,3	121,9	80,3	8,9		– 65,8
1866/67	1.479	800,7	9,90	62,4	37,6	10,8	11,7	120,9	72,1	10,4		– 58,5
1867/68	1.627	873,6	10,70	69,7	35,9	15,4	17,1	166,0	98,8	11,2		– 96,3
1868/69	1.982	1035	14,11	83,5	45,3	18,6	19,4	150,9	81,3	14,8		– 67,4
1869/70	2.371	988,3	12,76	92,9	52,4	17,8	22,3	141,6	76,8	13,1		– 48,5

Obs.: 1) desde 1828, o ano fiscal iniciou em julho; 2) em 1846, com a Reforma Monetária, o governo depreciou a paridade oficial para 27 d/mil réis ou 8$889/Libra; 3) desde 1833, 50% dos direitos aduaneiros passaram a ser arrecadados em ouro, ou seja, à taxa de câmbio vigente no mercado; 4) desde 1837, a totalidade dos direitos aduaneiros passou a ser arrecadada em ouro, assim como o imposto de exportação; 5) desde 1853, o imposto de exportação foi reduzido a 5% *ad valorem*. Fonte: NOGUEIRA. Op. Cit., p. 332 e 375.

A questão do endividamento do Estado Imperial com a Guerra do Paraguai, especialmente no tocante à dívida pública, constituiu-se, para muitos autores, num marco na economia brasileira. Segundo Wilma Peres Costa,

> até meados do século, ela se destinava principalmente à cobertura dos déficits relacionados à construção do Estado Nacional: despesas originadas da Guerra de Independência e da negociação com Portugal, conflitos internos e repressão das rebeliões provinciais, além dos conflitos externos na região platina. Na Segunda metade do século aparecem despesas de um novo tipo: as melhorias públicas, em particular as estradas de ferro. Com efeito, esse foi, entre 1850-1870, um importante elemento no equacionamento das relações entre o centro político e as forças provinciais. (...). O período da Guerra do Paraguai aparece como um divisor de águas no endividamento público, determinando um crescimento notável tanto no estoque da dívida quanto no peso do seu serviço sobre as receitas do Estado.[20]

O aumento da dívida pública e sua repercussão sobre a principal região econômica do Brasil da época, a cidade do Rio de Janeiro,[21] promoveram uma controvérsia na historiografia econômica brasileira que envolveu o declí-

---

20 COSTA, Wilma Peres. A Questão Fiscal na Transformação Republicana-Continuidade e Descontinuidade. *Economia e Sociedade*, IE/UNICAMP, n. 10, out. 1998, p. 5-6. A respeito da relação entre a dívida pública e o sistema financeiro internacional utilizando a Teoria do Poder Global formulada por José Luis Fiori, conferir: MESSIAS, Talita Alves de. *Guerra e dívida: Os conflitos na Bacia do Prata e a dívida externa no Império do Brasil.* Dissertação (Mestrado em Economia Política Internacional). PPGRI-IE-UFRJ, Rio de Janeiro, 2015. REIS, Cristina F. de B; MAIA, Bento A. de A. O Brasil Império: uma análise fundamentada na teoria do poder global. *Leituras de Economia Política,* Campinas (26), jan./jun. 2018, p. 95-114. Disponível em: http://www.ie.ufrj.br/images/pos-graducao/pepi/dissertacoes/Talita_Alves_De_Messias_.pdf. Acesso em: 27 set. 2019. Numa outra perspectiva, a partir da Nova Economia Institucional, William Summerhill, ao destacar o Império do Brasil como bom pagador em virtude da sua situação fiscal, reduziu a atuação dos agentes privados como os bancos, fazendo com que estivessem submetidos à política econômica do Estado Imperial, como na compra de títulos e no financiamento do próprio Estado. SUMMERHILL, W. R. *Inglorious revolution: political institutions, sovereign debt, and financial underdevelopment in imperial Brazil.* New Haven: Yale University Press, 2015.

21 O Serviço da Dívida Pública (Externa + Interna) como % do Orçamento do Império aumentou de 23% em 1850 para 27% em 1870, com a dívida externa aumentando de 10% para 11%, e a dívida interna de 13% para 16%. Conferir: MESSIAS. Op. Cit., p. 61.

nio econômico do Rio de Janeiro e a ascensão de São Paulo no último quarto do século XIX. Rui Granziera defendeu a tese de que o entesouramento dos títulos públicos entre os fazendeiros e as camadas médias urbanas do Rio de Janeiro e a crise de crédito na região fizeram com que o papel-moeda emitido afluísse para uma nova região, que era o centro distribuidor das mercadorias para as tropas na guerra, como também, em face da relação ferrovia e café, uma região economicamente dinâmica: Campinas e arredores (Oeste Novo Paulista). Segundo Granziera, nessa região "o capital substituído pela estrada de ferro era passível de transformação em capital dinheiro",[22] o que permitiu uma acumulação produtiva diferenciada no interior do complexo cafeeiro na região, diferenciando São Paulo do que ocorreu no Rio de Janeiro.[23]

Maria Barbara Levy discordou da posição de Granziera. Para ela, o Rio de Janeiro, como principal centro financeiro e comercial do país, sempre sofreu com a drenagem de dinheiro, bastando subir as taxas de desconto dos títulos, para que os juros se elevassem, e os negócios parando por falta de dinheiro. Além disso

> apenas 14 horas, por via férrea, separavam as duas cidades, e que o Rio de Janeiro mantinha com São Paulo ativo comércio de produtos de subsistência, além do que as exportações de ambas as províncias resumiam ao mesmo produto: o café. Portanto, não era tão pequeno o contato entre elas, a ponto de constituírem ilhas econômicas. Ao contrário, São Paulo permaneceria na órbita do circuito monetário regional do Rio de Janeiro.[24]

---

22 GRANZIERA, Rui Guilherme. *A Guerra do Paraguai e o capitalismo no Brasil. Moeda e vida urbana na economia brasileira*. São Paulo: HUCITEC/UNICAMP, 1979, p. 106.

23 A respeito da relação do complexo cafeeiro e da industrialização em São Paulo, conferir o trabalho de CANO, Wilson. *Raízes da industrialização em São Paulo*, 2ª ed. São Paulo: T. A Queiroz Ed., 1983.

24 LEVY, 1995. Op. Cit., p. 92-93. Essa leitura foi corroborada por Maria Luiza Ferreira de Oliveira, que destacou o impacto da crise de 1875 na Praça do Rio de Janeiro, que culminou com a "quebra" do Banco Mauá & Cia., e sua repercussão sobre o crédito na cidade de São Paulo. OLIVEIRA, Maria Luíza Ferreira. *Entre a casa e o armazém. Relações sociais e experiência da urbanização São Paulo, 1850-1900*. São Paulo: Alameda Casa Editorial, 2005, p. 153.

178   *Gladys Sabina Ribeiro • Karoline Carula (orgs.)*

Diante desse debate, a análise do sistema bancário e da atuação dos bancos puderam se constituir num dos elementos para verificar tais teses. Na seção seguinte, analisamos as atividades de dois bancos comerciais da praça do comércio do Rio de Janeiro, o Banco Rural e Hipotecário do Rio de Janeiro e o segundo Banco Commercial do Rio de Janeiro.

Os Bancos Rural e Hipotecário do Rio de Janeiro (BRHRJ) e o segundo Commercial do Rio de Janeiro (BCRJ) na conjuntura da Guerra da Tríplice Aliança

O Banco Rural e Hipotecário e a guerra: a presença do Banco do Brasil

Em trabalho anterior, analisamos a criação do Banco Rural e Hipotecário do Rio de Janeiro numa conjuntura de expansão do crédito atrelada às medidas institucionais do ano de 1850, tais como a criação do Código Comercial, o fim do tráfico transatlântico de escravos e a Lei de Terra.[25] O banco era uma instituição comercial da época, ou seja, um banco de depósitos e descontos, e organizado sob a forma de uma sociedade anônima. O BRHRJ pagava juros sobre o depósito à vista e a prazo, e descontava letras, principalmente com penhor mercantil. Ainda com relação aos descontos, descontou também letras hipotecadas, porém com um volume bem menor do que as com penhor, como também creditava em conta-corrente Essa atividade bancária desenvolvida pelo BRHRJ foi criticada na época por importantes figuras do Império como Sebastião Ferreira Soares e Luís Peixoto de Lacerda Werneck, o Barão do Pati do Alferes, descendente das principais famílias de fazendeiros fluminenses da Região do Médio Rio Paraíba do Sul fluminense.[26]

---

25   GUIMARÃES, Carlos Gabriel. "Associação de capitalistas" ou "Associação de proprietários": o Banco Comercial e Agrícola no Império do Brasil, banco comercial e emissor no Vale do Paraíba (1858-1862). In: SALES, Ricardo; MUAZE, Mariana (org.). *O Vale do Paraíba e o Império do Brasil nos quadros da Segunda Escravidão*. Rio de Janeiro: 7 Letras, 2015, p. 436-476; GUIMARÃES, Carlos Gabriel. A Guerra do Paraguai e a atividade bancária no Rio de Janeiro no período 1865-1870: os casos do Banco Rural e Hipotecario do Rio de Janeiro e Banco Commercial do Rio de Janeiro. *HEERA, Revista de História Econômica*, v. 2, n. 3, ago./dez. 2007, p. 127-153. A partir deste momento utilizamos a sigla BRHRJ para se referir do banco.

26   WERNECK, Luís Peixoto de Lacerda. *Estudo sobre o credito rural e hyphotecario*. Rio de Janeiro: L.B. Garnier, 1857; SOARES, Sebastião Ferreira. *Notas estatisticas sobre a producção*

No início da década de 1860, em virtude da Lei dos Entraves, o BRHRJ teve uma diminuição dos empréstimos e depósitos. Entretanto, a partir de 1862, os empréstimos e os depósitos voltaram a crescer mesmo com toda a restrição da lei de 1860. A questão que surgiu no referido texto foi a seguinte: quem contraiu os empréstimos do BRHRJ? A resposta veio com a análise da Lista dos Acionistas do BRHRJ de 1861 e do Relatório da Diretoria do banco de 1865: *os capitalistas, os comissários e as casas bancárias*.[27] Para se ter uma ideia, apresentamos alguns dados interessantes, com base no cruzamento da Lista do Relatório do banco com o *Almanak Laemmert* de 1861:

> 1. Dos 435 acionistas em 1861, 8,04% estavam ligados as essas atividades;
>
> 2. Das 40 mil ações, 15,23% estavam nas mãos desses negociantes;
>
> 3. Desses acionistas, 31,42% eram matriculados no Tribunal do Comércio;
>
> 4. Desses negociantes matriculados, 63,63% eram comissários.[28]

Embora a diretoria creditasse à crise do banco "a boa fé sorprehendida de uns, e a ambição inqualificavel de outros", reconheceu que a exacerbação da crise teve de ser creditada à prática bancária efetuada pelo próprio banco. Os empréstimos, por meio dos descontos de letras e em conta-corrente, eram direcionados principalmente para esses *acionistas/clientes*. O reconhecimento dessa prática bancária, embora relevado para segundo plano pela diretoria do banco, veio ao encontro das observações de David Joslin acerca da atuação dos bancos brasileiros e, principalmente, ingleses como o London and Bra-

---

agricola e carestia dos generos alimenticios no Imperio do Brazil. Rio de Janeiro: Typ. Imp. e Const. de J. Villeneuve e Comp., 1860.

27 Alguns negociantes eram comissários e ensacadores ao mesmo tempo. "Capitalistas", no *Almanak Laemmert*, tem o sentido de usurários e rentistas, principalmente de prédios urbanos.

28 BRHRJ. *Relatório apresentado pela directoria do Banco Rural e Hypothecario do Rio de Janeiro em assembléa geral dos accionistas aos 15 de Julho de 1861*. Rio de Janeiro, Typographia do *Diario do Rio de Janeiro*, 1861; BRHRJ. *Relatório apresentado pela directoria do Banco Rural e Hypothecario do Rio de Janeiro em assembléa geral dos accionistas aos 15 de Julho de 1865*. Rio de Janeiro, Typographia Perseverança, 1865, p. 5-13.

180   *Gladys Sabina Ribeiro • Karoline Carula (orgs.)*

zilian Bank no período.[29] Tal visão foi corroborada por John Schulz, quando afirmou que:

> A estrutura das finanças brasileiras tendeu a exacerbar essas crises. Tanto os bancos sociedades anônimas quanto as casas bancárias tinham comerciantes e agentes de fazendeiros, os comissários, como seus principais clientes. Esses dois tipos de mutuários inclinaram-se à não liquidez, na medida que se viram forçados a conceder crédito a longo prazo para os fazendeiros. Práticas bancárias prudentes como as conhecidas na Inglaterra ensinaram que se deve emprestar a prazo de até 90 dias sobre saques aceitos. Esses saques eram de responsabilidade tanto do comprador quanto do devedor de um produto como café ou tecido. Quando eles financiavam mercadorias não-vendidas, os bancos não emprestavam mais do que dois terços do valor dos produtos em garantia, também para períodos não superiores a noventa dias. (...) Os bancos ingleses, quando estabeleceram operações no Brasil em 1863, descobriram que não poderiam seguir no Rio de Janeiro a prática de Londres. Viram-se renovando indefinidamente créditos que raramente poderiam ser quitados. Muitos empréstimos, embora feitos para comerciantes, dependiam, no final das contas, dos fazendeiros. Os bancos tinham dificuldades em vender ou mesmo apropriar-se dos bens dos agricultores (...). Quanto a seus passivos, os bancos ingleses descobriram que no Brasil os banqueiros pagavam juros até mesmo para depósitos à vista. Na Inglaterra, os depósitos à vista não recebiam juros como compensação para que o banqueiro os guardasse e pagasse os cheques emitidos. Com pouco capital os banqueiros brasileiros concordavam em pagar juros, freqüentemente de até 4% ao ano, sobre o dinheiro à vista. Os bancos brasileiros também pagavam juros maiores que os pagos pelos bancos pelos bancos ingleses sobre seus depósitos a prazo. (...).[30]

Em setembro de 1864, eclodiu a crise do Souto com a falência da casa bancária de Antônio José Alves do Souto & Cia., e que repercutiu fortemente sobre o BRHRJ. Consoante a Tabela 1, e como constou nos balanços do BRHRJ,[31] o banco teve de recorrer ao Banco do Brasil para fazer frente à cor-

---

29   JOSLIN. Op. Cit.

30   SCHULZ. Op. Cit., p. 34-35.

31   GUIMARÃES, 2007. Op. Cit.

Tensões políticas, cidadania e trabalho no longo Oitocentos

rida sobre seus depósitos. A respeito dessa situação, analisando o Relatório da Diretoria de 1865, percebemos que as dificuldades do banco estavam ainda relacionadas com o crédito concedido às casas bancárias. Com a liquidação das principais casas bancárias, estas deixaram de honrar seus compromissos, e o BRHRJ, sendo um dos maiores credores, não teve outra saída a não ser de recorrer ao redesconto e à caução do Banco do Brasil.[32] O montante total requerido pelo BRHRJ ao Banco do Brasil chegou à quantia de 13.226 contos de réis, ou seja, além dos 5.870 contos de réis de setembro de 1864, o banco tomou emprestada a quantia de 7.356 contos de réis.[33]

Diante dessa situação, o Banco do Brasil, que já era acionista do banco,[34] acabou se tornando no maior acionista em 1866, segundo em 1865 e terceiro em 1869 e 1870 – Quadro 1. Além do Banco do Brasil, outros bancos estavam entre os dez maiores acionistas do BRHRJ. O novo Banco Comercial do Rio de Janeiro, organizado em 1866, constituiu-se no segundo maior acionista em 1870 e dois bancos ingleses viraram grandes acionistas: o Brazilian and Portuguese Bank, sétimo em 1866, e o Union Bank of London, um importante banco na City, o maior acionista em 1865, e quarto em 1866.[35] Além desses bancos, apareceram como grandes acionistas os negociantes de grosso trato e capitalistas nacionais e estrangeiros, como Antonio Joaquim

---

32 Segundo Guilherme Villela, "A quantidade de contas dos bancos (como Banco do Brasil, Banco Rural Hipotecário) é pequena, porém com valores grandes, e isso se explica pela intermediação de crédito que era feita por meio das casas bancárias, como já explicava. A média das quantias dos bancos é de 1.148:888$490, que representa 38,2%". VILLELA, Guilherme Lemos. *Os grandes clientes nas casas bancárias na Crise do Souto em 1864*. TCC em História. CHT-UFF, Campos dos Goitacazes, 2017, p. 11-12.

33 BRHRJ. *Relatório apresentado pela directoria de... 1865*. Op. Cit., p. 8.

34 Em 1861, o Banco do Brasil tinha 990 ações e o Banco Comercial e Agrícola tinha 1954 ações, sendo o maior acionista. Conferir: BRHRJ. *Relatório apresentado pela directoria do Banco Rural e Hypothecario do Rio de Janeiro em assembléa geral dos accionistas aos 15 de Julho de 1861*. Rio de Janeiro, Typographia do *Diario do Rio de Janeiro*, 1861.

35 Segundo James Gilbart, o banco começou a funcionar em 4/2/1838, em Moorgate Street, nº 8, com um capital de L 5.000.000 (cinco milhões de libras), e a maioria dos fundadores era de origem escocesa. GILBART, James W. *Tratado Practico dos Bancos*. 3 tomos. Rio de Janeiro: Livraria de B. L. Garnier Ed., 1859.

Dias Braga, que também fora diretor do banco, Manoel Joaquim da Rocha, Antonio José Leite Guimarães (Barão da Glória), Sebastião Pinto Leite (Visconde de Gandarinha)[36] e Candida de Paiva Oliveira, viúva do comendador Joaquim Coelho de Oliveira.[37] Outros como José Antonio de Oliveira Bastos e Victor Resse apareceram no *Almanak Laemmert* como consignatário e casa de comissão de gêneros de importação e exportação (comissário) e negociante de ouro, prata e pedras preciosas (ourives), respectivamente – Quadro 1.[38]

A eclosão da Guerra da Tríplice Aliança e a política monetária implementada pelo governo imperial fizeram com que a atividade bancária do BRHRJ mudasse com o decorrer da guerra. Analisando os balanços do banco de 1865 até 1870, no tocante ao *Ativo*, na conta *Empréstimos*, houve um declínio em termos totais no período – Gráfico 2.[39] O desconto das *letras com penhor* declinou em mais de 55% no período 1865-1870. Com relação às *letras caucionadas e hipotecadas*, as primeiras tiveram um aumento significativo de 198% de 1865 até 1867, caindo depois até 1870, uma baixa de 71%; já as letras hipotecadas, mesmo com a nova Lei de Hipotecas de 1864, que dava novas garantias para os credores,[40] tiveram uma queda de 25% entre 1865

---

36 Barão da Glória foi um título nobiliárquico criado por D. Maria II de Portugal, por Decreto de 6 de julho de 1852. Já o Visconde da Gandarinha foi um título nobiliárquico criado por D. Luís I de Portugal, por Carta de 30 de janeiro de 1879.

37 O comendador Joaquim Coelho de Oliveira era negociante nacional e faleceu em 18/4/1863. Sua missa de sétimo dia fora anunciada pela viúva e os filhos no *Jornal do Commercio* no dia 25/4/1863. O referido comendador, em 1861, tinha 900 ações do BRHRJ. Conferir: BRHRJ. *Relatório apresentado pela directoria do Banco Rural e Hypothecario do Rio de Janeiro em... 1861*. Op. Cit.; Annuncios. *Jornal do Commercio*, 25/04/1863, p. 3, col. 7.

38 As casas de comissão e os ourives eram importantes "casas de crédito" no mercado carioca, utilizando o penhor como garantia para os empréstimos. Conferir: PENA, Clemente Gentil. *Mercados, créditos e capital na cidade do Rio de Janeiro, 1820-1860: uma contribuição ao estudo das economias urbanas*. Tese (Doutorado em História Social). PPGHIS-UFRJ, Rio de Janeiro, 2019.

39 Preferimos manter os valores nominais em vez de corrigi-los em termos reais face à variação do câmbio.

40 BN. *Collecção das Leis do Império do Brasil de 1864*. Tomo XXIV. Parte I. Rio de Janeiro: Typ. Nacional, 1864, p. 69-86. A respeito da lei para o crédito hipotecário, conferir: CALÓGERAS, João Pandiá. *Política monetária do Brasil*. São Paulo: Cia. Ed. Nacional, 1960; LOBO, Eulália Maria Lahmeyer. *História político-administrativa da agricultura brasileira, 1808/1889*.

e 1867, e um aumento de 4% de 1868 até 1870. Já as letras a receber (por concordatas e outras) declinaram ao longo do período, e, em 1870, o declínio fora de 72,8% com relação a 1866. Quanto aos empréstimos em conta-corrente, houve uma queda de 10% no período de 1865 a 1867, um aumento significativo em 1868 de 145% e, novamente, uma queda de 30% até 1870.

Quadro 1. Lista dos dez (10) maiores acionistas do BRHRJ 1865-1870*

1865		1866		1869		1870	
Nome/título	N° de Ações	Nome/Título	N° de Ações	Nome/Título	N° de Ações	Nome	N° de Ações
Union Bank of London	3660	Banco do Brasil	3527	Rodrigues Filho & Lengruber	1060	Manoel Joaquim da Rocha	1000
Banco do Brasil	1387	Manoel Joaquim da Rocha	986	Manoel Joaquim da Rocha	1000	Banco Comercial do Rio de Janeiro	970
Candida de Paiva Oliveira	900	Candida de Paiva Oliveira	900	Banco do Brasil	996	Banco do Brasil	540
Claudio José da Silva	720	Union Bank of London	760	Candida de Paiva Oliveira	900	Antonio Gomes Guerra de Aguiar	532
Dr. Antonio Gomes Guerra de Aguiar	532	Claudio José da Silva	720	José Gonçalves de Carvalho	590	Visconde de Gandarinha	506

Brasília: Ministério da Agricultura, s.d., p. 126-127; PELAEZ e SUZIGAN. Op. Cit.; MARCONDES, Renato Leite. O Financiamento Hipotecário da Cafeicultura no Vale do Paraíba Paulista (1865-1887). *Revista Brasileira de Economia*, Rio de Janeiro, 56 (1), jan./mar., 2002, p. 147-170; PIÑEIRO, Theo L. Política e Crédito Agrícola no Brasil do Século XIX. *América Latina em la Historia Económica*, n. 6, Julio/Diciembre de 1996, p. 41-53.

Antonio José Leite Guimarães/ Barão da Glória (Portugal)	500	Antonio Gomes Guerra de Aguiar	532	Antonio Gomes Guerra de Aguiar	532	Claudio José da Silva	500
Antonio Joaquim Dias Braga	450	Brazilian and Portuguese Bank	511	Sebastião Pinto Leite/Visconde de Gandarinha (Portugal)	506	Antonio Joaquim Dias Braga	450
Victor Resse	440	Barão da Glória	500	Claudio José da Silva	500	Victor Resse	40
Manoel de Mattos Vieira	400	Amaro da silva Guimarães	484	Antonio Joaquim Dias Braga	450	José Antonio de Lemos	400
José A de Oliveira Bastos	400	Victor Resse	440	José Antonio de Lemos	415	Manoel de Mattos Vieira	400

(*) As listas dos acionistas de 1867 e 1868 não foram encontradas.

Fonte: BRHRJ. Relatórios. Op. Cit.

Tensões políticas, cidadania e trabalho no longo Oitocentos 185

Gráfico 2. BRHRJ – Empréstimos, 1865-1870

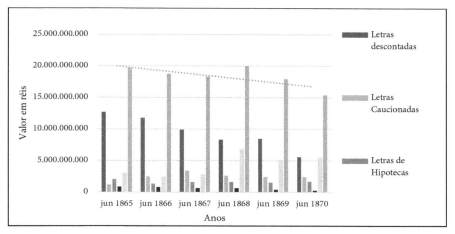

Fonte: Estatistica. Movimento do Banco. Banco Rural e Hypotecario. Balanço do mês de Junho de 1866. *Diário do Rio de Janeiro*, 08/07/1866, p. 3, col. 5; BRHRJ. *Relatório apresentado pela directoria do Banco Rural e Hypothecario do Rio de Janeiro em assembléa geral dos accionistas aos 15 de Julho de 1865*. Rio de Janeiro: Typographia Perseverança, 1865; BRHRJ. *Relatório apresentado pela directoria do Banco Rural e Hypothecario do Rio de Janeiro em assembléa geral dos accionistas aos 16 de Julho de 1866*. Rio de Janeiro: Typographia Perseverança, 1866; Commercio. Balanço do BRHRJ, 30/06/1867. *Jornal do Commercio*, 8/07/1867, p. 3. col. 5; BRHRJ. *Relatório apresentado pela directoria do Banco Rural e Hypothecario do Rio de Janeiro em assembléa geral dos accionistas aos 29 de Julho de 1868*. Rio de Janeiro: Typographia do Apostolo, 1868; BRHRJ. *Relatório apresentado pela directoria do Banco Rural e Hypothecario do Rio de Janeiro em assembléa geral dos accionistas aos 21 de Julho de 1868*. Rio de Janeiro: Typographia Perseverança, 1869; BRHRJ. *Relatório apresentado pela directoria do Banco Rural e Hypothecario do Rio de Janeiro em assembléa geral dos accionistas aos 18 de Julho de 1870*. Rio de Janeiro: Typographia Perseverança, 1870.

A análise da atividade bancária do BRHRJ ficou mais clara com a leitura dos relatórios da diretoria e dos balanços do banco. Embora os relatórios não apresentassem o porquê do banco em não aumentar os empréstimos à propriedade rural via hipotecas, mesmo com a nova Lei de Hipotecas,[41] continuando a

---

41 Segundo Theo L Piñeiro, mesmo com a lei de 1866, o Banco do Brasil só regulamentou sua Carteira de Hipotecas em 1867, e, nos quatro primeiros anos, os empréstimos com hipotecas só representaram 2% do total. Conferir: PIÑEIRO, Théo Lobarinhas. Política e Crédito Agrícola. *America Latina en la História Económica*, México, DF, v. 6, 1996, p. 47.

186 Gladys Sabina Ribeiro • Karoline Carula (orgs.)

privilegiar as hipotecas urbanas, acreditamos que a falta de garantias da propriedade da terra e a alta taxa de juros envolvendo as hipotecas dificultaram o acesso
ao desconto de tais letras. Enquanto nestas, o desconto girava entre 10% a 12%
ao ano, nas demais letras, os descontos giravam em torno de 7% a 10% para as
letras com penhor, e 8% a 10% para as letras caucionadas.[42] No que se refere
ao empréstimo em conta-corrente, trabalhamos com a hipótese de que esteja
relacionado às necessidades de crédito por parte dos acionistas-correntistas, na
sua maioria negociantes, comissários e capitalistas, que deviam aos bancos e
outros estabelecimentos.

Ainda com relação ao ativo, chamou a atenção a conta *Títulos* – Gráfico
3. Após um aumento nos anos de 1865 a 1866, a conta *apólices da dívida pública* se manteve constante no valor em 1867 e 1868, desaparecendo em 1869
e 1870. No tocante às *letras do tesouro nacional*, estas cresceram em mais de
600% entre 1868-1870, e tal crescimento demonstrou que o BRHRJ agiu de
acordo com a política do governo de emissão de títulos para o financiamento
da guerra. No relatório de junho de 1870, o diretor, Conde de Estrela,[43] destacou o seguinte aos acionistas:

> Este satisfatório resultado não foi obtido somente com o recurso das
> transações ordinárias do Banco: para ele contribuíram as *compras de
> apólices contratadas com o Governo* (grifos nossos); operações nas quais
> o Banco se achou habilitado com os meios de ocorrer aos pagamentos,
> sem ter de sacrificar o preço daqueles títulos, em detrimento das pró-
> prias conveniências e das do Tesouro Nacional, *principal interessado na
> firmeza do crédito da dívida pública fundada* (grifos nossos).[44]

---

42 Esses valores foram retirados do Relatório de 1869, já que não constavam nos relatórios an-
teriores. BRHRJ. *Relatório apresentado pela directoria do Banco Rural e Hypothecario do Rio de
Janeiro em assembléa geral dos accionistas aos 21 de Julho de 1869.* Rio de Janeiro: Typographia
Perseverança, 1869. p. 19, 21, 25 e 27.

43 GUIMARÃES, 2007. Op. Cit., p. 142-143.

44 BRHRJ. *Relatório apresentado pela directoria do Banco Rural e Hypothecario do Rio de Janeiro
em assembléa geral dos accionistas aos 18 de Julho de 1870.* Rio de Janeiro: Typographia Perseverança, 1870.

Gráfico 3. BRHRJ – Títulos, 1865-1870

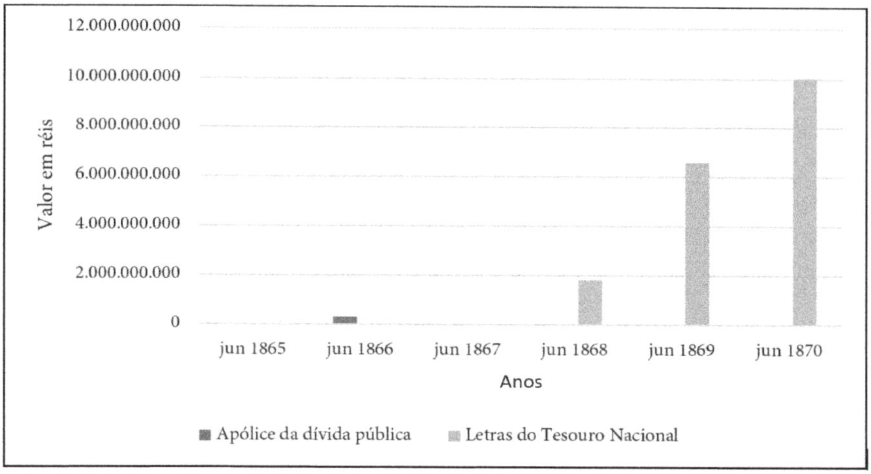

Fonte: Ibidem.

No tocante ao *Passivo*, a conta capital continuou com o montante de 8.000:000$000, mesmo com a reforma do banco aprovada pelo governo em 1868, e que permitira elevar o capital para 16.000:000$000. Houve um aumento dos *Depósitos* a partir de junho de 1868, e, em 1869, estes ultrapassaram os empréstimos. Conforme o Gráfico 3, destacaram-se nos depósitos as contas letras a pagar (dinheiro tomado a prêmio), em que o banco remunerava de 5½% a 6% ao ano, e a conta-corrente, que também eram remuneradas, só com taxas menores de 3% a 6%. Outra conta do passivo que chamou a atenção foi a do fundo de reserva que aumentou em 1869, ao mesmo tempo que foi criado um novo fundo de reserva com os novos estatutos. Foi interessante observar que o BRHRJ, ao criar esse novo fundo de reserva, suspendeu a conta Lucros Suspensos, que era uma conta onde os lucros eram reservados para fazer frente aos prejuízos, como ocorreu pós-1864.

Ainda no passivo, as *Emissões* foram extintas em 1867, e os Juros a receber por contratos celebrados aumentaram em 80% no período de 1868 e 1870. Mesmo numa situação crítica, o banco continuou não só a distribuir os dividendos aos acionistas, como aqueles aumentaram, passando de 280:000$000 (8$000 por ação) no período de 1865 e 1866, para 320:000$000 no período 1867 e 1870.[45]

Gráfico 4. BRHRJ – Depósitos e empréstimos totais, 1865-1870

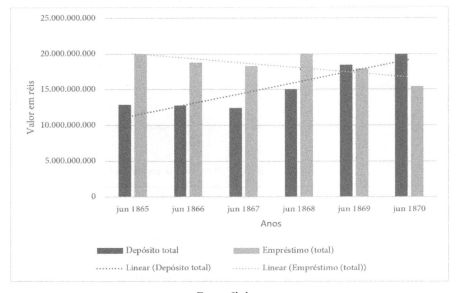

Fonte: Ibdem

Conforme destacado, a conjuntura econômica da guerra repercutiu na organização do BRHRJ,[46] e, em 1868, o governo imperial, por meio do Decreto nº 4.210, de 13/6/1868, aprovou as mudanças nos estatutos do banco encaminhadas pela diretoria – Quadro 1. Além das mudanças na composição da direção do banco, desaparecendo os cargos de presidente e secretário da direção, e diminuindo o número de diretores, que caiu de cinco para três, o

---

45 GUIMARÃES, 2007. Op. Cit.

46 A ação do poder moderador do Imperador D. Pedro II substituiu o ministro da Fazenda liberal progressista Zacarias de Góes e Vasconcelos pelo conservador Joaquim José Rodrigues Torres (o Visconde de Itaboraí), e provocou um racha na coalizão política de estabilidade no interior da classe senhorial dominante, com repercussões na década de 1870, com a criação do Partido Republicano. Sobre a análise política da crise de 1868, conferir: CARVALHO, José Murilo de. O Conselho de Estado/; a cabeça do Governo. In: *A construção da ordem: a elite política imperial; Teatro das Sombras: a política imperial.* 2ª ed. Rio de Janeiro: Editora da UFRJ, Relume Dumará, 1996, p. 341-342.

Tensões políticas, cidadania e trabalho no longo Oitocentos

banco foi "convertido" para *banco de crédito real*, face à regulamentação das operações com as hipotecas conforme a lei de 24/9/1864.[47] Mesmo com essa "elevação", os empréstimos com hipotecas continuaram a ser preterido pelos outros tipos de empréstimos. Conforme destacou Renato Leite Marcondes,

> Apesar da reforma legal e do início dos registros hipotecários de forma mais organizada, os volumes destinados pelos bancos aos empréstimos à lavoura continuaram restritos, apenas o Banco do Brasil se adaptou com uma nova carteira hipotecária independente da comercial em 1866, e começou a operar mais expressivamente na década de 1870.[48]

A criação do segundo Banco Comercial do Rio de Janeiro em 1866

Justamente no contexto da guerra, os "negociantes e proprietários nesta Corte" José Carlos Mayrink; Rodrigo Pereira Felicio, Conde de São Mamede;[49] João José dos Reis, 1º Visconde, depois, 1º Conde de São Salvador de Matosinho;[50] Thomaz March Ewbank e Joaquim José Rodrigues Guimarães encaminharam ao governo imperial a criação do novo Banco Commercial do Rio de Janeiro. Os três primeiros foram acionistas do BRHRJ,[51] estes e Tho-

---

47 Segundo Renato Leite Marcondes, somente "em meio à crise de 1875, o decreto 2.687 de 6 de novembro concedia garantia de juros de até 5% ao ano ao banco de crédito real que se fundasse no Império de acordo com a Lei de 1864. Este banco deveria emprestar a taxa de juros limite de 7% e a prazo de 5 a 30 anos". MARCONDES, Renato Leite. Crédito privado antes da grande depressão do século XX: o mercado hipotecário. *Estud. Econ.*, São Paulo, v. 44, n. 4, 2014, p. 756 (nota 15). Disponível em: http://www.scielo.br/scielo.php?script=sci_arttext&pid=S0101416120140004000004&lng=en&nrm=iso. Acesso em: 12 ago. 2019.

48 Ibidem, p. 755.

49 O título de Conde de São Mamede foi criado por carta de 2 de março de 1869 pelo rei D. Luís I de Portugal, em favor do negociante estrangeiro Rodrigo Pereira Felício.

50 Os títulos nobiliários de Visconde e de Conde de São Salvador de Matosinho foram criados por D. Luís I de Portugal por decretos de 5 de junho de 1873 e de 29 de janeiro de 1880, respectivamente, em favor do negociante João José dos Reis. Uma pequena biografia laudatória do Conde de São Salvador está no site da cidade de Matosinhos, em Portugal. Disponível em: https://www.cm-matosinhos.pt/pages/1495?poi_id=22.

51 Em 1861, José Carlos Mayrink tinha 26 ações, Rodrigo Pereira Felício tinha 400 e foi diretor do Banco Rural e Hipotecário em 1860, cargo este em substituição do Barão de São Gonçalo em 1861, e João José dos Reis tinha 200 ações. Conferir: BRHRJ. Noticias Diversas. *Correio*

190   Gladys Sabina Ribeiro • Karoline Carula (orgs.)

mas Ewbank foram acionistas e ex-diretores do banco inglês The Brazilian and Portuguese Bank Limited.[52] Joaquim José Rodrigues Guimarães, além de negociante estrangeiro, era capitalista, fazendeiro e lavrador no município de Angra dos Reis, na província do Rio de Janeiro, e vice-presidente da Sociedade Portuguesa de Beneficência.[53]

Autorizado a funcionar pelo Decreto n° 3.632, de 6 de abril de 1866,[54] após passar pelo crivo do Conselho de Estado, o segundo Banco Commercial do Rio de Janeiro constituiu-se também como um banco comercial da época, ou seja, de depósito, desconto e empréstimos, com duração de 20 anos (Artigo 1°), e com um fundo de capital de 12.000:00$000, divididos em 60 mil ações de 200$000, "as quaes podem ser possuídas por nacionais e estrangeiros" (Artigo 2°). Ainda com relação ao Artigo 2°,

> Trinta mil destas acções serão distribuidas antes do Banco entrar em operações, e as outras 30.000 dentro de seis annos depois, para fim util

---

Mercantil, 02/09/1860, p. 1, col. 2. *Relatório apresentado pela directoria do Banco Rural e Hypothecario do Rio de Janeiro... de 1861.* Op. Cit.

52   José Carlos Mayrink, além de negociante nacional, era camarista de Sua Majestade, a Imperatriz Teresa Cristina, e foi diretor e acionista do primeiro Banco Commercial do Rio de Janeiro, criado em 1838. Thomas March Ewbank era sócio da firma estrangeira Ewbank, Schmidt & Co. A respeito do primeiro Banco Commercial do Rio de Janeiro, criado em 1838, e do Brazilian and Portuguese Bank, conferir: SOUZA FRANCO, Bernardo de. *Os bancos do Brasil: sua história, defeitos de organização atual e reforma do sistema bancário.* 2ª ed. Brasília: UNB, 1984; LEVY, Maria Barbara. *História dos bancos comerciais no Brasil.* Rio de Janeiro: IBMEC, 1972; LEVY, Maria B.; ANDRADE, Ana Maria Ribeiro de. Fundamentos do sistema bancário no Brasil: 1834-1860. *Estudos Econômicos*, n. especial, v. 15, 1985, p. 17-48; GUIMARÃES, Carlos Gabriel. O banco inglês Brazilian and Portuguese Bank (English Bank of Rio de Janeiro) no Brasil e Portugal na segunda metade do século XIX (1863-1870). In: NEVES, Lucia M. B. Pereira das; FERREIRA, Tania Bessone da C. (org.). *Dimensões políticas do Império do Brasil.* Rio de Janeiro: Contracapa, 2012, p. 213-243.

53   *Almanack Administrativo, Mercantil e Industrial da Corte e província do Rio de Janeiro para o anno de 1865 fundado por Eduardo Laemmert.* Vigésimo segundo anno. Rio de Janeiro: Eduardo & Henrique Laemmert, 1865, p. 205, 384, 450 e 505.

54   Decreto n° 3.632, de 06 de abril de 1866. Autoriza a incorporação e approva os estatutos da Companhia denominada - Banco Commercial do Rio de Janeiro. In: *Collecção das Leis do Imperio do Brasil de 1866. Tomo XXIX, Parte II.* Rio de Janeiro: Typographia Nacional, 1866, p. 159-172. A partir deste momento, BCRJ.

ao mesmo Banco e quando sua directoria entender conveniente; devendo qualquer premio que se obtiver na distribuição dellas ser applicado ao fundo de reserva do Estabelecimento.

Se depois desta ultima emissão de acções, a experiencia mostrar necessidade de ser augmentado o fundo capital do Banco, a assembléa geral dos seus accionistas resolverá a respeito o que entender conveniente.

O Banco poderá entrar em operações logo que estejão subscriptas 20.000 acções e realizados 10% do seu valor.

Aprovados os estatutos, os mesmos "negociantes e proprietários nesta Corte" que encaminharam a criação do banco convocaram os 60 maiores acionistas para comparecerem à primeira Assembleia-Geral dos Acionistas, na Rua Direita, casa nº 54, 1º andar,[55] "afim de terem conhecimento official da approvação e autorização do governo imperial, e deliberarem o mais que fôr necessário, e de sua competência a respeito da installação do referido banco".[56] Nessa declaração de convocação dos 60 maiores acionistas – Anexo 2, que estava de acordo com os Estatutos,[57] chamou a atenção a presença da casa bancária Bahia Irmãos & C., que passou por uma grave crise com a do Souto – Tabela 1, Francisco José da Rocha Leão, o 2º barão com grandeza de Itamaraty, primeiro e único Visconde e Conde de Itamarati, negociante nacional e grande proprietário, presidente da Caixa Econômica e Monte de Soccorro:[58]

---

55 Esse prédio pertencia ao espólio da massa falida da Casa Bancária de Antonio José Alves Souto & Cia. Leilões. *Jornal do Commercio*, 28/01/1866, p. 2, col. 4.

56 Declaração. *Jornal do Commercio*, 8 de maio de 1866, p. 1, col. 8; Declaração. *Diário do Rio de Janeiro*, 10/05/1866, p. 3, col. 3.

57 Título II, Da Administração Geral do Banco, Secção I, Artigos 16 e 17. *Collecção das Leis...* de 1866. Op. Cit., p. 165.

58 Francisco José da Rocha foi também coronel da Guarda Nacional da Corte, membro da Junta Administrativa da Caixa de Amortização, da Caixa Econômica e do Monte Pio Socorro, sócio-fundador do Imperial Instituto Fluminense de Agricultura, fazendeiro e lavrador de café do município de Resende. Conferir: *Archivo Nobiliarchico Brasileiro*, organizado pelo Barão de Vasconcellos e o Barão Smith de Vasconcellos. Lausanne: 1918, p. 206-207; *Almanack Administrativo, Mercantil e Industrial da Corte e província do Rio de Janeiro para o anno de 1865...* Op. Cit., p. 47, 202 e 489.

a casa comissária de café E. Guichárd & C.;[59] José Joaquim de Lima e Silva Sobrinho, primeiro e único Visconde e Conde de Tocantins, negociante nacional, vereador da Casa Imperial, presidente da Sociedade dos Assinantes da Praça do Comércio do Rio de Janeiro, conselheiro da Caixa Econômica e Monte de Soccorro, capitão do Exército e irmão do Marquês de Caxias;[60] a casa comissária de café Vidal Leite & Araújo[61] e outros.

Na reunião dos acionistas de 11 de maio de 1866, presidida por José Carlos Mayrink, os maiores acionistas,[62] além de referendarem as modificações nos estatutos feitas pelo governo imperial, conforme constava no Decreto nº 2.711, de 19 de dezembro de 1860,[63] elegeram a diretoria e a comissão fiscal,

> (...) sahindo eleitos para aquella por unanimidade de votos dos outros accionistas os Srs. José Carlos Mayrink, Rodrigo Pereira Felício, João José dos Reis, Thomaz March Ewbank e Joaquim José Rodrigues Guimarães; e para esta os Srs. Barão de Itamaraty, José Joaquim de Lima e Silva Sobrinho e José Borges da Costa.

---

59 Consignatarios e casas de Commissões de Gêneros de importação e exportação. *Almanack Administrativo, Mercantil e Industrial da Corte e província do Rio de Janeiro para o anno de 1865 fundado por Eduardo Laemmert.* Vigésimo segundo anno. Rio de Janeiro: Eduardo & Henrique Laemmert, 1865.

60 *Almanack Administrativo, Mercantil e Industrial da Corte e província do Rio de Janeiro para o anno de 1865...* Op. Cit., p. 29, 198, 202 e 294.

61 Consignatarios e casas de Commissões de Gêneros de importação e exportação. *Almanack Administrativo, Mercantil e Industrial da Corte e província do Rio de Janeiro para o anno de 1865...* Op. Cit., p. 520.

62 Art. 26. "Os Directores serão eleitos pela assembléa geral d'entre os accionistas de 100 ou mais acções por escrutinio secreto e á maioria absoluta de votos; e quando não haja esta no primeiro escrutinio se procederá aos que forem necessarios para obtel-a entre os candidatos mais votados em numero sempre duplo dos que tiverem de ser eleitos: em caso de empate decidirá a sorte." Decreto nº 3.632, de 06 de abril de 1866... Op. Cit.

63 Decreto nº 2.711, de 19 de dezembro de 1860. Ementa: Contém diversas disposições sobre a creação e organização dos Bancos, Companhias, Sociedades anonymas e outras, e prorroga por mais quatro mezes o prazo marcado pelo artigo 1º do Decreto nº 2.686 de 10 de novembro do corrente anno. Disponível em: https://www2.camara.leg.br/legin/fed/decret/1824-1899/decreto-2711-19-dezembro-1860-556868-publicacaooriginal-77043-pe.html.

Reunindo-se em seguida a directoria do Banco foram por ella eleitos:

Presidente do Banco o Sr. José Carlos Mayrink.

Vice-Presidente o Sr. Rodrigo Pereira Felício.

Secretário da directoria o Sr. João José dos Reis.[64]

Em 4 de julho de 1866, o BCRJ,[65] localizado na Rua da Direita, 54, entrou em operação,[66] e conforme declaração no *Jornal do Commercio*, podia realizar as seguintes operações:

1° Receber dinheiro a premio por meio de contas correntes ou passando letras, não podendo em nenhum dos casos ser o prazo menor de 30 dias.

2° Descontar letras do thesouro, das thesourarias provinciais e da praça, bem como outros títulos commerciaes á ordem e com prazo fixo, não maior de quatro mezes, pagaveis todos nesta cidade.

3° Receber em conta corrente as sommas que lhe forem entregues por particulares ou estabelecimentos publicos, e pagar as quantias que estes dispuzerem.

4° Fazer emprestimos sobre penhor de ouro, prata e diamantes, de apolices da divida publica geral e da provincia do Rio de Janeiro e de titulos particulares que apresentem legitimas transacções commerciaes.

5° Mediante contratos escriptos abrir contas correntes de movimento de fundos e emprestimos a bancos, casas bancarias ou particulares, sobre depositos de dinheiro, de títulos e valores descontaveis pelo banco ou que estejão no caso de serem elle admittidos como caução de emprestimos, bem assim sobre idonea fiança mercantil.

6° Comprar e vender por conta propria metaes preciosos.

7° Encarregar-se por commissão da compra e venda de metaes preciosos, de apolices da divida publica e de quaesquer outros titulos de valor,

---

64 Extracto da acta da sessão da assembléa geral dos accionistas do Banco em sua reunião de 11 de maio de 1866.

65 A partir deste momento, utilizamos BCRJ para tratar do banco.

66 Não sabemos se, no momento da entrada da operação, o banco tinha cumprido o que constava no Artigo 2º: "O Banco poderá entrar em operações logo que estejão subscriptas 20.000 acções e realizados 10% do seu valor". Decreto nº 3.632, de 06 de abril de 1866... Op. Cit., p. 156.

194   *Gladys Sabina Ribeiro • Karoline Carula (orgs.)*

bem assim de cobranças de dividendos, juros de letras e outros títulos a prazo fixo.

O banco não póde emprestar sobre penhor de suas acções nem descontar letras suas provenientes de dinheiro que receber a premio, podendo, porém, admittir estas como excepção em transacções com o próprio estabelecimento.

As taxas dos descontos, emprestimos e do premio do dinheiro que receber a juro, bem como as mais condições reguladoras das operações que póde fazer são objecto de convenção entre o banco e os proponentes.[67]

Ainda com relação às operações do banco, ele podia sacar, ou melhor, realizar operações de câmbio sobre as seguintes praças estrangeiras: "Londres – sobre o London and County Bank; Lisboa – sobre o banco de Portugal; e Porto – sobre a caixa filial do mesmo banco".[68] No mesmo jornal, mas em 12 de fevereiro de 1867, quatro meses depois, o banco ampliava o saque sobre as praças estrangeiras, acrescentando Paris, sobre o Comptoir d'Escompte,[69] e também nas "seguintes cidades e villas de Portugal: Amarante, Aveiro, Braga,

---

67   Declarações. *Jornal do Commercio*. 11 de julho de 1866, p. 2, col. 7.

68   Declarações. *Jornal do Commercio*. 20 de outubro de 1866, p. 2, col. 1. O London and County Bank (Banco de Londres e das Províncias) foi o novo nome dado, em 1839, para o Surrey, Kent and Sussex Banking Company, um banco comercial por ações, estabelecido em Southwark em 1836. "1855 vê-se que o Banco de Londres e das Provincias fazia então operações em Lombard-street Nº 21; St. George's-place, Knightsbridge; Connaught-terrace, Edgeware-road; e em sessenta e nove logares nas provincias." Conferir: GILBART, James William. *Tractado Practico dos Bancos*. Tomo II. Rio de Janeiro: Livraria de B L Garnier, 1859, p. 325. Southwark é um bairro no sul de Londres, na Inglaterra, faz parte do interior do município e é conectado por pontes do outro lado do Rio Tâmisa até a cidade de Londres.

69   O Comptoir national d'Escompte de Paris (CNEP), anteriormente Comptoir d'Escompte de Paris (CEP), foi criado por decreto em 10 de março de 1848 pelo Governo Provisório da Segunda República Francesa. Foi fundado em resposta ao choque financeiro causado pela revolução de fevereiro de 1848. A revolta destruiu o antigo sistema de crédito, que já estava lutando para fornecer capital suficiente para atender às demandas do *boom* ferroviário e o resultante crescimento da indústria. Conferir: STOSKOPF, Nicolas. La fondation du comptoir national d'escompte de Paris, banque révolutionnaire (1848). *Histoire, économie et société*, 21e année, n. 3, 2002, p. 395-411. Disponível em: https://www.persee.fr/doc/hes_0752-5702_2002_num_21_3_2310.

Barcelos, Coimbra, Guimarães, Mealhada, Mattosinhos, Régua, Vianna do Castello, Villa-Nova de Familicão, Viseu, Valença e Villa Real".[70]

Passados seis meses de funcionamento, a diretoria do BCRJ publicou o primeiro balanço – Anexo 3. Analisando o *Ativo*, chamou a atenção as contas *Ações por distribuir* no valor de 6.000:000$0000 (seis mil contos)[71] e *Acionistas*, entradas a realizar, no valor de 5.393:800$000 (cinco mil trezentos e noventa e três contos, e oitocentos mil réis). Esta última indicava a não integralização do capital, o que ficou patente no primeiro relatório do BCRJ, de agosto de 1867. Neste, a diretoria afirmou que o banco iniciou suas atividades com somente 10% do seu capital integralizado, que estava de acordo com o decreto que aprovou seus estatutos. Portanto, embora aparecesse no Passivo a conta capital de 12.000:000$000 (doze mil contos de réis), o banco "funccionou no 1º semestre com 10% do capital emittido, e no segundo com mais 10, realizadas as entradas nas seguintes datas:

1866. Fevereiro 21 e Abril 26, 1ª entrada de 10% ou 20$ por acção. ...   600:000$000

1867. Janeiro 15, 2ª entrada de 10% ou 20$ por acção ....   600:000$000

1.200:000$000"[72]

Ainda com relação ao *Ativo*, o BCRJ realizou 2.906:052$360 em *Empréstimos*, sendo 2.639:757$382 em *Descontos* de *letras com penhor* e 266:294$978 em desconto de *letras caucionadas*. O banco não descontou *letras hipotecadas*,

---

70   Declarações. *Jornal do Commercio*. 15 de fevereiro de 1867, p. 2, col. 2. O Banco de Portugal foi fundado em 19 de novembro de 1846, em Lisboa, resultado da fusão do Banco de Lisboa e da Companhia Confiança Nacional. Era um banco comercial e de emissão da moeda real até 1911, quando, com a República, passou a emitir o escudo. Conferir: REIS, Jaime. *O Banco de Portugal das origens a 1914*, v. I. Lisboa: Banco de Portugal, 1996.

71   Assim como ocorreu no BRHRJ, preferimos manter os valores em termos nominais.

72   AN. *Relatório apresentado à Assembléa Geral dos Accionistas do Banco Commercial do Rio de Janeiro na sua reunião ordinária de agosto de 1867 pelo seu presidente José Carlos Mayrink*. Rio de Janeiro: Typ. do Correio Mercantil, rua da Quitanda n. 55, 1867; Publicações a Pedido. Banco Commercial. *Jornal do Commercio*. 19 de agosto de 1867. p. 1, col. 5-8. De acordo com o Artigo 4º, "O importe das acções será realizado em prestações nunca inferiores a 10% do seu valor nominal". Decreto nº 3632, de 06 de abril de 1866... Op. Cit.

como fez o BRHRJ – Anexo 3, Gráficos 5 e 7. Apresentou também um *Caixa* no valor de 359:589$472 e de *Valores depositados* de 494:595$560. Esta última conta ficou mais clara ao verificar no passivo as contas *Depósitos voluntários e Penhores*, garantias e efeitos diversos, que trataremos mais adiante.

Gráfico 5. BCRJ – Empréstimos, 1866-c.1870

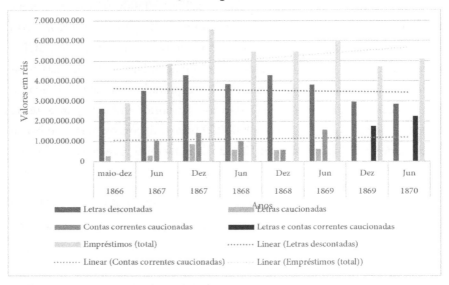

Fonte: Anexo 3; AN. *Relatório apresentado à Assembléa Geral... 1867. Op. Cit.*AN. *Relatório do Banco Commercial do Rio de Janeiro apresentado à Assembléa Geral dos accionistas do Banco Commercial do Rio de Janeiro na sua reunião ordinária de Agosto de 1868 pelo seu presidente o Veador José Carlos Mayrink*. Rio de Janeiro. Typographia Perseverança – rua do Hospício n° 91 – 1868; AN. *Relatório apresentado à Assembléa Geral dos Accionistas do Banco Commercial do Rio de Janeiro na sua reunião ordinária de agosto de 1869 pelo seu presidente o Conde de S. Mamede*. Rio de Janeiro. Typographia – Perseverança – rua do Hospício n° 91 – 1869.

Quanto ao *Passivo* do BCRJ, seus *Depósitos* foram de 2.802:148$060, divididos a prazo por letras no valor de 1.335:099$689, a prazo por conta-corrente no valor de 1.448:005$991 e os depósitos voluntários no valor de 19:042$380 – Anexo 3, Gráfico 5. Com relação aos primeiros dividendos aos acionistas,[73] cujo valor chegou ao montante de 36:000$000, a diretoria publi-

---

73 "Art. 6°: Todos os semestres, dos lucros liquidos do Banco (relativos ás operações respectivas a cada um) se deduzirão 10%, sendo 6 para fundo de reserva, e quatro para serem repartidos

Tensões políticas, cidadania e trabalho no longo Oitocentos

cou o seguinte no *Jornal do Commercio*: "Na thesouraria deste banco paga-se aos Srs. accionistas, desde o dia 9 do corrente, o dividendo do 1º semestre findo em 31 de dezembro proximo passado, na razão de 1$200 por acção".[74] No relatório, a diretoria destacou que os dividendos estavam na "razão de 12 por cento ao anno do capital realizado".[75]

Uma conta que chamou a atenção foi *Penhores, garantias e efeitos diversos* no valor de 475:553$180 – Anexo 3. Essa conta, que não constou nos balanços do BRHRJ, somada com os *Depósitos voluntários* no valor de 19:042$380, gerou um valor de 494:595$560, que apareceu no ativo com o nome de *Valores depositados*, já ressaltada. Importante destacar que os penhores e as garantias estavam relacionados com a atividade comercial de penhor e de concessão de empréstimo/crédito com penhor, um mercado de crédito bastante ativo, feito principalmente pelas casas de comissões no mercado carioca.[76]

---

pelos directores do Banco em compensação de seu trabalho, fazendo-se do restante dividendo aos accionistas, o qual não excederá a 4% por semestre do capital realizado, devendo qualquer sobra ser conservada sob o titulo de - lucros suspensos." "Artigo 8º: O anno bancal decorre do 1º de Julho a 30 de Junho do anno seguinte, devendo portanto os dividendos semestraes serem pagos nos primeiros quinze dias de Janeiro e Junho de cada anno." Decreto Nº 3632, de 06 de abril de 1866... Op. Cit...., p. 160.

74 Declarações. *Jornal do Commercio*, 7 de janeiro de 1867, p. 2, col. 2.

75 AN. *Relatório apresentado à Assembléa Geral dos Accionistas do Banco Commercial do Rio de Janeiro na sua reunião ordinária de agosto de 1867...* Op. Cit.

76 PENA. Op. Cit., Capítulo 4.

Gráfico 6. BCRJ – Depósitos, 1866-1870

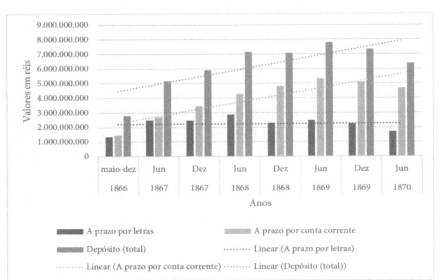

Fonte: Ibidem.

Comparando o primeiro balanço com o segundo, este de 28 de junho de 1867,[77] verificamos mudanças importantes. No *Ativo*, a conta dos *acionistas* diminuiu para 4.800:000$000, em face ado ingresso de capital da segunda entrada de capital em janeiro de 1867, e mencionada no relatório. Os *Empréstimos* chegaram ao valor de 4.870:885$461, um aumento de 67,61%. Além das *letras descontadas*, 3529:947$498, e *caucionadas*, 298:070$000, apareceu também a *conta-corrente caucionada*, 1.042:867$963.[78] A respeito da política de empréstimos do BCRJ no fim do primeiro ano bancário, a diretoria relatou:

---

77   Commercio. Retrospecto Annual 1867. Mercado Monetario. Banco Commercial do Rio de Janeiro. *Jornal do Commercio*, 06/01/1868, p. 3, col. 4. AN. *Relatório apresentado à Assembléa Geral dos Accionistas do Banco Commercial do Rio de Janeiro na sua reunião ordinária de agosto de 1867...* Op. Cit.

78   Esse empréstimo é conhecido como de *Crédito em Conta-Corrente*, um empréstimo de curto prazo no qual é disponibilizado um limite de crédito, por meio de uma conta paralela (conta caucionada).

Tensões políticas, cidadania e trabalho no longo Oitocentos

> As principaes operações activas do Banco consistem em desconto de letras da praça com duas firmas nella residentes, com uma dellas nestas condições e de bilhetes do Thesouro, emprestimos por letras e contas correntes caucionadas e em saques e remessas de letras de cambio para as praças estrangeiras (...) Termo medio do prazo das letras 99 dias. Os emprestimos (conta corrente) são liquidaveis com 15 dias de aviso previo, e mesmo antes se assim o resolver a Directoria. Taxa media annual dos descontos das letras 9,80%. Dita dos emprestimos 9,18%.[79]

Devido aos saques sobre as praças estrangeiras, ainda no ativo, apareceu a conta *diversos valores* (saldos de várias contas) no montante de 756:716$351, e que se tratava dos saques sobre o London and County Bank em Londres, no valor de 585:235$779, no Banco de Portugal, no valor de 73:559$702,[80] no Comptoir D'Escompte de Paris, no valor de 45:705$076, e sobre a casa de comissão de João Quirino D'Aguilar & Co., no Recife, no valor de 1:333$055.[81]

Com relação ao *Passivo*, os *Depósitos* em junho de 1867 aumentaram 89,90%, em relação ao balanço anterior, e as duas modalidades de *depósitos*, a *prazo por letras* e a *prazo por conta corrente* aumentaram.[82] No relatório, a diretoria ressaltou o aumento dos depósitos, mas não informou sobre os juros pagos pelos depósitos a prazo.[83]

---

79 AN. *Relatório apresentado à Assembléa Geral dos Accionistas do Banco Commercial do Rio de Janeiro na sua reunião ordinária de agosto de 1867... Op. Cit.*

80 Não sabemos se foi sobre Lisboa ou Porto, ou ambas.

81 AN. *Relatório apresentado à Assembléa Geral dos Accionistas do Banco Commercial do Rio de Janeiro na sua reunião ordinária de agosto de 1867... Op. Cit.* A firma João Quirino de Aguilar & Co. era uma *casa de comissão*, localizada na Rua da Cadea, 62, no Recife. Conferir: *Almanak Administrativo, Mercantil e Industrial da Província de Pernambuco. Ano XXXIV.* Pernambuco: Typographia de M. F. de Faria & Filho, 1864, p. 198.

82 Depósito em conta-corrente ou depósito à vista é a modalidade de depósito bancário em que os recursos são depositados por prazo indeterminado, sendo livremente movimentados pelo titular da conta-corrente, sem, no entanto, ser remunerados pelo banco. Depósito a prazo em conta-corrente consiste numa aplicação com taxa de juros prefixada, tipo de depósito muito comum no Brasil, principalmente em momentos de crise, e como forma de manter os depósitos nos bancos, diferentemente da Grã-Bretanha. Conferir: GUIMARÃES, 2012. Op. Cit.

83 AN. *Relatório apresentado à Assembléa Geral dos Accionistas do Banco Commercial do Rio de Janeiro na sua reunião ordinária de agosto de 1867... Op. Cit.*

200   *Gladys Sabina Ribeiro • Karoline Carula (orgs.)*

Uma conta que chamou a atenção no passivo foi a de *Câmbio*, no valor de 27:161$003. Tal conta estava relacionada com as operações envolvendo os saques do BCRJ sobre as praças no exterior, e, conforme a diretoria, em virtude da crise da praça de Londres de 1866, relacionada com a quebra do banco de investimento Overend-Gurney,[84] o saldo final foi negativo. A respeito dessa conta, o relatório da diretoria destacou que:

> Em consequencia das ocorrencias bancarias em Londres, quasi ao mesmo tempo em que aqui se installava o Banco Commercial, julgou prudente a Directoria não dar começo as operações de câmbio com as praças estrangeiras em quanto não se restabelecesse ali a confiança; o que verificado, e porque não abundavão, nem ainda abundão nesta praça títulos commerciaes descontáveis, entendeu dever começar taes operações dentro, porem, dos convenientes limites, isto é, sacando e remettendo ao mesmo tempo o equivalente, e jamais por especulação cuja liquidação final muitas vezes não corresponde aos interesses que se tem em vista, praticando-a.
>
> Como, porem, até final liquidação de taes operações é possível, por mais de hum motivo, darem-se prejuizos que diminuão os lucros obtidos, entendeu a Directoria que não devia passar a credito da conta de lucros e perdas do semestre findo, se não a parte dos lucros de operações inteiramente liquidadas, ficando o restante, embora pertencente a este semestre, na importancia de rs 27:161$003, ou a que se liquidar definitivamente, para ser levada a credito da dita conta em tempo oportuno.[85]

Outra conta que se destacou no passivo em termos de valores foi a de *Penhores, garantias e efeitos diversos* no valor de 2.057:378$356,[86] 432,63% maior do que dezembro de 1866. Embora esse aumento não tenha sido tratado no relatório, que acreditamos estar relacionado com a conjuntura de

---

84   Para Marc Flandreaus e Stefano Ugolini, "The so-called Overend-Gurney crisis of 1866 was a major turning point in British monetary and financial history". Conferir: FLANDREAU, Marc and UGOLINI, Stefano. The Crisis of 1866. In: DIMSDALE, Nicholas and HOTSON, Anthony (ed.). *British Financial Crises since 1825*. Oxford: Oxford University Press, 2014, p. 76-93.

85   AN. *Relatório apresentado à Assembléa Geral dos Accionistas do Banco Commercial do Rio de Janeiro na sua reunião ordinária de agosto de 1867...* Op. Cit.

86   Commercio. Retrospecto Annual 1867. Mercado Monetario. Banco Commercial do Rio de Janeiro. *Jornal do Commercio*, 06/01/1868, p. 3, col. 4.

recrudescimento da guerra, no mesmo documento, a conta estava dividida da seguinte forma: *Penhores e garantias* com o valor de 1.795:818$405 e *depósitos em conta-corrente* com o valor de 261:459$951.[87] Essas contas, como já ressaltamos, apareceram como *Valores depositados* de 2.057:378$356 no ativo.

No tocante aos *Dividendos*, relacionados com os lucros e perdas, o BCRJ distribuiu o segundo dividendo aos acionistas de 2$400 por ação, e, só não foi maior, pois, segundo a diretoria, "o do segundo semestre podia ser maior de 3$000 e não foi assim distribuído pelas rasões que expuz ao tratar dos lucros das operações de cambio".[88]

Conforme constava no Artigo 26° dos estatutos, houve mudanças na direção do Banco com a saída de Thomas Ewbank e do Barão do Itamarati, do Conselho Fiscal.[89] Contudo, a diretoria criticava a legislação brasileira, que não permitia

> a reeleição dos directores das sociedades anonymas bancarias, antes do intervalo de hum anno, é forçoso que fique o Banco privado de um zelloso administrador, como tem sido o Sr. Ewbank; e a Directoria de um excellente companheiro em que encontrou sempre dedicada e intelligente cooperação no serviço do Banco, desde os trabalhos preparatorios de sua instalação.

> Cousa notavel Senhores! Ao tempo que é permittido às sociedades estrangeiras ter gerentes permanentes e toda a liberdade administrativa, aos accionistas de estabelecimentos da mesma especie, e que tem suas raizes no paiz, tolhe-se e restringe-se o direito de ellegerem livremente seus manadatarios, e de distribuir seus interesses e serviço interno com as cautellas e reservas aconselhadas pela prudencia ou economia de tempo e trabalho no intuito de ficarem assim melhor attendidos e protegidos.[90]

---

87   AN. *Relatório apresentado à Assembléa Geral dos Accionistas do Banco Commercial do Rio de Janeiro na sua reunião ordinária de agosto de 1867...* Op. Cit.

88   Ibidem.

89   SECÇÃO II. Da direcção geral do Banco. Artigo 26. "(...) Os Directores serão substituidos annualmente pela quinta parte e não poderão ser reeleitos emquanto a lei não permittir a reeleição." Decreto N° 3632, de 06 de abril de 1866... Op. Cit.

90   Ibidem.

Em 8 de agosto de 1868,[91] a diretoria apresentou o segundo relatório aos maiores acionistas. Antes da assembleia, e conforme os estatutos do BCRJ, a diretoria publicou no *Jornal do Commercio* e no *Diário do Rio de Janeiro* a lista dos 60 maiores acionistas.[92] Interessante constatar que os dois maiores acionistas em 1866 e 1867, o comendador João José Reis e Rodrigo Pereira Felício foram ultrapassados por João Martins Cornélio dos Santos, que era, até então, o sétimo e sexto maior acionista em 1866 e 1867 – Tabela 5. O comendador João Martins Cornélio dos Santos, que, em 1868 e 1869, apareceu como maior acionista e com 2217 ações, era negociante nacional, capitalista e proprietário,[93] casado com Cecília de Souza Breves, sétima maior acionista do BCRJ e filha do comendador Joaquim José de Souza Breves, que ficou conhecido como o "rei do café", além de constar o seu nome no Relatório do Alcoforado do tráfico ilegal de escravos, após a lei de 1850.[94]

Ainda com relação aos maiores acionistas do BCRJ, chamou a atenção o fato de que eles foram também grandes acionistas do Banco do Brasil, como Amaro da Silva Guimarães,[95] terceiro maior acionista do BCRJ em 1866 e 1867, e 48° maior acionista do Banco do Brasil de 1867, o conselheiro Alexandre Maria de Mariz Sarmento, ex-inspetor-geral do Tesouro Nacional em 1848, ex-presidente da Sociedade Auxiliadora da Indústria Nacional (Sain) de 1861 e membro da diretoria do IHGB, décimo maior acionista do BCRJ em 1867, quinto em 1868 e 1869, e nono maior acionista do Banco do Brasil

---

91 AN. *Relatório do Banco Commercial do Rio de Janeiro apresentado à Assembléa Geral dos accionistas do Banco Commercial do Rio de Janeiro na sua reunião ordinária de Agosto de 1868 pelo seu presidente o Veador José Carlos Mayrink*. Rio de Janeiro. Typographia Perseverança – rua do Hospício n° 91 – 1868.

92 Fonte: Declarações. Banco Commercial do Rio de Janeiro. *Jornal do Commercio*, 01/08/1868, p. 2, col. 4; Declarações. Banco Commercial do Rio de Janeiro. *Diário do RJ*, 08/08/1868, p. 3, col. 1 e 2.

93 *Almanak Administrativo, Mercantil e Industrial da Côrte e Província do Rio de Janeiro para o anno de 1867*. Rio de Janeiro: Typographia Universal de Laemmert,1867, p. 473.

94 A respeito da família Breves e seu complexo cafeeiro e portuário, conferir: LOURENÇO, Thiago Campos Pessoa. *O império dos Souza Breves nos Oitocentos: Política e escravidão nas trajetórias de José e Joaquim Breves*. Dissertação (Mestrado em História). PPGH-UFF, Niterói, 2010.

95 Não achamos a profissão no *Almanak Laemmert*.

em 1867, o negociante estrangeiro de importação e exportação José Borges da Costa, quinto maior acionista do BCRJ em 1866 e 1867, e sétimo maior em 1868, além de 55º acionista do Banco do Brasil em 1867, o negociante estrangeiro de importação e exportação, capitalista e proprietário de prédios, vice-presidente da Sociedade Portuguesa de Beneficência, o comendador Joaquim José Rodrigues Guimarães,[96] nono maior acionista do banco em 1866 e 1867, e 15º do Banco do Brasil em 1867, e o negociante nacional, consignatário e da casa de comissão de gêneros de importação e exportação e com armazéns de vinho e gêneros pertencentes ao comércio de molhados (por atacado), Luiz Antônio Alves de Carvalho,[97] quinto maior acionista em 1866 e 1867, e terceiro maior acionista do Banco do Brasil em 1867.[98]

A relação entre os acionistas do BCRJ e do Banco do Brasil ficou mais explícita quando acionistas e diretores do segundo, como José Ignácio da Rocha, José Borges da Costa, Bahia Irmãos & C., José Joaquim de Lima e Silva Sobrinho, Vidal Leite & Araújo e Luiz Antonio Alves de Carvalho publicaram no *Jornal do Commercio* posição favorável sobre o projeto de reforma do Banco do Brasil encaminhada pelo presidente da instituição, o ex-ministro da Fazenda Francisco de Salles Torres Homem, que também era acionista do

---

96   *Almanak Administrativo, Mercantil e Industrial da Côrte e Província do Rio de Janeiro para o anno de 1867...* Op. Cit., p. 384, 450, 505.

97   Ibidem, p. 475, 498 e 515.

98   Os dez maiores acionistas do Banco do Brasil, na lista publicada no *Suplemento Jornal do Commercio* do Rio de Janeiro, de 22/8/1867, eram em ordem decrescente: Manoel Maria Bregaro, 3.000 ações; o Barão de Mauá, 2.617; Luiz Antônio Alves de Carvalho, 2.000; Antonio Alves Ferreira, 1.600; Francisco Augusto Mendes Monteiro, 1.000; Manoel Joaquim Ferreira Neto, 1.000; Antonio José Fernandes Guimarães, 914; D. Candida de Paiva Oliveira, 900; Alexandre Maria de Mariz Sarmento, 899; e Antonio Lopes Coelho de Sousa Bastos, 803. Declarações. Banco do Brasil. *Suplemento Jornal do Commercio do Rio de Janeiro*, de 22/08/1867, p. 6. col. 7. A respeito do comendador e negociante português Manuel Luis Bregaro, traficante de escravos e comerciante ilegal de escravos pós-1831, proprietário do Teatro de São Pedro de Alcântara de 1837 a 1850, conferir: LIMA NETO, Luiz de França Costa. *Música, teatro e sociedade nas comédias de Luiz Carlos Martins Penna (1833-1846): entre o lindu, a ária e a aleluia.* Tese (Doutorado em Música). Programa de Pós-Graduação em Música do Centro de Letras e Artes-UNIRIO, Rio de Janeiro, 2014. Disponível em: https://www.capes.gov.br/images/stories/download/pct/premios/225493.pdf.

BCRJ com 285 ações, e das posições defendidas pelo senador e conselheiro do Império José Inácio Silveira da Mota.[99] A publicação dizia o seguinte:

> Declarações dos principais accionistas do banco do Brazil.
>
> Os abaixo assignados, accionistas do banco do Brazil, declarão que, se fôr adoptado pelo governo imperial o projecto do Sr. Conselheiro Francisco de Salles Torres Homem [*] sobre a reforma do banco do Brazil, ou seja com os additamentos contidos no projecto offerecido ao senado pelo Sr. Senador Silveira da Motta, ou sem elles, nenhuma duvida terão, como accionistas do mesmo banco, em dar-lhe o seu assentimento e o seu voto.[100]

---

99 José Inácio Silveira da Mota foi um importante político do Partido Liberal. Filho do conselheiro Joaquim Inácio Silveira da Mota e bacharel pela Faculdade de Direito de São Paulo, que permitiu a aproximação com os liberais paulistas, foi deputado provincial em São Paulo, deputado geral, conselheiro de Estado e senador do Império do Brasil de 1855 a 1889. Embora do mesmo partido, foi um opositor da política liberal de Souza Franco de 1857 e autor da lei de 12 de junho de 1862 que estabelecia, dentre outras medidas, "a proibição de venda de escravos sob pregão e exposição pública, bem como a proibição de, em qualquer venda, separar o filho do pai e o marido da mulher".

100 Publicações a pedido. *Jornal do Commercio*. 10/07/1867. A respeito da reforma do Banco do Brasil de 1866, conferir: PACHECO, Claudio. *História do Banco do Brasil*. 4º Vol. Rio de Janeiro: Ed Artenova, 1973; PELAEZ e SUZIGAN. Op. Cit., p. 105-107; MARCONDES, Renato Leite. Hipotecas, mudanças institucionais e o Banco do Brasil na segunda metade do século XIX. *Anais do XII Congresso Brasileiro de História Econômica & 13ª Conferência Internacional de História de Empresas*. Niterói: ABPHE, 2015. Disponível em: http://www.abphe. org.br/uploads/ABPHE%202017/45%20Hipotecas,%20mudan%C3%A7as%20institucionais%20e%20o%20Banco%20do%20Brasil%20na%20segunda%20metade%20do%20s%C3%A9culo%20XIX.pdf.

Tabela 5. Lista dos dez maiores acionistas do BCRJ, 1866-1869

1866		1867		1868		1869	
Título/Nome	Nº de Ações	Título/Nome	Nº de Ações	Título/Nome	Nº de Ações	Título/Nome	Nº de Ações
Comendador João José dos Reis	1000	Conselheiro João José dos Reis	1460	João Martins Cornélio dos Santos	2217	João Martins Cornélio dos Santos	2217
Comendador Rodrigo Pereira Felício	1000	Visconde de S. Mamede	1000	Conselheiro João José dos Reis	1460	Conselheiro João José dos Reis	1500
Amaro da Silva Guimarães	700	Amaro da Silva Guimarães	680	Visconde de S. Mamede	1000	Visconde de S. Mamede	1000
José Borges da Costa	500	José Borges da Costa	500	Luiz Antônio Alves de Carvalho	875	Luiz Antônio Alves de Carvalho	875
Luiz Antônio Alves de Carvalho	500	Luiz Antônio Alves de Carvalho	500	Conselheiro Alexandre Maria de Mariz Sarmento	550	Conselheiro Alexandre Maria de Mariz Sarmento	610
Teixeira Leite & Sobrinhos	500	João Martins Cornélio dos Santos	400	José Borges da Costa	500	D. Amélia Augusta Dyott	610
João Martins Cornélio dos Santos	400	Manuel Leite Bastos	335	Fernando Augusto da Rocha	410	D. Cecília Breves Cornélio dos Santos	503
Bahia Irmãos & C.	300	Bahia Irmãos & C.	300	Antonio Lourenço Torres & C.	400	José Borges da Costa	500

Comendador Joaquim José Rodrigues Guimarães	300	Comendador Joaquim José Rodrigues Guimarães	300	Manoel Leite Bastos	335	Antonio Lourenço Torres & C	400
E. Guichard & C.	250	Conselheiro Alexandre Maria de Mariz Sarmento	300	Antonio José de Campos Porto	324	Manoel Leite Bastos	335

Fonte: Lista dos accionistas primitivos do Banco Commercial do Rio de Janeiro. Banco Commercial do Rio de Janeiro. Estatutos precedidos do Decreto n° 3.632, de 6/4/1866, que aprovou seguidos da lista geral dos acionistas do banco. *Diário do Rio de Janeiro*, 10/05/1866, p. 3, col. 3; Lista dos accionistas primitivos do Banco Commercial do Rio de Janeiro. AN. Relatório apresentado a Assembléa Geral dos Accionistas na reunião ordinária de agosto/1867 (...). Op. Cit.; Declarações. *Jornal do Commercio*, 01/08/1867, p. 1, col. 8; Declarações. Banco Commercial do Rio de Janeiro. *Jornal do Commercio*, 01/08/1868, p. 2, col. 4; Declarações. Banco Commercial do Rio de Janeiro. *Diário do RJ*, 08/08/1868, p. 3, col. 1 e 2; Lista dos accionistas do Banco Commercial do Rio de Janeiro. AN. *Relatório apresentado à Assembléa Geral dos Accionistas do Banco Commercial do Rio de Janeiro na sua reunião ordinária de agosto de 1869 pelo seu presidente o Conde de S. Mamede*. Rio de Janeiro. Typographia – Perseverança – rua do Hospício n° 91 – 1869.

Retornando ao relatório anual de 1868, e ao balanço do banco de 30 de junho de 1868, no *Ativo*, a conta dos *acionistas* diminuiu para 4.200:000$000, em face do ingresso de capital da "3ª entrada de 10% ou 20$000 por acção" em 15 de julho de 1867.[101] Nos *Empréstimos*, houve um aumento de 12%, se compararmos junho de 1868 com junho de 1867; no entanto, se comparado com dezembro de 1867, houve uma queda de 16,7% – Gráfico 3. Com relação às *letras caucionadas* e conta-corrente caucionada, a diretoria destacou que o "termo médio dos prazos das letras 69 dias. Os empréstimos são liquidáveis com 15 dias de aviso e mesmo antes se assim resolver a Directoria. Taxa média annual dos descontos das letras a 8 %. Dita dos empréstimos 9%".[102] Mas estas e as *letras descontadas com penhor* declinaram em valor se comparadas com as de dezembro de 1867 – Gráfico 3. Importante destacar que, no relatório, ficou mais explícito que o desconto de letras com penhor no valor de 3.868:731$728 foi da seguinte forma: letras descontadas com duas firmas residentes nesta praça, 2.733:034$161, letras descontadas com uma firma residente nessa praça, 283:697$567 e bilhetes do Tesouro Nacional, 852:000$000. Segundo o relatório, o termo médio dos prazos era de 66 dias, e a "taxa média annual dos descontos das letras commmerciaes, 8,66%. Dita de bilhetes do Thesouro Nacional, 6%".[103]

Outra conta que chamou a atenção no *Ativo* de junho de 1868 foi a *"Fundos brasileiros, em Londres, de conformidade com o art.40 dos Estatutos £ 39,000"* no valor de 445:178$220.[104] Infelizmente, a diretoria não mencio-

---

101 AN. *Relatório do Banco Commercial do Rio de Janeiro apresentado à Assembléa Geral dos accionistas do Banco Commercial do Rio de Janeiro na sua reunião ordinária de Agosto de 1868 pelo seu presidente o Veador José Carlos Mayrink*. Rio de Janeiro. Typographia Perseverança – rua do Hospício nº 91 – 1868; Commercio. Banco Commercial do Rio de Janeiro. *Jornal do Commercio*, 07/07/1868, p. 3, col. 1 e 2. _

102 AN. *Relatório do Banco Commercial do Rio de Janeiro apresentado à Assembléa Geral dos accionistas do Banco Commercial do Rio de Janeiro na sua reunião ordinária de Agosto de 1868*. Op. Cit.

103 Ibidem.

104 TITULO III. Disposições Geraes. Art. 40. "Se a diretoria entender necessario, para que sejão mais vantajosos seus saques sobre praças estrangeiras, ter aqui ou na Europa um deposito ou caução de titulos da divida publica interna ou externa do Imperio ou outros garantidos pelo Governo, para garantia especial de taes saques, poderá para tal fim fazer acquisição dos que

208 Gladys Sabina Ribeiro • Karoline Carula (orgs.)

nou essa conta no relatório do ano de 1868; mas acreditamos que sejam as contas para os saques nas praças estrangeiras.

O *Caixa* do banco, que, em junho de 1868, estava no valor de 549:780$042 declinou tanto em comparação com junho de 1867, 783:909$276, declínio de 30%, quanto de dezembro de 1867, 964:126$351, declínio de 43%. Assim como na outra conta, não houve relato da diretoria sobre o declínio do caixa, e acreditamos que teve a ver com o recrudescimento da guerra.

No tocante ao *Passivo*, mais especificamente nos *Depósitos*, no balanço de junho de 1868 o valor total foi de 7.150:116$471, 38,2% maior do que em junho de 1867, 5.173:773$932, e 21,2% maior do que em dezembro de 1867, 5.901:985$584 – Gráficos 6 e 7. No relatório do ano de 1868, a diretoria relatou o seguinte:

> A Directoria continúa a encarar este objecto com toda a seriedade, e, certa de que não abundão na praça empregos proprios para capitaes desta natureza, não tem facilitado, e menos provocado seu recebimento; todavia, apezar deste seu prudente proceder, tem elles sempre augmentado, como vereis do quadro que se segue, sendo seu algarismo total no fim do anno bancário de 7.150:116$471 que a Directoria acredita estar empregado de tal modo que sua liquidação, em qualquer tempo, se fará sem perturbação do estado normal do Banco.[105]

---

preferir até a importancia de deus mil contos de réis, conforme o permittir o capital que se fôr realizando e sem prejuizo de outras operações de maior e mais seguro interesse nesta praça." Decreto Nº 3632, de 06 de abril de 1866... Op. Cit.

105 AN. *Relatório do Banco Commercial do Rio de Janeiro apresentado à Assembléa Geral dos accionistas do Banco Commercial do Rio de Janeiro na sua reunião ordinária de Agosto de 1868...* Op. Cit.

Tensões políticas, cidadania e trabalho no longo Oitocentos 209

Gráfico 7. BCRJ – Empréstimos e depósitos 1866-1870

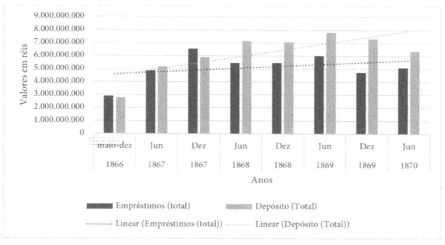

Fonte: Ibidem.

Analisando as contas dos *Depósitos*, o maior valor foi em *letras por dinheiro a juros*, 2.857:886$150, que remuneravam em torno de 5,85 % aa, seguido pelas *contas correntes com juros* que remuneravam a 3% aa, 2.765:990$676, e de *contas correntes por dinheiro a juros*, 1.526:236$645, que remuneravam entre 6%, 6½ e 7%.[106] Importante ressaltar que, embora em junho de 1867 os depósitos tenham sido maiores do que os empréstimos, somente a partir de junho de 1868, o BCRJ implementou de fato uma política conservadora de privilegiar os depósitos em detrimento aos empréstimos em face da situação de crise na praça do Rio de Janeiro devido à guerra – Gráfico 6.

Assim como ocorreu no ano anterior, apareceu a conta de *câmbio* e tratou-se, segundo a diretoria, "dos lucros havidos do momento desta conta, de operações ainda não liquidadas, continuão em ser 67:469$247 como recurso de prudencia, não tendo por isso sido levados à conta de lucros e perdas do anno findo".[107]

Outra conta que continuou no Passivo e com valores expressivos foi a de *penhores, garantias e efeitos diversos* no valor de 2.770:436$389,[108] 34,7%

---

106 Ibidem.
107 Ibidem.
108 Commercio. Banco Commercial do Rio de Janeiro. *Jornal do Commercio*, 07/07/1868, p. 3, col. 1 e 2.

maior do que o valor de junho de 1867. No relatório, essa conta apareceu da seguinte forma: *Penhores e garantias*, 2.012:375$415, *Depósitos em conta-corrente*, 727:860$974, *Depósitos voluntários*, 200$000 e *Depósitos da diretoria*, ou melhor, pagamento dos vencimentos da diretoria, 30:000$000.[109] Contabilmente, no ativo apareceu a conta *Valores depositados*, com o valor de 2.770:436$389.

Os *Dividendos* distribuídos aos acionistas em dezembro de 1867 e junho de 1868 foram "4$200 por acção, ou de 8$400 por anno, estando por isso, cada um d'elles na razão de 14% ao anno do capital realizado". Na visão da diretoria, os dividendos poderiam ter valores maiores, mas "não estando liquidadas inteiramente todas as operações de cambio passárão por isso, para o seguinte anno lucros na importancia de 67:469$247 como já acima mencionei".[110]

Em junho de 1868, assim como ocorrera em 1867, foram substituídos os membros da diretoria, o presidente José Carlos Mayrink e o membro da comissão fiscal José Joaquim de Lima e Silva Sobrinho. Como destacou o relatório,

> a Directoria da faculdade que lhe é outhorgada no art.31 dos Estatutos, julga de seu dever declarar-vos que, por mais de um motivo, seria de utilidade para o Banco que fosse eleito director em substituição do sorteado, o accionista Sr.Thomaz March Ewbank, que já dignamente exerceu este cargo no primeiro anno em que se estabeleceu o Banco como um de seus fundadores.[111]

Além disso, alegando que os estatutos originais do BCRJ foram desvirtuados pela aprovação do governo imperial de 1866, a diretoria resolveu promover-lhes mudanças por "ser conveniente proceder à necessaria reforma, cuja iniciativa ou proposta será feita pelo meio que julgardes mais profícuo".[112]

---

109 AN. *Relatório do Banco Commercial do Rio de Janeiro apresentado à Assembléa Geral dos accionistas do Banco Commercial do Rio de Janeiro na sua reunião ordinária de Agosto de 1868...* Op. Cit.

110 AN. *Relatório do Banco Commercial do Rio de Janeiro apresentado à Assembléa Geral dos accionistas do Banco Commercial do Rio de Janeiro na sua reunião ordinária de Agosto de 1868...* Op. Cit.

111 Ibidem.

112 Ibidem.

Em 31 de julho de 1869, a diretoria do BCRJ, tendo como presidente o negociante português Rodrigo Pereira Felicio, o Conde de São Mamede,[113] apresentou o terceiro relatório anual. Em virtude da conjuntura, no *Ativo*, a conta *acionistas* apresentou o mesmo valor de 1868, o que significou que não houve uma nova chamada de capital. Segundo a diretoria, "continuando a affluir depositos ao Banco, e não abundando empregos de certa e segura vantagem, não foi necessario, no anno decorrido, fazer chamada de capital; pelo que o algarismo do realisado é o mesmo indicado no Relatorio de 1868, isto é, 1.800:000$000, correspondente a 30% do capital emitido".[114]

Analisando os *Empréstimos*, o valor total foi de 6.006:919$559, 9,8% e 10,18% maior do que os empréstimos em junho e dezembro de 2018, respectivamente. No relatório e no balanço de 30 de junho de 1869, os empréstimos apareceram da seguinte forma: *letras descontadas* no valor de 3.829:225$999, *letras caucionadas* no valor de 614:400$000 e a *conta-corrente caucionada* no valor de 1.563:293$560.[115] Nas letras descontadas, o maior valor foi das *letras descontadas com duas assinaturas*, de 2.212:798 $288, seguida pelos *bilhetes do Tesouro Nacional* com 1.390:000$000 e, por último, as *letras descontadas com uma assinatura*, no valor de 226:427$711.[116] Além disso, "termo médio dos prazos era de 68 dias, 2 dias a mais do que em junho de 1868, a taxa média annual dos descontos das letras commmerciaes foi de 8,67%, contra 8,66%, e dita de bilhetes do Thesouro Nacional, 5,25%, um declínio de 0,75% se comparado a junho de 1868".[117]

---

113 PEREIRA, Maria da Conceição Meireles. Os brasileiros notáveis... E os outros. In: Comissões Nacionais para as Comemorações dos Descobrimentos Portugueses. *Os Brasileiros de Torna-viagem no Noroeste de Portugal*. Lisboa: Comissões Nacionais para as Comemorações dos Descobrimentos Portugueses, 2000, p. 363-364.

114 AN. *Relatório apresentado à Assembléa Geral dos Accionistas do Banco Commercial do Rio de Janeiro na sua reunião ordinária de agosto de 1869 pelo seu presidente o Conde de S. Mamede*. Rio de Janeiro. Typographia – Perseverança – rua do Hospício n° 91 – 1869.

115 AN. *Relatório apresentado à Assembléa Geral dos Accionistas do Banco Commercial do Rio de Janeiro na sua reunião ordinária de agosto de 1869...* Op. Cit. Commercio. Banco Commercial do Rio de Janeiro. *Jornal do Commercio*, 08/07/1869, p. 7, col. 7.

116 Ibidem.

117 Ibidem.

Com relação aos empréstimos *letras caucionadas e contas-correntes caucionadas*, as condições ficaram mais severas por parte do BCRJ, com o termo médio dos prazos das letras em 52 dias, uma diminuição de 17 dias se comparados com 1868. Além disso, os empréstimos são liquidáveis quando e conforme a diretoria resolver, e não mais com 15 dias de avisos, com a taxa média anual dos descontos das letras caucionadas de 9%, ou seja, 1% maior, e a dita dos empréstimos, conta-corrente caucionada, se manteve em 9%.[118]

Ainda no ativo, apareceu a conta *Fundos brasileiros em Londres* com o valor de 437:753$940, e assim como no ano anterior, nada de informação sobre a referida conta de saques no exterior.

Com relação ao *Caixa* do banco, o valor foi de 839:396$937 em junho de 1869, 52,68% e 36% maior do que os valores dos caixas de junho e dezembro de 1868,[119] respectivamente, que veio ao encontro da política de aumento dos depósitos e diminuição dos empréstimos.

Com referência ao *Passivo*, embora nominalmente tenha continuado o *Capital* com o valor de 12.000:000$000, somente fora integralizado 1.800:000$000, 30% dele. Tal valor fora criticado no relatório do ministro da Fazenda Joaquim José Rodrigues Torres em 1869, tendo o diretor do BCRJ, Conde de São Mamede, respondido aos acionistas:

> Concluirei o que tenho a dizer sobre este topico com uma observação que julgo aqui necessaria, no intuito de demonstrar a inexactidão de uma apreciação do Thesouro, constante do ultimo Relatorio do Exm. Sr. Ministro da Fazenda, onde se lê o seguinte: "Não obstante o diminuto capital realisado (1.800:000$000) correspondente a 15% sobre doze mil contos que constituem o fundo deste banco, etc." Esta apreciação não é exacta porque, segundo o disposto no art. 2° dos Estatutos, desses doze mil contos que se emittiram sómente seis mil que é actualmente o capital com que funcciona o Banco, sendo contingente a emissão do restante, como dispõe a segunda parte do dito artigo; por consequencia o capital realisado (1,800:000$000) corresponde a 30% de 6,000:000$000 (capital emittido) que é a base real para o calculo, e não a nominal de doze mil contos.[120]

---

118 Ibidem.

119 Ibidem.

120 Ibidem.

Os *Depósitos* do BCRJ aumentaram, chegando ao valor total de 7.796:699$854, 9,04% e 10% maior do que em junho e dezembro de 1868,[121] Os depósitos de maiores valores foram os *depósitos a prazo em conta-corrente*, ou seja, contas-correntes com juros e contas-correntes por dinheiro a juros, no valor de 5.311:300:734, seguidos das *letras por dinheiro a juros*, 2.485:399$120. A respeito desse aumento dos depósitos, a diretoria destacou o seguinte:

> Com quanto a affluencia dos depositos, principalmente considerados em seus detalhes, revele da parte do publico confiança no estabelecimento, o que não deixa de ser lisonjeiro para sua Directoria, é esse um acontecimento que ella não póde applaudir em todo o sentido, por isso que, não abundando empregos seguros para taes capitaes, por mais séria que seja a attenção que preste a este objecto, está sempre cuidadosa e receiosa de que qualquer futura eventualidade possa trazer algum embaraço na retirada inopportuna de taes depositos, o que ella procura evitar esforçando-se em empregal-os, embora com pequena vantagem, de modo que em qualquer emergencia lhe seja possível mostrar-se digna da confiança dos depositantes.

> Pensando assim, é todavia agradavell á Directoria poder declarar-vos que, a este respeito e dos mais compromissos do Banco, está elle preparado para corresponder a todos os deveres e obrigações que tem contrahido.[122]

A conta *Câmbio* apareceu com um valor de ser 39:354$780, cuja reserva a diretoria "aconselha a prudência para ocorrer a alguma eventualidade prejudicial que se possa dar na liquidação de operações que não estão ainda inteiramente liquidadas". Além disso, nos *Lucros e Perdas*, "foi-lhe debitado o prejuizo de 79:496$970 proveniente de £ 5,375, nos saques tomados á casa de Newlands Brothers & Co." Segundo a diretoria, a dita casa inglesa ofereceu para

> 50% do seu passivo sem garantia, a Directoria entendeu não dever aceitar tal proposta, que depois foi elevada a 75 %, sendo 50 à vista, e 25 a 6 e 12 mezes, ao que julgou conveniente annuir, nutrindo a esperança de indemnisação do prejuizo soffrido, como verbalmente declararam os devedores, no caso de serem felizes na continuação e

---

121 Ibidem.

122 Ibidem.

liquidação de seus negocios. O primeiro pagamento a 6 mezes deve a esta hora estar feito em Londres.[123]

A operação acima repercutiu sobre a distribuição dos dividendos aos acionistas. O Conde de São Mamede relatou que os dividendos foram no primeiro semestre (dezembro de 1868) de 3$600 por ação, e no segundo semestre (junho de 1869), de 3$000 por ação, importando ambos em 6$600 ao ano, e que estava na razão de 11% do capital realizado. No entanto, o último dividendo poderia ter sido maior, "se não fosse o prejuizo liquidado em operações de cambio com a casa Newlands Brothers & C., e entender a Directoria conveniente deixar em ser a reserva de 39:354$780 para ocorrer a qualquer eventualidade de operações ainda não inteiramente liquidadas, como já em outro lugar vos ponderei".[124]

Assim como nos anos anteriores, a conta de *Penhores, garantias e efeitos diversos* continuou, e com valores altos, chegando ao de *5.979:988$705*[125], *215,9%* maior do que o valor de junho de 1868. No relatório, essa conta apareceu da seguinte forma: *penhores e garantias*, 3.824:454$337, *depósitos em conta-corrente*, 1.503:034$368, *depósitos voluntários*, 200$000, *depósitos da diretoria*, ou melhor, pagamento dos vencimentos da diretoria, 30:000$000, e *Depósitos Transitórios* no valor de 622:300$000.[126] Contabilmente, no ativo apareceu a conta *Valores depositados* com o valor de *5.979:988$705*.

Por fim, a diretoria destacou a Sociedade Mútuo sobre a Vida, denominada de "Benfeitora", que, depois de mais de três anos, estava constituída e começou suas operações em junho corrente. Com relação à reforma dos estatutos do banco, embora não relatando que artigos foram modificados, a di-

---

123 Ibidem. No *Almanak Laemmert* de 1865, a firma Newlands & Irmãos apareceu como negociante estrangeiro e com endereço na Rua da Direita, 57, Rio de Janeiro. Um dos sócios era Thomas S. Newlands. Conferir: *Almanak Administrativo, Mercantil e Industrial da Corte e Provincia do Rio de Janeiro para o anno de 1865*. Vigesimo-segundo anno. Rio de Janeiro: Eduardo & Henrique Laemmert, 1865, p. 510-511.

124 Ibidem.

125 Commercio. Banco Commercial do Rio de Janeiro. *Jornal do Commercio*, 08/07/1869, p. 7, col. 7.

126 AN. *Relatório do Banco Commercial do Rio de Janeiro apresentado à Assembléa Geral dos accionistas do Banco Commercial do Rio de Janeiro na sua reunião ordinária de Agosto de 1869...* Op. Cit.

retoria "limitou-se ao absolutamente necessario, tendo sómente em vista que a administração do Banco e o expediente de suas operações não ficassem em posição inferior á em que se collocaram outros estabellecimentos de credito desta Praça, que ultimamente reformaram seus Estatutos".[127] Como já ressaltamos, o Banco Rural e Hipotecários foi um dos que reformou seus estatutos.

Considerações finais

Retornando às perguntas iniciais da Introdução, podemos afirmar que o BRHRJ e o BCRJ adotaram, no quadro mais geral, e somente com o recrudescimento da guerra e com as mudanças da política econômica com o novo gabinete conservador de 1868, políticas conservadoras de privilegiarem os depósitos mais do que os empréstimos. Porém, as diferenças entre as políticas implementadas pelos bancos se destacaram.

O BRHRJ, devido à crise do Souto, esteve "subordinado" ao seu principal acionista que fora o Banco do Brasil. A partir de 1868, implementou uma política de diminuição de seus empréstimos, seja o desconto de letras, seja o de conta-corrente, e aumentou a compra de títulos, principalmente das Letras do Tesouro nos anos de 1868 a 1870. No mesmo ano de 1868, por meio do Decreto nº 4.210, de 13/6/1868, o banco promoveu uma reforma dos seus estatutos, mudando a composição da sua direção e converteu-se num *banco de crédito real*, por causa da regulamentação das operações com as hipotecas, conforme a lei de 24/9/1864. No entanto, os descontos de letras por hipotecas continuaram a declinar, o que "feria" a concessão dada pelo governo como um banco de crédito real.

O BCRJ, o segundo com esse nome, foi criado em 1866 por ex-acionistas e diretores do Brazilian and Portugese Bank, do BRHRJ e do anterior Banco Commercial do Rio de Janeiro, e, assim como o BRHRJ, somente em junho de 1868, passou a privilegiar a ampliação dos depósitos em detrimento dos empréstimos. Ainda com relação a tal política do banco, foi implementada a capitação nos depósitos por meio dos depósitos com juros, uma "espécie" de poupança, e que não foi praticada pelo BRHRJ. Embora não contabilizasse

---

127 Ibidem.

como depósito, manteve uma conta que cresceu em valores com o recrudescimento da guerra, que foi a de *Penhores, garantias e efeitos diversos*. Tal operação fazia do banco uma importante instituição de capitação de depósitos com penhor, disputando o mercado com outras instituições como as casas de comissão, mesmo tendo como acionistas proprietários das ditas casas e de ourives. Estes, por seu turno, poderiam se beneficiar dos empréstimos do banco. O BCRJ não comprou *Títulos*, mas descontou letras com os bilhetes do Tesouro Nacional, prática bancária esta que o primeiro Banco Commercial realizou com frequência, como demonstraram seus balanços de dezembro de 1851 e de dezembro de 1852. Outra conta importante foi a de *Câmbio* com saques no exterior, e, mesmo com prejuízo por causa da conjuntura internacional, como a da crise da City londrina de 1866, o banco continuou a manter e ampliou os saques no exterior, se associando aos bancos estrangeiros das ditas praças. Por fim, em 1870, o BCRJ apareceu como acionista do BRHRJ. Mas essa é outra história.

Anexos

Anexo 1. Direção do BRHRJ (1865-1870)

Cargo/ Endereço Comercial/ Títulos	1865	1866	1867	1868	1869	1870
Presidente	Guilherme Pinto de Magalhães/Rua da Direita, 127/Official da Ordem Imperial do Cruzeiro; Cavalleiro da Ordem de N. S. Jesus Christo	Joaquim Manuel Monteiro/Rua de São Bento, 14/ Visconde da Estrella (Portugal); Commendador da Ordem de N. S. Jesus Christo; Commendador da Ordem de N. Sra. Da Conceição de Villa Viçosa*; Commendador de a Muito Nobre e Antiga Ordem da Torre e Espada do Valor, Lealdade e Mérito	Joaquim Manuel Monteiro/Rua de São Bento, 14/ Visconde da Estrella (Portugal); Commendador da Ordem de N. S. Jesus Christo; Commendador da Ordem de N. Sra. Da Conceição de Villa Viçosa*; Commendador de a Muito Nobre e Antiga Ordem da Torre e Espada do Valor, Lealdade e Mérito	Joaquim Manuel Monteiro/Rua de São Bento, 14/ Visconde da Estrella (Portugal); Commendador da Ordem de N. S. Jesus Christo; Commendador da Ordem de N. Sra. Da Conceição de Villa Viçosa*; Commendador de a Muito Nobre e Antiga Ordem da Torre e Espada do Valor, Lealdade e Mérito		

Secretário da Direção	Dr. Roberto Jorge Haddock Lobo/Rua do Eng. Velho, 19/ Commendador da Ordem de N.S Jesus Christo; Dignatario da Ordem da Rosa	Dr. Roberto Jorge Haddock Lobo/ Rua do Eng. Velho, 19/ Commendador da Ordem de N.S Jesus Christo; Dignatario da Ordem da Rosa	Dr. Roberto Jorge Haddock Lobo/ Rua do Eng. Velho, 19/ Commendador da Ordem de N.S Jesus Christo; Dignatario da Ordem da Rosa	Dr. Roberto Jorge Haddock Lobo/ Rua do Eng. Velho, 19/ Commendador da Ordem de N.S Jesus Christo; Dignatario da Ordem da Rosa	
Direção	Antonio de Araújo Braga: r. do Hospício esq. do campo d'Acclamação; Commendador da Ordem de N.S Jesus Christo	Antonio Joaquim Dias Braga. r. da Princeza 102 A (Cajueiros.); Commendador da Real Ordem de N.S Jesus Christo*; Commendador da Ordem de N. Sra. Da Conceição de Villa Viçosa*; Cavalleiro de A Muito Nobre e Antiga Ordem da Torre e Espada do Valor, Lealdade e Mérito	Antonio Joaquim Dias Braga. r. da Princeza 102 A (Cajueiros.); Commendador da Real Ordem de N.S Jesus Christo*; Commendador da Ordem de N. Sra. Da Conceição de Villa Viçosa*; Cavalleiro de A Muito Nobre e Antiga Ordem da Torre e Espada do Valor, Lealdade e Mérito	Antonio Joaquim Dias Braga. r. da Princeza 102 A (Cajueiros.); Commendador da Real Ordem de N.S Jesus Christo*; Commendador da Ordem de N. Sra. Da Conceição de Villa Viçosa*; Cavalleiro de A Muito Nobre e Antiga Ordem da Torre e Espada do Valor, Lealdade e Mérito	Joaquim Manuel Monteiro/Rua de São Bento, 14/ Visconde da Estrella (Portugal); Commendador da Ordem de N. S. Jesus Christo; Commendador da Ordem de N. Sra. Da Conceição de Villa Viçosa*; Commendador de A Muito Nobre e Antiga Ordem da Torre e Espada do Valor, Lealdade e Mérito
					Joaquim Manuel Monteiro/Rua de São Bento, 14/ Visconde da Estrella (Portugal); Commendador da Ordem de N. S. Jesus Christo; Commendador da Ordem de N. Sra. Da Conceição de Villa Viçosa*; Commendador de A Muito Nobre e Antiga Ordem da Torre e Espada do Valor, Lealdade e Mérito

Diretor	Antonio Joaquim Dias Braga. r. da Princeza 102 A (Cajueiros.); Commendador da Real Ordem de N.S Jesus Christo*; Commendador da Ordem de N. Sra. Da Conceição de Villa Viçosa*; Cavalleiro de A Muito Nobre e Antiga Ordem da Torre e Espada do Valor, Lealdade e Mérito	João Gavinho Vianna/ Rua do Ingá (S. Domingos).	João Gavinho Vianna/Rua do Ingá (S. Domingos).	João Gavinho Vianna/ Rua do Ingá (S. Domingos).	Antonio Gonçalves Guimarães/ Rua do Sabão, 26/ Commendador da Real Ordem de N.S Jesus Christo.	José Antonio de Lemos/Rua da Quitanda, 66/ Commendador da Real Ordem de N.S Jesus Christo (Portugal)
Diretor	Antonio da Silva Monteiro/Rua das Violas, 34	José Peixoto de Faria Azevedo/R. da Babylonia (Andarahy). Commendador da Ordem de N. Sra. Da Conceição de Villa Viçosa	José Peixoto de Faria Azevedo/R. da Babylonia (Andarahy). Commendador da Ordem de N. Sra. Da Conceição de Villa Viçosa	José Peixoto de Faria Azevedo/R. da Babylonia (Andarahy). Commendador da Ordem de N. Sra. Da Conceição de Villa Viçosa	Cláudio José da Silva/Rua Direita, 66.	Cláudio José da Silva/Rua Direita, 66.

Cargo						
Diretor	José Peixoto de Faria Azevedo/R. da Babylonia	Antonio Gonçalves Guimarães/Rua do Sabão, 26	Antonio Gonçalves Guimarães/Rua do Sabão, 26	Antonio Gonçalves Guimarães/Rua do Sabão, 26		
Diretor		Cláudio José da Silva/Rua dos Pescadores, 47	Cláudio José da Silva/Rua dos Pescadores, 47	Cláudio José da Silva/Rua dos Pescadores,		
Secretário	João José de Souza Silva Rio/Rua do Lavradio, 39/ Cavalleiro da Ordem de N.S. Jesus Christo; Official da Ordem da Rosa	José Joaquim de França/Rio Comprido, 48 F/ Cavalleiro da Ordem de N. Sra. da Conceição de Villa Viçosa	José Joaquim de França/Rio Comprido, 48 F/ Cavalleiro da Ordem de N. Sra. da Conceição de Villa Viçosa	José Joaquim de França/Rio Comprido, 48 F/ Cavalleiro da Ordem de N. Sra. da Conceição de Villa Viçosa	José Justiniano Rodrigues/Rua das Larangeiras, 103	Manoel da Silva Mello Guimarães/Rua d'Alfandega, 61
Contador	José Joaquim de França/Rio Comprido, 48 F/ Cavalleiro da Ordem de N. Sra. da Conceição de Villa Viçosa					
Guarda-livro	Hilário Mariano da Silva Junior/Rua dos Barbonos, 35	Hilário Mariano da Silva Junior/Rua dos Barbonos, 35	Hilário Mariano da Silva Junior/Rua dos Barbonos, 35	Hilário Mariano da Silva Junior/Rua dos Barbonos, 35	Hilário Mariano da Silva Junior/ Rua dos Barbonos, 35	Hilário Mariano da Silva Junior/ Rua dos Barbonos, 35

Thesoureiro	Henrique José de Araújo Junior/Rua do Hospício, esqa do Campo d'Acclamação	Henrique José de Araújo Junior/Rua do Hospício, esqa do Campo d'Acclamação	Henrique José de Araújo Junior/Rua do Hospício, esqa do Campo d'Acclamação	Henrique José de Araújo Junior/Rua do Hospício, esqa do Campo d'Acclamação	Henrique José de Araújo Junior/Rua do Hospício, esqa do Campo d'Acclamação	Henrique José de Araújo Junior/Rua do Hospício, esqa do Campo d'Acclamação

Fonte: *Almanak Laemmert... de 1865*, p. 423; *Almanak Laemmert... de 1866*, p. 407; *Almanak Laemmert... de 1867*, p. 407; *Almanak Laemmert... de 1868*, p. 421; *Almanak Laemmert... de 1869*, p. 440; *Almanak Laemmert... de 1870*, p. 431.

Anexo 2. Relação dos 60 maiores accionistas que actualmente formão a Assembléa Geral do Banco Commercial do Rio de Janeiro

Srs.:

Antonio José de Campos Porto

Antonio Dias Guimarães

Antonio Duarte Pereira & C.

Antonio da Fonseca Mello

Amaro da Silva Guimarães

Bahia Irmãos & C.

Barão de Itamaraty

Bernardino Ferreira da Silva

Carlos Emilio Adet

Domingos José Soares de Lima

E. Guichárd & C.

Egidio Guichard

Felippe de Barros Corrêa

Firmino Ribeiro Ermida

Fernando Castiço

Francisco Pereira Peixoto Guimarães

Francisco José da Costa Braga

João José dos Reis

João Martins Cornélio dos Santos

João Severino da Silva

João Mancio da Silva Franco

João Alves Pereira Vieira

Joaquim José Rodrigues Guimarães

Joaquim Vidal Leite Ribeiro

Joaquim José de Souza Breves

Joaquim Pinto de Carvalho Ramos

Joaquim da Rocha Leão

José Borges da Costa

José Carlos Mayrink

José Joaquim de Lima e Silva Sobrinho
José Pereira Soares
José Antônio de Carvalho
José de Azevedo Maia
José Gonçalves Pereira
José Joaquim de Azevedo e Castro
José Joaquim Ferreira da Costa Braga
José Joaquim Ferreira Paranhos
José Maria Alves da Silva
José Machado Coelho
José de Miranda Ribeiro

José Rachel de Azevedo

José Soares Leite Godinho
Jeronymo José de Freitas Guimarães
Luiz Antonio Alves de Carvalho
Luiz Antonio Silva Guimarães
Manoel Diniz Colombo
Manoel Salgado Zenha
Manoel José da Rocha Velloso
Manoel José Cardoso Machado
Manoel Maximiano de Faria
Moura Filho, Soares & C.

Narcizo José Gonçalves Maia

Rodrigo Pereira Felício
Rodrigues Filho & Lengruber
Teixeira Leite & Sobrinhos
Targine José da Cruz
Thomaz March Ewbank
Vidal Leite & Araújo
Victorino Pinto de Sá Passos & C.

William C. Demby

As firmas sociaes serão representadas por um dos sócios.

FONTE: Declarações. *Jornal do Commercio*, 8 de maio de 1866, p. 1, col. 8.
Declarações. *Diário do RJ*, 10/05/1866, p. 3, col. 3.

*Anexo 3. BCRJ – Balanço das operações desde 4 de julho
até 31 de dezembro de 1866*

Ativo	
Acções por distribuir	6.000:000$000
Accionistas, entradas a realizar	5.393:800$000
Letras descontadas	2.639:757$382
Letras caucionadas	266:294$978
Valores depositados	494:595$560
Diversos valores, saldos de várias contas	69:251$252
Lucros e perdas, juros pertencentes ao semestre seguinte	11:835$670
Prédio do banco	133:662$800
Caixa	359:589$472
Total	15.368:787$114
Passivo	
Capital, fundo com que foi criado	12.000:000$000
Depósitos:	2.802:148$060
A prazo por letras	1.335:099$689
Idem contas correntes	1.448:005$991
Depósitos voluntários	19:042$380
Penhores, garantias e efeitos diversos	475:553$180
Fundo de reserva, 6% de conformidade com os estatutos	3:326$150
Commissão da Directoria	15:000$000
Dividendos, primeiro de 1$200 por ação	36:000$000
Diversos valores, saldo de várias contas	6:474$481
Lucros e perdas, lucros pertencentes ao semestre seguinte	29:791$443
Imposto do sello	492$800
Total	15.368:787$114

Fonte: Parte Commercial. Banco Commercial do Rio de Janeiro. *Diário do Rio de Janeiro*, 04/01/1867, p. 4, col. 3 e 4; Retrospecto Annual. Mercado Monetário. Bancos. *Jornal do Commercio*, p. 7, col. 7.

Fontes

Almanack Administrativo, Mercantil e Industrial da Corte e província do Rio de Janeiro para o anno de 1865 fundado por Eduardo Laemmert. Vigésimo segundo anno. Rio de Janeiro: Eduardo & Henrique Laemmert, 1865.

Almanak Administrativo, Mercantil e Industrial da Província de Pernambuco. Ano XXXIV. Pernambuco: Typographia de M. F. de Faria & Filho, 1864.

AN. *Relatório apresentado à Assembléa Geral dos Accionistas do Banco Commercial do Rio de Janeiro na sua reunião ordinária de agosto de 1869 pelo seu presidente o Conde de S. Mamede*. Rio de Janeiro. Typographia – Perseverança – rua do Hospício n° 91 – 1869.

AN. *Relatório apresentado à Assembléa Geral dos Accionistas do Banco Commercial do Rio de Janeiro na sua reunião ordinária de agosto de 1867 pelo seu presidente José Carlos Mayrink*. Rio de Janeiro: Typ. do Correio Mercantil, rua da Quitanda n. 55, 1867.

AN. *Relatório do Banco Commercial do Rio de Janeiro apresentado à Assembléa Geral dos accionistas do Banco Commercial do Rio de Janeiro na sua reunião ordinária de Agosto de 1868 pelo seu presidente o Veador José Carlos Mayrink*. Rio de Janeiro. Typographia Perseverança – rua do Hospício n° 91 – 1868.

Archivo Nobiliarchico Brasileiro, organizado pelo Barão de Vasconcellos e o Barão Smith de Vasconcellos. Lausanne: 1918.

BN. *Collecção das Leis do Império do Brasil de 1864*. Tomo XXIV. Parte I. Rio de Janeiro: Typ. Nacional, 1864.

BRASIL. Ministério da Justiça. *Commissão de Inquérito sobre as causas da crise na praça do Rio de Janeiro. Relatório da commissão encarregada pelo governo imperial por avisos do 1º de outubro a 28 de dezembro de 1864 de preceder a um inquerito sobre as causas principaes e acidentaes da crise do mês de setembro de 1864*. Rio de Janeiro: Typ. Nacional, 1865. Documentos anexos ao Relatorio da commissão de Inquerito (...), serie A.

BRHRJ. *Relatório apresentado pela directoria do Banco Rural e Hypothecario do Rio de Janeiro em assembléa geral dos accionistas aos 21 de Julho de 1869*. Rio de Janeiro: Typographia Perseverança, 1869.

226   *Gladys Sabina Ribeiro • Karoline Carula (orgs.)*

BRHRJ. *Relatório apresentado pela directoria do Banco Rural e Hypothecario do Rio de Janeiro em assembléa geral dos accionistas aos 15 de Julho de 1861.* Rio de Janeiro, Typographia do *Diario do Rio de Janeiro*, 1861.

BRHRJ. *Relatório apresentado pela directoria do Banco Rural e Hypothecario do Rio de Janeiro em assembléa geral dos accionistas aos 15 de Julho de 1865.* Rio de Janeiro, Typographia Perseverança, 1865.

BRHRJ. *Relatório apresentado pela directoria do Banco Rural e Hypothecario do Rio de Janeiro em assembléa geral dos accionistas aos 16 de Julho de 1866.* Rio de Janeiro: Typographia Perseverança, 1866;

BRHRJ. *Relatório apresentado pela directoria do Banco Rural e Hypothecario do Rio de Janeiro em assembléa geral dos accionistas aos 29 de Julho de 1868.* Rio de Janeiro: Typographia do Apostolo, 1868.

BRHRJ. *Relatório apresentado pela directoria do Banco Rural e Hypothecario do Rio de Janeiro em assembléa geral dos accionistas aos 18 de Julho de 1870.* Rio de Janeiro: Typographia Perseverança, 1870.

Collecção das Leis do Imperio do Brasil de 1866. Tomo XXIX, Parte II. Rio de Janeiro: Typographia Nacional, 1866.

Commercio. Retrospecto Annual 1867. Mercado Monetario. Banco Commercial do Rio de Janeiro. *Jornal do Commercio*, 06/01/1868.

Diário do RJ, 08/08/1868.

Diário do RJ, 10/05/1866.

Estatistica. Movimento do Banco. Banco Rural e Hypotecario. Balanço do mês de Junho de 1866. *Diário do Rio de Janeiro*, 08/07/1866.

Jornal do Commercio, 01/08/1868.

Jornal do Commercio, 28/01/1866.

Jornal do Commercio, 8/07/1867.

Jornal do Commercio. 11/07/1866.

Jornal do Commercio. 15/02/1867.

Jornal do Commercio. 19/08/1867.

Bibliografia

ALVARENGA, Thiago. Os pequenos credores na bancarrota das casas bancárias cariocas em 1864. *Revista do Arquivo Geral da Cidade do Rio de Janeiro*, n. 15, 2018.

ANDRADE, Ana Maria Ribeiro de. "Souto & Cia." In: LEVY, Maria Barbara (coord.). *Anais da 1ª Conferência Internacional de História de Empresas*. Rio de Janeiro: Div. Gráfica da UFRJ, 1991.

BUESCU, Mircea. *História administrativa do Brasil. Organização e administração do Ministério da Fazenda no Império.* Coordenação de Vicente Tapajós. Brasília: FUNCEP, 1984.

CALÓGERAS, João Pandiá. *Política monetária do Brasil.* São Paulo: Cia. Ed. Nacional, 1960.

CANO, Wilson. *Raízes da industrialização em São Paulo.* 2ª ed. São Paulo: T. A Queiroz Ed., 1983.

CARVALHO, José Murilo de. O Conselho de Estado/; a cabeça do Governo. In: *A construção da ordem: a elite política imperial; Teatro das Sombras: a política imperial.* 2ª ed. Rio de Janeiro: Editora da UFRJ, Relume Dumará, 1996.

COSTA, Wilma Peres. *A espada de Dâmocles: o exército, a Guerra do Paraguai e a crise do Império.* São Paulo: HUCITEC/Ed. da UNICAMP, 1996.

COSTA, Wilma Peres. A Questão Fiscal na Transformação Republicana-Continuidade e Descontinuidade. *Economia e Sociedade*, IE/UNICAMP, n. 10, out. 1998.

FLANDREAU, Marc and UGOLINI, Stefano. The Crisis of 1866. In: DIMSDALE, Nicholas and HOTSON, Anthony (ed.). *British Financial Crises since 1825.* Oxford: Oxford University Press, 2014.

GAMBI, Thiago F. Rosado. *O banco da Ordem: política e finanças no império brasileiro (1853-1866).* Tese (Doutorado em História Econômica) – FFLCH-PPGHE-USP, São Paulo, 2010.

GILBART, James W. *Tratado Practico dos Bancos.* 3 tomos. Rio de Janeiro: Livraria de B. L. Garnier Ed., 1859.

GRAHAN, Richard. *Grã-Bretanha e o início da modernização no Brasil*. Tradução de Roberto Machado de Almeida. São Paulo: Brasiliense, 1973.

GRANZIERA, Rui Guilherme. *A Guerra do Paraguai e o capitalismo no Brasil. Moeda e vida urbana na economia brasileira*. São Paulo: HUCITEC/UNICAMP, 1979.

GUIMARÃES, Carlos Gabriel. "Associação de capitalistas" ou "Associação de proprietários": o Banco Comercial e Agrícola no Império do Brasil, banco comercial e emissor no Vale do Paraíba (1858-1862). In: SALES, Ricardo; MUAZE, Mariana (org.). *O Vale do Paraíba e o Império do Brasil nos quadros da Segunda Escravidão*. Rio de Janeiro: 7 Letras, 2015.

GUIMARÃES, Carlos Gabriel. A Guerra do Paraguai e a atividade bancária no Rio de Janeiro no período 1865-1870: os casos do Banco Rural e Hipotecario do Rio de Janeiro e Banco Commercial do Rio de Janeiro. *HEERA, Revista de História Econômica*, v. 2, n. 3, ago./dez. 2007.

GUIMARÃES, Carlos Gabriel. *A presença inglesa nas Finanças e no Comércio no Brasil Imperial: os casos da Sociedade Bancária Mauá, MacGregor & Co. (1854-1866) e da firma inglesa Samuel Phillips & Co. (1808-1840)*. São Paulo: Alameda Casa Editorial, 2012.

GUIMARÃES, Carlos Gabriel. Foreign Direct Investment in Imperial Brazil and the activities of British and Portuguese banks: colonial banking versus imperial banking? In: BONIN, P. and VALERIO, Nuno (ed.). *Colonial and Imperial Banking History*. 1ª ed. New York: Routledge, 2016.

GUIMARÃES, Carlos Gabriel. O banco inglês Brazilian and Portuguese Bank (English Bank of Rio de Janeiro) no Brasil e Portugal na segunda metade do século XIX (1863-1870). In: NEVES, Lucia M. B. Pereira das; FERREIRA, Tania Bessone da C. (org.). *Dimensões políticas do Império do Brasil*. Rio de Janeiro: Contracapa, 2012.

LEVY, Maria Barbara. *A indústria do Rio de Janeiro através de suas sociedades anônimas (esboços de história empresarial)*. Rio de Janeiro: Sec. Municipal de Cultura/EDUFRJ, 1995.

LEVY, Maria Barbara. *História dos bancos comerciais no Brasil*. Rio de Janeiro: IBMEC, 1972.

_____; ANDRADE, Ana Maria Ribeiro de. Fundamentos do sistema bancário no Brasil: 1834-1860. *Estudos Econômicos*, n. especial, v. 15, 1985.

LIMA NETO, Luiz de França Costa. *Música, teatro e sociedade nas comédias de Luiz Carlos Martins Penna (1833-1846): entre o lindu, a ária e a aleluia*. Tese (Doutorado em Música). Programa de Pós-Graduação em Música do Centro de Letras e Artes-UNIRIO, Rio de Janeiro, 2014.

LOBO, Eulália Maria Lahmeyer. *História político-administrativa da agricultura brasileira, 1808/1889*. Brasília: Ministério da Agricultura, s.d.

LOURENÇO, Thiago Campos Pessoa. *O império dos Souza Breves nos Oitocentos: Política e escravidão nas trajetórias de José e Joaquim Breves*. Dissertação (Mestrado em História). PPGH-UFF, Niterói, 2010.

MARCONDES, Renato Leite. Crédito privado antes da grande depressão do século XX: o mercado hipotecário. *Estud. Econ.*, São Paulo, v. 44, n. 4, 2014.

MARCONDES, Renato Leite. Hipotecas, mudanças institucionais e o Banco do Brasil na segunda metade do século XIX. *Anais do XII Congresso Brasileiro de História Econômica & 13ª Conferência Internacional de História de Empresas*. Niterói: ABPHE, 2015.

MARCONDES, Renato Leite. O Financiamento Hipotecário da Cafeicultura no Vale do Paraíba Paulista (1865-1887). *Revista Brasileira de Economia*, Rio de Janeiro, 56 (1), jan./mar., 2002, p. 147-170.

MARQUES, Maria Eduarda C. Magalhães (org.). *A Guerra do Paraguai: 130 anos depois*. Rio de Janeiro: Relume Dumará, 1995.

MATHIAS, Herculano Gomes. *Comércio, 173 anos de desenvolvimento: história da Associação Comercial do Rio de Janeiro, (1820-1993)*. Rio de Janeiro: Expressão e Cultura, 1993.

MESSIAS, Talita Alves de. *Guerra e dívida: Os conflitos na Bacia do Prata e a dívida externa no Império do Brasil*. Dissertação (Mestrado em Economia Política Internacional). PPGRI-IE-UFRJ, Rio de Janeiro, 2015.

NABUCO, Joaquim. *Um estadista do Império: Nabuco de Araújo, sua vida, suas opiniões, sua época*. Rio de Janeiro: Garnier, 1897/98.

NOGUEIRA, Dênio. *Raízes de uma nação. Um ensaio de História Socioeconômica comparada*. Rio de Janeiro: Forense Universitária,1988.

OLIVEIRA, Maria Luíza Ferreira. *Entre a casa e o armazém. Relações sociais e experiência da urbanização São Paulo, 1850-1900.* São Paulo: Alameda Casa Editorial, 2005.

PACHECO, Claudio. *História do Banco do Brasil.* 4º Vol. Rio de Janeiro: Ed Artenova, 1973.

PELAEZ, Carlos M.; SUZIGAN, Wilson. *História monetária do Brasil.* 2ª ed. Brasília: Ed. UNB, 1981.

PENA, Clemente Gentil. *Mercados, créditos e capital na cidade do Rio de Janeiro, 1820-1860: uma contribuição ao estudo das economias urbanas.* Tese (Doutorado em História Social). PPGHIS-UFRJ, Rio de Janeiro, 2019.

PIÑEIRO, Theo L. Política e Crédito Agrícola no Brasil do Século XIX. *América Latina en la Historia Económica*, n. 6, Julio/Diciembre de 1996.

PIÑEIRO, Theo Lobarinhas. *Os simples comissários: Negócios e política no Brasil Império.* Tese (Doutorado em História). PPGH-UFF, Niterói, 2002.

REIS, Cristina F. de B; MAIA, Bento A. de A. O Brasil Império: uma análise fundamentada na teoria do poder global. *Leituras de Economia Política,* Campinas (26), jan./jun. 2018, p. 95-114.

RIDINGS, Eugene. *Business interest groups in nineteenth century Brazil.* Cambridge: Cambridge University Press, 1994.

SALES, Ricardo. *A Guerra do Paraguai: escravidão e cidadania na formação do exército.* Rio de Janeiro: Paz e Terra, 1990.

SHULZ, John. *A crise financeira da Abolição (1875-1901).* São Paulo: EDUSP/Instituto Fernand Braudel, 1996.

SOARES, Sebastião Ferreira. *Esboço ou primeiros traços da crise commercial da cidade do Rio de Janeiro em 10 de setembro de 1864.* Rio de Janeiro: Ed. Laemmert, 1864.

SOARES, Sebastião Ferreira. *Notas estatisticas sobre a producção agricola e carestia dos generos alimenticios no Imperio do Brazil.* Rio de Janeiro: Typ. Imp. e Const. de J. Villeneuve e Comp., 1860.

SOUZA FRANCO, Bernardo de. *Os bancos do Brasil: sua história, defeitos de organização atual e reforma do sistema bancário.* 2ª ed. Brasília: UNB, 1984.

STOSKOPF, Nicolas. La fondation du comptoir national d'escompte de Paris, banque révolutionnaire (1848). *Histoire, économie et société*, 21 année, n. 3, 2002.

SUMMERHILL, W. R. *Inglorious revolution: political institutions, sovereign debt, and financial underdevelopment in imperial Brazil*. New Haven: Yale University Press, 2015.

VILLA, Carlos E. V. Pequenos credores de grandes devedores: Depositantes e credores das casas bancárias cariocas na falência de 1864. *3º Congresso Fluminense de História Econômica*. Niterói: UFF, 2015.

VILLELA, André Arruda. *The Political Economy of Money and Banking in Imperial Brazil, 1850/1870*. Thesis (Doctorate in Economic History). LSE: London, 1999 (Chapter 4).

VILLELA, André. Tempos difíceis: reações às crises de 1857 e 1864 no Brasil. *Anais do III Congresso Brasileiro de História Econômica e 4ª Conferência Internacional de História de Empresas*. Curitiba: UFPR, 1999.

VILLELA, Guilherme Lemos. *Os grandes clientes nas casas bancárias na Crise do Souto em 1864*. TCC em História. CHT-UFF, Campos dos Goitacazes, 2017.

WERNECK, Luís Peixoto de Lacerda. *Estudo sobre o credito rural e hyphotecario*. Rio de Janeiro: L.B. Garnier, 1857.

6. Amas de leite na *Gazeta de Notícias* (década de 1870)

Karoline Carula[1]

Este capítulo é parte de uma pesquisa[2] em desenvolvimento, na qual centro minhas análises na atividade de ama de leite na cidade do Rio de Janeiro entre 1870 e 1888. Apresento aqui os resultados parciais, sobretudo de caráter quantitativo, acerca da presença de anúncios de amas de amas de leite no jornal *Gazeta de Notícias*, entre 1875 e 1879. Ao se efetuar uma busca na Hemeroteca Digital da Biblioteca Nacional,[3] para a década de 1870, pela expressão "ama de leite," o segundo jornal que mais entradas possui é a *Gazeta de Notícias*, com 374 ocorrências, perdendo apenas para o *Jornal do Commercio*. Esse resultado merece destaque visto que o periódico só começou a circular em 1875, ou seja, em apenas cinco anos de circulação se tornou um importante órgão de imprensa, dentre outros, para a publicação de anúncios (a maioria esmagadora das ocorrências para o termo "ama de leite" é referente a essa seção).

De circulação diária, a *Gazeta de Notícias* foi fundada em 2 de agosto de 1875, por Ferreira de Araujo. Além da assinatura já praticada pela imprensa periódica, uma inovação implementada foi a venda de exemplares individuais, que durante toda a década de 1870 custou 40 réis.[4] A modalidade do

---

1 Professora Adjunta A2 do Instituto de História da UFF, Jovem Cientista do Nosso Estado – FAPERJ, coordenadora e pesquisadora do CEO e pesquisadora do LEGES (Laboratório de Estudos de Gênero e Subjetividades).

2 Esse trabalho é resultado da pesquisa "Amas de leite na capital imperial (1870-1888)", desenvolvida com a bolsa do programa "Jovem Cientista do Nosso Estado – 2017" da FAPERJ.

3 Disponível em: http://bndigital.bn.br/hemeroteca-digital/.

4 O *Jornal do Commercio*, que mais entradas tem no buscador da Hemeroteca Digital para o termo "ama de leite" na década de 1870 – 4.176 ocorrências –, só era vendido por meio de assinaturas. Após a iniciativa da *Gazeta*, outros órgãos de imprensa começaram a realizar a

comércio avulso pela cidade possibilitava a ampliação de circulação do diário, não vendido em livrarias apenas, como os concorrentes de mercado (PEREIRA, 2004, p. 38). A novidade possivelmente estimulou os anunciantes, que viram uma oportunidade de distribuição maior de seus anúncios, conforme sinalizou a publicação: "Atingir no curto período de dois meses uma tiragem já hoje avultada, confiança dos anunciantes a ponto de ter frequentemente de recusar publicações pagas – as mais exageradas pretensões não podiam elevar-se tão alto" (*Gazeta de Notícias*, 03/10/1875, p. 2). De acordo com Sodré, "era, realmente, jornal barato, popular, liberal" (1999, p. 224). A *Gazeta* também introduziu mudanças no estilo do texto publicado, considerado de "leitura mais fácil que seus concorrentes" (PEREIRA, 2004, p. 39).

Na edição de 28 de agosto de 1875, logo na primeira página, em destaque abaixo do cabeçalho do jornal, veio publicada a quantidade de 12 mil exemplares impressos, montante com o qual fechou o ano. A partir daquela data, todos os números passaram a apresentar a tiragem, provavelmente porque os responsáveis tinham consciência da importância que havia atingido no rol das grandes folhas do período. Acompanhando esses dados, é possível verificar o quão grande foi seu crescimento. A seguir, estão apresentadas as tiragens dos dias 31 de dezembro de cada ano: 13,5 mil (1876); 17 mil (1877); 18 mil (1878) e 20 mil (1879). Esse quantitativo é um representativo da boa recepção do jornal em seus anos iniciais.

Com relação à escravidão, a *Gazeta de Notícias* tinha um posicionamento antiescravista e, entre 1877 e 1881, contou com a colaboração do abolicionista José do Patrocínio. No entanto, anúncios de aluguel, venda e fuga de escravos ainda figuravam na publicação. Segundo Humberto Machado, a dependência econômica, para sobrevivência da folha, com relação aos anunciantes fez com que não rejeitasse tais tipos de anúncios, que da mesma maneira ocupavam extensas áreas nesse tipo de seção em outros órgãos de imprensa (2014, p. 131).

Posto isso, o estudo aqui implementado é dos anúncios sobre amas de leite publicados na *Gazeta de Notícias*, na década de 1870. A despeito da excelente

---

venda avulsa, por exemplo, o *Diário do Rio de Janeiro*, em 1878, adotou tal estratégia com o mesmo valor de 40 réis o exemplar.

ferramenta que consiste o buscador da Hemeroteca Digital da Biblioteca Nacional, para fins de análise, realizou-se a leitura diária do jornal na íntegra. Todos foram transcritos e, em seguida, deles extraiu-se as seguintes informações: endereço, tipo (oferta ou procura por ama de leite), as duas primeiras presentes em todos os anúncios; transação envolvida (aluguel ou venda); condição jurídica da mulher (livre ou escrava); procedência, "cor" (branca, preta, parda), cidade (Corte ou Niterói); preço, qualidades da ama; habilidades; número de partos; idades do bebê a ser alimentado, da ama e de seu leite; presença ou não de filho da ama. À guisa de exemplo, abaixo estão alguns anúncios:

> Aluga-se, para ama de leite, uma parda, escrava, sadia e carinhosa, com muito bom leite; ver e tratar na rua do Bom-Jardim n. 47 (*Gazeta de Notícias*, 05/07/1876, p. 3).

> Aluga-se uma senhora portuguesa para ama de leite; quem precisar dirija-se à rua da Emancipação n. 9, em S. Cristóvão (*Gazeta de Notícias*, 19/04/1878, p. 4).

> Aluga-se uma perfeita ama de leite com 15 dias de parto, muito carinhosa; na rua do Imperador n. 70, Niterói (*Gazeta de Notícias*, 09/07/1878, p. 3).

> Vende-se uma boa escrava, prendada, de cor preta, moça, sabendo lavar, engomar, coser e cozinhar, tendo em sua companhia um filho de 6 meses; esta escrava é muito própria para ama de leite; para ver e tratar na rua do Visconde de Inhaúma n. 4, A (*Gazeta de Notícias*, 01/06/1876, p. 2).

> Precisa-se de uma de leite, e que o leite seja de 4 a 5 meses; para tratar no chalé do jardim da praça da Constituição (*Gazeta de Notícias*, 21/07/1877, p. 3).

> Precisa-se comprar uma preta para ama de leite, sem filhos, não de casa de comissão; na rua do Hospício n. 294, sobrado (*Gazeta de Notícias*, 08/06/1879, p. 5).

Ao investigar os anúncios, observa-se certa padronização no tocante às informações presentes. Essas características foram marcadas pela historiografia que utilizou anúncios de outros jornais para o estudo da atividade de ama de leite no Oitocentos (CARNEIRO, 2006; MARTINS, 2006a; Martins, 2006b) e para os anos iniciais do século XX (GIL, 2018).

Para a década de 1870, iniciando em 1875 quando da criação do jornal, foram mapeados 396 anúncios de amas de leite na *Gazeta de Notícias*.[5] Alguns repetiam-se em vários dias, indicando estar disponível o serviço daquela mulher ou a busca pela ama. Um caso interessante foi: "Ama de leite. Precisa-se alugar uma de leite, livre, para criar uma criança nascida de poucos dias, com a condição de se for preciso, dentro de poucos meses seguir para Portugal; trata-se no Cosme Velho n. 36" (*Gazeta de Notícias*, 09/03/1878, p. 4), também publicado nos dias 10, 11, 24 e 27 daquele mês, estando em negrito nos últimos dois dias. Além dos anúncios com tal texto, possivelmente a mesma família (dada as datas próximas de publicação, idade do bebê, transferência para Portugal e requisito de liberdade da ama) mandou veicular o seguinte: **"PRECISA-SE alugar uma ama de leite livre para criar uma menina de um mês, com a condição de seguir brevemente para Portugal; para informações, rua do Mercado n. 6"** (*Gazeta de Notícias*, 14/04/1878, p. 3, grifo no original), repetidos, todos em destaque, em 15, 16, 17 e 22 de abril. As repetições e, sobretudo, estar grafado em negrito sugerem a urgência que a família tinha para a alimentar a bebê, acrescentando-se o fato da principal exigência que era a mudança dentro em pouco para outro país, que deve ter dificultado ainda mais a obtenção rápida de uma nutriz.

Para melhor compreensão acerca do quantitativo total de anúncios, construí o Gráfico abaixo, o qual mostra como distribuíram-se durante o recorte temporal, e se eram de procura ou oferta de ama de leite.

---

5   O levantamento dos anúncios foi efetuado por Aline Costa de Sousa (UERJ), bolsista de iniciação científica da FAPERJ (2017-2018).

Gráfico 1. Quantidade e tipos de anúncios publicados entre 1875 e 1879

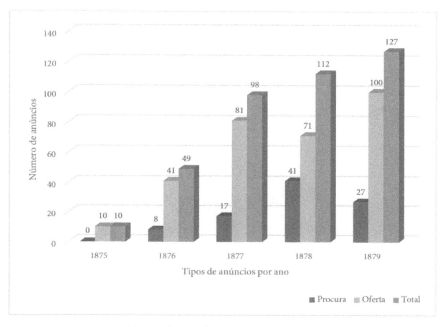

Fonte: *Gazeta de Notícias* (1875-1879).

Há um crescimento da quantidade de anúncios publicados desde a fundação do periódico. O aumento pode estar relacionado à credibilidade que a *Gazeta de Notícias* adquiriu no correr dos anos, bem como por ter grande circulação, conforme já apontado. Não é possível afirmar que a ampliação seja consequência de uma maior procura pelo serviço, justamente pela especificidade de ser um periódico com poucos anos de vida. O mesmo tipo de metodologia está sendo empreendido para a década de 1880, e, então, após a complementação com esses dados, será possível tecer maiores assertivas.

Dos 396 anúncios publicados entre 1875 e 1879, 95 (24,0%) são referentes a Niterói e 301 para a Corte (76,0%). A quantidade pertinente a Niterói sugere a boa circulação do jornal também naquela cidade, lembrando que desde a primeira edição (2/8/1875), logo na capa, no "Expediente", já se destacava: "A GAZETA DE NOTICIAS vende-se por toda a cidade e as pontes das barcas". Portanto, excluindo os anúncios para Niterói, o quantitativo para o Rio de Janeiro, foco do meu estudo, apresenta o perfil exposto a seguir.

Gráfico 2. Quantidade e tipos de anúncios publicados entre 1875 e 1879 para a cidade do Rio de Janeiro

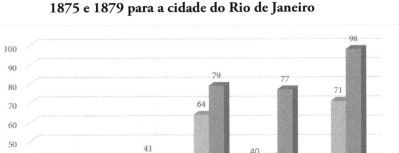

Fonte: *Gazeta de Notícias* (1875-1879).

O contorno muda um pouco. Há crescimento até 1877, acompanhado de leve queda em 1878 e de novo aumento em 1879. É significativo que apenas para o ano de 1878, quando houve uma diminuição total de anúncios, a quantidade de procura superou ligeiramente a de oferta. Para todo o recorte temporal, 211 (70,1%) anúncios ofereciam o serviço de ama de leite e 90 (29,9%) buscavam mulheres que estivessem exercendo a atividade, ou seja, menos da metade.

Devido à amostragem de apenas cinco anos, não é possível empreender maiores conclusões acerca da dinâmica do mercado de amas de leite na cidade do Rio de Janeiro no período. Como não há outros estudos, para o século XIX, que mostrem tais quantitativos – oferta e procura –, não se pode estabelecer uma análise comparativa que possibilite, pelo menos até o momento da pesquisa, uma inferência maior acerca do quadro aqui exposto. No entanto, podemos aventar algumas hipóteses. Como já havia a prática difundida, desde a primeira metade do século XIX, de se anunciar na imprensa o serviço de ama de leite (CARNEIRO, 2006; MARTINS, 2006a), talvez não houvesse grande necessidade de se publicar a procura, já que a probabilidade de se encontrar uma era grande. Os anúncios do serviço de ama de leite continuaram na Primeira República. Ao analisar o *Jornal do Brasil*, em 1900, 1903 e 1906, Caroline Gil constatou haver mais anúncios de oferta, cerca de três vezes mais, que de procura, semelhante ao perfil aqui esboçado (2018, p. 51).

Por meio do endereço, sempre presente, foi possível localizar à qual freguesia[6] ele fazia parte. O gráfico a seguir mostra o montante e os tipos de anúncios (oferta ou procura) em cada freguesia. Os três anúncios, todos de oferta, para os quais não foi possível identificar, indicavam o endereço do jornal como local para efetuar o contato.

---

6 Ao terminar o Império, a cidade do Rio de Janeiro estava dividida em 20 freguesias, fundadas em: "Candelária (1634); Irajá (1644); Jacarepaguá (1661); Campo Grande (1673); Ilha do Governador (1710); Inhaúma (1749); São José (1751); Santa Rita (1751); Guaratiba (1755); Engenho Velho (1762); Ilha de Paquetá (1769); Lagoa (1809); Santana (1814); Sacramento (1826 – em substituição à de São Sebastião); Santa Cruz (1833); Glória (1834); Santo Antônio (1854); São Cristóvão (1856); Engenho Novo (1873); Gávea (1873)" (NORONHA SANTOS, 1965, p. 7-8).

Gráfico 3. Quantidade e tipos de anúncios publicados entre 1875 e 1879 para a cidade do Rio de Janeiro, de acordo com as freguesias

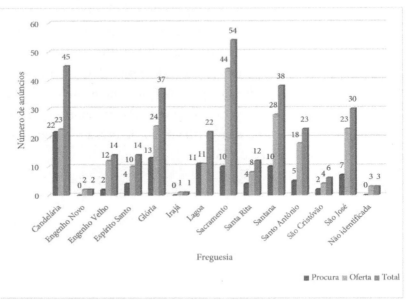

Fonte: *Gazeta de Notícias* (1875-1879); *Almanak Administrativo, Mercantil e Industrial do Rio de Janeiro* (1870-1888); Mapas Temáticos da Coleção Gotto (1866).[7]

Ao todo, foram anunciadas na *Gazeta de Notícias* amas de leite distribuídas em 13 freguesias, e mais da metade dos (67,8%) concentrava-se em cinco: Sa-

---

[7] O mapeamento das freguesias foi obtido por meio de cruzamento das informações contidas no jornal *Gazeta de Notícias*, onde estavam descritos os endereços, com as presentes no *Almanak Administrativo, Mercantil e Industrial do Rio de Janeiro* (inseri o nome da rua no buscador da Hemeroteca Digital da Biblioteca Nacional e verifiquei as referências feitas na publicação, que informava mudanças no nome das ruas, bem como apresentava, em alguns casos, a freguesia da qual a rua fazia parte), e com os mapas fornecidos nos *sites*: ImagineRio. Disponível em: https://imaginerio.org. Acesso em: 20 out.2019; e Cecult – Mapas Temáticos da Coleção Gotto, Rio de Janeiro, 1866. Disponível em: https://www.ifch.unicamp.br/cecult/mapas/mapasgotto/introgotto.html. Acesso em: 20 out. 2019. O portal ImagineRio exibe o mapa da cidade com suas freguesias. Já o Cecult apresenta, para o ano de 1866, as freguesias centrais com suas habitações numeradas, dado fundamental, visto que algumas ruas estão em duas freguesias segundo sua numeração. Apesar de ser para a década anterior, acredito ser possível, metodologicamente, empregar como parâmetro para o estudo.

cramento (54), Candelária (45), Santana (38), Glória (37) e São José (30). De acordo com o censo de 1872, elas apresentavam o seguinte perfil populacional.

Tabela 1. Dados populacionais das freguesias que mais apresentaram anúncios (1872)

Freguesia	Livres		Escravos		Total
	Homens	Mulheres	Homens	Mulheres	
Sacramento	14.468	8.459	1.908	2.247	27.077
Candelária	6.907	1.255	1.224	619	10.005
Santana	19.378	14.368	2.328	2.829	38.903
Glória	9.978	7.982	1.946	2.579	22.485
São José	10.958	6.425	1.504	1.400	20.282

Fonte: BRASIL, Recenseamento do Brazil em 1872. Rio de Janeiro: Typ. G. Leuzinger, 1874 [?]. Disponível em: https://biblioteca.ibge.gov.br/biblioteca-catalogo?id=225477&view=detalhes. Acesso em: 15 out. 2019.

Excetuando a Candelária, todas as outras estavam entre as freguesias com alta população, consideradas aqui as que possuíam mais de 20 mil habitantes, sendo Santana, de acordo com o censo de 1872, a com maior números de "almas". Se consideramos, conforme afirma a historiografia (CARNEIRO, 2006; MARTINS, 2006a), que a atividade de ama de leite era desempenhada majoritariamente por escravizadas, é importante sublinhar que, no caso das freguesias com maior número de anúncios, com exceção da Candelária, a população cativa feminina era maior que a masculina.

As freguesias centrais caracterizavam-se pelo adensamento populacional, consequência da "necessidade de uma população extremamente carente, tanto livre como escrava, de residir próximo aos locais de emprego" (ABREU, 1987, p. 49). Em Santana e Santa Rita, por exemplo, concentrava-se a "população de baixa renda", enquanto a mais rica deslocava-se para "casarões ou chácaras" na Glória, em São José e na Lagoa (DAMAZIO, 1996, p. 18). Interessante destacar que Santa Rita estava entre as grandes. Tinha 34.835 habitantes, todavia, apenas 12 anúncios referiam-se àquela localidade. Já Glória e São José, onde habitava uma parcela pouco mais abastada, apresentaram um número grande de anúncios, mas cabe a ressalva que lá também moravam

242   *Gladys Sabina Ribeiro • Karoline Carula (orgs.)*

pessoas mais pobres. Nesse sentido, é essencial observar de maneira diferenciada as quantidades de anúncios de oferta e procura, pois a oferta estava associada a mulheres mais pobres, fossem livres, libertas ou escravas.

A população mais pobre habitava moradias precárias, "a falta de casas com aluguéis módicos e relativa proximidade do local de trabalho era a causa da procura por cortiços e casas de cômodos pelas classes populares, a possibilidade de altos ganhos era a causa de construção de grupos de casinhas e da divisão das grandes residências em habitações coletivas" (DAMAZIO, 1996, p. 56). Segundo Sidney Chalhoub, foi a partir das décadas de 1850 e 1860 que houve um enorme crescimento dos cortiços na cidade do Rio de Janeiro, relacionado "ao aumento do número de imigrantes portugueses e ao crescimento do número de alforrias obtidas pelos escravos" (1996, p. 26). Alguns anúncios indicam a possibilidade de amas que habitam tais moradias populares: "Aluga-se uma ama de leite muito carinhosa; na rua da Guarda Velha n. 28, quarto n. 42" (*Gazeta de Notícias*, 15/03/1878, p. 3). Nesse endereço, situado na freguesia de São José, o número do quarto sugere ser uma casa de cômodos.[8]

Alguns anúncios são de casas de comércio de trabalhadores.[9] Maria Elizabeth Carneiro, analisando o *Jornal do Commercio*, para o mesmo período, também encontrou os mesmos tipos de estabelecimentos (2006, p. 197-205).

---

[8]   Sylvia Damazio sinaliza para a dificuldade na diferenciação dos tipos de habitação, sendo estalagem e cortiço empregados de maneira sinonímia entre os contemporâneos da época. A autora, para fins de análise, chamou "de 'cortiço' a qualquer grupo de quartos ou casinhas construído com a finalidade de servir de habitação a várias famílias, e de 'casa de cômodos' às grandes residências subdivididas em inúmeros aposentos com o mesmo fim" (1996, p. 56). Sidney Chalhoub afirma que cortiço "foi o termo que as autoridades sanitárias passaram a utilizar quando desejavam estigmatizar em definitivo determinada habitação coletiva", contudo, salienta ser extremamente "difícil definir de forma inequívoca o que era um cortiço", dada a multiplicidade de acepções muito pautadas por critérios subjetivos de classificação (1996, p. 40).

[9]   Mary Karasch, com relação ao Rio de Janeiro da primeira metade do século XIX, assevera que uma alternativa para negociar um escravo era enviá-lo para uma casa de comissão, estabelecimento com licença para efetuar tal negócio, além de comercializarem outras mercadorias e oferecer crédito. "Algumas casas de comissão também alugavam escravos em nome de seus senhores. Uma vez que já recebiam escravos para vender; era natural para os comissionários que os aceitassem para alugar. [...] Devido à demanda por escravos de aluguel no Rio, muitos deles trabalhavam para essas casas de comissão ou para aquelas licenciadas apenas para alugar escravos." Havia também as casas de consignação, cuja atividade mercantil era especializada

Para a Primeira República, Caroline Gil verificou no *Jornal do Brasil*, em 1906, 163 anúncios de ama de leite de um mesmo anunciante, cujo escritório se localizava no Largo do Capim, número 8, sobrado (2018, p. 57). O transcrito a seguir exemplifica um estabelecimento comercial que oferecia uma gama diversificada de trabalhadores domésticos: "Companhia serviço doméstico. N'esta companhia o público encontrará sempre bons cozinheiros de forno e fogão, engomadeiras, amas de leite, negrinhas, criados e criadas para todo o serviço, livres e escravos; rua do Visconde do Rio Branco n. 36" (*Gazeta de Notícias*, 10/06/1876, p. 4.).

Um senhor publicou oito anúncios, em 1876 e 1877, ofertando, dentre outros trabalhadores escravizados, amas de leite:

> Alugam-se à travessa do Ouvidor n. 27, 1° andar, fundos, das 8 às 5 da tarde, uma boa e carinhosa ama de leite, nas condições exigidas pela higiene; boas lavadeiras, cozinha e engomado simples; um excelente cozinheiro de forno e fogão, e um hábil copeiro. Este escritório é do próprio senhor dos escravos e não de agência, e sendo grande o número, todos os dias têm para alugar (*Gazeta de Notícias*, 12/12/1876, p. 3).

O anunciante elencou os diversos escravos e suas respectivas habilidades, e destacou se tratar de um estabelecimento do próprio proprietário, indicando ser isso um diferencial positivo, talvez porque o valor do aluguel fosse mais barato, uma vez que não seriam necessárias comissões. A hipótese de que haveria certa valorização pode ser corroborada ao se analisar o seguinte anúncio: "Precisa-se comprar uma preta para ama de leite, sem filhos, que não seja de casa de comissão; na rua do Hospício n. 294, sobrado" (*Gazeta de Notícias*,13/05/1879, p. 3). O anunciante explicitou sua recusa em adquirir amas de leite em casas de comissão, certamente por considerar desvantajosa a aquisição em tal estabelecimento. Ademais, ter a referência direta do senhor também podia agregar valor: "Aluga-se, de casa particular, uma ama de leite afiançada; para ver e tratar, à rua da Aurora n. 47, S. Cristóvão" (*Gazeta de Notícias*, 08/10/1879, p. 3).

---

em escravos; as casas de leilão; e as lojas de varejo, cuja transação não se dava perante comissão para os senhores (2000, p. 87).

Consoante Carneiro, "No final do Império, livre ou escrava, branca ou de cor, elas representavam uma expressiva demanda cotidiana. Parecia ser praxe que as casas de comissão levassem 3% do valor cobrado nos aluguéis e vendas". Esses escritórios muitas vezes funcionavam na residência do negociante, a despeito da postura que recomendava a existência "de armazém ou loja", que evitaria a negociação sem a licença. A prática provavelmente era difundida, pois em 1874 a Câmara Municipal listou 67 endereços, nas freguesias do Sacramento, São José, Candelária, Santa Rita e Santana, onde se comercializavam escravos sem o cumprimento do dispositivo legal (CARNEIRO, 2006, p. 209-10). Talvez esse não seja o caso do escritório da Travessa do Ouvidor, número 27, que em todos os anúncios publicados destacou ser "do próprio senhor dos escravos e não de agência". Sendo um senhor com grande quantidade de escravos, como informado no texto, é plausível supor que não arriscaria publicizar na imprensa uma atividade que estaria à revelia da lei.

Outro anúncio a ser evidenciado era um escritório que só oferecia serviços de trabalhadores estrangeiros:

> Escritório Oficial de Locação de Serviço / 5 Praça de D. Pedro 5/ BOLETIM / Oferecem seus serviços: / 1 alfaiate francês. / 1 ama de leite francesa. / 2 carpinteiro [sic] espanhóis. / 1 cabelereiro francês. / 3 cocheiros, franceses e italiano. / 1 chapeleiro italiano. / 3 criados, franceses e italiano. / 1 padeiro italiano. / 1 segeiro italiano. / 6 trabalhadores, franceses, italianos e espanhóis. / Rio, 20 de Setembro de 1875 / FREDERICO MEYER, / Encarregado do serviço (*Gazeta de Notícias*, 21/9/1875, p. 4).

De acordo com Natália Batista Peçanha, "agências começaram a se especializar no aluguel de trabalhadores do serviço doméstico nacionais e estrangeiras [sic], que muitas vezes eram contratados diretamente da Europa", e os contratos, não raro, levam os imigrantes a ficarem endividados com os agenciadores (2018, p. 21-22). Dos 301 anúncios de amas de leite presentes na *Gazeta de Notícias*, entre 1875 e 1879, dois referiam-se a francesas, sendo um de oferta e um de procura; um oferecia os serviços de uma italiana; e sete eram de portuguesas, cinco de oferta e dois de demanda. É muito provável que, ao completar o estudo do periódico para a década de 1880, constate-se o crescimento de estrangeiras, sobretudo portuguesas, atuando como amas de leite, visto que a imigração só aumentou nos anos seguintes (LOBO, 1978).

Ao analisar o mercado de trabalhadoras domésticas no Rio de Janeiro, Peçanha verificou que, entre 1882 e 1932, no *Jornal do Commercio*, apenas cinco portuguesas e uma espanhola anunciaram o serviço de oferta de ama de leite, nenhum buscava por amas estrangeiras (2018, p. 48). O número restrito encontrado é decorrente do recurso metodológico da autora, que estudou as publicações da primeira segunda-feira de novembro daqueles anos, em um intervalo de cinco anos. Já Caroline Gil, investigando o *Jornal do Brasil*, para os anos de 1900, 1903 e 1906, encontrou 349 anúncios de portuguesas, dos quais apenas três eram de procura; 18 espanholas e seis italianas, para ambas as nacionalidades, todos eram oferecendo a atividade. Além desses, outros 85 anúncios apenas indicavam "estrangeira", somente dois sendo demanda (2018, p. 86). Ou seja, a atividade de ama de leite era um meio de obter algum dinheiro, mesmo que temporário, para aquelas imigrantes pobres.

No tocante ao tipo de transação comercial envolvida, verificou-se o seguinte.

Gráfico 4. Tipo de transação comercial anunciada na *Gazeta de Notícias* (1875-1879)

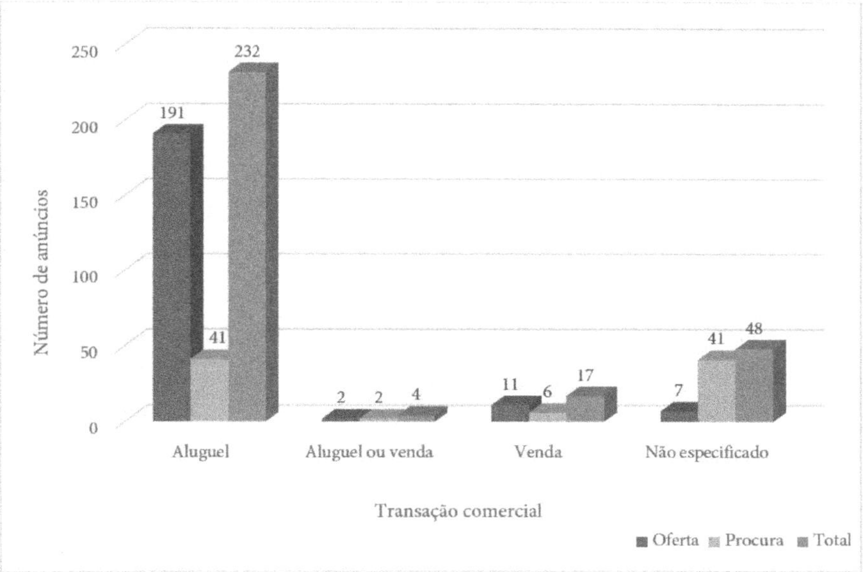

Fonte: *Gazeta de Notícias* (1875-1879).

"Aluga-se." Era assim que começava a maioria dos anúncios que ofertavam o serviço de ama de leite. Empregava-se tanto para mulheres escravizadas, quanto para livres e forras. Bem como "Precisa-se" era a maneira como se iniciava o texto de muitos dos anúncios dos que necessitavam de uma ama de leite. Tal modelo de redação de anúncio continuou na Primeira República (GIL, 2018, p. 49-50). Poucos, apenas quatro, indicavam a possibilidade quer de aluguel, quer de venda: "Aluga-se ou vende-se uma ama de leite, para ver no largo da Carioca em casa de Mme. Victorina Borge, para tratar na rua do Visconde de Inhaúma n. 71" (*Gazeta de Notícias*, 07/08/1876, p. 3).

Quantidade pequena de anúncios, apenas 17, especificava que o negócio se daria pela venda da mulher escravizada, como mostra o exemplo: "Vende-se uma escrava prendada, de 20 anos, ama de leite, sem filhos, de boa índole; informa-se na rua Larga de S. Joaquim n. 70 B" (*Gazeta de Notícias*, 08/07/1879, p. 3). Luiz Carlos Nunes Martins, ao analisar anúncios de amas de leite no *Jornal do Commercio* e *Diário do Rio de Janeiro*, para os anos pares entre os anos de 1850 e 1872, verificou perfil semelhante ao aqui observado – um quantitativo muito menor de transações comerciais envolvendo venda de mulheres escravizadas (2006b, p. 162). Sem dúvida, era mais vantajoso financeiramente para o senhor manter aquela mulher consigo do que vendê-la.

Certos anúncios, 48 ao todo, não deixavam claro se a transação seria de aluguel ou de venda. Interessante que nesses casos a maioria (41) se tratava de pessoas que necessitavam de uma ama de leite: "Precisa-se de uma ama de leite, que seja carinhosa; trata-se na rua da Lampadosa n. 60" (*Gazeta de Notícias*, 03/08/1878, p. 3) ou "Precisa- se de uma ama de leite, livre ou escrava; na rua da Uruguaiana n. 33" (*Gazeta de Notícias*, 05/06/1878, p. 3). Uma hipótese a ser levantada é que talvez a urgência em se obter rapidamente uma ama de leite fosse mais premente, e, por isso, estavam abertos a qualquer tipo de negócio. Outra é que, por ser pequena a quantidade de anúncios de venda, poderia ficar de certa maneira "implícita" a opção de aluguel.

Com relação ao estatuto jurídico da mulher presente nos anúncios, verifiquei o seguinte quantitativo.

Gráfico 5. Condição jurídica das amas de leite nos anúncios da *Gazeta de Notícias* (1875-1879)

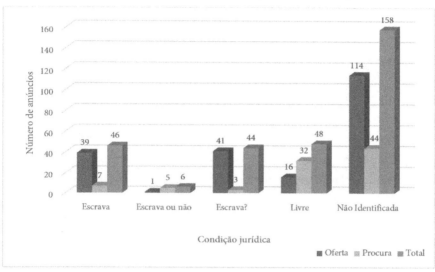

Fonte: *Gazeta de Notícias* (1875-1879).

Dos 301 anúncios, em apenas 46 há a explicitação da condição de escrava da ama de leite, ou indicando a palavra escrava ou que a transação a ser estabelecida seria de venda, conforme mostram os exemplos, respectivamente: "Aluga-se, para ama de leite, uma parda, escrava, sadia e carinhosa, com muito bom leite; ver e tratar na rua do Bom-Jardim n. 47" (*Gazeta de Notícias*, 04/07/1876, p. 4); "Precisa-se comprar uma preta para ama de leite, sem filhos, que não seja de casa de comissão; na rua do Hospício n. 294, sobrado" (*Gazeta de Notícias*,13/05/1879, p. 3). Já outros seis anúncios informavam que a ama poderia ou não ser escrava, ou seja, era indiferente a condição jurídica daquela mulher.

Categorizei como "Escravas?" os anúncios que sugeriam grande possibilidade de a mulher ser escravizada. No anúncio "Aluga-se, de casa de família, uma boa ama de leite, primeiro parto, há um mês e sem filho. Na mesma casa alugam-se quatro escravas para cozinhar, lavar, engomar e mais servos domésticos; na rua do Senado n. 67" (*Gazeta de Notícias*, 03/08/1879, p. 4), a oferta da ama vinha juntamente com outros escravos domésticos, dando a entender que se tratava de uma mulher também escravizada.

Outros dois tipos de anúncios aventam a probabilidade de se tratar de cativas. Como exemplo do primeiro, tem-se: "Aluga-se uma crioula muito sadia para ama de leite; na rua da Quitanda n. 49 1º andar" (*Gazeta de Notícias*, 2/8/1875, p. 3). "Crioula" era termo empregado para escravas nascidas no Brasil, e apareceu em 16 anúncios. Em tese, todas as mulheres escravizadas em idade fértil no último quartel do século XIX deveriam obrigatoriamente ser crioulas; reforçar o local de nascimento seria desnecessário se a lei de 1831 tivesse sido de fato cumprida.

Com relação ao segundo tipo, destaco o anúncio, possivelmente de uma casa de comissão: "Alugam-se diversas pretas e pretos, sendo estes para todo o serviço, aquelas lavam, engomam e cozinham sem perfeição; dos pretos tem dois perfeitos cozinheiros e um com princípios de pedreiro; e também uma ama de leite, de 6 meses, e sadia; para tratar na rua de Catumbi n. 34, placa" (*Gazeta de Notícias*, 31/05/1876, p. 3), no qual "pretas e pretos" aparecem como significando "escravos". Já em "Vende-se uma boa escrava, prendada, de cor preta, moça, sabendo lavar, engomar, coser e cozinhar, tendo em sua companhia um filho de 6 meses; esta escrava é muito própria para ama de leite; para ver e tratar na rua do Visconde de Inhaúma n. 4, A" (*Gazeta de Notícias*, 01/06/1876, p. 2), "preta" se refere à cor da pele da cativa. Assim, é plausível considerar como possivelmente amas escravizadas aquelas cuja designação dada era preta.

Ao se incluir esses outros anúncios àqueles que certamente negociavam mulheres escravizadas, o perfil do gráfico fica da seguinte maneira.

Gráfico 6. Condição jurídica das amas de leite nos anúncios da *Gazeta de Notícias* (1875-1879)

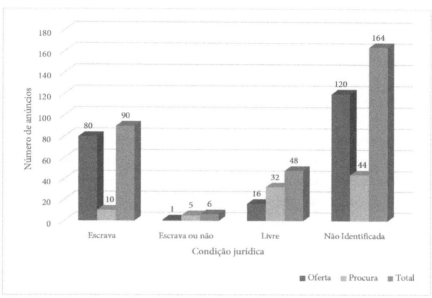

Fonte: *Gazeta de Notícias* (1875-1879).

Quando se analisa esse novo delineamento, verifica-se que 90 (29,9%) dos anúncios envolviam mulheres escravizadas. Adicionando a esse valor os que apresentavam como indiferente a mulher ser escrava, o número sobe para 96 (31,9%): "Precisa- se de uma ama de leite, livre ou escrava; na rua da Uruguaiana n. 33" (*Gazeta de Notícias*, 05/06/1878, p. 3).

Em contrapartida, 48 (15,9%) anúncios especificavam a preferência por mulheres livres, sendo a procura maior que a oferta. A busca por uma nutriz livre relaciona-se com o contexto de intensificação do movimento abolicionista na sociedade. Entre 1868 e 1888, a campanha abolicionista teve vários mecanismos de ação,[10] num crescente de expansão e adesão social (ALONSO, 2015). O anúncio "Ama de leite - Precisa-se alugar uma, branca ou de cor, mas livre,

---

10 O "movimento [abolicionista] elegeu retóricas, estratégias e arenas conforme a conjuntura política e em atrito com iniciativas de governos e escravistas operando sucessivamente com flores (no espaço público), votos (na esfera político-institucional) e balas (na clandestinidade), num jogo de ação e reação de duas décadas (1868-88)" (ALONSO, 2015, p. 19).

que tenha leite superior de 8 a 30 dias; à rua do Rio Comprido n. 35" (*Gazeta de Notícias*, 07/01/1878, p. 4) ilustra bem essa situação, na qual o essencial é a garantia da liberdade da ama, não impondo empecilho com relação à cor.

Havia, dentre aqueles referentes a mulheres livres, dez de oferta e 13 de procura, que tratavam de amas brancas, ou por ser uma estrangeira, ou por trazer tal informação explicitada – "Precisa-se de uma ama de leite, branca, que seja saudável e que tenha abundância e bom leite; para informações rua Primeiro de Março n. 12" (*Gazeta de Notícias*, 16/07/1877, p. 3). A demanda por amas brancas pode estar associada à difusão de teorias racializadas que hierarquizavam as mulheres negras como inferiores. Entre a camada médica, existia um discurso de valorização da amamentação materna em detrimento da realizada por amas de leite, e nesse quadro argumentativo, alguns médicos desqualificavam as nutrizes negras por um viés racializado: sendo negras, eram inferiores e teriam qualidades morais inferiores, as quais poderiam ser transmitidas para o bebê por ela amamentado. Médicos higienistas divulgadores da ciência, aqui considerados como intelectuais mediadores,[11] publicizavam esse conhecimento em diversos espaços como jornais e conferências públicas (CARULA, 2016a e 2016b).

No caso dos anúncios de oferta de amas de leite livres, não raro a designação "senhora" apareceu como um qualitativo importante: "Ama de leite, aluga-se uma senhora branca, casada; trata-se na rua do Príncipe n. 138, sobrado" (*Gazeta de Notícias*, 08/05/1876, p. 3), nesse caso, acrescentado ainda mais com o "casada", que revela-se como predicado, fornecendo idoneidade moral àquela mulher. Seguramente uma mulher escravizada não viria designada por "senhora", portanto, tratava-se de um modo de se distanciar do cativeiro.

Com relação aos anúncios cuja condição jurídica não foi identificada – um pouco mais da metade de todos os analisados (54,5%) –, apresento alguns à

---

11 No caso específico do divulgador ou vulgarizador, em contraposição aos intelectuais criadores, muitas vezes sua ação é compreendida de modo como parte de uma esfera cultural não erudita, não original, não científica, não séria (GOMES & HANSEN, 2016, p. 13). Todavia, a despeito dessa percepção rasa, os intelectuais mediadores produzem "novos significados, ao se aproximar de textos, ideias, saberes e conhecimentos, que são reconhecidos como preexistentes [...] aquilo que o intelectual 'mediou' torna-se, efetivamente, 'outro produto': um bem cultural singular" (Idem, p. 18).

guisa de exemplo: "Aluga-se uma boa ama de leite, na rua da Quitanda n. 77" (*Gazeta de Notícias*, 20/12/1879, p. 3); "Aluga-se uma ama de leite, moça e sadia, muito carinhosa para crianças, sendo do primeiro parto; na rua da Princesa dos Cajueiros n. 200" (*Gazeta de Notícias*, 19/03/1879, p. 3); "Precisa-se alugar uma boa ama de leite, na rua do Ouvidor n. 79" (*Gazeta de Notícias*, 16/06/1876, p. 3); "Precisa-se de uma ama de leite, que tenha muito e bom, para tomar conta de um menino branco, não se duvida pagar bem, o que se quer é o bom tratamento; para informações à rua Primeiro de Março n. 12, das 11 à 1 hora da tarde, ou mandar sua indicação para ser procurada" (*Gazeta de Notícias*, 10/10/1877, p. 3). Uns com mais outros com menos informações, eles não deixam claro se a mulher, desejada ou ofertada, era escrava ou não.

Martins, para os anos pares entre 1850 e 1872, encontrou, no *Jornal do Commercio* e no *Diario do Rio de Janeiro*, anúncios nos quais especificavam-se tratar de uma ama forra. Embora o recorte em tela seja bem menor, é significativo que nenhum, dos 301 analisados, trazia tal diferenciação. Hebe Mattos verificou, em registros cartoriais e judiciais, um quase apagamento com relação à designação da cor da população livre, na segunda metade do século XIX, relacionando isso com embates em torno dos múltiplos significados da liberdade no contexto da abolição (2013). Apesar de não estar me referindo à cor, o silenciamento total com relação às forras nos anúncios da segunda metade da década de 1870 é sugestivo. Muito difícil que não existisse nenhuma liberta entre aquelas mulheres, e isso não mais aparecer mostra uma busca pelo distanciamento com relação ao passado escravista vivido.

A despeito de se tratar de uma pesquisa em curso, algumas considerações podem ser aventadas a título de conclusão. A publicação de 396 anúncios de amas de leite na *Gazeta de Notícias*, em apenas cinco anos, descortina ser esse um mercado de trabalho muito dinâmico. A presença de amas de leite escravas em um jornal marcadamente abolicionista expõe a tensão vivida pelo órgão de imprensa, entre o peso financeiro dos anúncios e os ideais propalados. Já a geografia da distribuição das amas de leite pela cidade do Rio de Janeiro mostra a concentração nas zonas de povoação mais antigas da cidade, as centrais, mas com a entrada para áreas mais afastadas, como a freguesia da Lagoa. A maioria dos anúncios se tratava de oferta; nesse sentido, a presença constante de anúncios oferecendo o serviço de amas de leite, desde a primeira metade do século XIX, pode ter minimizado a necessidade de se publicar um buscando uma nutriz.

Bibliografia

ABREU, Mauricio de A. *Evolução urbana do Rio de Janeiro*. Rio de Janeiro: IPLANRIO / Zahar, 1987.

ALONSO, Angela. *Flores, votos e balas: o movimento abolicionista brasileiro (1868-1888)*. São Paulo: Cia. das Letras, 2015.

ARIZA, Marília B. A. Mães libertas, filhos escravos: desafios femininos nas últimas décadas da escravidão em São Paulo. *Revista Brasileira de História*, v. 38, 2018, p. 151-171.

CARNEIRO, Maria Elizabeth R. *Procura-se uma "preta, com muito bom leite, prendada e carinhosa": uma cartografia das amas-de-leite na sociedade carioca (1850-1888)*. Tese (Doutorado em História). Brasília: Instituto de Ciências Humanas, UnB, 2006.

CARULA, Karoline. Alimentação na Primeira Infância: médicos, imprensa e aleitamento no fim do século XIX. In: SANGLARD, Gisele (org.). *Amamentação e políticas para a infância no Brasil: a atuação de Fernandes Figueira (1902-1928)*. Rio de Janeiro: Editora Fiocruz, 2016a, p. 31-56.

_____. *Darwinismo, raça e gênero: projetos modernizadores para a nação em conferências e cursos públicos (Rio de Janeiro, 1870-1889)*. Campinas, SP: Editora da Unicamp, 2016b.

CHALHOUB, Sidney. *Cidade febril: cortiços e epidemias na Corte imperial*. São Paulo: Cia. das Letras, 1996.

DAMAZIO, Sylvia F. *Retrato social do Rio de Janeiro na virada do século*. Rio de Janeiro: EdUerj, 1996.

GIL, Caroline Amorim. *Precisa-se ou aluga-se: o mapeamento de amas de leite na cidade do Rio de Janeiro na Primeira República*. Dissertação (Mestrado em História das Ciências e da Saúde). Rio de Janeiro: Casa de Oswaldo Cruz, 2018.

GOMES, Ângela Maria de Castro; HANSEN, Patrícia S. Intelectuais, mediação cultural e projetos políticos: uma introdução para a delimitação do objeto de estudo. In: _____ (org.). *Intelectuais mediadores: práticas culturais e ação política*. Rio de Janeiro: Civilização Brasileira, 2016, p. 7-37.

GOMES, Flávio dos Santos; FARIAS, Juliana B.; SOARES, Carlos E. Libano & ARAUJO, Carlos E. Moreira de. *Cidades negras: africanos, crioulos e espaços urbanos no Brasil escravista – século XIX*. Rio de Janeiro: Editora Alameda Casa Editorial, 2006.

GOMES, Flavio dos Santos; FARIAS, Juliana Barreto; SOARES, Carlos Eugenio Libano, ARAUJO. *O labirinto das nações: africanos e identidades no Rio de Janeiro*. Rio de Janeiro: Arquivo Nacional, 2006.

KARASCH, Mary. *A vida dos escravos no Rio de Janeiro (1808-1850)*. São Paulo: Cia. das Letras, 2000.

MACHADO, Humberto Fernandes. *Palavras de brados: José do Patrocínio e a imprensa abolicionista do Rio de Janeiro*. Niterói, RJ: Editora da UFF, 2014.

MACHADO, Maria Helena P. T. Corpo, gênero e identidade no limiar da abolição: a história de Benedicta Maria Albina da Ilha ou Ovídia, escrava (Sudeste, 1880). *Afro-Ásia*, Salvador, n. 42, 2010, p. 157-193.

_____. Entre dois Beneditos: histórias de amas de leite no ocaso da escravidão. In: GOMES, Flávio dos Santos; XAVIER, Giovana; FARIAS, Juliana Barreto (org.). *Mulheres negras no Brasil escravista e do pós-emancipação*. São Paulo: Selo Negro, 2012, p. 199-213.

MARTINS, Bárbara C. R. *Amas-de-leite e mercado de trabalho feminino: descortinando práticas e sujeitos (Rio de Janeiro, 1830-1890)*. Dissertação (Mestrado em História Comparada). Rio de Janeiro: Instituto de Filosofia e Ciências Sociais, UFRJ, 2006a.

MARTINS, Luiz C. N. *No seio do debate: amas-de-leite, civilização e saber médico no Rio de Janeiro*. Dissertação (Mestrado em História das Ciências e da Saúde). Rio de Janeiro: Casa de Oswaldo Cruz, Fiocruz, 2006b.

MATTOS, Hebe M. *Das cores do silêncio: os significados da liberdade no sudeste escravista*. Ed. rev. Campinas, SP: Editora da Unicamp, 2013.

NORONHA SANTOS, F. A. *As freguesias do Rio Antigo*. Rio de Janeiro: Edições O Cruzeiro, 1965.

PEÇANHA, Natália Batista. *"Precisa-se de uma criada estrangeira ou nacional para todo o serviço de casa": cotidiano e agências de servidoras/es domésticas/os no mundo do trabalho carioca (1880-1930)*. Tese (Doutorado em História). Seropédica, RJ: Instituto de Ciências Humanas e Sociais, UFRRJ, 2018.

PEREIRA, Leonardo Affonso de Miranda. *O carnaval das letras: literatura e folia no Rio de Janeiro do século XIX*. 2. ed. Campinas, SP: Editora da Unicamp, 2004.

TELLES, Lorena F. da S. *Teresa Benguela e Felipa Crioula estavam grávidas: maternidade e escravidão no Rio de Janeiro (século XIX)*. Tese (Doutorado em História), São Paulo: FFLCH, USP, 2019.

7. 'Livre a fim de que goze *de sua liberdade natural'*: formas de liberdades e tamanho das posses no Brasil – séculos XVIII e XIX

Jonis Freire[1]

O trânsito entre a escravidão e a liberdade contou com experiências e estratégias distintas. Inúmeros foram os artifícios, negociações e conflitos nas sociedades escravistas. A conquista da liberdade foi muitas vezes individual, mas, em inúmeros casos, uma conquista que contou com o empenho de diversas redes familiares, de sociabilidades e de solidariedades. A liberdade não foi obtida apenas por meio das manumissões; outras formas eram possíveis nas sociedades escravistas, como a busca pela Justiça, as fugas, o infanticídio, o suicídio.

As fugas foram muito utilizadas pelos cativos para obter suas liberdades e são um exemplo das lutas cotidianas pela liberdade. Era uma empreitada difícil e perigosa. No entanto, isso não impediu que fosse, desde cedo, nas sociedades onde a escravidão existiu, uma das maneiras mais corriqueiras de trânsito entre a escravidão e a liberdade. As fugas, entendidas como "protesto e insurgência", constituíram papel importante para a liberdade.

Do hospital, que cuidava dos escravos do distrito diamantino, fugiu no dia 25 de abril de 1756, "Manoel de nação Sabara de idade de 20 anos, com seis riscos pequenos na face direita, huma estrela na face esquerda, três riscos em cada canto da boca, duas lanças grandes e atravessadas no peito e no meio da mao da parte de sima três riscos fechado e por sima do umbigo uma cruz grande" avaliado em 320 mil réis".[2] Outro fugido foi João, de nação Nagô,

---

1 Professor Adjunto do Instituto de História da UFF, pesquisador do CEO e coordenador do HEQUS.

2 Arquivo Público Mineiro/Casa dos Contos, 1753-1758, f. 16. Essa documentação faz parte de um projeto mais amplo feito em conjunto com o colega Angelo Alves Carrara da Universidade Federal de Juiz de Fora.

que fugiu em 7 de agosto de 1754.[3] João tinha 18 anos de idade, com riscos em cada uma das fontes, cruz na face esquerda e três riscos na direita, com três lanças por cima da sobrancelha esquerda, e foi avaliado em 270 mil réis. Assim como Manoel e João, outros tantos cativos fugiram daquela instituição nas décadas de 1750. Suas condições de enfermidade não os impediram de buscar, por meio das fugas, suas liberdades nas íngremes montanhas do Arraial do Tejuco. Resistiram, causando prejuízo aos senhores, bem como impuseram medo à sociedade.

Muitos anos depois, por volta de 1809, na freguesia de Nossa Senhora das Neves do Sertão de Macaé, Rio de Janeiro, Manoel Lopes da Cruz informava ao inventário de seu falecido sogro, o capitão Bernardo José Ferreira Rebello, a fuga de Pedro, filho de Simão e sua mulher Juanna, escravos da Fazenda do Morro da Onça. Dizia Manoel Lopes que, seu sogro "deu ou emprestou um mulatinho mais cabra do que pardo, a uma amasia sua para a servir e porque esta o tratava mal depois que faleceu o dito sogro do suplicante o dito cabrinha fugiu do poder da dita amasia e procurou a casa do suplicante e o reconheceu por seu senhor rogando que não queria servir a outra alguma pessoa".[4]

Essas fugas, descritas acima, são apenas alguns dos inúmeros exemplos de "formas de liberdades" nas sociedades escravistas. Outros tantos, para além das fugas, poderiam ser abordados. No entanto, neste capítulo, não é essa nossa intenção. Centraremos nossas análises, sobretudo, em um determinado "tipo" de liberdade. Qual seja, aquelas que se davam por meio das alforrias ou manumissões.

Este capítulo procura discutir como se deu o trânsito entre a escravidão e a liberdade, em especial, para alguns cativos, de freguesias pertencentes à cidade de Santo Antônio do Paraibuna (Juiz de Fora), localizada na Zona da Mata mineira, e que foi uma das principais produtoras de café e possuidora de um dos maiores contingentes de escravos no Oitocentos. Para esta análise, usaremos, principalmente, as cartas de alforria. No entanto, me utilizo de

---

3   Arquivo Público Mineiro/Casa dos Contos, 1753-1758, f.?

4   Arquivo Nacional do Rio de Janeiro. Juizo de órfãos e Auzentes. Inventário de Bernardo José Ferreira Rabelo, 1807. Proc. N. 8938, Cx. 1117 – Gal. A., f.?

outras fontes, de outros recortes geográficos e cronológicos e de outras "formas de liberdades" para pensar esse aspecto do cotidiano dos cativos. Analiso também uma questão que vem sendo discutida recentemente e que diz respeito ao tamanho das posses escravas (pequenas, médias ou grandes), e de que maneira isso influenciou nas possibilidades de alforria. Discuto com a bibliografia sobre as alforrias, mas igualmente com estudos que realizei e venho realizando sobre o tema. Portanto, resgato alguns apontamentos feitos em outros trabalhos, agregando-os a "novas" análises.

Concessão, dádiva, bons serviços, compra, dentre outras, eram, segundo as fontes, maneiras de obter a liberdade por meio das alforrias. As manumissões foram fundamentais na constituição de um grupo grande de libertos e seus descendentes na Colônia e no Império. Segundo Schwartz, com a alforria "(...) o ex-escravo assumia nova personalidade e responsabilidades jurídicas".[5] Nos dizeres de Peter Eisenberg, era com a alforria que se dava a "(...) passagem de um indivíduo de uma condição legal de escravo para uma condição legal de livre".[6]

A obtenção da alforria podia ocorrer de formas e em momentos diversos da vida de um escravo. O ato do batismo cristão, a morte de seu senhor, as diversas, leis sobre a manumissão que se somaram no decorrer do Oitocentos brasileiro, e as coartações ou quartações são alguns exemplos de como se podia ter acesso à liberdade. Em seu ensaio histórico, jurídico e social sobre a escravidão no Brasil, Perdigão Malheiro expôs os "modos de findar o cativeiro". Segundo ele, a escravidão poderia terminar primeiro, pela morte natural do escravo; segundo, pela manumissão ou alforria e terceiro, por disposição da lei.[7]

Diversos trabalhos sobre o tema, com "novos" métodos, fontes e abordagens, demonstraram e vêm demonstrando que a liberdade para além da concessão/dádiva senhorial foi uma conquista dos escravos, que, por meio de

---

5   SCHWARTZ, Stuart B. *Escravos, roceiros e rebeldes*. Bauru, SP: EDUSC, 2001, p. 173.

6   EISENBERG, Peter. *Homens esquecidos:* escravos e trabalhadores livres no Brasil, séculos XVIII e XIX. Campinas: Ed. da Unicamp, 1989, p. 245.

7   MALHEIRO, Agostinho Perdigão. *A Escravidão no Brasil. Ensaio Histórico, Jurídico, Social.* 2ª ed. 2 Vol. Petrópolis: Vozes/INL, 1976, p. 82.

muita estratégia, perspicácia, astúcia e engenhosidade, conseguiram a liberdade para si e para os seus.

A frequência e as modalidades da manumissão, como gênero, idade, cor, origem, procedência, dentre outros, são aspectos importantes para os estudos do tema. Contudo, para além dos "padrões" das alforrias, é preciso deslocar a discussão para as formas de manutenção dessa liberdade após a conquista da alforria em sociedades escravistas, nas quais a precariedade e as incertezas para os egressos do cativeiro eram sempre presentes.

No Brasil, assim como nos Estados Unidos, Cuba e outras regiões das Américas, os estudos têm buscado nos últimos anos apreender um pouco mais sobre os significados da liberdade para aqueles sujeitos egressos do cativeiro em sua nova inserção no mundo dos livres, e as dificuldades interpostas por seu passado na escravidão. Muitas dessas pesquisas demonstram os complexos limites da experiência cotidiana dos que gozavam de liberdade.[8] Nesse sentido, demandas na Justiça, processos de reescravização, revogação da alforria, precariedade da liberdade, mobilidade social e geográfica têm sido cada vez mais analisados para o estudo das experiências dos libertos.

Estudos recentes têm confirmado que a alforria no Brasil e na América espanhola era muito comum, quando comparada com as regiões colonizadas pelos franceses, holandeses e ingleses. O contraste grande com relação ao "Sul Profundo" (da Carolina do Sul até o Texas) dos Estados Unidos, particularmente ao avançar o século XIX – algo refletido, segundo Robert Slenes, na pequena população negra livre (ingênua e liberta) daquela região, no período 1830-1860. A historiografia da escravidão dedica espaço considerável à questão da liberdade. Como aponta Verónica Secreto, mais do que no singular, liberdade trata-se de liberdades.

Peter Eisenberg já destacou a importância do estudo das alforrias em fontes diversas (cartas, testamentos, registros paroquiais, etc.).[9] Como bem

---

8   Um panorama de tais estudos pode ser visto em: SECRETO, Verónica & FREIRE, Jonis (org.). *Formas de liberdade:* gratidão, condicionalidade e incertezas no mundo escravista nas Américas. Rio de Janeiro: Mauad X; Faperj, 2018.

9   EISENBERG, Peter. Ficando Livre: As Alforrias em Campinas no Século XIX. *Estudos Econômicos.* São Paulo, 17(2), maio/ago., 1987, p. 177. A controvérsia a respeito das "motivações",

Tensões políticas, cidadania e trabalho no longo Oitocentos

ressaltou o pesquisador, o estudo dessa temática apenas pelas cartas de alforria "mascaram" um retrato mais fiel das manumissões em determinada região e período. O ideal é uma análise que agregue uma variedade maior de fontes, pois as cartas de liberdade não foram os únicos documentos legais para a obtenção da liberdade.[10] Isto posto, estamos cientes de que a abordagem aqui empreendida traz uma pequena amostra das alforrias daquela localidade.

Apesar de toda a importância da manumissão registrada em cartório, o registro não foi condição *sine qua non* para a liberdade. Outros documentos tiveram o mesmo peso legal, tanto para os senhores, quanto para os escravos. Além da legalidade de tais "ritos jurídicos", o conhecimento público daquelas manumissões dadas a conhecer nos inventários, testamentos, pia batismal bastava para a confirmação do *status* de libertos àqueles ex-cativos.[11]

---

da "complexidade" e das "funções" da manumissão no regime escravista foi alvo das preocupações do pesquisador Stuart Schwartz. Em estudo acerca das alforrias na Bahia, entre os anos de 1684-1745, Schwartz procurou tecer algumas considerações a respeito dessa questão. De acordo com o pesquisador, o entendimento das alforrias, "como qualquer outro aspecto do regime escravocrata", deve passar pelo conhecimento dos fatores sociais, políticos e econômicos predominantes em um determinado local de estudo. SCHWARTZ, Stuart. *Escravos, roceiros e rebeldes.* Bauru, SP: EDUSC, 2001, p. 176. Tarcísio Botelho também chamou a atenção para a mesma questão, alertando que "devemos estar atentos às transformações sofridas por esta instituição ao longo dos tempos e nas diversas regiões da Colônia e Império brasileiros, para que não comparemos fenômenos diferentes". BOTELHO, Tarcísio. "As alforrias em Minas Gerais no século XIX". *Varia História*, Belo Horizonte, n° 23, jul/2000, p. 62.

10 Dentre elas, os registros paroquiais de batismos de escravos para o período no qual a criança ainda seguia a condição da mãe (*partus sequitur ventrem*); os testamentos e inventários, que dispunham sobre os bens deixados por um indivíduo após sua morte; a imprensa, que deu destaque ao ato de alforria, sobretudo nos anos finais do escravismo; os documentos das estações fiscais de coletorias de rendas, que realizaram as matrículas entre 1871 e 1887. Havia também as situações nas quais, segundo Eisenberg, os escravos podiam ser libertos contra a vontade do senhor, como no caso de guerras, ou quando eram enjeitados ou ainda quando denunciavam os senhores por crimes cometidos. No entanto, de acordo com o pesquisador, essa é uma documentação que se encontra bastante espalhada em fontes diversas. O autor atentou ainda para a necessidade de uma pesquisa meticulosa, por meio do cruzamento dessas fontes, objetivando evitar as possíveis repetições nelas registradas. EISENBERG, Peter. Ficando Livre: As Alforrias em Campinas no Século XIX. *Estudos Econômicos.* São Paulo, 17(2), maio/ago., 1987.

11 Sheila de Castro Faria, recentemente, ressaltou que "(...) a alforria cartorária, a das cartas de alforria, não era a única forma de um escravo ter sua liberdade legalizada. Havia também as alforrias

Título de liberdade: servirá para a 'firmesa e segurança' do ato

O registro em cartório deve ter sido feito muito mais por aqueles que pensavam na mobilidade geográfica e os que tinham dúvidas quanto ao respeito dos herdeiros/legatários, com relação às disposições de última vontade expressas por algum parente. "Ser livre era uma condição instável marcada frequentemente por riscos a sua preservação, questionamentos quanto a sua amplitude legal e revisão dos limites ao seu pleno exercício cotidiano."[12]

Em 10 de dezembro de 1863, no distrito de São Pedro e Alcântara, termo da cidade do Parahybuna, foi lançada a escritura de um "título de liberdade". Naquele momento, compareceu perante o escrivão, Justino Manoel Marques de Oliveira e sua mulher, Dona Luisa Maria do Nascimento, que passaram a carta de liberdade de Gertrudes de Nação. A condição para a liberta era a de servir enquanto vivos fossem *"sem ônus algum (...) concedemos desde já a liberdade da dita escrava"*. Justino Manoel e sua esposa diziam ainda que ninguém poderia chamá-la novamente ao cativeiro. Assim, como em outras cartas de liberdade que analisamos, os senhores ressaltavam a importância do documento lavrado em cartório que serviria para *"a firmesa e segurança"* do ato.[13]

Essa necessidade, no Brasil do século XIX, de tentar resguardar, na documentação legal, os libertos das possíveis e corriqueiras instabilidades, incertezas, riscos e contestações que, mesmo com as declarações formais de liberdade, os levariam de volta ao cativeiro, pode ser percebida em outros

---

nos testamentos ou codicilos, na pia batismal, esta última quase sempre de crianças, e as cartas, ou papéis particulares, não registradas em cartório. Todos eram meios legais de se obter e provar a liberdade". FARIA, Sheila de Castro. A riqueza dos libertos: os alforriados no Brasil escravista. In: CHAVES, Claudia Maria das Graças & SILVEIRA, Marco Antonio (org.) *Território, conflito e identidade.* Belo Horizonte: Argvmentvm; Brasília: CAPES, 2007, p. 16.

12 WANDERLEY, Marcelo da Rocha & CASTILLO, Norma Angélica. Entre as margens da liberdade. Mulatos livres e negros: condição e experiencias diante da Justiça Eclesiástica (Nova Espanha. Séculos XVII-XVIII). *In:* SECRETO, Verónica & FREIRE, Jonis (org.). *Formas de liberdade:* gratidão, condicionalidade e incertezas no mundo escravista nas Américas. Rio de Janeiro: Mauad X; Faperj, 2018, p. 103.

13 Cartório Distrital de São Pedro de Alcântara (Simão Pereira). Livros de Notas e Escrituras Públicas. Arquivo Histórico de Juiz de Fora (Doravante AHJF). Livro 3, f. 10.

contextos. No México, séculos antes, Maria Olivares, deu liberdade a Melchiora, uma mulata de 11 anos. Como forma de evitar esforços vindouros de pôr em questão o direito concedido, mandou tatuar no braço esquerdo da libertada a inscrição 'livre'.[14]

Senhores e libertos conheciam muito bem as dificuldades e instabilidades vivenciadas entre a escravidão e a liberdade. Para tanto, era preciso garantir os direitos dos indivíduos libertos diante das contestações que comumente aconteciam. As precariedades e incertezas jurídicas sobre a liberdade foram "sentidas" por escravos, libertos e senhores. Como já destacou Maria Ines Oliveira:

> Tornar-se liberto não era o mesmo que tornar-se livre. Desta distinção encarregava-se a sociedade escravista de modo a perpetuar no ex-escravo as marcas de sua antiga condição servil. Mas os estigmas do cativeiro iam muito além do aspecto jurídico, determinando mesmo as próprias condições de vida do liberto. Ultrapassar os limites da sobrevivência e se integrar no mercado de trabalho livre, variavam na razão direta das oportunidades que lhe fossem oferecidas durante o período da escravidão.[15]

Era preciso resguardar seus direitos em uma sociedade onde as liberdades e sua manutenção eram muitas vezes precárias e incertas. Deve ter sido esse o raciocínio de Thomazia, ex-escrava de Carlos Justiniano de Freitas Travassos, moradora de São Pedro de Alcântara, que levou, aos 14 de março de 1869, uma carta de liberdade para ser lavrada em cartório. No entanto, embora fosse ex-escrava de Carlos Justiniano, a alforria não era a da dita escrava. Thomazia já havia falecido. A liberdade era de Agostinho, livre pela "grande admiração que nelle debitava e que *para maior validade me pediu que lançasse*" a carta no livro de notas. Carlos Justiniano de Freitas Travassos dizia ser possuidor do escravo Agostinho, pardo, de 3 anos, filho da falecida Thomazia,

---

14 WANDERLEY, Marcelo da Rocha & CASTILLO, Norma Angélica. Entre as margens da liberdade. Mulatos livres e negros: condição e experiências diante da Justiça Eclesiástica (Nova Espanha. Séculos XVII-XVIII). *In:* SECRETO, Verónica & FREIRE, Jonis (org.). *Formas de liberdade:* gratidão, condicionalidade e incertezas no mundo escravista nas Américas. Rio de Janeiro: Mauad X; Faperj, 2018, p. 107.

15 OLIVEIRA, Maria Inês Côrtes de. *O liberto*: o seu mundo e os outros. São Paulo: Corrupio; [Brasília, DF]: CNPq, 1988, p. 11.

sua escrava. Dizia ainda que dava plena liberdade para Agostinho para que gozasse de "*todos os direitos deste estado*", em atenção "aos serviços prestados pela sua finada mãe e mesmo pela amizade que lhe tenho de criação sendo".[16]

Vontade senhorial

Muito se tem dito sobre as alforrias como estratégias senhoriais, principalmente com o intuito de inibir ou mesmo engessar possíveis ações coletivas ou individuais daqueles escravos.[17] Para alguns autores, as manumissões foram um meio, fundamental e eficaz, para o controle social tanto na Colônia, quanto no Império do Brasil. O direito de alforriar, único e exclusivo do senhor, tinha como alvo principal as expectativas de dependência/sujeição dos futuros libertos com relação a seus ex-senhores. Era uma "doação" que podia ocorrer de acordo com critérios dos mais variados (fidelidade, generosidade) e que sempre poderia ser revogada por ingratidão do liberto perante seu antigo proprietário, norma estabelecida, inclusive, em lei.[18]

> (...) para os escravos as alforrias eram, acima de tudo, o meio mais descomplicado de abandonar o cativeiro em definitivo. Eram, também, a concretização de seu mais premente anseio. Pela manumissão tudo valia a pena, até mesmo fazer da vida uma representação. Neste caso, os recursos de resistência adotados diferenciam-se bastante dos quilombos, fugas e rebeliões, e na maioria das vezes não buscavam romper com o sistema. Nem por isso podem ser classificados como alienação. Na verdade, o alvo a ser alcançado, pelo menos de imediato, não era a supressão do escravismo ou a transformação do Estado, mas o abandono da condição de submetido. Nesta perspectiva tornar-se ou fazer-se

---

16 Cartório Distrital de São Pedro de Alcântara (Simão Pereira). Livros de Notas e Escrituras Públicas. AHJF. Livro 5, f.?

17 Para uma análise sobre as estratégias senhoriais de manutenção do poder, bem como da construção de uma ideologia da dependência dos cativos para com seus senhores, conferir: PEDRO, Alessandra. *As alforrias e o poder senhorial em Campinas (1865-1875)*. Campinas: Universidade Estadual de Campinas, 2006. (Monografia de Conclusão de Curso).

18 As disposições sobre a revogação das alforrias por ingratidão encontram-se no Título LXIII do Livro IV das *Ordenações Filipinas*. A ingratidão se consubstanciava, caso o liberto cometesse "contra quem o forrou alguma ingratidão pessoal, em sua presença ou em ausência, quer seja verbal quer de feito e real". *Ordenações ... Livro IV Título LXIII, p. 866.*

passar por passivo amável e fiel resultou em muitas cartas de alforria justificadas nos "bons serviços prestados", na "lealdade e sujeição", expressões recorrentes nos testamentos [e cartas de alforria] e empregadas mesmo quando tratava-se de manumissões pagas. Nesse momento as estratégias engendradas no dia-a-dia obtinham sucesso. A partir daí, nova fase de adaptações iniciava-se como maneira de garantir a sociabilidade e a sobrevivência dos libertos.[19]

O distanciamento entre deixar de ser senhor ou escravo não se dava de maneira imediata. A dependência dos libertos com seus ex-senhores, na perspectiva de muitos proprietários, deveria ultrapassar o ato formal da alforria. Estes últimos procuraram manter seu "poder" ante seus herdeiros, legatários e ex-escravos. Isso é visível pelo vocabulário "da liberdade" que encontramos na análise de alguns casos. Todavia, do ponto de vista dos cativos, as alforrias representavam outra coisa: "sair da escravidão, ainda que continuando a servir, não era pouco num mundo permeado por assimetrias, desigualdades e inferioridades, entre as quais ser escravo desonrava".[20]

Em 1871, no distrito de São Pedro de Alcântara, Dona Dorothea Maria de São Joaquim, atenuou o tempo de cativeiro de alguns de seus escravos. Na ocasião, Dona Dorothea se dizia viúva de Antonio Machado da Silva, que, segundo ela, deixou em testamento a liberdade para alguns de seus cativos, os quais, de acordo com ele, estariam livres "depois da sua morte e da de sua mulher". No entanto, a viúva, como era herdeira e meeira dos bens do dito finado, queria desistir, como desistiu, das condições impostas pelo falecido Antonio Machado da Silva. Dizia Dona Dorothea que o fazia para que "ainda em vida d'ella doadora e independente do futuro acontecimento da sua morte passão os mesmos escravos ser considerados inteiramente livres e gozar desde já da liberdade, o qual ella doadora lhes confere em toda a sua plenitude". Apesar da

---

19 PAIVA, Eduardo França. *Escravos e libertos nas Minas Gerais do século XVIII*: estratégias de resistência através dos testamentos. São Paulo: Annablume, 1995, p. 107.

20 GUEDES, Roberto. *Porque sempre é bom que os forros tenham quem olhe para eles.* Benignidade senhorial e libertos submissos na cidade do Rio de Janeiro (primeira metade do século XVIII). *In:* SECRETO, Verónica & FREIRE, Jonis (org.). *Formas de liberdade:* gratidão, condicionalidade e incertezas no mundo escravista nas Américas. Rio de Janeiro: Mauad X; Faperj, 2018, p. 178.

"benevolência" desse ato, a viúva impôs outras condições àqueles nove cativos. Manoel, crioulo; Ponciana, crioula; Ricardo, crioulo; Maria, crioula; Camilla, crioula; Agostinho, cabra; Clementino, crioulo; Guilherme, crioulo e Joanna, parda tinham como condição "não a desempararem e antes acompanharem-na ate a sua morte e de lhe prestarem as diárias ou jornaes do costume para a subsistência d'ella doadora e os serviços domésticos que lhes forem exegidos".[21]

Em 3 de março de 1869, Calisto da Costa Lage lançou um título de liberdade de uma de suas filhas, de nome Florentina. Essa foi uma informação dada pelo escrivão antes de transcrever na íntegra e "muito fielmente" o conteúdo da carta de liberdade. Em momento algum do documento transcrito Calisto se refere a Florentina como sua filha. Calisto reafirmava, sim, um *modus operandi*, da maior parte dos senhores escravistas. Dizia-se "senhor e possuidor de uma escrava parda de nome Florentina", que alforriava de sua livre e espontânea vontade, sem constrangimento algum. Dizia ainda que Florentina era liberta daquele dia para sempre e que, desde já, passava a gozar de sua plena liberdade como se de ventre livre tivesse nascido, e que ninguém a poderia chamara novamente ao cativeiro "por qualquer pretexto que seja". Florentina foi liberta "sem clauzula ou condição", e "para firmeza e segurança" de sua liberdade lhe passava carta de liberdade no livro de notas. Não havia menção paternidade de Florentina, "amor paternal", ou qualquer outra justificativa que não a de um senhor que, por sua livre e espontânea vontade, libertava sua propriedade, apesar do vínculo consanguíneo entre Florentina e seu pai Calisto.[22]

Auta foi escrava liberta em 23 de agosto de 1887. A escrava fazia parte do espólio do falecido capitão Virgilio Ribeiro de Rezende. Só que para Auta havia a condição de servir ao filho da proprietária, Estevão Ribeiro de Assis Rezende, "o tempo que o mesmo mandar". No fim da carta, ficamos sabendo que isso seria no prazo de seis anos. O filho da proprietária entrou com o valor "de tabela" da referida escrava bem como com os aluguéis dela. Auta,

---

21 Cartório Distrital de São Pedro de Alcântara (Simão Pereira). Livros de Notas e Escrituras Públicas. AHJF. Livro 6, f. 15-15v.

22 Cartório Distrital de São Pedro de Alcântara (Simão Pereira). Livros de Notas e Escrituras Públicas. AHJF. Livro 5, f.17.

contudo, era mãe, e seu filho não foi esquecido nessa transação. Dona Polucena renunciava aos serviços do ingênuo Adão, filho da libertanda, que ficava "debaixo da proteção do referido seu filho Estêvão Ribeiro de Assis Rezende".

Em janeiro de 1874, foi apresentada pelo escravo Joaquim, para registro, sua carta de liberdade. No texto, Josué Antonio de Queiros, declarava que Joaquim, cozinheiro e de nação "cambinda", ficava forro para sempre devido aos serviços que "me tem prestado durante sua mocidade". Joaquim poderia gozar de sua liberdade, no entanto ficava "*prohibido* de ir ao Juiz de Fora".[23]

Estabelecer condições para entrar no usufruto da liberdade formava parte das práticas disciplinares e das tentativas de manutenção de poder dos senhores. Na Fazenda dos Coqueiros, em 2 de fevereiro de 1879,[24] Joaquim Luis da Silva afirma: "sou senhor e possuidor" de uma escrava africana de 80 anos. Assim foi lavrada a carta de Isabel, a africana de 80 anos, pouco mais ou menos. Uma cativa idosa, sem dúvida, mas que, apesar da idade, não pode usufruir de sua completa liberdade. Joaquim Luis da Silva não a dispensou de servi-lo até a "minha morte". Somente depois disso ficaria Isabel, com seus cerca de 80 anos, livre "para sempre". Não é possível saber a idade de Joaquim, no entanto, não é difícil imaginar a "crueldade" que esse ônus estabelecia para Isabel.

Aos 27 de fevereiro de 1886, no Arraial do Chapéu d'Uvas, Francisco Martins Barbosa Junior, declarou que, atendendo aos "bons comportamentos e serviços prestado pela minha escrava, Candida, de cor preta, de trinta e nove anos de idade, solteira (...) resolvi gratificala com sua liberdade". Seguia Francisco Martins dizendo que "a condição porem da mesma escrava prestar-me alguns serviços quando eu chamar; e não prestar obediência a erdeiros meus, e ficar também obrigada a mesma escrava morar de minha agregada, e bem assim gosara de sua liberdade dois filhos de Candida, isto é, Pedro, de cor parda, de dose annos de idade, e Antonio, de cor parda, de cinco annos de

---

23   Cartório Distrital de São Pedro de Alcântara (Simão Pereira). Livros de Notas e Escrituras Públicas. AHJF. Livro 8, f. 40.

24   Cartório Distrital de Chapéu D'Uvas (Paula Lima). Livros de Notas e Escrituras Públicas. AHJF. Livro 7, f. 132.

idade, os quais gosarão de suas liberdade de hoje em diante, os dois somente Pedro e Antonio".[25]

Havia uma construção discursiva da liberdade, expressa nas fontes, e que revela um mundo de relações simbólicas e reais onde se encontravam senhores e cativos, que apontam também para visões senhoriais e cativas sobre a liberdade, e, ainda, apontam para as fronteiras incertas entre a escravidão e a liberdade. Com as diversas transformações ocorridas a partir, sobretudo, da segunda metade do século XVIII no Ocidente, as ideias e os significados sobre escravidão e liberdade adquiriram novos significados, alguns deles perceptíveis nos discursos, práticas e documentação.

O alferes[26] Feliz Gonçalves da Costa, morador no distrito do Engenho do Chapéu d'Uvas, termo da cidade de Barbacena, comarca do Rio Paraibuna, apresentou, aos 13 de maio de 1844, perante o tabelião, algumas cartas de liberdade na forma de "publico instrumento de carta de liberdade". Declarava o alferes que era senhor e possuidor de um mulatinho de menor idade, "hum ano pouco mais ou menos", chamado Manoel, filho de sua escrava Marianna, crioula. Ele o declarava como forro para todo o sempre, no valor de 90$000 (noventa mil réis), "por ser minha cria e por circunstancias que tenho faço-lhe esta *esmola* e por ter amor o forro e liberto o dito do cativeiro como se nassece de ventre livre de sua may". Apesar de dispensar a quantia estipulada pelo alferes, a carta apresentava ainda outra condição para a liberdade do mulatinho Manoel. Ele deveria "gosar de sua liberdade livremente sem constrangimento de pessoa alguma", no entanto, "ficando somente sujeito ao cativeiro emquanto eu for vivo e minha mulher, Dona Florentina Garcianna de Barbosa, o qual nos servirá somente emquanto formos vivos e por nossos falecimentos ficará livre e desimpedido para gosar de sua liberdade". Havia ainda uma cláusula, na carta de liberdade, de que o mulatinho deveria viver "sempre em companhia de sua irmã Jesuina para a amparar a mesma de quem já lhe passei sua carta de liberdade *e por ser esta a minha vontade*".

---

25 Cartório Distrital de Chapéu D'Uvas (Paula Lima). Livros de Notas e Escrituras Públicas. AHJF. Livro 11, f. 69.

26 Cartório Distrital de Chapéu D'Uvas (Paula Lima). Livros de Notas e Escrituras Públicas. AHJF. Livro 2, f. 4v.

Tensões políticas, cidadania e trabalho no longo Oitocentos

No mesmo documento, o alferes Feliz Gonçalves da Costa apresentava outras cartas de liberdade. Uma delas dizia respeito ao mulatinho, de menor idade, "hum ano pouco mais ou menos", chamado Adão, avaliado em 80$000 (oitenta mil réis), filho de sua escrava Marianna, crioula. Adão, mulatinho, obteve a mesma "*esmola*" que Manoel. Ou seja, sua plena liberdade, mas que só se efetivaria após a morte do alferes e de sua esposa. Havia, para Adão, uma cláusula que era a de viver sempre em "companhia de sua irmã e afilhada Claudina, a quem tao bem pacei carta de liberdade".

O alferes continuava a distribuir "esmolas". Ana, mulatinha de "hum ano mais ou menos", filha de sua escrava Valentina, crioula, a forrava no valor de 80$000 (oitenta mil réis), "por ser minha cria". Pelo "amor" que tinha pela dita mulatinha Eva, o alferes a forrava. Assim, como Manoel e Adão, mulatinhos, "so viverá sujeita ao captiveiro enquanto eu for vivo e minha mulher (...) por nossos falecimentos ficara livre e desimpedida para gosar de sua liberdade". Mas havia uma cláusula: Ana, mulatinha, deveria ficar ainda "sujeita hum ano na [?] de minha filha Dona Maria Esmenia de Barboza afim desta dar estado quando já o não tenha de casamento".

O mulatinho João, de menor idade, no valor de 60$000 (sessenta mil réis), filho de sua escrava Marianna, crioula, foi outro liberto pelo alferes Feliz. As justificativas para essa "esmola" eram as mesmas dos mulatinhos já citados, e, aqui também havia a cláusula de que fica "somente sujeito ao cativeiro emquanto eu for vivo e minha mulher (...)". A cláusula para a efetiva liberdade de João era a de servir sempre "em companhia de sua irmã Marcelina a quem já pacei carta de liberdade".

Severino, mulatinho de 1 ano, mais ou menos, também foi alforriado pelo alferes. Era filho da escrava Valentina, crioula, avaliado em 50$000 (cinquenta mil réis). "Dou a sua liberdade de hoje para todo o sempre e por ser minha cria e por cinscunstancias que tenho o faço esta esmola e por lhe ter amor o forro e liberto dito do captiveiro". As mesmas palavras para justificar a liberdade. Severino, assim como seus companheiros, deveria ficar, no entanto, sujeito ao cativeiro enquanto seus senhores fossem vivos. Mas, não sem cláusula, deveria viver em "companhia de sua irmã Anna a quem já pacei carta de sua liberdade".

Marcellina, mulatinha, com mais ou menos a mesma idade dos outros libertos, filha da escrava Marianna, crioula, conquistou sua liberdade. Marcellina foi avaliada em 50$000 (cinquenta mil réis) e era "cria" do alferes Feliz. Ficava sujeita somente ao falecimento do alferes e sua mulher, Dona Florentina, para ficar livre e desimpedida para gozar de sua liberdade. A cláusula para a alforria de Marcellina mulatinha, era a de ficar na companhia da filha do casal Feliz e Dona Florentina, Dona Maria Esmeria de Barboza, "afim desta lhe dar Estado quando já o não tenha tomado".

Outra carta de liberdade foi copiada, "bem e fielmente", pelo tabelião e lavrada no livro de Notas. Era a de Claudina, mulatinha, com pouco mais ou menos 1 ano de idade, filha de Joaquina, de nação Rebolla, já falecida. Sessenta mil réis era o valor de Claudina. O alferes Feliz utilizou os mesmos argumentos para esclarecer sua liberdade: "minha cria", "esmola", "por lhe ter amor". E também as mesmas justificativas para sua efetiva liberdade: "ficando somente sujeita ao cativeiro", "enquanto eu for vivo e minha mulher", "e por nosso fallecimento ficará livre". A cláusula para Claudina era a de viver, na companhia de sua filha, Dona Maria Esmeria de Barbosa, para que esta lhe desse "estado quando já não o tenha tomado". Jesuina, mulatinha, filha de Joaquina, nação Rebolla, já falecida, avaliada em 70$000 (setenta mil réis), era outra cativa que deveria ficar na companhia de sua filha, Dona Maria Esmeria de Barbosa, filha do alferes, para que esta lhe desse "estado quando já não o tenha tomado".

Para os senhores, alforria não necessariamente implicava no rompimento de laços de dependência e de submissão no pós-libertação porque, como dito por uma senhora de escravos (em testamento): "sempre é bom que os forros tenham quem olhe para eles".[27]

Sem perder de vista a vontade senhorial, Maria Beatriz Nizza da Silva, por exemplo, chamou a atenção para "A iniciativa de todo o processo foi tomada às vezes pelos escravos e o estudo desses casos revela uma complexidade

---

27 GUEDES, Roberto. *Porque sempre é bom que os forros tenham quem olhe para eles.* Benignidade senhorial e libertos submissos na cidade do Rio de Janeiro (primeira metade do século XVIII). *In:* SECRETO, Verónica & FREIRE, Jonis (org.). *Formas de liberdade:* gratidão, condicionalidade e incertezas no mundo escravista nas Américas. Rio de Janeiro: Mauad X; Faperj, 2018, p. 204.

maior do que aquela que se encontra nos testamentos ou nas cartas de alforria [e por que não dizer em outras fontes] passadas pelos senhores em tabelião".[28]

Relações familiares, sociabilidades e solidariedades

As relações familiares consanguíneas e as oriundas de redes de solidariedade/sociabilidade, como o apadrinhamento, constituíram-se fundamentais para os projetos de liberdade dos cativos. A liberdade para estes ancorava-se na perspectiva de uma vida melhor para eles e seus familiares em sua nova condição jurídica, projeto no qual muitos participaram. Para tanto, como pudemos perceber, os escravos não se furtaram a cada vez mais lutar para retirar da escravidão suas mães, pais, filhos, avós, primos, afilhados... aqueles com quem iriam reconstruir suas vidas no mundo da liberdade. "Para o escravo que tinha laços familiares, não bastava a liberdade individual. Ele buscava, persistentemente e das formas mais variadas, por meios legais, ilícitos ou até desesperados, livrar a si e aos seus do cativeiro."[29]

Um caso interessante sobre a importância das relações familiares para a alforria, foi o Antonio José Simões, que vale a pena relembrar. No dia 26 de maio de 1879, o liberto Antonio José levou ao conhecimento do juiz de Órfãos o caso de Eva e seus filhos, Nicolao e Antonio, que pertenceram à finada Dona Francisca Benedicta de Miranda Lima.[30] Os escravos foram avaliados no inventário em 5:000$000 (cinco contos de reis).

De acordo com Antonio José Simões, a sua ex-senhora havia recebido a quantia de 3:000$000 (três contos de réis) para liberdade dos escravos, o que se podia verificar pelos recibos juntados ao inventário. O suplicante seguiu dizendo que mesmo não tendo assinado passando-lhes em vida a carta de liberdade, vinha requerer sua alforria "(...) usando do favor da lei do [elemen-

---

28 SILVA, Maria Beatriz Nizza da. A luta pela alforria. *In*: SILVA, Maria Beatriz Nizza da (org.). *Brasil*: colonização e escravidão. Rio de Janeiro: Nova Fronteira, 2000, p. 297.

29 REIS, Isabel Cristina Ferreira dos. *Histórias de vida familiar e afetiva de escravos na Bahia do século XIX*. Salvador: Centro de Estudos Baianos, 2001, p. 111.

30 Inventário *post mortem* de Dona Francisca Benedicta de Miranda Lima, 1877. Arquivo Histórico da Universidade Federal de Juiz de Fora (Doravante AHUFJF), ID: 684, Cx.: 89B, f. 128.

to?] servil, libertá-los pela avaliação (...)".[31] Antonio Simões argumentava ainda que, como já havia entregado 3:000$000 à inventariada Dona Francisca, devia-se acrescer a esse valor os juros à razão de 6%, elevando o valor para 4:075$000 (quatro contos e setenta e cinco mil réis).

O suplicante se dizia pronto a entrar com o restante, a fim de lhes passar suas cartas de liberdade. Concluindo sua petição, pediu que fossem ouvidos os herdeiros e o doutor curador,[32] que não se opuseram, levando o juiz a determinar que se passasse a carta de liberdade de Eva e de seus filhos Nicolao e Antonio, mediante o pagamento dos 925$00 que restavam. Após a entrega do remanescente, Antonio José Simões passou procuração ao Dr. Marcellino de Assis Tostes, para requerer no inventário de Dona Francisca a liberdade dos três.

Talvez o fato de Antonio José Simões ter podido, pelo menos aparentemente, conseguir a liberdade de Eva e seus filhos, sem qualquer oposição por parte dos herdeiros ou de outrem, assim como conseguir que o valor dos juros pudesse ter sido agregado à quantia já entregue por ele, residia no fato de que era afilhado de Dona Francisca Benedicta de Miranda Lima. Podemos ter acesso a essa informação no primeiro recibo passado por essa senhora, no qual ela diz: "Fica em meu poder dois contos de reis que meu afilhado Simões entregou-me para eu poder libertar os escravos Eva, Nicolau e Antoninho. Cachoeira, 25 de janeiro de 1873".[33]

Supõe-se que Antonio Simões era marido de Eva, parda, e pai de Antonio e Nicolau, pardos. O fato de ter sido ex-escravo e afilhado de Dona Francisca Benedicta possibilitou a esse indivíduo as estratégias necessárias para a consecução de seu intento. Antonio José Simões, ao que tudo indica, agarrou essas oportunidades e foi hábil em adquirir pecúlio, o que pode ser

---

31 Idem, f. 128.

32 Os curadores eram protetores legais que representavam os indivíduos perante o tribunal. A designação destes "era usual nos casos que envolviam pessoas não consideradas legalmente adultas – filhos menores, deficientes mentais e escravos". GRAHAM, Sandra Lauderdale. *Caetana diz não*: histórias de mulheres da sociedade escravista brasileira. São Paulo: Companhia das Letras, 2005, p. 24.

33 Inventário *post-mortem* de Dona Francisca Benedicta de Miranda Lima, 1877. AHUFJF, ID: 684, Cx.: 89B, f. 132.

Tensões políticas, cidadania e trabalho no longo Oitocentos   *271*

demonstrado pelas avultadas somas que pagou à sua madrinha e ex-senhora. As solidariedades estabelecidas por esse ex-escravo com os Paula Lima, sem dúvida, têm relação com o sucesso nas negociações que levaram à liberdade de Eva, Antonio ou Antoninho e Nicolau. Isso é notório, inclusive, pela não oposição por parte dos herdeiros quando da petição encaminhada por ele objetivando libertar seus entes queridos.

Se realmente tratava-se de uma família, os esforços empreendidos por Simões demonstram cabalmente a vitalidade dos laços afetivos entre os cativos, e a obstinada tentativa de retirar do jugo do cativeiro seus parentes. Conjuntamente, devemos destacar as estratégias que devem ter feito parte dessa negociação sempre tão melindrosa, entre escravos, ex-escravos e aqueles senhores que detinham o monopólio da posse de seus entes mais amados.

Como dissemos, outras relações para além das consanguíneas possibilitaram o trânsito entre a escravidão e a liberdade. Seiscentos mil reis foi a importância que o senhor Bento Rocha Vaz pagou pela alforria da escrava Jacintha, mulata, filha da escrava Delmira. A quantia foi angariada por meio de uma "subscripção" que o senhor Bento promoveu entre seus amigos para a liberdade de Jacintha que, a partir de então, 12 de fevereiro de 1873, passava a gozar de todas as "regalias de sua liberdade".

Outro cativo que levou sua própria carta de liberdade para ser lançada em cartório foi João Congo. João foi escravo do finado Alexandre Cardoso Ribeiro e teve como seu "abonador" o reverendo vigário Manoel da Silveira Grato. A viúva e meeira de Alexandre disse que João Congo era avaliado em 200$000 (duzentos mil réis) e que o libertava pelo valor referido. A viúva dizia ter recebido 72$510 (setenta e dois mil quinhentos e dez reis) e que o restante que "fica a dever que hé sento e vinte e sete mil e quatrocentos e noventa reis; será satisfeito no prazo de hum ano pelo seu abonador o senhor Reverendo Vigario Manoel da Silveira Grato, que paçou credito nesta mesma data e por ser este beneficio expontaneo sem constrangimento de pessoa alguma lhe pacei este título de liberdade".[34]

---

34   Cartório Distrital de Chapéu D´Uvas (Paula Lima). Livros de Notas e Escrituras Públicas. AHJF. Livro 2, f. 30v.

O registro da carta de liberdade do escravo João da Silva é um bom indício de como as relações estabelecidas entre os "fundadores da senzala" e seus proprietários poderiam gerar ganhos como a liberdade. Em 2 de janeiro do ano de 1874, no distrito de São Pedro de Alcântara, termo do juiz de fora José Marciano da Silva Brandão registrou a carta de liberdade de João. Dentre as informações para justificar "esse favor", o senhor José Marciano dizia que tinha consideração por seus relevantes serviços e por tê-lo servido bem sempre. E *"demais ter sido o meu primeiro escravo e durante o tempo de seu cativeiro nunca deo-me desgosto nem de fuga, sabendo sempre proceder como pessoa de bem"*.35

Essa longevidade no cativeiro também beneficiou Manoel, pardo-claro, escravo de Pero Antonio Rodrigues Salgado, que, aos 21 de outubro de 1872, registrou sua carta de liberdade. O proprietário dava suas justificativas para a liberdade: "Em atenção a amizade que consagro ao mês escravo Manoel, pardo claro, em consequência de o ter criado desde o seu nascimento até a presente data em que aproximadamente acha-se com a idade de dezenove anos mais ou menos, tendo em tempo algum *causado desgostos a mim ou a qualquer pessoa de minha família, tendo pelo contrario servido sempre com fidelidade e tornando-se digno da maior estima e contemplação;* resolvi muito espontaneamente sem inducção ou seducção, ou constrangimento, digo constrangimento de pessoa alguma conceder-lhe, como pela presente carta lhe concedo, plena e irrevogável liberdade como se fora nascido de ventre livre, mediante o pagamento da módica quantia de seiscentos mil reis que estabeleço como preço de sua liberdade, não fazendo gratuitamente em attenção ao meu estado de [?] pobreza".[36] Aqui, mais um exemplo de documento que visava dar protagonismo ao senhor e que ocultava, apesar do pagamento feito por Manoel, pardo-claro, a inciativa do escravo.

---

35   Cartório Distrital de São Pedro de Alcântara (Simão Pereira). Livros de Notas e Escrituras Públicas. AHJF. Livro 7, f. ?

36   Cartório Distrital de São Pedro de Alcântara (Simão Pereira). Livros de Notas e Escrituras Públicas. AHJF. Livro 7, f. 13v?

Liberdade natural, reescravização e agência escrava

Como afirma Roberto Guedes, quando manumitiam em suas últimas vontades, "geralmente os amos se valiam de expressões que remetiam mais ao ´ficar livre' ou ´isento da escravidão´ do que a afirmação de uma liberdade como *autonomia* ou algo equivalente".[37] No entanto, no recorte que estamos estudando, o vocabulário da liberdade era outro.

Em 1º de novembro de 1870, também em Chapeu d´Uvas,[38] foi lançada a carta de liberdade de um pequeno escravo, de nome Clariano, pardo, de 2 anos de idade. Segundo José Joaquim de Sousa Cintra e sua mulher, Clariano era, a partir daquela data, "*cidadão livre*, como se livre nascesse, podendo assim gosar de todas as garantias correspondentes ao *cidadão livre*". Clariano era filho de Maria, que ainda era escrava dos mesmos senhores. Os proprietários, assim como outros o fizeram, declaravam que nem eles, nem seus herdeiros poderiam "jamais chama-lo ao cativeiro".

Ovidio Fabiano Alves apresentou carta de liberdade para ser lançada no Juízo de Vargem Grande. Dizia o senhor, em 1º de maio de 1888, que declara "livre a fim de que goze *de sua liberdade natural* a escravizada Helena, de vinte e um anos de idade, filha da preta Custodia (...) *independente de condição alguma*".[39] No mesmo dia, mês e ano dava liberdade, também, a fim de que "goze de sua *liberdade natural* ao escravizado de nome Philippe (...) independente de condição alguma". A mesma "*liberdade natural*" obtiveram, em 25 de abril de 1888, a "escravizada Mathildes, de vinte e oito anos de idade, filha da parda Saturnina" e outro filho da parda Saturnina, "o escravizado Abel, de vinte e cinco anos de idade". Ironicamente, todas as cartas de liberdade foram transcritas, lavradas e lançadas em cartório em 13 de maio de 1888.

---

37 GUEDES, Roberto. *Porque sempre é bom que os forros tenham quem olhe para eles*. Benignidade senhorial e libertos submissos na cidade do Rio de Janeiro (primeira metade do século XVIII). *In:* SECRETO, Verónica & FREIRE, Jonis (orgs.). *Formas de liberdade:* gratidão, condicionalidade e incertezas no mundo escravista nas Américas. Rio de Janeiro: Mauad X; Faperj, 2018, p.178.

38 Cartório Distrital de Chapéu D´Uvas (Paula Lima). Livros de Notas e Escrituras Públicas. AHJF. Livro 6, f. 42.

39 Cartório Distrital Vargem Grande (Belmiro Braga). Livros de Notas e Escrituras Públicas. AHJF. Livro 21, f. 43.

Honorio Fabiano Alves foi outro senhor que apresentou cartas de liberdade para serem lançadas no Juízo de Paz. O argumento da *liberdade natural* também foi invocado por Honorio em 1º de maio de 1888. De acordo com o teor da carta de liberdade passada por ele, estava livre para usufruir de "sua *liberdade natural*, o escravizado Mariano (herança da mãe)". Na mesma data, declarou livre, devido ao seu direito *natural*, o escravo Raymundo (herança da mãe), bem como Gregorio (herança da avó), Azarias (herança da sogra), José (herança do sogro), Vicente (herança da sogra), Carolina (herança da sogra), Blandina (herança do sogro), Paulina (herança do sogro), Francisca (herança da sogra) e ainda Generoza (herança da sogra). Finalizava, em 13 de maio de 1888, o escrivão dizendo que nada mais havia para declarar, tendo ele, o escrivão, fielmente copiado dos originais das próprias cartas apresentadas por Honorio Fabiano Alves.

Os casos acima e outros com vocabulário semelhante, sobretudo nos anos finais do Oitocentos, apontam uma afirmação da liberdade como autonomia, diferente, por exemplo, do apontado por Roberto Guedes para o Rio de Janeiro Setecentista, onde, segundo ele, liberdade era palavra pouco utilizada, e os "amos" se valiam de expressões que sublinhavam mais o "ficar livre" ou "isento da escravidão".

Não encontramos só transcrições/lançamentos de cartas de liberdade nos livros cartoriais. Francisco Martins Barbosa fez uma escritura pública de "ratificação da revogação da liberdade das escravas Valentina e Carlota". Francisco R [?] de Oliveira compareceu ao cartório para, junto com Francisco Martins, ratificar a revogação da "liberdade condicional', que deu às suas escravas Valentina e Carlota. O senhor dizia que já havia feito a revogação pela "venda das mesmas escravas a Francisco Martins Barbosa e contra toda a legalidade". Portanto, dizia ele, as cartas de liberdade que lhes havia passado e "rasgou" tinham a condição de "começarem a vigorar para depois de sua morte e por firmesa e segurança das vendas feitas mandou passar a presente escritura publica".[40] A possibilidade de reescravizacão permanecia

---

40   Cartório Distrital de Chapéu D'Uvas (Paula Lima). Livros de Notas e Escrituras Públicas. AHJF. Livro 3, f. 2.

Tensões políticas, cidadania e trabalho no longo Oitocentos

aberta como garantia ou forma de punição, em caso de as obrigações morais esperadas não serem satisfeitas.

Diferentemente do caso acima exposto, localizamos o do escravo Francisco Caburé. Em 16 de julho de 1883, Julio César Pinto Coelho levou ao conhecimento do juiz de Órfãos um fato, no mínimo, curioso, relembrou ao senhor juiz a arrematação que fez de alguns escravos do espólio da finada Dona Francisca Benedicta, na qual ele se comprometeu a conceder liberdade aos cativos que arrematou, no prazo de cinco anos.

> Aconteceu, porém, que entre os referidos escravos, logo após a aceitação da proposta, o de nome Francisco Caburé declarou ao suplicante em presença de Vossa Senhoria e de diversas pessoas presentes não aceitar o favor a que o suplicante se comprometera, preferindo permanecer no captiveiro a gosar dos benefício prometido.
>
> Nestes termos não desejando o suplicante contrariar o referido escravo, que obstinadamente se recusa acompanhar o suplicante, requer a Vossa Senhoria se digne declarar sem efeito a arrematação do mesmo, sustentando o suplicante a sua proposta e oferta com relação aos demais escravos compreendidos na referida proposta que apresentou para arrematação [...].[41]

Julio César realmente arrematou os cativos sob a condição de libertá-los no prazo estipulado de cinco anos, e mais, tudo indica que era sua intenção cumprir o benefício prometido. Julio Cesar não se opôs à vontade de Francisco Caburé, pardo, solteiro, de 34 anos, preferindo não o contrariar, talvez por medo de ter junto a si um cativo insatisfeito, o que lhe podia trazer muitos aborrecimentos. Por que Francisco Caburé, ainda jovem, não queria sair de sua condição de cativo rumo à liberdade? Difícil dizer qual foi o raciocínio daquele escravo. Mas, certamente, havia uma estratégia.

Seria o novo senhor um indivíduo extremamente violento, a ponto de incutir um medo mortal no cativo? Mas, se assim o fosse, esse era um aspecto desconhecido dos outros cativos, que não se opuseram a aceitar a alforria oferecida pelo senhor Julio César?

---

41 Inventário *post mortem* de Dona Francisca Benedicta de Miranda Lima, 1877. AHUFJF, ID: 684, Cx.: 89B, f. 171-171v.

É possível que, ao contrário de seu estado de solteiro, Francisco possuísse um relacionamento com alguma cativa. Pensamos que a condição de solteiro atribuída a ele, e não a de casado, possa dizer algo a respeito de um enlace matrimonial não sacramentado perante a Igreja Católica. Muitas vezes, mesmo os cativos com relacionamentos duradouros, não sacramentados, eram descritos como solteiros. Se isso aconteceu, é uma demonstração inequívoca do quanto eram fortes as relações familiares cativas, ou seja, valia tudo para manter junto a si os entes queridos, e, no caso de Francisco Caburé, até mesmo se sujeitar a manter a condição de cativo, mas permanecer com seus familiares.

Outra hipótese que podemos apontar é a de que Francisco estivesse à espera de um senhor "específico". Podia ser um dos herdeiros, com quem tinha um relacionamento um pouco mais próximo, que o fosse presentear com uma carta de liberdade, com alguma condição que lhe interessava mais ou, ainda, esperava ser libertado pelo fundo de emancipação ou por uma entidade abolicionista. Entretanto, isso se podia dar mesmo que ele pertencesse a um novo dono. Francisco Caburé podia, não querer apartar-se daquela comunidade escrava, que lhe serviu de sustentáculo em grande parte de sua vida. Todavia, se esta última foi sua intenção, o êxito deve ter sido difícil, pois conseguimos perceber que o edital de praça contou com muitos compradores, como o senhor Julio César.

A história de Caburé é bastante inusitada, e, talvez, nenhuma das hipóteses que procuramos levantar seja plausível ou ainda podem ser complementares. Quem sabe? No entanto, cabe ressaltar que Francisco Caburé conseguiu ter sua vontade respeitada; não era só o senhor escravista o detentor dessa prerrogativa. Os cativos também tinham suas vontades, e, muitas vezes, delas se utilizaram com êxito. Outra hipótese, que pode ser pensada, diz respeito à futura liberdade daquele indivíduo. Talvez Francisco Caburé tenha achado mais seguro manter-se escravo, diante das incertezas e dos temores de uma vida difícil no mundo da liberdade. A passagem da escravidão para a liberdade era algo difícil, e tão difícil quanto se tornar livre era o trânsito nesse "novo mundo" da liberdade, fato que, certamente, era do conhecimento de muitos daqueles escravizados.

Senhores de muitos escravos e poucas alforrias: outra vez[42]

Os estudos utilizando o método da ligação nominativa de fontes acompanhando sujeitos em diversos documentos demonstram uma tendência no Sudeste, colonial e imperial, de que as alforrias eram mais comuns em pequenas posses do que nas posses maiores.

Como tentei demonstrar até o momento, os caminhos para a conquista e a manutenção das liberdades, bem como as incertezas, contradições e as ideias sobre seus significados, foram marcados por precariedades, ambiguidades e singularidades.

Nesse sentido, a maneira pela qual se deu o trânsito, esses dois mundos constituíram-se como condição para sua efetividade, em especial, a questão do tamanho das posses e suas diferentes atividades econômicas. De acordo com algumas pesquisas, as conjunturas demográficas influenciaram nas proporções das taxas de manumissão. Recentemente, estudos sobre o tamanho das posses e a quantidade de alforrias praticadas pelos senhores têm demonstrado uma tendência a uma correlação inversa entre o tamanho da propriedade e a proporção de alforriados. Ou seja, quanto maior o número de cativos de uma propriedade, menores as percentagens de alforria.

Segundo o historiador Robert Slenes, baseando-se em seis análises sobre as alforrias testamentárias em Minas Gerais, Rio de Janeiro e São Paulo, entre os séculos XVIII e XIX, as manumissões de acordo com os tamanhos das propriedades sugerem largos contrastes. Segundo seus cálculos, os "pequenos" proprietários de cativos (1-20 cativos) alforriaram proporcionalmente cerca de 2,9 a 17,8 vezes mais escravos do que os "grandes" (+ de 40 cativos ou + de 20 para um dos estudos).[43]

---

42   Esse aspecto foi tratado também em: FREIRE, Jonis. *Escravidão e família escrava na Zona da Mata Mineira oitocentista*. São Paulo: Alameda, 2014.

43   As seis análises referidas pelo autor são PAIVA, Eduardo França. *Escravidão e universo cultural na colônia*: Minas Gerais, 1716-1789. Belo Horizonte: Editora da UFMG, 2001. SOARES, Márcio de Sousa. *A remissão do cativeiro*: alforrias e liberdades nos Campos dos Goitacases, c.1750 – c.1830. Niterói, RJ: Universidade Federal Fluminense, 2006. (Tese de Doutorado em História). *Egressos do cativeiro*: trabalho, família, aliança e mobilidade social (Porto Feliz, São Paulo, c.1798-c.1850). Rio de Janeiro: Mauad X: Faperj, 2008. e FERRAZ, Lizandra Meyer.

O estudo de Paiva, sobre a Comarca do Rio das Velhas e Rio das Mortes, o historiador percebeu que, nas duas regiões, os pequenos proprietários alforriaram um maior número de cativos. Nas duas comarcas, conjuntamente, os senhores de um a cinco cativos alforriaram 29,4%; os de seis a dez, 23,5%; os de 11 a 20, libertaram 15,0%; enquanto os possuidores de 21 a 40 escravos, e os com mais de 41, alforriaram, respectivamente, 7,4% e 2,8%.

Na cidade do Rio de Janeiro do século XIX, onde as manumissões raramente eram gratuitas, as cartas de alforria demonstram que "o típico senhor que alforriava escravos não era o grande fazendeiro ou portador de título de nobreza, mas um homem de posição social média de profissão urbana".[44]

Ricardo Salles, referindo-se às alforrias dadas durante o processo de inventário, não incluindo em sua análise as manumissões em testamentos, averiguou que em áreas rurais da província fluminense, as *plantations* "maduras tendiam a alforriar menos. E no interior dessas áreas, a alforria era mais rara nos plantéis das *plantations* do que nas médias e pequenas propriedades ou posses de escravos".[45]

Analisando as alforrias entre 1839 e 1880, Salles concluiu que, tomadas em conjunto, as alforrias em Vassouras, registradas em inventários, 60,66% delas foram doadas pelos micro (um e quatro cativos), pequenos (cinco a 19 cativos) e médios proprietários (20 a 49 cativos). Enquanto os mega (mais de

---

Testamentos, alforrias e liberdade: Campinas, século XIX. Campinas: Universidade Estadual de Campinas, 2006. (Trabalho de Conclusão de Curso). No caso da pesquisa empreendida por Lizandra, inclui-se também as alforrias no decorrer do inventário. Mais recentemente, Slenes alargou suas constatações e análises em SLENES, Robert. "A ´Great Arch` Descending?": Manumission Rates, Subaltern Social Mobility and Slave and Free(d) Black Identities in Southeastern Brazil, 1791?1888. In: John Gledson; Patience A. Schell. (org.). *Rethinking Histories of Resistance in Brazil and Mexico*. Durham - Carolina do Norte: Duke University Press, 2012. SLENES, Robert. Peasants into Precarious Masters: Hard Bargaining and Frequent Manumission in Brazilian Small Slave Holdings, c. 1750-1850. In: Sabyasachi Bhattacharya; Rana P. Behal. (org.). *He Vernacularizaion of Labour Politics*. New Delhi: Tulika Books, 2016.

44 KARASCH, Mary C. *A vida dos escravos no Rio de Janeiro (1808-1850)*. São Paulo: Companhia das Letras, 2000, p. 440.

45 SALLES, Ricardo. *E o Vale era o escravo. Vassouras, século XIX. Senhores e escravos no coração do Império*. Rio de Janeiro: Civilização Brasileira, 2008.

cem cativos) e grandes proprietários (50 até 99 escravos) foram responsáveis por 39,34%. Todavia, o pesquisador verificou que, a partir de 1836/1850, os mega e grandes possuidores de cativos nunca possuíram menos do que 70% dos alforriados em inventários. "Fato que mostra claramente que a prática das alforrias era mais incomum entre grandes megaplantéis."[46]

Roberto Guedes Ferreira, em estudo sobre a localidade de Porto Feliz (SP), c.1798 – c.1850, encontrou, dentre os testamentos que pesquisou, 272 senhores escravistas, e 144 deles (53%) libertaram escravos naquele ato de última vontade. Os pequenos, médios e grandes testamenteiros libertantes alforriaram, respectivamente, 30,4%, 15,6% e 6,4% dos seus escravos.

Embora não realize, sobre essa questão, uma análise de maneira direta, o estudo de Cristiano Lima da Silva a respeito das alforrias na pia batismal em São João Del Rei, entre os anos de 1750-1850, demonstrou que essa modalidade de alforria também beneficiava proporcionalmente mais os cativos pertencentes a pequenos proprietários do que aqueles pertencentes aos de grandes posses.[47] Foram 63 os escravistas que alforriaram crianças na pia, e cujos inventários *post mortem* foram localizados. Somando-se todas as propriedades que tinham entre 1-19 escravos na hora da morte do senhor, os alforriados na pia equivaliam a 30,5% do total de cativos. Já nas posses com 20 cativos ou mais, esses libertandos correspondiam a 3,4% do total inventariado. Refinando ainda mais essas cifras, podemos conhecer mais de perto as percentagens de crianças alforriadas, de acordo com o tamanho da posse. Os proprietários que possuíam entre um e quatro cativos na hora da morte haviam alforriado 24 (equivalente a 55,8% dos escravos inventariados); os com 5-9 libertaram 23 (27,4% dos inventariados) e os com posses em escravos entre 10-19 deram liberdade a quatro (10,0%). Já os proprietários com 20 a 39 e com mais de 40 escravos alforriaram oito e sete cativos, o que equivalia, respectivamente, a 3,9 e 2,9%.[48]

---

46 Ibidem, p. 291.

47 SILVA, Cristiano Lima da. *Como se livre nascera*: a alforria na pia batismal em São João Del Rei (1750-1850). Niterói, RJ: Universidade Federal Fluminense, 2004. (Dissertação de Mestrado em História).

48 Como já dissemos, o autor não fala sobre esses dados no texto de sua dissertação. A análise de tais dados foi feita baseada em SILVA, Cristiano Lima da. 2004, Anexo 2 (p. 151), na qual

Marcio Soares, em seu estudo sobre Campos dos Goytacazes (RJ), no século XVIII e na primeira metade do XIX, chegou a conclusões semelhantes. Visualizando as alforrias em testamento (dadas por testadores libertantes), o pesquisador percebeu que, proporcionalmente, quanto maiores eram as fortunas dos testadores, menores as chances de alforrias. Também chamou a atenção para o fato de que as proporções entre alforriados pertencentes a testadores sem herdeiros eram sempre maiores do que as entre aqueles que pertenciam a testadores com herdeiros. A maior ou menor presença dos herdeiros era fundamental para a liberdade dos cativos.

As alforrias nos inventários com testamento demonstram que mais da metade dos pequenos e grandes senhores alforriaram na hora da morte, e em números absolutos, os maiores possuidores de cativos deram mais alforrias que os pequenos. Todavia, olhando primeiro para os casos de "testadores libertantes" (Tabela I), vemos que, proporcionalmente, os pequenos possuidores de cativos foram os que mais libertaram – 71,4% do total dos seus cativos. Já os maiores testadores libertantes alforriaram apenas 4,0% de todos os escravos pertencentes àquelas posses.

---

ele cruzou dados sobre escravos inventariados e número de crianças alforriadas, e foi feita pelo professor Robert Slenes, a quem agradeço por ter cedido suas análises.

Tensões políticas, cidadania e trabalho no longo Oitocentos

Tabela 1. Alforrias na morte do senhor, por "testadores libertantes" em Juiz de Fora, em comparação com quatro localidades do Sudeste escravista*

Tamanho das posses	Juiz de Fora (MG) (XIX)	Comarca do Rio das Velhas (MG) (1720-1784)	Campinas (SP) (1836-1845)	Campinas (SP) (1860-1871)	Porto Feliz (SP) (1788-1878)	Campos dos Goytacazes (RJ) (1735-1807)	Campos dos Goytacazes (RJ) (1808-1830)
Pequena (1-20 cativos)	71,4%	31,9%	36,8%	43,5%	30,4%	26,7%	70,8%
Média (21-40 cativos)	0,0%	15,4%	52,1%	5,2%	15,6%	17,2%	26,2%
Grande (41 + cativos)	4,0%	1,8%	2,5%	4,6%	6,4%	4,9%	6,8%

Fonte: FREIRE, 2014; PAIVA, Eduardo França, 2001, p. 175; FERRAZ, 2006, p. 65-66; GUEDES, 2008, p. 192 e SOARES, 2006, p. 135. (*) Eduardo França Paiva discriminou as faixas de tamanho das propriedades, o que permitiu que "refizéssemos" as percentagens de maneira a poder comparar com Juiz de Fora. As faixas de tamanho das posses, feitas por Lizandra Ferraz, são as seguintes: pequena = um a 20 cativos; médias = 21 a 50 cativos e grandes = mais de 50. Em seu estudo, a pesquisadora, assim como Paiva, distribuiu suas faixas de posse, o que possibilitou o mesmo procedimento feito com os dados de Paiva, permitindo a comparação entre os dados da Comarca do Rio das Velhas e Juiz de Fora. Na pesquisa de Roberto Guedes, as propriedades se distribuem da seguinte maneira: pequenas posses com até dez escravos, as médias entre 11 e 20 cativos e as grandes mais de 20 escravos. Contudo, não nos foi possível, assim como os dois outros trabalhos citados, "refazer" as porcentagens. Apesar disso, também ocorreu a correlação inversa entre tamanho da posse e porcentagens de alforriados no estudo de Guedes. Márcio Soares comparou as proporções das alforrias de acordo com as faixas de tamanho de riqueza. Isso tornou mais difícil uma comparação com os estudos que abordam esse tema, levando em comparação as faixas de tamanho de posses. Todavia, procuramos na Tabela V uma aproximação. Consideramos, nos dois períodos estudados pelo autor, que os indivíduos mais ricos como aqueles descritos na última faixa, nesse caso a de maior riqueza, e os mais pobres foram os arrolados na primeira faixa de fortuna. Na faixa intermediária, e somente nela, procedemos a um novo cálculo, cujas cifras se encontram na Tabela acima. Cabe ressaltar que, a par de todos esses cálculos, uma consideração que deve ser feita sobre o estudo de Soares é a de que em sua pesquisa também houve uma correlação inversa entre as faixas de fortuna e a proporção de alforrias, ou seja, os mais ricos alforriaram proporcionalmente menos do que os menos abastados.

A comparação aqui pode ser feita com os estudos de Paiva para a Comarca do Rio das Mortes e com a pesquisa de Ferraz sobre dois períodos em Campinas. No que diz respeito às percentagens dos alforriados pelos senhores de maior cabedal, nossa cifra se encontra bem no meio da variação assinalada pelos resultados dos pesquisadores citados (Tabela II).

Tabela 2. Alforrias na morte do senhor, em inventários com e sem testamento: Juiz de Fora em comparação com duas localidades do Sudeste escravista

Tamanho das posses	Juiz de Fora (XIX)	Rio das Mortes (MG) (1716-1789)	Campinas (SP) (1836-1845)	Campinas (SP) (1860-1871)
Pequena (1-20 cativos)	24,4%	9,1%	9,2%	16,7%
Média (21-40 cativos)	0,0%	2,9%	10,0%	3,1%
Grande (41 + cativos)	2,1%	3,9%	0,9%	3,4%

Fonte: FREIRE, 2014; PAIVA, Eduardo França, 2001, p. 176; FERRAZ, 2006, p. 65-66. Aqui cabem as mesmas ressalvas feitas na Tabela I, no que diz respeito aos cálculos feitos a partir dos trabalhos de Paiva e Ferraz.

Uma explicação possível para esses resultados é aquela dada por Soares: o relacionamento entre senhores e escravos era mais "próximo" nas pequenas posses, tanto fisicamente, quanto culturalmente (havia relativamente menos africanos) do que nas grandes propriedades, o que levava mais senhores a alforriar em testamento. Outra é a hipótese de Slenes: os pequenos proprietários eram bem mais vulneráveis do que os grandes (tinham menos recursos para lidar com fugas e outros atos de rebeldia) e, portanto, tinham de ceder mais na "negociação" com seus escravos, no caso, abrindo mais perspectivas para eles ganharem a alforria em testamento. Seja como for, as perspectivas para atingir a alforria via o testamento do senhor, e, no decorrer do processo subsequente de inventário, eram – em todos os estudos disponíveis – tão diferentes, comparando pequenas e grandes posses, que é de se perguntar se as estratégias escravas de sobrevivência e de construção de identidades não teriam sido igualmente contrastantes nos dois contextos.

Considerações finais

Os caminhos para a liberdade, como pudemos perceber, eram muitos e tortuosos. Para a obtenção de sua liberdade, os cativos tiveram de encontrar "brechas" dentro do sistema escravista, sempre com muita astúcia e por meio de estratégias diversas. A Justiça, por exemplo, foi utilizada com o intuito de preservar a "promessa" da liberdade e as "vontades" dos senhores, mesmo as não expressas em documento tiveram de ser levadas em conta. Outrossim, a Justiça podia servir para garantir as vontades dos escravos.

A análise das alforrias em diversos estudos, quando contrastada com o número de cativos e o tamanho das posses, permitiu perceber algumas tendências quanto às práticas de alforrias entre pequenos, médios e grandes possuidores de cativos. Os grandes alforriavam proporcionalmente menos cativos do que os pequenos proprietários. Não que entre os pequenos proprietários o cativeiro tenha sido mais fácil. Ao que parece, esses "pequenos" senhores tinham menores chances de exercer sua força, e tiveram de ceder mais na "negociação" com os escravos.

Na maioria das vezes, as liberdades apareceram nas fontes como concessões senhoriais fruto da Justiça, dos sentimentos de solidariedade dos senhores para com seus cativos e da fé cristã. Não que estas não possam ter existido. Todavia, marcadas por essa doação, esse favor, sempre embasadas nos "bons serviços" prestados pelos escravizados, escondiam-se situações muito mais complexas. A unidade familiar e as estratégias para a obtenção da alforria foram sempre buscadas por aqueles escravizados. A migração e a mobilidade geográfica, por exemplo, estiveram entre as atitudes que conformavam, por parte dos escravos, o que entendiam ser seu quinhão de liberdade.

Bibliografia

ALMEIDA, Kátia Lorena Novais. *Alforrias em Rio de Contas – Bahia século XIX*. Salvador: Universidade Federal da Bahia, 2006. (Dissertação de Mestrado em História).

BERTIN. Enidelce. *Alforrias na São Paulo do Século XIX*: liberdade e dominação. São Paulo: Humanitas/FFLCH/USP, 2004.

BOTELHO, Tarcísio. As alforrias em Minas Gerais no século XIX. *Varia História*, Belo Horizonte, n° 23, jul/2000.

_____. "As alforrias em Minas Gerais no século XIX." *LPH - Revista de História (UFOP)*, Ouro Preto, v. 6, 1996.

DAMÁSIO, Adauto. *Alforrias e ações de liberdade em Campinas na primeira metade do século XIX*. Campinas, SP: Universidade Estadual de Campinas, 1995. (Dissertação de Mestrado em História).

EISENBERG, Peter. Ficando Livre: As Alforrias em Campinas no Século XIX. *Estudos Econômicos*. São Paulo, 17(2), maio/ago., 1987.

FARIA, Sheila de Castro. A riqueza dos libertos: os alforriados no Brasil escravista. In: CHAVES, Claudia Maria das Graças & SILVEIRA, Marco Antonio (org.) *Território, conflito e identidade*. Belo Horizonte: Argvmentvm; Brasília: CAPES, 2007.

FERRAZ, Lizandra Meyer. *Testamentos, alforrias e liberdade*: Campinas, século XIX. Campinas, SP: Universidade Estadual de Campinas, 2006.

FREIRE, Jonis. *Escravidão e família escrava na Zona da Mata Mineira oitocentista*. São Paulo: Alameda, 2014.

GUEDES, Roberto. *Egressos do cativeiro*: trabalho, família, aliança e mobilidade social (Porto Feliz, São Paulo, c.1798-c.1850). Rio de Janeiro: Mauad X: Faperj, 2008.

KARASCH, Mary C. *A vida dos escravos no Rio de Janeiro (1808-1850)*. São Paulo: Companhia das Letras, 2000.

KIERNAN, James. *The Manumission of slaves in colonial Brazil: Paraty, 1789-1922*. New York: New York University, 1976.

_____. "Baptism and Manumission in Brazil. Paraty, 1789-1822", *Social Science History,* Pittsburg, 3(1):56-71, 1978.

LACERDA, Antônio Henrique Duarte. *Os padrões das alforrias em um município cafeeiro em expansão*: Juiz de Fora, zona da mata de Minas Gerais, 1844-88. São Paulo: Fapeb, Annablume, 2006.

LIBBY, Douglas Cole & PAIVA, Clotilde Andrade. Alforrias e forros em uma freguesia mineira: São José d'El Rey em 1795. *Revista Brasileira de Estudos da População*, v.17, n.1/2, jan./dez., 2000.

NISHIDA, Mieko. "As alforrias e o papel da etnia na escravidão urbana: Salvador, Brasil, 1808-1888", *Estudos Econômicos* (São Paulo, IEP, USP), 23, 2 (1993).

PAIVA, Eduardo França. *Escravos e libertos nas Minas Gerais do século XVIII*: estratégias de resistência através dos testamentos. São Paulo: Annablume, 1995.

_____. *Escravidão e universo cultural na colônia*: Minas Gerais, 1716-1789. Belo Horizonte: Editora da UFMG, 2001.

POSTIGO, José Luis Belmonte. "Con la plata ganada y su próprio esfuerzo. Los mecanismos de manumisión em Santiago de Cuba, 1780-1803." *Revisto Del Grupo de Estúdios Afroamericanos.* Universidad de Barcelona. EA Virtual, nº 3, 2005.

SALLES, Ricardo. *E o Vale era o escravo. Vassouras, século XIX. Senhores e escravos no coração do Império.* Rio de Janeiro: Civilização Brasileira, 2008.

SILVA, Cristiano Lima da. *Como se livre nascera*: a alforria na pia batismal em São João Del Rei (1750-1850). Niterói, RJ: Universidade Federal Fluminense, 2004. (Dissertação de Mestrado em História).

SLENES, Robert. *A "Great Arch" descending*: Reflections on manumission rates, slave identities and black social mobility in Southeastern Brazil, 1791-1888. Campinas, novembro de 2008. (Texto apresentado para discussão nas linhas de pesquisa em História Social da Cultura e História Social do Trabalho – CECULT/Unicamp).

_____. "A ´Great Arch` Descending?": Manumission Rates, Subaltern Social Mobility and Slave and Free(d) Black Identities in Southeastern Brazil, 1791?1888. In: John Gledson; Patience A. Schell. (Org.). *Rethinking Histories of Resistance in Brazil and Mexico.* Durham - Carolina do Norte: Duke University Press, 2012.

_____. Peasants into Precarious Masters: Hard Bargaining and Frequent Manumission in Brazilian Small Slave Holdings, c. 1750-1850. In: Sabyasachi Bhattacharya; Rana P. Behal. (org.). *He Vernacularizaion of Labour Politics.* New Delhi: Tulika Books, 2016.

_____. Senhores e subalternos no Oeste paulista. In: ALENCASTRO, Luiz Felipe de. *História da vida privada no Brasil:* Império. 7ª reimpressão. São Paulo: Companhia das Letras, 2004.

SOUZA, Laura de Mello. Coartação – Problemática e episódios referentes a Minas Gerais no século XVIII. In: SILVA, Maria Beatriz Nizza da (org.). *Brasil:* colonização e escravidão. Rio de Janeiro: Nova Fronteira, 2000.

SOARES, Márcio de Sousa. *A remissão do cativeiro*: alforrias e liberdades nos Campos dos Goitacazes, c.1750 – c.1830. Niterói, RJ: Universidade Federal Fluminense, 2006. (Tese de Doutorado em História).

8. Tutela e educação dos libertos na imprensa do Rio de Janeiro no Pós-abolição

Humberto Fernandes Machado[1]

A influência da imprensa na campanha abolicionista da Corte pode ser aquilatada pelas várias manifestações envolvendo jornalistas e as próprias redações que se transformaram em locais divulgadores das posições antiescravistas, com destaque para os periódicos vinculados a José do Patrocínio (1853-1905) – *Gazeta de Notícias, Gazeta da Tarde* durante a década de 1880 e *Cidade do Rio*, nos meses finais que antecederam a extinção legal do escravismo.[2] Nas comemorações do 13 de Maio, os jornais da Corte patrocinaram festividades, como missas que reuniram, além da família imperial e do gabinete, uma verdadeira multidão. As ruas da cidade foram ornamentadas com bandeiras e flores. O *Cidade do Rio* destacou na primeira página "AS FESTAS DA IGUALDADE," "comemorativas da liberdade nacional", e a Rua do Ouvidor exibia o "belo aspecto dos grandes dias fluminenses" e suas casas decoradas simbolizavam a "grande alma popular, que andava cantando a epopeia homérica da redenção".[3] Outros jornais comportaram-se de forma semelhante, louvando o momento de alegria que contagiava a todos os participantes, como a *Gazeta de Notícias* que descrevia para seus leitores, com o título "ABOLIÇÃO", que o "Espetáculo imponente, majestoso e deslumbrante oferecia ontem o povo desta capital", mostrando o entusiasmo da "massa popular" que enfrentava a chuva na Rua do Ouvidor e que depois se dirigiu ao Largo do Paço, assistindo às tropas desfila-

---

1   Professor Associado IV do Instituto de História da UFF e pesquisador do CEO.

2   MACHADO, Humberto F. *Palavras e Brados. José do Patrocínio e a imprensa abolicionista do Rio de Janeiro*. Niterói, EdUFF, 2014.

3   *Cidade do Rio*, 18 de maio 1888.

rem.[4] Mas, como outros órgãos da imprensa, não registrava nenhuma palavra sobre os principais interessados na abolição: os escravos.

Além da omissão em relação aos escravizados, por parte considerável da imprensa, cabe destacar que os proprietários ainda tentaram, por meio de vários mecanismos, a obtenção de compensações. Paralelamente a essas manifestações de júbilo, havia uma insatisfação generalizada entre os ex-senhores de escravos, em especial das áreas cafeeiras do Vale do Paraíba, porque se sentiam prejudicados, reivindicando indenização pela "perda de seus cativos". Eles utilizavam como argumento o direito de propriedade. O jornal *Novidades*, representante dos interesses senhoriais, cujo redator-chefe era Alcindo Guanabara (1865-1918), condenava, com destaque na primeira página, o gabinete de João Alfredo (10/3/1888 a 7/6/1889), por seu "açodamento na decretação da áurea lei" e os abolicionistas, tachando-os de elementos perturbadores "que se acostumaram a viver explorando o escravo, e a perturbar o trabalho servil, pois acenando aos ex-escravos com a liberdade, desviavam-os do eito, onde tinham seguros a subsistência e o vestuário".[5]

Em outro número, o *Novidades* veiculava inúmeros elogios à atuação do "ilustre Sr. Barão de Cotegipe" (1815-1889) que havia apresentado um projeto para a emissão de títulos, que visava ao reembolso dos antigos proprietários. O periódico ressaltava que seria o "único meio possível e eficaz de auxiliar a lavoura" para compensar o "prejuízo sofrido", devido à aprovação da abolição. Mais adiante, salientava que havia uma oposição à monarquia, especialmente com a atuação da Regente Princesa Isabel, que conduziria "logicamente às fronteiras da República".[6] Muitos fazendeiros apoiaram o regime republicano, com o objetivo de receberem indenização em função da perda de seus antigos escravos: os "republicanos de 14 de maio", como eram denominados por José do Patrocínio.[7] Apesar dessas ameaças, a proposta de

---

4   *Gazeta de Notícias,* 18 maio de 1888.

5   *Novidades,* 2 ago. 1888.

6   *Novidades,* 11 jul. 1888.

7   MACHADO, Humberto F., 2014. Op. Cit.

indenização, dentre outras, foi rechaçada pelo governo de João Alfredo, embora tenha sido sistematicamente debatida no Parlamento.[8]

Esses fatos demonstram a oposição dos antigos senhores ao término legal do cativeiro, utilizando, inclusive, inúmeros mecanismos para tentar reescravizar os libertos. As críticas contundentes ao processo abolicionista eram sistemáticas como, por exemplo, no artigo intitulado "HONRA À REALEZA", assinado por "Um conservador da roça" e publicado na *Gazeta de Notícias*. De forma irônica, o autor parabenizava a

> lavoura da Rua do Ouvidor, por já ter feito a sua colheita. A esses lavradores da palestra dos botequins, de bigodes almiscarados pela cerveja e cognac, mais sábios do que o Rei Caju, a lei das camélias produziu um efeito inesperado.
>
> Além das colheitas feitas e não obstante não ser ainda a ocasião e mais propícia para semear-se os cereais, já estão com as roças plantadas.
>
> Enquanto que nós os desgraçados do interior, [...] estamos ainda com menos da metade das colheitas para fazer e obrigados a exportá-la imediatamente para obtermos os meios de pagar o salário do trabalhador rebelde, o qual, apesar de só trabalhar regularmente quatro dias na semana, isto é, de terça a sexta-feira [...] não quer trabalhar barato e é inconstante no trabalho experimentando constantemente novos patrões.[9]

A crítica atingia os abolicionistas da Corte, que se reuniam nas proximidades das redações dos jornais no Centro da cidade, onde se localiza a Rua do Ouvidor, estabelecendo uma rede de sociabilidade para a combinação de estratégias da campanha antiescravista;[10] o Imperador Pedro II, alvo de chacotas por parte dos republicanos, e a "lei áurea" – das camélias – flor símbolo dos abolicionistas.[11] Por outro lado, o autor reclamava das dificuldades que encon-

---

8   CONRAD, Robert E. *Os Últimos Anos da Escravatura no Brasil: 1850-1888*. Trad. de Fernando de Castro Ferro. Rio de Janeiro: Civilização Brasileira, 1978, p. 334.

9   *Gazeta de Notícias*, 6 set. 1888.

10   MACHADO, Humberto F., 2014. Op. Cit.

11   SILVA, Eduardo. *As Camélias do Leblon e a abolição da escravatura: uma investigação de história cultural*. São Paulo: Cia. das Letras, 2003.

trava em relação à mão de obra, resistente às imposições e violências vinculadas à estrutura escravista. Mais adiante, imputava à "vagabundagem" a recusa dos "redimidos das camélias" ao trabalho, porque viviam na "indolência", além de reclamar da "insolência" e dos "vícios" que acarretavam, segundo o articulista, perdas imensas à "grande colheita de café por insuficiência de braços".[12]

A demanda por mão de obra gerava amplo debate nas diversas instâncias, e a imprensa, de uma maneira geral, divulgava essas críticas sem, entretanto, abordar as verdadeiras causas do abandono das fazendas pelos ex-escravos. Por exemplo, os cafeicultores de Paraíba do Sul reclamavam do governo por, segundo eles, estimular a "vagabundagem" porque os libertos estavam deixando as fazendas: "larga o serviço e vai passear, aconselhando ainda outros para o mesmo fim", e o "patrão fica com o café no terreiro ou mato na roça".[13] Mas essas apreciações omitiam a realidade das relações entre os antigos senhores e os libertos, não relacionando com o tratamento dispensado e os salários aviltados pagos, agora, ao "assalariado".

O Paiz denunciou um fazendeiro de Barra Mansa que não cumpriu o acordo feito com um liberto e, segundo o periódico, seu comportamento não era exceção porque "poucos fazendeiros se resignam a perder a exploração do trabalho escravo". Mas esse senhor, além do desrespeito ao contrato, não pagou os salários devidos e "em represália à cobrança que lhe era feita mandou queimar todos os objetos do liberto, expulsando-o em seguida de casa". E, mais adiante, o jornal cobrou das "autoridades competentes" as providências cabíveis para evitar abusos semelhantes.[14]

Paralelamente aos pleitos por indenização, os senhores defendiam medidas para que os ex-escravos se "adaptassem" às novas condições, incluindo a utilização de forças policiais. O chefe de polícia da província do Rio de Janeiro, em um ofício de 8 de agosto de 1888 ao presidente de Província, destacava as reclamações das autoridades dos municípios cafeeiros do Vale do Paraíba que solicitavam instruções para "impedir" aglomerações "perigosas" nos povoados e nas estradas, para reprimir a "vadiagem e forçar os libertos ao trabalho". Mais

---

12   *Gazeta de Notícias,* 6 set. 1888.

13   *Gazeta de Notícias,* 18 nov. 1888.

14   *O Paiz,* 13 jun. 1888.

adiante, ele se vangloriava das normas adotadas que obrigavam os ex-escravos a assinarem um "termo de bem viver", porque, caso contrário, seriam "processados". A coação e a violência não eram aplicadas mais pelo chicote, mas, sim, por meio das leis que garantiam os interesses dos fazendeiros.[15]

Essas medidas restritivas eram apresentadas, principalmente, pela imprensa vinculada aos fazendeiros, como o *Novidades,* que advogava mecanismos que obrigassem os libertos a prestarem serviços nas terras do seu antigo senhor. O jornal enfatizava que o governo, paralelamente à lei de 13 de maio, deveria ter encaminhado normas que estabelecessem:

> a obrigatoriedade do trabalho para o liberto; os contratos de locação de serviços, por salário, empreitada ou parceria, onde fossem garantidos reciprocamente os deveres de contrato solenemente celebrados; a colonização nacional ou estrangeira que substituísse o trabalho servil ou fosse preenchendo as lacunas que se dessem no trabalho agrícola e as colônias militares para onde fossem enviados os libertos que não quisessem subordinar-se ao novo regime de trabalho.[16]

A defesa de leis, que forçariam o liberto a continuar trabalhando nas terras onde ele viveu escravizado, tinha o respaldo da estrutura de poder, especialmente no interior. As denúncias contra essas arbitrariedades serviam de matéria para uma parcela expressiva da imprensa da Corte. A *Gazeta de Notícias*, sob o título "DESORDEM E FERIMENTOS", criticava a atuação do subdelegado de polícia de Ubá, pela utilização da "força pública em seu serviço particular para conter libertos" que não desejavam mais continuar nas fazendas. Naturalmente, existia um repúdio, num grau bastante elevado, a qualquer medida que, por acaso, os obrigassem a ficar naquele local. O jornal convocou "os altos poderes do estado" para tomarem providências contra esse "abuso".[17]

Apesar da brutalidade física costumeira, por parte dos antigos senhores, muitas vezes acobertada pelas autoridades policiais, os ex-escravos reagiam

---

15   Apud MACHADO, Humberto Fernandes. *Escravos, Senhores e Café. A crise da cafeicultura escravista do Vale do Paraíba (1860-1888).* Niterói: Cromos, 1993, p. 124-125.

16   *O Paiz,* 2 ago. 1888.

17   *Gazeta de Notícias*, 26 maio 1888.

e reivindicavam seus direitos, como ocorreu com um grupo de libertos em relação ao procedimento de um fazendeiro, Antonio Camargo Neves, de Descalvado, em São Paulo. Ele libertou os homens e os despediu, mas manteve as "libertas com quem eles são casados", como forma de pressão para que ficassem trabalhando na fazenda. Houve uma mobilização com protestos contrários a essa atitude, incluindo ameaça de invasão da propriedade, impedida pela polícia, mas não chegou a haver confronto com as tropas porque os libertos recuaram do ataque, e as mulheres, liberadas.[18]

Os jornais, especialmente aqueles que se envolveram na campanha abolicionista da Corte, não perdiam uma oportunidade para denunciar os maus tratos aos antigos escravos. O *Cidade do Rio*, sob o título destacado de "VIOLÊNCIA E CRUELDADE", publicou uma matéria do *Correio de Cantagalo*, município cafeeiro da província do Rio de Janeiro, a respeito das atrocidades cometidas por policiais contra um liberto, acusado indevidamente de roubo de uma fazenda próxima à casa onde vivia. A palmatória serviu para o policial "esbordoar as mãos do liberto Cirino em que deu mais de quatro dúzias de bolo" e, não contente com as suas negativas, "arrochou-lhe a cabeça com uma corda" e depois "pôs o mísero liberto em um tronco [...] toda a noite". Essa violência, segundo o periódico, só foi interrompida com a ação do juiz de Direito e do promotor do município que evitaram as "injustiças" e processaram os autores dos abusos policiais que "acusaram o liberto sem nenhuma prova".[19] Os agentes policiais submetiam os ex-escravos a castigos corporais e a métodos cruéis de forma similar aos utilizados pelos antigos senhores.

Assim, os resquícios de crueldade de anos de escravidão não foram abandonados com a abolição, demonstrando a manutenção de práticas antigas de exploração e violência. Até fatos, ocorridos anteriormente ao 13 de Maio, serviam de justificativas para coagir os ex-escravos, como a atuação de fazendeiros e seus capangas, em Araras, São Paulo, que deram "muitas dúzias de palmatoadas no liberto Olympio, por ter sido o chefe da fuga de escravos" de uma fazenda da região.[20]

---

18   *Cidade do Rio,* 21 abr. 1888.

19   *Cidade do Rio,* 11 dez. 1888.

20   *Gazeta de Notícias,* 13 ago. 1889.

Esse episódio demonstra claramente que muitos senhores sentiam uma verdadeira nostalgia do cativeiro, e alguns tentaram reescravizar os libertos como João Monteiro, "residente em Campo Grande", na Corte, que, "não podendo reter na sua fazenda um redimido que foi seu escravo", procurou o subdelegado local para dar "queixa do pobre homem [...] alegando que era necessário fazer o liberto voltar ao seu poder, a fim de que seu procedimento não fosse imitado por outros". A autoridade policial não acatou a queixa, afirmando que o "liberto era um homem sério e trabalhador". O jornal teceu elogios à atitude do policial e censurou a ação do fazendeiro, assim como de outros senhores que, "mesmo depois da lei de 13 de maio", ainda faziam perseguições contra "homens que hoje são cidadãos respeitáveis como outros quaisquer".[21] Percebe-se, na veiculação da notícia, o discurso preconceituoso ao tratar os antigos escravizados como "cidadão respeitável", mesmo sendo um dos jornais mais combativos contra a escravidão. A quebra dos grilhões da escravidão serviu para transformar aquele antigo escravo num cidadão com seus direitos respeitados?

Essas tentativas de reescravização mereceram denúncias sistemáticas dos jornais da Corte. A *Gazeta da Tarde*, sob o título de "ESCRAVIDÃO DOS LIBERTOS", transcreveu a matéria da *Gazeta do Povo*, de Campos dos Goytacazes, província do Rio de Janeiro, a respeito da violência contra os libertos, por parte de um "potentado" de Macaé, município próximo, que tem "castigado, por diversas vezes, alguns libertos que trabalham em sua fazenda. [...]" e que "além do tronco e do açoite, muitos desses infelizes não recebem o produto de seu trabalho". O jornal justificava a atitude dos ex-escravos que abandonavam aquele lugar, onde sofriam toda sorte de medidas coercitivas, e agora buscavam um local "onde consigam a paga do seu esforço".[22]

Essas denúncias tinham o mérito de trazer a público a necessidade de providências imediatas com o objetivo de evitar o retorno a práticas da estrutura escravista, por parte daqueles que não se conformavam com a abolição. Uma matéria publicada pela *Gazeta de Campinas* e reproduzida pela *Gazeta da Tarde*, intitulada "CONTINUA A ESCRAVIDÃO", ressalta a atuação da viúva de

---

21   *Cidade do Rio*, 27 fev. 1889.

22   *Gazeta da Tarde*, 17 ago. 1888.

um fazendeiro, Prudente Pires Monteiro, que queria que uma antiga escrava, agora liberta, fosse "levada à força" para a antiga fazenda, sob a justificativa que "a rapariga tinha-lhe custado o seu dinheiro". O jornal cobrou uma ação do "Sr. Delegado de Polícia para chamar a rapariga à sua presença" e saber se ela "está em companhia da ex-senhora por sua livre vontade e sem constrangimento algum", concluindo que "Não é possível tolerar a continuação do cativeiro".[23]

Por outro lado, cabe frisar que havia libertos que preferiam ficar nas propriedades e, sendo assim, muitos fazendeiros utilizavam mecanismos para a preservação dessa mão de obra, agora remunerada, mas com vínculos de dependência, que a obrigava a permanecer nos seus antigos locais de trabalho. O Conde de Nova Friburgo, de Cantagalo, por exemplo, se vangloriava que, após a promulgação da lei que extinguiu a escravidão, estabeleceu salários para os libertos por empreitada e "nenhum trabalhador reclamou". Demonstrou sua satisfação pelas perspectivas de boas colheitas, empreendidas pelos ex-escravos "contentes" em virtude de terem, agora, "proventos". Os seus comentários enfatizavam que não houve mudanças substanciais em suas fazendas, pois o serviço continuava "sem alteração", porque "durante a colheita eles ganham na proporção do que colhem [...] o que eles recebem é líquido; porque todas as despesas são feitas por mim como no *tempo em que eram escravos*".[24]

Enfim, as relações sempre eram altamente favoráveis aos proprietários. Naturalmente, com a abolição, como já mencionado, muitos fazendeiros buscavam convencer seus antigos escravos a não saírem das propriedades. Sobre esse aspecto, Ana Lugão Rios e Hebe Mattos analisaram os contratos estabelecidos no Vale do Paraíba, a partir de depoimentos orais de descendentes dos antigos escravizados, destacando inúmeras medidas restritivas relacionadas ao cotidiano dos trabalhadores, incluindo interferência na privacidade familiar. Mas, como assinalamos, muitos libertos preferiam permanecer nas antigas propriedades porque haviam constituído relações

---

23 *Gazeta da Tarde*, 21 jun. 1888.

24 Carta do Conde de Nova Friburgo ao Dr. José da Costa Leite. Cantagalo, 21 jul. 1888. Col. Tobias Monteiro, pacote 108, Biblioteca Nacional, Seção de Manuscritos. Grifos nossos. Apud MACHADO, Humberto F., 2014, Op. Cit., p. 268-269.

Tensões políticas, cidadania e trabalho no longo Oitocentos   295

afetivas, e pelas próprias incertezas naturais por quem vivenciou o cativeiro durante anos.[25]

Desta forma, a estrutura secular da escravidão criou raízes, e não seria fácil extirpá-las de uma hora para outra, especialmente no interior. Ela corrompeu costumes, e as autoridades policiais e judiciárias agiam de forma a privilegiar seus interesses e dos amigos. Portanto, medidas violentas em relação aos libertos continuavam a ser feitas pelos senhores, visando a mantê-los nas fazendas ou tratá-los de forma semelhante ao período de vigência legal do cativeiro. O *Cidade do Rio* denunciava, por exemplo, a tentativa de "aprisionamento" dos "ex-ingênuos Silvano, João, Pedro, filhos da liberta Leopoldina e do liberto Simeão para serem entregues ao ex-senhor em Limeira", como tutelados.[26]

A tutela se apresentava como um instrumento de controle social, a partir da Lei Rio Branco ou do "Ventre Livre", de 28 de setembro de 1871, que estabelecia no seu artigo 1º que os "os filhos da mulher escrava, que nascerem no Império desde a data desta lei, serão considerados de condição livre". Mas, por outro lado, determinava, dentre outros aspectos, que esses filhos menores ficarão "em poder e sob a autoridade dos senhores de suas mães, os quais terão obrigação de criá-los e tratá-los até a idade de oito anos completos". Ainda favorecia os senhores porque lhes dava o direito de utilização dos serviços dos ingênuos até os 21 anos de idade, caso não recebessem uma indenização do Estado de 600$ em títulos.[27] Conforme Robert Conrad, a maioria preferiu ficar com os ingênuos a entregá-los ao governo, inclusive desacatando a lei.[28]

A burla da própria lei de 1871, pelos senhores e com o respaldo das autoridades judiciárias, pode ser comprovada por anúncios de jornais como, por exemplo, o veiculado pelo *Jornal do Commercio*, em 1882, após 11 anos da

---

25   RIOS, Ana Lugão; MATTOS, Hebe Maria. *Memórias do cativeiro: Família, trabalho e cidadania no pós-abolição*. Rio de Janeiro: Civilização Brasileira, 2005, p. 165-166.

26   *Cidade do Rio*, 14 nov. 1888.

27   Lei nº 2.040, de 28 de setembro de 1871. Disponível em: https://www2.senado.leg.br/bdsf/handle/id/496715. Sobre a lei e as várias Ações de Liberdade, impetradas pelos escravizados e mulheres libertas, ver: PENA, 2001.

28   Op. cit., p. 144. Ver URRUZOLA, Patrícia, 2014. A autora analisa diversos processos de tutela antes da extinção oficial da escravidão e no pós-abolição.

promulgação da lei, sobre a venda de escravos, incluindo ingênuos, em Valença, no Rio de Janeiro. Dentre os diversos escravos arrolados, são anunciados:

> Marcelina, parda, 11 anos, filha de Angola, ... por 800$, [...], Marcelina, crioula, 10 anos, filha de Emiliana, ... 800$, Manoel, crioulo, 10 anos, filho de Rosinha, ... 700$ [...] Caetana, crioula, 10 anos, filha de Benedita, ... 800$, [...], Amélia, crioula, 11 anos, filha de Leocádia, ... 900$, Argemiro, pardo, 11 anos, filho de Deolinda, liberto, ... 1.200$, [...] Brasílio, pardo, 10 anos, filho de Efigênia, ... 1000$ [...] Zulmira, crioula, 11 anos, filha de Bernardina, ... 800$, [...] Maria, parda,10 anos, filha de Emília, ... 1000$, Isaura, parda, 11 anos, filha de Bernarda, falecida, ... 700$, Mariana, parda, 12 anos, filha de Ana, falecida, ... 900$.

Além do desrespeito à lei, acrescente-se a gravidade do quadro pela venda dos serviços de ingênuos, crianças oficialmente livres, mas que estavam sendo negociados com respaldo jurídico, por meio do edital de 22 de setembro de 1882, apresentado pelo escrivão Gaudêncio Cesar de Mello para pagamento de "dívidas vinculadas ao inventariante Manoel Antonio Pereira Dantas, na Fazenda São José das Pedras, na Freguesia de Nossa Senhora da Piedade de Ipiabas", conforme relação abaixo:

> Marçal, pardo, 8 anos, filho de Sebastiana, ... por 100$, Manoel, 8 anos, filho de Miquelina, ... 100$, Ernesto, pardo, 7 anos filho de Bernardina, ... 100$, José, crioulo, 6 anos, filho de Felizarda, ... 80$, Adolfo, pardo, 6 anos, filho de Francisca, ... 80$, Januária, crioula, 5 anos, filha de Angélica, falecida, ... 60$, Virgolina, parda, 5 anos, filha de Sebastiana, ... 60$, Oscar, pardo, 5 anos, filho de Bemvinda, falecida, ... 80$, Lourenço, crioulo, 5 anos, filho de Benedita, ... 80$, Urselina, parda, 4 anos, filha de Alcina, ... 60$, Cyriano, crioulo, 4 anos, filho de Ludovina, ... 60$, Fabiana, crioula, 3 anos e meio, filha de Lucinda, ... 50$, Bento, pardo, 3 anos, filho de Francisca, ... 50$, Alfredo, crioulo, 3 anos, filho de Benedita, ... 50$, Aníbal, pardo, 2 anos, filho de Celestina, ... 40$, Alice, parda, 2 anos, filha de Angélica, falecida, ... 40$, Regina, crioula, filha de Emiliana, ... 40$, ingênua Georgina, preta, 1 ano, filha de Candida, ... 20$, Benedito, crioulo 6 meses, filho de Damasina, ... 20$, Orminda, parda, 3 meses, filha de Clara, ... 20$, Leonídia, parda, de dias, filha de Alcina, ... 10$.[29]

---

29 *Jornal do Commercio*, 7 out. 1882.

Joaquim Nabuco, escrevendo, de Londres, ao Visconde de Paranaguá, presidente do Conselho de Ministros, em 6 de novembro de 1882, registra sua indignação por esse fato, considerando o edital de venda a maior "prostituição da justiça", assinalando que, caso não se tomem as devidas providências para que a lei de 28 de setembro não seja "em breve reputada pelo mundo como de todas a mais monstruosa mentira a que uma nação jamais recorreu para esconder um crime".[30]

A exploração dos menores manteve-se após 1888, como tutelados, apesar de legalmente "libertos". Para a preservação dessa mão de obra, os senhores alegavam que as mães não possuíam condições de educar seus filhos, e eles lhes dariam habitação, alimentação, além da promessa de instrução. Assim, muitos ingênuos ficaram sob o poder dos senhores em condições similares aos escravos, sendo, inclusive, como observamos, comercializados ilegalmente. Percebe-se, por conseguinte, os limites tênues, para esses menores, entre o cativeiro e a liberdade.[31]

O jornal de Patrocínio pautava sistematicamente o assunto, denunciando-o como um mecanismo que os antigos senhores utilizavam para a manutenção da exploração dos antigos escravizados. Ao requererem a tutela dos filhos das suas ex-escravas, "mediante a soldada misérrima de cinco mil réis, obtém serviços de rapazes e raparigas [...] que podiam ganhar o quádruplo se pudessem exercer livremente o direito de trabalho". O jornal enfatizava a separação das crianças de suas mães que provocava uma verdadeira "mutilação da família", já inadmissível no "tempo da escravidão" e, mais adiante, frisava que é uma "imoralidade confiar ao ex-senhor a educação dos filhos dos ex-escravos, considerados como simples bestas de carga".

> A tutela e o recrutamento são duas fontes de desgostos e de desconfiança, e se não forem estancadas, se converterão facilmente em afluentes do grande estuário da anarquia, que subiu do nível com as enxurradas do despeito desencadeadas pela oligarquia ferida em 13 de maio.

---

30   *Cartas a Amigos.* vol. 1. São Paulo: Instituto Progresso Ed., 1949, p. 76-78.

31   RIOS & MATTOS. "O pós-abolição como problema histórico: balanço e perspectivas". *Topoi*, n. 8, v. 5, jan./jun., 2004.

298 *Gladys Sabina Ribeiro • Karoline Carula (orgs.)*

[...]

Como ter fé em instituições que, impondo submissão aos fracos, não tem força para conter os desmandos e violências dos fortes?

E mais adiante, cobrando uma posição mais firme do governo, acentuava a necessidade imediata de "tornar efetiva e real a abolição do cativeiro". "A tutela e o cativeiro são os primeiros redutos a tomar".[32]

Percebe-se, portanto, que os mecanismos utilizados pelos ex-senhores para a utilização do trabalho dos ingênuos eram objetos de denúncias por parte da imprensa, incluindo os jornais republicanos como *O Paiz* que, numa matéria na primeira página, alertava sobre a chegada dos "diversos pontos do Império" de notícias dessas "tramóias feitas pelos antigos proprietários de escravos que desejavam preservar o serviço dos menores, estabelecendo uma "tutoria-senhorial". O periódico cobrava do Ministério da Justiça medidas para a eliminação dessa prática que atentava contra a abolição do cativeiro e enfatizava que não bastava dizer "somente aos ex-senhores que cessaram as obrigações de serviço do ingênuo: urge dispensá-los da tutoria". Para o órgão da imprensa, o governo tinha de coibir tamanha prática, pondo fim a esse "bom negócio" para o fazendeiro que abriga

> sob a capa da tutela, um ingênuo de 13 ou 14 anos e tem-no a apanhar café até os 21 (se algum dia chegará para eles a maioridade), usufruindo por sete ou oito anos o trabalho de pessoa já livre por nada menos de duas leis do estado. Essa nova espécie de cativo que vai indenizar o fazendeiro, esse reescravizado [....], é o ingênuo, que não pode acompanhar sua mãe, livre hoje, como ele nominalmente o foi há dezessete anos.

O jornal aproveitou para fazer uma ácida crítica ao governo pela omissão em relação à Lei Rio Branco que "fantasiou o fruto de um ventre livre", e assinalou que "escravo nasceu ele, porque como tal foi e tem sido tratado. Seus serviços foram e são alugados, ou transferidos por transação", e muitas vezes não eram "tornados livres após a alforria das mães". Concluiu a matéria cobrando medidas emergenciais do ministro da Justiça, para acabar definiti-

---

32 *Cidade do Rio*, 14 nov. 1888.

vamente com essa prática porque saem do "inferno do cativeiro, mas ficam eles no purgatório da tutela".[33]

A *Gazeta de Notícias* publicou o repúdio do Club Abolicionista Gutemberg às tentativas dos ex-senhores usarem a tutela para "usufruírem os serviços dos mesmos menores estabelecendo assim uma nova escravidão".[34] Em outro número, o jornal denunciou que um proprietário assumiu a "tutela de muitos dos seus ex-ingênuos" e depois os aluga. Mais adiante, ressaltou que a acusação é grave e atesta que "esses infelizes, que passaram da condição de ingênuos para o de tutelados, continuam a ser desumanamente explorados", e cobra providências do governo "para que não sejam burlados os efeitos da lei de 13 de maio".[35] Em outro número, o jornal noticia o desespero de Guilhermino, "liberto a 13 de maio, que casou-se com Joana, de quem tinha sete filhos", e que estava "há mais de um mês" pedindo ao seu "seu ex-senhor, Fulano Machado, que reside no Baldeador, em Niterói", para que devolvesse um "de 14 anos e de nome Ananya", que não foi entregue como os outros seis. "Há mais de um mês que o pobre homem anda de Herodes para Pilatos e nada obtém".[36]

O *Cidade do Rio* condenava a atuação de párocos locais, na medida em que acobertavam esse mecanismo e criavam dificuldades para o casamento dos libertos, com inúmeras exigências difíceis de cumprimento para os antigos escravos.

> Opõem-se todos os obstáculos às uniões matrimoniais, exigindo atestados de filiação, estado, etc., porque quase todos foram matriculados com filiação desconhecida. Esse infame recurso de que a lavoura está lançando mão, para impedir que o liberto constitua família, reclama uma medida competente.[37]

As sentenças judiciais, dando respaldo aos tutores nas suas reivindicações de tutela, eram objetos destacados nas matérias dos jornais. Utilizavam como justificativa a impotência das mães em conceder a seus filhos alimentação, ves-

---

33   *O Paiz,* 31 maio 1888.

34   *Gazeta de Notícias,* 23 maio 1888.

35   *Gazeta de Notícias,* 25 maio 1888.

36   *Gazeta de Notícias,* 26 ago. 1888.

37   *Cidade do Rio,* 28 mar. 1889.

tuário, habitação e, muito menos, a possibilidade de educação. O *Diário de Notícias*, por exemplo, veiculou que, em Queluz, um juiz nomeou tutor um "fulano de tal Costa" de mais de "vinte ingênuos, com idade de prestar serviços". De forma sarcástica, o jornal menciona que o pretendente escolheu aleatoriamente esses menores, após exame nas matrículas da coletoria local, e tratou de "arrebanhá-los de diversas fazendas em que nasceram e cresceram em companhia de suas mães, para levá-los ao seu novo estabelecimento agrícola!"[38]

Da mesma forma a *Gazeta de Notícias,* sob o título a "TUTELA DE INGÊNUOS," na primeira página, transcreveu uma matéria do *Correio Mercantil,* de Pelotas, enfatizando que essa "indústria está sendo explorada" no Rio Grande, e que se trata da "reescravização de ingênuos, acobertada com a capa de tutorias oficiosas, demasiado sôfregas, para terem um fundo realmente humanitário". O jornal critica a atuação dos antigos senhores, que já utilizavam os trabalhos de ingênuos que "moravam em suas casas", junto ao Juiz Municipal do Termo, para que lhes fossem concedidos o poder de tutela para que esses menores não ficassem "desamparados". Conclui a matéria destacando que a filantropia escamoteava o "verdadeiro interesse de utilização dos serviços desses ingênuos.[39]

Claro que os jornais aproveitavam qualquer oportunidade para denunciar os subterfúgios utilizados para a manutenção das condições anteriores à criação da lei de 13 de maio, sob a justificativa da permissão de tutela. O *Cidade do Rio*, por exemplo, acusava os antigos senhores de utilizarem esse artifício, não só no interior como também nos centros urbanos, incluindo o "coração do Império, onde a lei foi promulgada e os seus efeitos deveriam ser uma realidade". O jornal censurava o apoio de magistrados aos senhores que, por meio de respaldo "legal e jurídico", obtinham "um título de tutela sobre os míseros escravizados", lavrado nos "cartórios da justiça", e, mais adiante, enfatizava as artimanhas e as vantagens auferidas pelos eventuais tutores.

> Tutela sobre pessoas maiores, e ainda por cima tutela concedida a um senhor que não presta contas aos tutelados e, todavia, os aluga por bom preço sob pretexto de lhes preparar pecúlio para garantia do futuro.[40]

---

38 *Diário de Notícias,* 8 jun. 1888.

39 *Gazeta de Notícias*, 29 maio 1888.

40 *Cidade do Rio*, 29 maio 1888.

Evidentemente, não podemos imputar a todos os membros do Judiciário favorecimentos aos senhores. Alguns magistrados acolhiam as ações, feitas por libertos, contra esses privilégios como a petição da ex-escrava Innocência contra Antonio Marcello Nunes Gonçalves, que se tornou tutor de "um lote de oito escravos em data de 13 de maio, no qual fora compreendido a liberta Innocencia, deixando-a alugada como ama de leite, ao preço de 60$ por mês, separada de sua filha de oito meses de idade". Após algumas considerações, o advogado da "desvalida" conseguiu a "entrega da filha, a destituição de semelhante tutor e da entrega em juízo de todas essas quantias recebidas ilegalmente".[41]

A *Gazeta da Tarde,* reproduzindo uma matéria da *Gazeta de Campinas,* a respeito da situação dos libertos após a abolição, destacava o "abandono moral e intelectual a que estão voltados os míseros ingênuos". Para o articulista, não houve mudanças substanciais em relação à sua educação porque são "preparados, para serem um prolongamento dos escravos, na sociedade brasileira. Ali só há o eito e a senzala, não existe uma escola em que aprendam a ler [...] ou uma oficina em que exercitem a sua atividade física em um ofício qualquer". Após destacar as mazelas decorrentes da escravidão em relação ao abandono dos ingênuos, enfatizava que

> é preciso, é urgente mesmo, que os poderes públicos e a iniciativa particular promovam a sua solução, preparando os ingênuos para serem cidadãos enérgicos, úteis à pátria, capazes de resistirem aos preconceitos que a escravidão semeou e fez prosperar no seio da sociedade brasileira.[42]

A justificativa de oferta da educação aos ingênuos foi bastante utilizada pelos antigos senhores para tornarem-se seus tutores, sob a alegação de que as mães não possuíam condições para esse encargo. Enquanto isso, os jornais abolicionistas sempre enfatizaram como a criação de escolas para os libertos permitiriam que estes pudessem aperfeiçoar-se e dedicar-se com mais afinco ao trabalho, contribuindo para o "engrandecimento do Império". Essas matérias ocupavam lugar de destaque nas páginas dos periódicos, mesmo antes da extinção legal da escravidão.

---

41   *Jornal do Commercio,* 28 dez. 1888.

42   *Gazeta da Tarde,* 18 maio 1888.

A escola "noturna e gratuita", patrocinada pelo Clube dos Libertos de Niterói, associação abolicionista sob a liderança de João Clapp, foi saudada com entusiasmo pela *Gazeta de Notícias* que noticiava a existência, em 1882, de "111 alunos escravos, libertos e livres, e em geral morigerados e aplicados ao estudo". E mais adiante, o jornal informava que haverá a inauguração de uma "oficina de encadernação, na qual serão admitidos os ingênuos".[43] Os jornais envolvidos com a campanha antiescravista associavam a "redenção" dos escravizados à luta pela educação, como a *Gazeta da Tarde* enfatizava em relação a esse estabelecimento de ensino, cuja divisa em sua bandeira era "Liberdade e Instrução".[44] Esse mesmo jornal, em um número anterior, anunciou, com destaque, um "FESTIVAL ABOLICIONISTA EM NITERÓI", nesse Clube dos Libertos, cujo "discurso oficial" será proferido pelo "popular jornalista José do Patrocínio, sócio benemérito", onde funcionava a escola "à Rua Presidente Domiciano, n. 6, em S. Domingos".[45]

No seu discurso, José do Patrocínio assinalou que a educação seria a única forma para que o país alcançasse o patamar das "nações civilizadas" e ressaltou o papel da escola para que os "humildes que crescem pela instrução, os fracos que se fortalecem, por terem conseguido aquilo que o homem mais deseja: a aquisição dos seus direitos" possam contribuir para o "engrandecimento da nação". E, mais adiante, reforça a importância da educação para que os "escravos de ontem" tenham a possibilidade de resgatar o que sempre lhes foi negado, dando exemplo para as novas gerações de "força de vontade e de civismo".[46] Patrocínio era membro atuante do Clube Abolicionista e Republicano de São Cristóvão, junto com seu sogro, capitão Emiliano Rosa de Sena, que dava suporte à Escola Noturna e Gratuita da Cancela, no próprio bairro de São Cristóvão e que, também, abrigava escravos fugidos. Em função disso, o local era denominado de "Quilombo da Cancela".[47]

---

43   *Gazeta de Notícias*, 22 out. 1882.

44   *Gazeta da Tarde*, 8 jul. 1884.

45   *Gazeta da Tarde*, 3 jul. 1884.

46   Idem.

47   MACHADO, Humberto F., 2014. Op. Cit., p. 228-229.

A mobilização antiescravista, durante a década de 1880, aproveitava todas as brechas possíveis e, evidentemente, a questão da educação para os escravizados e libertos sempre ocupava a pauta dos jornais, intensificando--se após a abolição. Como assinalamos, as matérias apresentavam a educação como forma de *redenção* do antigo escravo e como ela serviria para o estabelecimento de um cidadão inserido numa nova sociedade, pautada no progresso, convencendo-o de que o trabalho poderia torná-lo um cidadão útil, com deveres e direitos. Assim, cobrava-se do gabinete de João Alfredo, que instituiu o término legal da escravidão, a implementação de medidas para a difusão do "ensino primário e a educação de que há mister para uso legítimo e constante de defesa dos direitos políticos".[48] Com esses argumentos, a *Gazeta da Tarde* noticiava, com destaque, a criação da "ESCOLA PARA LIBERTOS"

> na Fazenda de S. Fidelis, Minas, propriedade do Sr. Barão do Retiro" visando ao atendimento de "libertos de ambos os sexos. A escola funcionará durante o dia com os pequenos e à noite com os adultos. Acham-se já matriculados 49 alunos. Abram-se escolas no interior; já que está liberto o que era escravo, redima-se o espírito do que está livre.[49]

O vínculo da educação com a *redenção* dos escravos e com os anseios de um *país civilizado* estavam sempre presentes nas páginas dos periódicos, como a matéria da *Gazeta da Tarde* sobre um banquete, às vésperas da assinatura da lei extinguindo legalmente a escravidão, na Câmara Municipal da Corte com a presença dos vereadores e do ministro da Justiça Ferreira Vianna. No seu discurso, Ferreira Vianna fez inúmeros comentários a respeito do projeto que tramitava no Parlamento, ressaltando que representava a "vontade nacional" e que era a forma de evitar-se que o país entrasse num processo de "anarquia". Por outro lado, destacava que os "ex-escravos não perturbariam a ordem pública" e que era necessário dar-lhes condições, por meio da educação, para que se aperfeiçoassem e pudessem ter novas oportunidades. O jornal teceu considerações

---

48   *Cidade do Rio*, 2 jan. 1889.

49   *Gazeta da Tarde*, 3 ago. 1888.

sobre a importância da educação e exaltou um grupo de "senhoras" que, na Bahia, criou o "Club Castro Alves destinado à educação dos ingênuos".[50]

O *Cidade do Rio*, em uma matéria assinada por João Clapp, com o título "ESCOLAS E NÃO CADEIAS", teceu considerações sobre como o "brado civilizador da fundação de escolas" pode reverter o processo de exclusão a que os antigos escravizados estão condenados. Ele mencionou como o escritor francês Victor Hugo (1802-1885), ao visitar as prisões da França, registrou que os criminosos "não sabiam ler, nem escrever". Ou seja, a educação evitaria o aumento da criminalidade e da ociosidade, valorizando o trabalho, e, consequentemente, haveria a redução de gastos em cadeias por parte do Estado. A partir desse exemplo, o abolicionista ressaltou a importância de uma "instrução em larga escala [...] através da atuação urgente dos batalhadores do progresso". Concluiu o texto, afirmando que não era o momento de "descansar, porque nada encontramos feito, além da vil exploração da influência da lavoura, em proveito de um pequeno grupo oficial".[51]

O jornal de Patrocínio desenvolveu uma verdadeira cruzada contra as amarras da tutela e a defesa da educação como forma de romper com o processo de marginalização do antigo escravizado. Posteriormente, sob o título "REESCRAVIZAÇÃO", divulgava a violência efetuada contra uma menina de 14 anos: "mísera Corina ainda tem os lábios inchados, das bofetadas que a aviltaram, *não sabe ler, nem escrever...* veste como as antigas escravas". O jornal, discorrendo sobre os maus tratos efetuados contra a menina, frisou que só com a educação esse quadro poderia ser revertido.[52] Já no início do século XX, o periódico continuava com suas denúncias contra a exploração de menores e a ausência de medidas educacionais para evitar esse quadro bastante adverso, resultado do secular período da escravidão. Em um editorial, relacionou a "hereditariedade social do escravismo" à tutela, onde "milhares de exploradores se utilizam do serviço dos menores", e à ausência de medidas

---

50   *Gazeta da Tarde*, 12 maio 1888.

51   *Cidade do Rio*, 9 jul. 1890.

52   *Cidade do Rio*, 14 ago.1893. Grifos nossos.

Tensões políticas, cidadania e trabalho no longo Oitocentos   305

concretas para o desenvolvimento da educação.[53] A divulgação pela imprensa dessas atrocidades não conseguiu reverter a violência contra os antigos escravizados. Medidas paliativas não enfrentavam a questão central decorrente de anos presos aos grilhões da escravidão. Como Joaquim Nabuco já tinha assinalado: "as reformas sociais" deveriam prevalecer sobre as políticas e a emancipação teria que ocorrer paralelamente à "democratização" do solo. Uma é o complemento da outra. "Acabar com a escravidão, não basta; é preciso destruir a obra da escravidão".[54]

Essa "destruição" da obra da escravidão, na ótica da imprensa, associava-se à educação, na medida em que criaria condições para o "engrandecimento e aperfeiçoamento" do antigo escravizado visando à formação de um "novo cidadão" que contribuiria para que o país alcançasse o patamar das nações civilizadas. No entanto, a educação era apresentada de maneira ambígua: por um lado, destacava-se a possibilidade da ascensão social do liberto, mas, por outro, mantinha-se uma estrutura hierarquizada, herança da sociedade escravista. A ausência de uma educação de qualidade que, realmente, estabelecesse a cidadania para os antigos escravizados e o controle da terra por pequeno número de indivíduos ensejaram a manutenção desse quadro perverso, pautado na exclusão, que se perpetua até os dias atuais.

Fontes impressas

ANAIS da Assembleia Legislativa Provincial do Rio de Janeiro. Rio de Janeiro: Tip. Imperial e Constitucional J. Villeneuve & Cia., 1880/1888.

BRASIL, Directoria Geral de Estatística. *Recenseamento da população do Império do Brazil a que se procedeu no dia 1 de agosto de 1872.* Rio de Janeiro: Tip. de G. Leuzinger & Filhos (1873-1876), Município Neutro.

NABUCO, Joaquim. *O Abolicionismo. Conferências e Discursos Abolicionistas, (1883-1884/1885).* São Paulo: Instituto Progresso Ed., 1949.

---

53 *Cidade do Rio*, 1 nov. 1901.

54 Conferência no Teatro Santa Isabel. 30 de novembro de 1884. In: *O Abolicionismo. Conferências e Discursos Abolicionistas, (1883-1884/1885).* São Paulo: Instituto Progresso Ed., 1949, p. 377-378.

Periódicos

Cidade do Rio – 1887/1902

Diário de Notícias – 1888/1889

Gazeta da Tarde – 1880/1889

Gazeta de Notícias –1880/1889

Jornal do Commercio – 1880/1889

Novidades – 1888/1889

O Paiz – 1888/1889

Bibliografia

ALBUQUERQUE, Wlamyra R. de. *O jogo da dissimulação: abolição e cidadania negra no Brasil*. São Paulo: Cia. das Letras, 2009.

ALONSO, Angela. *Flores, votos e balas: o movimento abolicionista brasileiros (1868-1888)*. São Paulo: Cia. das Letras, 2015.

BARBOSA, João Paulo. *O Pós-Abolição no Rio de Janeiro: Representações do negro na imprensa (1888-1910)*. Dissertação (Mestrado em História) – UNIRIO, Rio de Janeiro, 2016.

BARBOSA, Marialva. *Os Donos do Rio. Imprensa, Poder e Público*. Rio de Janeiro: Vício de Leitura, 2000.

BERGSTRESSER, Rebecca B. *The Movement for the Abolition of Slavery in Rio de Janeiro, 1880-1889*. Tese (Doutorado), mimeo. Stanford, 1973.

CARVALHO, José Murilo de. "Escravidão e Razão Nacional". In: *Dados. Revista de Ciências Sociais*. Rio de Janeiro: IUPERJ, n· 3, v. 31, 1988.

CHALOUB, Sidney. *Visões da liberdade: uma história das últimas décadas da escravidão na corte*. São Paulo: Cia. das Letras, 1990.

CONRAD, Robert E. *Os Últimos Anos da Escravatura no Brasil: 1850-1888*. Trad. de Fernando de Castro Ferro. Rio de Janeiro: Civilização Brasileira, 1978.

DARNTON, Robert. *O Beijo de Lamourette. Mídia, Cultura e Revolução*. Trad. de Denise Bottmann. São Paulo: Cia. das Letras, 1990.

FERREIRA, Higor Figueira. "Mais que uma escola: a construção de um currículo para uma escola de meninos pretos e pardos na Corte". In: CORD, Marcelo Mac; ARAUJO, Carlos Eduardo Moreira de; GOMES, Flávio dos Santos (org.). *Rascunhos cativos: educação, escolas e ensino no Brasil escravista*. Rio de Janeiro: 7 Letras, 2017.

FERREIRA, Leonardo da Costa. *Reformar para conservar: debates e propostas educacionais na cidade do Rio de Janeiro entre 1871 e 1889*. Rio de Janeiro: Publit, 2015.

FRAGA FILHO, Walter. *Encruzilhadas da liberdade: histórias de escravos e libertos na Bahia (1870-1910)*. São Paulo: Unicamp, 2006.

GEBARA, Ademir. *O mercado de trabalho livre no Brasil*. Rio de Janeiro: Brasiliense, 1986.

GRAHAM, Sandra Lauderdale. *Proteção e obediência; criadas e seus patrões no Rio de Janeiro, 1860/1910*. Trad. Viviana Bosi. São Paulo: Cia. das Letras, 1992.

MACHADO, Humberto Fernandes. *Escravos, Senhores e Café. A crise da cafeicultura escravista do Vale do Paraíba (1860-1888)*. Niterói: Cromos, 1993.

_____. *Palavras e Brados. José do Patrocínio e a imprensa abolicionista do Rio de Janeiro*. Niterói, Eduff, 2014.

MACHADO, Maria Helena P. T. *O plano e o pânico: os movimentos sociais na década da abolição*. Rio de Janeiro: EDUFRJ/São Paulo: EDUSP, 1994.

_____; GOMES, Flávio. "Eles ficaram "embatucados", seus escravos sabiam ler: abolicionistas, senhores e cativos leitores no alvorecer da liberdade". In: CORD, Marcelo Mac; ARAUJO, Carlos Eduardo Moreira de; GOMES, Flávio dos Santos (org.). *Rascunhos cativos: educação, escolas e ensino no Brasil escravista*. Rio de Janeiro: 7 Letras, 2017.

MARTINS, José de Souza. *O cativeiro da terra*. São Paulo: Livr. Edit. Ciências Humanas, 1979.

MATTOS, Hebe Maria. *Escravidão e Cidadania no Brasil Monárquico*. Rio de Janeiro: Zahar, 2000.

NETO, Alexandre Ribeiro. "Acalanto: ensinando as primeiras letras aos filhos dos libertos em Vassouras (1871-1910)". In: CORD, Marcelo Mac; ARAUJO, Carlos Eduardo Moreira de; GOMES, Flávio dos Santos (org.). *Rascunhos cativos: educação, escolas e ensino no Brasil escravista.* Rio de Janeiro: 7 Letras, 2017.

PENA, Eduardo Spiller. *Pajens da Casa Imperial, jurisconsultos, escravidão e a lei de 1871.* Campinas: Ed. da Unicamp, 2001.

PESSANHA, Andréa Santos da Silva. *Da abolição da escravatura à abolição da miséria: a vida e as ideias de André Rebouças.* Rio de Janeiro: Quartet/ Belfort Roxo (RJ): UNIABEU, 2005.

RIOS, Ana Lugão; MATTOS, Hebe Maria. *Memórias do cativeiro: família, trabalho e cidadania no pós-abolição.* Rio de Janeiro: Civilização Brasileira, 2005.

SCHWARCZ, Lília Moritz. *Retrato em Branco e Negro: jornais e cidadãos em São Paulo no final do século XIX.* São Paulo: Cia. das Letras, 1987.

_____. *O espetáculo das raças – cientistas, instituições e questão racial do Brasil – 1870-1930.* São Paulo: Cia. das Letras, 1993.

SILVA, Eduardo. *As Camélias do Leblon e a abolição da escravatura: uma investigação de história cultural.* São Paulo: Cia. das Letras, 2003.

SILVA, Roger Aníbal Lambert da. *Em nome da ordem:* o *Jornal do Commercio e as batalhas da abolição.* Tese (Doutorado em História) – UFF, Niterói, 2017.

URBINATI, Inoã Pierre Carvalho. *Ideias e projetos de reforma agrária no final do Império (1871-1889): uma análise de seu sentido político e social.* Dissertação (Mestrado em História) – UERJ, Rio de Janeiro, 2008.

URRUZOLA, Patrícia. *Faces da liberdade tutelada: libertas e ingênuos na última década da escravidão (Rio de Janeiro, 1880-1890).* Dissertação (Mestrado em História) – UNIRIO, Rio de Janeiro, 2014.

9. Cidadania, trabalho e municipalidade no Rio de Janeiro no início da República

Paulo Cruz Terra[1]

Mariana Kelly da Costa Rezende[2]

Visto como limitado e despolitizado por parte da historiografia, o governo municipal da capital do país também foi entendido por outra vertente de estudos como capaz de manter alguma autonomia e ser um espaço de exercício da cidadania no início da República.[3] Este texto dialoga com tais interpretações e objetiva analisar de que forma a questão do trabalho e dos trabalhadores apareceu na legislação municipal do Rio de Janeiro, no período entre 1892 e 1902. Sendo assim, pretende-se explorar como se deu a regulação e o controle do trabalho na cidade, bem como as leituras e expectativas dos trabalhadores sobre as leis que incidiam sobre seu cotidiano e quais as formas que eles encontraram para expressar o que entendiam como seus direitos.

Mil oitocentos e noventa e dois é um ano-chave por causa da Lei Orgânica que transformou o poder municipal. Por um lado, alterou-se a estrutura do Conselho Municipal, definindo, por exemplo, 27 cadeiras de intendentes eleitos. Por outro, a mesma lei instituía a figura do prefeito, responsável pelo Poder Executivo Municipal, que não existia até então e que seria nomeado pelo presidente da República, com aprovação do Senado Federal. Esse "prefeito teria poder de veto sobre as resoluções do Conselho Municipal, e seu

---

1   Paulo Cruz Terra é professor Adjunto do Departamento de História da Universidade Federal Fluminense e do Programa de Pós-Graduação em História da mesma instituição. Vice-Coordenador e pesquisador do CEO; pesquisador do NEMIC.

2   É mestranda do Programa de Pós-Graduação em História, bolsista CAPES, da Universidade Federal Fluminense.

3   As mesmas vertentes serão devidamente apresentadas e analisadas mais à frente no texto.

veto deveria ser apreciado pelo Senado".[4] O fim do recorte temporal no ano de 1902 se dá pela posse do presidente Campos Sales e do prefeito Pereira Passos, que marca um novo período na dinâmica política da cidade.

Na primeira parte do capítulo, tratamos das leituras sobre o poder municipal no período e quais as relações deste com a construção da cidadania. Na segunda, exploramos a legislação municipal sobre o trabalho, pelo *Boletim da Intendência*, e as interpretações dos trabalhadores, principalmente por meio dos jornais e requerimentos.

Cidadania e municipalidade

A municipalidade foi uma das bases da construção de uma das principais teses sobre a cidadania no início da República. José Murilo de Carvalho, em *Os bestializados*, apontou que a Lei Orgânica de 1892, mencionada anteriormente, teria transformado o prefeito, nomeado pelo presidente, em um interventor. O Conselho Municipal, por sua vez, "ficou limitado à ação administrativa e, mesmo assim, dependendo do apoio político e financeiro do governo federal para iniciativas de maior vulto". Apesar de eleito, o Conselho ainda "tinha poucas condições de se opor ao prefeito nomeado". Segundo o autor, verifica-se, portanto, a despolitização do governo municipal, que teve como complemento inevitável o falseamento da representatividade política e do processo eleitoral.[5]

Carvalho indicou que uma consequência da dissociação do governo municipal da representação dos cidadãos foi que abriu "o campo para os arranjos particularistas, para as barganhas pessoais, para o tribofe, para a corrupção". Assim, bandos de criminosos e contraventores passaram a se envolver nas eleições e assuntos do município ao lado dos funcionários públicos. Enquanto isso, observa-se a exclusão de grande parte dos cidadãos que ficava sem espaço político. Contudo, o autor expôs que havia no Rio de Janeiro um amplo es-

---

4   FREIRE, Américo. *Uma capital para a República: poder federal e forças políticas locais no Rio de Janeiro na virada para o século XX.* Rio de Janeiro: Revan, 2015, p. 73.

5   CARVALHO, José Murilo de. *Os bestializados: o Rio de Janeiro e a República que não foi.* São Pauloi: Cia. das Letras, 1987.

paço de participação popular que passava ao largo da política oficial e podia ser encontrado, por exemplo, nas festas e cortiços.[6]

A participação popular que se dá por fora da, ou até mesmo em rejeição à, política oficial foi desenvolvida posteriormente por Carvalho na ideia de "cidadania em negativo". Segundo o autor,

> apesar de não participar da política oficial, de não votar, ou de não ter consciência clara do sentido do voto, a população tinha alguma noção sobre direitos dos cidadãos e deveres do Estado. O Estado era aceito por esses cidadãos, desde que não violasse um pacto implícito de não interferir em sua vida privada, de não desrespeitar seus valores, sobretudo religiosos. Tais pessoas não poderiam ser consideradas politicamente apáticas.[7]

Leituras diferentes sobre a municipalidade no início da República, bem como a relação dessa com a população, têm sido empreendidas nos últimos anos. Marcelo Magalhães, em tese defendida em 2004, analisou as relações, entendidas como negociações e embates, entre os prefeitos, os intendentes e os habitantes da Capital Federal, no período de 1892 a 1902. Para o autor, diferentemente do apontado por Carvalho, ao invés de enfraquecimento do Conselho da Intendência, temos, em 1892, o aumento das suas atribuições, totalizando 37. O Conselho se responsabilizava por temáticas, tais como "funcionalismo municipal, orçamento, impostos, empréstimos, patrimônio, desapropriação, posturas municipais, compra de imóveis, obras etc."[8] Por isso, para governar, o Poder Executivo Municipal dependia das deliberações do Conselho Municipal. Desta forma, o autor afirma que até 1902 o Conselho desempenhava um papel mais forte do que a própria prefeitura.[9]

---

6 Idem.

7 CARVALHO, José Murilo de. *Cidadania no Brasil: o longo caminho.* Rio de Janeiro: Civilização Brasileira, 2000, p. 75.

8 MAGALHÃES, Marcelo de Souza. *Ecos da política: A capital federal, 1892-1902.* Tese de Doutorado. Niterói: UFF/ICHF, 2004, p. 31.

9 Idem, p. 123.

Magalhães dialogou, por exemplo, com interpretações que expunham que o prefeito, por ter sido delegado pelo presidente da República, teria pouca autonomia política. Ele propôs, no entanto, por meio da análise das cerimônias de abertura das sessões legislativas do Conselho Municipal, que é possível perceber "uma série de diferentes atuações políticas das pessoas que ocuparam a chefia da Prefeitura do Distrito Federal".[10] Os prefeitos teriam elaborado discursos que eram, às vezes, mais próximos, outras mais afastados, tanto do Conselho Municipal, quanto do governo da União, que lhes havia delegado o poder.

Ao investigar "o ato de sancionar ou vetar uma resolução aprovada pelo Conselho Municipal", Magalhães encontrou situação semelhante. Também nesse caso, o autor indicou que o prefeito atuava no campo político carioca com certo grau de autonomia. Sendo assim, "longe de serem apenas intermediários ou interventores, os prefeitos tinham momentos de embate e negociação tanto com o Conselho Municipal como com o governo federal".[11]

O autor abordou ainda o canal de comunicação entre a população e o Conselho Municipal por meio dos requerimentos, individuais e coletivos, abaixo-assinados, representações e petições. O ato de requerer, segundo Magalhães, "não importando, a princípio, tanto o que se pede, é o reconhecimento de que a instituição legislativa municipal era vista por muitos cidadãos como um lugar apropriado para alcançar o que se requer". Ao mesmo tempo, "o esforço de responder demonstra, minimamente, a existência de intendentes preocupados em manter vínculos de representação com grupos da cidade".[12]

Interpretação muito semelhante foi realizada por Josianne Cerasoli, ao analisar o período de grandes transformações urbanas em São Paulo na passagem do século XIX para o XX. A autora expôs que havia uma "intensa e constante atuação de amplos setores da sociedade no processo decisório e nos debates a respeito dos projetos para a cidade, mesmo sem poder contar

---

10   Idem, p. 122.

11   Idem, p. 122.

12   Idem, p. 157.

com uma extensa participação em termos oficiais ou eleitorais".[13] Os requerimentos, cartas e reclamações enviadas à Câmara Municipal mostravam possibilidades diferenciadas de relação da população com o Estado e a política – que não se dava apenas por meio das turbas urbanas e movimentos organizados – e constituíam "uma face importante da própria noção de cidadania para os contemporâneos".[14]

Martha Abreu, Marcelo Magalhães e Paulo Terra organizaram, em 2019, uma obra sobre os poderes municipais, tendo os capítulos sobre a República criticado diretamente a imagem exposta por Carvalho de que existiam "frágeis nexos, ou melhor, uma dissociação entre as classes populares e as esferas de governo na cidade do Rio dos primeiros anos republicanos". Os incontáveis requerimentos, reclamações e abaixo-assinados enviados pela população à municipalidade, expostos pelos textos, demonstram uma participação ativa nos assuntos da cidade pelo exercício de diversos direitos.[15]

Este capítulo dialoga, portanto, com as vertentes expostas anteriormente, justo no sentido de que tentar entender de que maneira a municipalidade atuava nos mundos do trabalho no período é também discutir o próprio papel dessa esfera de poder e suas conexões com a população em geral.

Municipalidade e trabalho

A atuação da municipalidade sobre os mundos do trabalho no Rio de Janeiro nos anos iniciais da República foi muito diversa. As tentativas de regulamentação e controle sobre as várias ocupações mostra uma instituição longe de ser esvaziada de sentido, mas, pelo contrário, em contato direto com os assuntos da vida na cidade. Além disso, a instituição legislava sobre outros assuntos que atingiam diretamente os trabalhadores, como a moradia e o associativismo. Os trabalhadores, por sua vez, também procuravam o Conse-

---

13 CERASOLI, Josianne Francia. *Modernização no plural: obras públicas, tensões sociais e cidadania em São Paulo na passagem do século XIX para o XX.* Tese de Doutorado. Campinas: Unicamp/ IFCH, 2004, p. 10.

14 Idem, p. 121.

15 ABREU, Martha; MAGALHÃES, Marcelo; TERRA, Paulo. *Os poderes municipais e a cidade: Império e República.* Rio de Janeiro: Mauad X, 2019.

lho, fosse para conseguir alguma autorização, contestar medidas ou solicitar outras. Diante de uma atuação também múltipla por parte do Conselho, apresentaremos a partir daqui algumas das esferas de ação da instituição em relação aos mundos do trabalho, procurando também perceber as leituras e formas de atuação dos próprios trabalhadores sobre esse processo.

A regulamentação do comércio

O comércio foi, sem sombra de dúvida, uma das áreas mais regulamentadas pelo Conselho no período aqui analisado. A instituição tinha como objetivo estipular onde, quando e de que forma deveriam ser comerciados os mais diversos produtos naquele espaço urbano. O trabalho comercial envolvia um grande número de trabalhadores,[16] em diferentes hierarquias, e cada grupo de trabalhadores do comércio lidava com demandas distintas e sofria regulamentações diversas. Alguns serviços, por exemplo, nem eram regulamentados pelo Conselho, o que não impediu que procurassem a instituição na tentativa de legitimar seu trabalho, como o caso de Manoel Joaquim da Cunha, em 1892, solicitando licença para vender pelas ruas um preparado seu.[17]

Fabiane Popinigis explicita essa grande diversidade no que podia ser compreendido como trabalhadores do comércio:

> Eram caixeiros de armarinho, de armazéns de secos e molhados, de calçados, padarias, de hotéis e restaurantes, de cafés e confeitarias, de bar e botequim e de casas de pasto, bem como os encarregados de hospedarias e casas de cômodos, entre outros. Essas categorias enquadravam grande parte dos trabalhadores no comércio da época e exigiam diferentes níveis de qualificação, instrução, salário, exploração, status e, enfim, de organização política. Entretanto, estavam todos relacionados ao comércio de alguma forma, com diferentes graus de equilíbrio entre trabalho manual e intelectual.[18]

---

16   No censo de 1872, a "classe comercial" englobaria 23.481 pessoas, sem distinguir entre si os comerciantes, guarda-livros e caixeiros. (POPINIGIS, Fabiane. *Proletários de casaca: trabalhadores do comércio carioca (1850-1911)*. Campinas: Editora da Unicamp, 2007, p. 42).

17   *Boletim da Intendência.* Rio de Janeiro, 26 de outubro de 1892, p. 27.

18   POPINIGIS, Fabiane. Op. Cit., p. 45.

As ruas da cidade eram tomadas por ambulantes e pequenos negócios. Todavia, essa ocupação das ruas teve diversas restrições. Indicou-se, por exemplo, em 1891, que não fosse mais concedida aos mascates a licença para "estacionarem" nas ruas e praças cariocas.[19] Em 3 de setembro, mascates foram proibidos de exercer seu trabalho aos domingos, sob pena de recolhimento das caixinhas, por estarem obstruindo o passeio.[20] Outra proposta do mesmo dia determinou algumas restrições, como a proibição de comércio fora dos estabelecimentos e da lavagem de roupa e comedouros nas ruas, a execução da lei sobre os mascates, recém-aprovada, e a melhor alocação dos engraxates.[21] No dia 12 de dezembro, os engraxates também pararam de receber novas licenças para colocar suas cadeiras em ruas estreitas.[22] Até empresas enfrentaram medidas como essas, por exemplo, a Companhia Evoneas Fluminense foi repreendida pelo Conselho por não cumprir a postura municipal que proibia o depósito de madeiras em ruas, praças e praias.[23]

O comércio ambulante absorvia uma relevante parcela da população que enfrentava dificuldades em conseguir empregos em outras áreas. O trabalho feminino, por exemplo, não era bem visto pela sociedade. Especialmente em espaços de diversão, que eram considerados masculinos, o trabalho comercial exercido por mulheres era tido como imoral e, por isso, costumavam assumir um caráter sexual, mesmo que elas não fossem consideradas prostitutas.[24] Assim, nesses estabelecimentos, para além do trabalho massacrante que os homens também sofriam, as mulheres enfrentariam atentados ao pudor. Só de ocupar esse espaço masculino, a honestidade e moralidade das mulheres era colocada em questão, fazendo com que sofressem explorações distintas.[25]

---

19   *Boletim da Intendência.* Rio de Janeiro, 10 de abril de 1891.

20   *Boletim da Intendência.* Rio de Janeiro, 3 de setembro de 1891, p. 61.

21   *Boletim da Intendência.* Rio de Janeiro, 3 de setembro de 1891, p. 95.

22   *Boletim da Intendência.* Rio de Janeiro, 12 de dezembro de 1891, p. 49.

23   *Boletim da Intendência.* Rio de Janeiro, 9 de julho de 1891, p. 8.

24   POPINIGIS, Fabiane. Op. Cit., p. 211-212.

25   Idem, p. 216-217.

Popinigis ressalta que "para mulheres pobres, que precisavam trabalhar para ganhar a vida, os padrões de comportamento em relação à sociabilidade e até mesmo à sexualidade poderiam ser diferentes do que os que se estabeleceram como moralmente aceitáveis para juízes e legisladores".[26] Entretanto, para os homens que buscavam "preservar a família", isso era incompreensível, levando o trabalhado de "caixeira" a ser evitado, e a figura dessas mulheres deslegitimada perante as autoridades da cidade.[27]

De modo a conter a vadiagem e trabalhos irregulares, o Conselho da Intendência aprovou em 1892 uma medida para facilitar a concessão de licenças para ambulantes, de acordo com sua idade e sexo. Colocou-se que "existe já crescido número de mulheres e menores, a quem falta uma ocupação honesta e a quem somente o trabalho poderá livrar dos maus costumes e dos vícios e conseguintemente de um futuro desgraçado"[28], e que esses enfrentavam dificuldades de conseguir um trabalho "honesto" por não conseguir concorrer com homens "na força da vida" no mercado de trabalho. Com isso, a licença para os mercadores ambulantes homens entre 15 e 60 anos era de 100$000, enquanto para as mulheres, menores de 15 e maiores de 60 seria de apenas 10$000; já para os homens adultos engraxates o valor de 50$000 foi aumentado para 100$000 e para engraxates mulheres, idosos ou menores o valor foi reduzido a 30$000.[29]

A profissão de mascate, ou seja, vendedor ambulante, só foi regulamentada em outubro de 1901. Declarou-se que deveriam carregar consigo o documento original da licença para vendedor ambulante, preferencialmente à vista do público, e se prontificando a mostrá-lo às autoridades fiscais sempre que requisitado. Cada indivíduo deveria ter sua própria licença para as vendas, de acordo com as mercadorias que comerciavam, ou seja, para negociar deveriam possuir licença respectiva a cada mercadoria, pagando impostos distintos para cada uma. O não cumprimento da lei acarretaria em multa de 200$000 e, em caso de perda, deveriam pagar pela emissão da segunda via.[30]

---

26 Idem, p. 210-211.

27 Idem, p. 211-212.

28 *Boletim da Intendência*. Rio de Janeiro, 21 de janeiro de 1892, p. 15.

29 Idem.

30 *Boletim da Intendência*. Rio de Janeiro, 31 de outubro de 1901, p. 15.

A Associação dos Empregados no Comércio do Rio de Janeiro tentou evitar a aprovação do decreto, manifestando-se por meio do *Jornal do Brasil*.[31] Argumentando que o comércio regular vinha enfrentando uma crise, pelo fechamento de várias casas comerciais, esperava-se que o Conselho da Intendência seguisse negando as licenças a engraxates e vendedores ambulantes e removendo quiosques, de modo a fortalecer o comércio regular. Desta maneira, diferenciam os ambulantes dos comerciantes da seguinte forma:

> Como sabe, o negociante faz arte da população permanente, concorre para o engrandecimento da cidade, para a valorização da propriedade urbana, para o florescimento das indústrias, de cujo produto ele próprio é consumidor, enquanto que o mascate é um perfeito nômade, não tem domicílio certo, não registra firma nem capital, não legaliza livros de escrituração mercantil, porque nem os possui, furta-se ao imposto de indústria e profissão, escapa-se aos registros especiais que existem, e raro, muito raro, é aquele que conhece ao menos a obrigação de concorrer para as despesas públicas.[32]

Outro tipo de demanda que chegava ao Conselho era sobre o funcionamento das casas de comércio. Eram dois tópicos principais: para que fosse regulamentado o não funcionamento aos domingos e requerimentos de funcionamento à noite ou de madrugada. Essa segunda demanda vem principalmente pelos donos de casas de comércio, como, por exemplo, Domingos José Fernandes, para manter seu quiosque aberto até 1h da noite, na Praça Municipal;[33] ou Casemiro Domingos, para conservar aberto seu negócio até meia-noite;[34] ou Joaquim Bernardo, que desejava ter seu comércio em funcionamento das 4h da manhã às 1h da madrugada.[35] Desses pedidos, Domingos José Fernandes conseguiu a permissão pleiteada e Joaquim Bernardo conseguiu a permissão até meia-noite.

---

31   *Jornal do Brasil*. Rio de Janeiro, 9 de outubro de 1901, n. 282, p. 2.

32   Idem.

33   *Boletim da Intendência*. Rio de Janeiro, 3 de julho de 1891, p. 4.

34   *Boletim da Intendência*. Rio de Janeiro, 7 de janeiro de 1892, p. 4.

35   *Boletim da Intendência*. Rio de Janeiro, 31 de março de 1892, p. 103.

A partir de demandas como as mencionadas anteriormente, em 1893, o Decreto nº 41 estabelece um imposto para as casas noturnas que desejassem funcionar até 1h da madrugada. Aquelas que não se licenciassem, deveriam encerrar seus negócios até às 22h.[36] Em 1895, esse decreto é reforçado, permitindo que as licenças dessas casas noturnas licenciadas fossem caçadas caso houvesse registros de perturbação da ordem pública, desordens habituais ou reclamações na polícia.[37]

Já a discussão do fechamento das casas de negócio aos domingos, tem um histórico de luta pelos caixeiros e resistência de seus patrões à prática. Popinigis situa a trajetória desse movimento desde a década de 1850, em que os trabalhadores buscavam ao menos a folga em parte do dia. Segundo a autora, apenas em 1879 conseguiu-se a consolidação da lei de fechamento do comércio após o meio-dia aos domingos e dias santos, de modo a abranger toda a categoria. A lei, porém, foi revogada pela pressão de grupos de negociantes e proprietários em 1881. Em 1890, foi novamente aprovada a postura, com a alteração no artigo referente às tavernas de modo a permitir seu funcionamento.[38]

Em 1891, estendeu-se a proibição de negociar em dias de domingo aos mascates.[39] Os barbeiros e cabeleireiros, em 1892, solicitaram que fosse extensiva às "casas de barbeiro" a postura sobre os fechamentos aos domingos,[40] conseguindo oficializar em forma de decreto, em 1893, o fechamento das suas portas desde a manhã.[41] Também em 1892, empregados de casas de secos e molhados pediram a mudança da postura, na qual deviam funcionar até às 18h nos domingos, para que lhes fosse permitido fechar seus negócios às 14h, a fim de que

---

36   *Boletim da Intendência.* Rio de Janeiro, 17 de maio de 1893, p. 38.

37   *Boletim da Intendência.* Rio de Janeiro, 24 de outubro de 1895, p. 9.

38   POPINIGIS, Fabiane. "Todas as liberdades são irmãs": Os caixeiros e a as lutas dos trabalhadores por direitos entre o império e a república. *Estudos Históricos*, Rio de Janeiro, v. 29, n. 59, 2016, p. 647-666.

39   *Boletim da Intendência.* Rio de Janeiro, 9 de julho de 1891, p. 8.

40   *Boletim da Intendência.* Rio de Janeiro, 12 de março de 1892, p. 92.

41   *Boletim da Intendência.* Rio de Janeiro, 17 de março de 1893, p. 20.

Tensões políticas, cidadania e trabalho no longo Oitocentos   319

pudessem descansar.[42] Em 1893, a postura foi estendida às casas de negócio nas freguesias da Gávea, Engenho Velho, São Cristóvão e Engenho Novo.[43]

Contudo, em 12 de agosto de 1896, permitiu-se a abertura das casas de negócio até o meio-dia de domingos.[44] A permissão da abertura trouxe descontentamento aos trabalhadores que já vinham lutando pela folga aos domingos, reagindo-se rapidamente à medida. Quatro dias após a aprovação do decreto, dia 16 de agosto de 1896,[45] houve fala de uma comissão de representantes da Associação dos Empregados no Comércio no Conselho Municipal. Nela, cuja transcrição está presente no *Jornal do Brasil*,[46] os trabalhadores retomaram a luta dos caixeiros que há 15 anos haviam conseguido com êxito o fechamento das portas aos domingos, e que a aprovação de tal lei foi essencial para a criação da associação de que faziam parte. Eles declararam que, de fato, muitas das casas de comércio já vinham desrespeitando a lei e que estavam se organizando para solicitar fiscalização, a fim de que a postura fosse cumprida, quando surgiu o novo decreto que permitiria a abertura do comércio aos domingos.

A comissão dos empregados do comércio ressaltou o porquê da luta, lembrando que o trabalho no comércio implicava longas jornadas de 16 horas diárias, das 6h às 22h, de um trabalho extenuante. Mesmo que as portas abertas não durassem o dia inteiro, implicaria apenas em algumas poucas horas de folga semanal, privando o caixeiro de viver seu tradicional dia de descanso – o domingo.[47] Deste modo, o grupo requeria que pudessem voltar a gozar de um dia livre após outros seis de trabalho, entregando no dia 17 de agosto um abaixo-assinado com cerca de 500 assinaturas de empregados no comércio pelo fechamento das portas aos domingos.[48] No dia 28 de agosto de

---

42   *Boletim da Intendência*. Rio de Janeiro, 1892, p. 19.

43   *Boletim da Intendência*. Rio de Janeiro, 6 de fevereiro de 1893, p. 16.

44   *Boletim da Intendência*. Rio de Janeiro, 12 de agosto de 1896, p. 51.

45   *Jornal do Brasil*. Rio de Janeiro, 16 de agosto de 1896, n. 229, p. 2.

46   Idem.

47   Idem.

48   *Jornal do Brasil*. Rio de Janeiro, 17 de agosto de 1896, n. 230, p. 2.

1896, pelo Decreto nº 329, a lei que permitia a abertura aos domingos até o meio-dia foi revogada.[49]

Entretanto, um novo decreto em 1897, proibiu o funcionamento do comércio – com exceção de alguns tipos relacionados ao lazer e aos gêneros considerados essenciais – aos domingos após meio-dia, mantendo seu funcionamento permitido pelas manhãs.[50] Novamente a questão foi debatida no *Jornal do Brasil*. O jornal reclamava que, por mais que o Conselho viesse, desde 1879, regulamentando de forma que os caixeiros tivessem um tempo destinado a estudar ou divertir-se sem atrapalhar o comércio, esse projeto específico continha diversas contradições. A primeira é o fechamento ao meio-dia; a segunda é que as exceções permitiriam que botequins e confeitarias funcionassem, enquanto tabacarias deveriam ser fechadas. Essa parte permitiria que os proprietários conseguissem licenças de confeitarias para suas tavernas, por exemplo, mantendo o negócio em funcionamento até 22h ou meia-noite, e, por conseguinte, mantendo a exploração de seus caixeiros. Assim, ao Conselho, foi deixada a seguinte mensagem:

> Para que haja equidade, é preciso, é justo é mais que razoável que o ilustre Conselho da Intendência precise primeiro saber o confronto que podem advir das leis sem estudo e seu método atirado sobre uma das classes mais progressistas da mais bela cidade da América do Sul.[51]

O *Jornal do Commercio* satirizou a medida, questionando o porquê de os botequins permanecerem abertos e as tabacarias ou armazéns, fechados. Publicou, então: "Pode beber o quanto quiser, mas não coma, nem fume!"[52] Apesar das críticas, o decreto vigorou, como demonstra o relatório do prefeito em 1899, requerendo que não fosse permitido aos donos de taverna adicionarem o negócio de botequim ou confeitaria aos seus comércios apenas para mantê-los em funcionamento aos domingos ou que fosse revogado o decreto de 29 de novembro.[53]

---

49   *Boletim da Intendência*. Rio de Janeiro, 28 de agosto de 1896.

50   *Boletim da Intendência*. Rio de Janeiro, 29 de novembro de 1897, p. 26.

51   *Jornal do Brasil*. Rio de Janeiro, 29 de novembro de 1897, n. 333, p. 2.

52   *Jornal do Commercio*. Rio de Janeiro, 5 de dezembro de 1897, n. 337, p. 1.

53   *Boletim da Intendência*. Rio de Janeiro, 1 de setembro de 1899, p. 36.

Muitos dos regulamentos sobre o comércio vinham no sentido de controlar sua segurança e higiene. Isso fica claro quando, por exemplo, em 1898 o prefeito nega o pedido de Manoel Floriano para organizar o serviço de inflamáveis, uma vez que, mesmo sendo favorável à liberdade do trabalho, indústrias nocivas precisariam ser regulamentadas pelas posturas municipais, pela segurança pública.[54]

Nesse sentido, temos também a regulamentação da esterilização dos utensílios de barbeiros e cabeleireiros, que deviam ser colocados em estufa, água fervente ou solução antisséptica.[55] Há ainda, em 1897, regulamentação sobre hotéis, botequins e confeitarias da zona urbana, que deveriam ter seus pisos revestidos de ladrilhos impermeáveis[56] e, em 1899, a venda em confeitarias e padarias, determinando que os alimentos deviam estar em recipientes tampados e só poderiam ser abertos na hora do comércio.[57]

Esses decretos aparecem como medida de higiene e podem ser ilustrados na recomendação da Intendência Municipal pelo fechamento da Coelho Barros & Companhia. A fábrica de sabão, velas e querosene, solicitou permissão para a produção de salsichas. Foi descoberto, contudo, que já vinham produzindo o alimento, fazendo uso de carnes deterioradas. Essa postura da empresa era, então, duplamente ilegal, uma vez que funcionavam sem a devida licença para tal, e por irem de encontro à saúde pública, comercializando alimento impróprio ao consumo. Logo, os intendentes ponderaram que o correto era ser fechada a parte de produção de salsichas da fábrica e penalizar a fábrica pelos delitos cometidos.[58]

Encontrando-se em conjuntura de carestia, a regulamentação de comércios associados aos gêneros básicos da alimentação se fazia necessária, não só para facilitar o comércio, como para buscar a venda de alimentos em melhor qualidade. Não adiantaria, portanto, como no caso acima, que fossem vendi-

---

54 *Boletim da Intendência*. Rio de Janeiro, 11 de outubro de 1898, p. 120.

55 *Boletim da Intendência*. Rio de Janeiro, 19 de julho de 1899, p. 6.

56 *Boletim da Intendência*. Rio de Janeiro, 9 de abril de 1897, p. 18-19.

57 *Boletim da Intendência*. Rio de Janeiro, 11 de maio de 1899, p. 8.

58 *Boletim da Intendência*. Rio de Janeiro, 5 de novembro de 1892, p. 45-46.

dos gêneros alimentícios em estado degenerativo de modo a causar problemas para a saúde pública. Assim, diversos decretos entre 1892 e 1902 buscaram regulamentar essas vendas.

Várias posturas são aprovadas pelo controle da venda de pão. Em 1897, por exemplo, o comércio de pão em cestos deixa de ser considerado um comércio ambulante.[59] Em janeiro de 1892, defere-se a postura de Nicolao Moreira, para que o pão seja vendido de acordo com seu peso, favorecendo os interesses dos consumidores, de modo a que tenham um certo peso determinado.[60] Em 25 de fevereiro, uma nova postura foi aprovada sobre a venda do produto, estabelecendo que a verificação de seu peso seria feita pelos próprios clientes e por fiscais da intendência; além disso, se o preço fosse menor, não seriam repreendidos – contanto que fosse bem cozido.[61]

Entre a promulgação das duas leis, houve um grande debate sobre a possibilidade da definição de um preço para os pães. Entretanto, o artigo 66, da lei de 1º de outubro de 1828, que ainda vigorava, determinava que a municipalidade deveria fiscalizar a salubridade das feiras e mercados, observando os pesos e padrões nas aferições, mas sempre buscando favorecer a agricultura, comércio e indústrias, sem a permissão de taxar preços ou restringir a liberdade dos proprietários. Assim, para diminuir a "situação aflitiva em que se acham as classes pobres dessa cidade pela carestia sempre crescente dos gêneros alimentícios",[62] deveria passar por alternativas que não a taxação direta dos gêneros alimentícios. Foi proposto pelos intendentes que outras medidas administrativas fossem tomadas, como providências para reduzir as tarifas de transporte e de companhias de navegação, de modo a baratear os alimentos.

Além disso, em 1893, o prefeito Henrique Valladares expediu uma circular pedindo que as padarias, açougues, restaurantes, casas de pasto, farmácias e espaços que vendiam alimentos se conservassem abertos no horário de costume.

---

59 *Boletim da Intendência*. Rio de Janeiro, 8 de junho de 1897, p. 29.

60 *Boletim da Intendência*. Rio de Janeiro, 14 de janeiro de 1892.

61 *Boletim da Intendência*. Rio de Janeiro, 25 de fevereiro de 1892, p. 66.

62 *Boletim da Intendência*. Rio de Janeiro, 4 de fevereiro de 1892, p. 44.

A prefeitura colocou-se na posição de evitar que o público sofresse alguma falta de abastecimento, tomando todas as providências necessárias para isso.[63]

Além do pão, a venda e produção de outros gêneros alimentícios foram regulamentadas ao longo dos anos. Por exemplo, em 1895 foi permitido aos pequenos lavradores que vendessem seus produtos, mesmo que sem licença, em alguns bairros do subúrbio, contanto que informassem à prefeitura e mantivessem limpo o local.[64] Já em 1899, proibiu-se a plantação de hortas nas zonas urbanas, para o comércio, com exceção da Gávea e do Engenho Novo, e o uso de qualquer esterco que não estivessem completamente humificados.[65] Em setembro, foi concedido aos pequenos lavradores e pescadores, em zona rural e ilhas, isenção do imposto predial[66] e, em 1901, a isenção de licença dos carros e carroças dos lavradores.[67]

A isenção de impostos diminuiria o custo da produção e circulação desses alimentos. Esse fator é interessante, ao ser observado junto do aumento da licença das cercadas de peixe em dezembro de 1898, que teria um efeito contrário.[68] O aumento do preço das licenças e impostos tinha como propósito a redução do déficit orçamentário, entretanto, pela dificuldade da aquisição de carnes pela população, foram necessárias medidas que facilitassem esse acesso. Por exemplo, em 1892, decidiu-se por viabilizar a criação de açougues, os quais cobrariam apenas o mínimo para custear os estabelecimentos, de modo a concorrer com aqueles que se recusavam a vender a carne por um preço razoável.[69] Havia também a regulamentação do comércio da carne no sentido de aumentar a salubridade e qualidade do alimento ofertado, como a dos comércios de aves

---

63 *Boletim da Intendência.* Rio de Janeiro, 13 de setembro de 1893, p. 50.

64 *Boletim da Intendência.* Rio de Janeiro, 21 de março de 1895, p. 2.

65 *Boletim da Intendência.* Rio de Janeiro, 9 de maio de 1899, p. 5-6.

66 *Boletim da Intendência.* Rio de Janeiro, 19 de setembro de 1899, p. 9.

67 *Boletim da Intendência.* Rio de Janeiro, 14 de março de 1901, p. 3.

68 *Boletim da Intendência.* Rio de Janeiro, 31 de dezembro de 1898, p. 52.

69 *Boletim da Intendência.* Rio de Janeiro, 12 de dezembro de 1891, p. 50.

proibidos em praças públicas[70], a de criação de suínos em Paquetá[71] ou a proibição do abate de gado não autorizado pelas autoridades sanitárias.[72]

A questão da carne verde era discutida com afinco pelos intendentes e pela imprensa. Eram muitas as menções na imprensa à carestia, encontrando-se espaço destinado às notícias sobre a carne verde no *Jornal do Brasil* e a coluna "O Bife" com o mesmo propósito no *Jornal do Commercio*. A intendência, por sua vez, discutia diversos projetos e promulgava algumas leis na tentativa de barateamento da carne na cidade como, por exemplo, em janeiro de 1892,[73] em que uma postura colocou a matança livre de gado no matadouro de Santa Cruz.

A postura, discutida em 31 de dezembro de 1891, determinava sobre diversos assuntos acerca do abastecimento e matança em Santa Cruz. Estabelecia-se uma concorrência para a matança do gado, e as rezes deveriam ser fiscalizadas pelo diretor do matadouro, aprovando seu abate com 24 horas de antecedência. Se essas medidas não fossem suficientes, seria necessário que a intendência permitisse o abate de todo o gado para o consumo, estabelecer açougues em todas as freguesias e, em último caso, permitir o monopólio daqueles que agissem com civismo e patriotismo.[74] Em março, relatam que essa determinação buscava atenuar efeitos de "uma especulação insaciável e cruel que praticam os retalhistas dos gêneros alimentícios, impondo-lhes preços exorbitantes e injustificáveis para se assegurarem lucros usurários".[75]

Açougueiros encaminharam, então, uma carta na qual diziam que a matança não deveria ser livre. O Conselho não deveria autorizar um funcionário municipal a abater gado que não lhe pertence. Para os açougueiros, tal medida nem ao menos seria suficiente para atender a calamidade pública. O grupo que escreveu a nota preferia que a municipalidade fosse responsável pelo aba-

---

70   *Boletim da Intendência*. Rio de Janeiro, 9 de maio de 1899, p. 7.

71   Idem.

72   *Boletim da Intendência*. Rio de Janeiro, 20 de novembro de 1897, p. 24.

73   *Jornal do Commercio*. Rio de Janeiro, 8 de janeiro de 1892, n. 8, p. 1.

74   *Boletim da Intendência*. Rio de Janeiro, 12 de janeiro de 1892, p. 7.

75   *Boletim da Intendência*. Rio de Janeiro, 1 de março de 1892, p. 75.

te da carne, e que a vendesse pelo preço que quisesse, sendo publicado o preço pela qual teria sido vendida, e que eles venderiam no máximo por 100 réis a mais do que teriam comprado. Essa posição dos açougueiros seria justificada pelo prejuízo que vinha dando a matança própria.[76]

A partir do apelo, os intendentes repensaram outras formas de baratear o processo, sendo duas medidas ressaltadas: a escolha de um funcionário da intendência responsável apenas pela negociação com os fornecedores de gado e o estabelecimento de uma premiação para aqueles que abatessem maior número de rezes no matadouro, e com melhor qualidade. Ambas as propostas foram aceitas, sendo discutido apenas o valor dado como prêmio. Além disso, a intendência também assumiu a responsabilidade de facilitar a convergência do gado ao matadouro de Santa Cruz. Os intendentes reforçaram ainda a garantia do livre mercado, de que nenhuma empresa ou indivíduo teria o monopólio do processo, o que seria fundamental para a resolução da crise de abastecimento.[77]

Em 1893, foram promulgados três decretos sobre a venda de carne verde. O Decreto nº 1 permitia o funcionamento do Matadouro de Santa Cruz e o regulamentava, sendo fiscalizado pelo município e pagando taxas enquanto o preço da carne estivesse alto;[78] o Decreto nº 3 proibia a salga de carne encalhada nos açougues;[79] já o decreto nº 35A concedia instalação de açougues municipais, para facilitar a venda da carne com maior qualidade e menor preço.[80]

Verifica-se, portanto, quão diversa poderia ser a atuação do Conselho no que diz respeito ao comércio, assim como a importância dos trabalhadores ao criarem demandas e reclamarem contra medidas que os atingiam diretamente.

O serviço doméstico: a relação patrão-empregado mediada pelo Estado

Ao lado do comércio, o serviço doméstico foi um dos setores de maior atuação por parte do Conselho, tendo ocorrido diversas tentativas de regu-

---

76 Idem.

77 *Jornal do Commercio*. Rio de Janeiro, 13 de janeiro de 1892, n. 13, p. 2.

78 *Boletim da Intendência*. Rio de Janeiro, 9 de janeiro de 1893, p. 9.

79 Idem, p. 10.

80 *Boletim da Intendência*. Rio de Janeiro, 29 de abril de 1893, p. 24.

326 Gladys Sabina Ribeiro • Karoline Carula (orgs.)

lamentação nas duas últimas décadas do século XIX. Segundo Flavia Souza, os projetos tinham como intenção organizar o funcionamento das atividades, mediando a relação entre trabalhadores e patrões, principalmente após a abolição da escravidão.[81]

Em 1895, inicia-se a discussão sobre a criação da matrícula geral do serviço doméstico para funcionários, como cozinheiros, copeiros, serviçais, lavadeiras e engomadeiras, jardineiros, cocheiros e seus auxiliares. Essa matrícula deveria conter informações do trabalhador, tal como declarações de nacionalidade, sexo, idade e estado, detalhes sobre aparência física, profissão e notas de entrada e saídas de empregos. Proposta pelo Conselho da Intendência, o decreto foi vetado pelo prefeito com a justificativa de que invadiria a esfera do privado ao tentar regular a relação entre patrões e trabalhadores do serviço doméstico. Além disso, a matrícula interferiria também na liberdade de trabalho de quem oferece o serviço.[82]

O prefeito ainda acrescentou que o decreto não seria favorável aos trabalhadores do serviço doméstico. Primeiramente, por diferenciá-los dos outros trabalhadores, restringindo a liberdade individual apenas de uma parcela deles, os "serviçais domésticos". Em seguida, ele afirmou que esse grupo se encontraria sob a dependência das autoridades públicas e de seus patrões, que deveriam ser cidadãos assim como eles. Teria dito o prefeito:

> Por outro lado, estabelecendo o odioso regime a compressão da liberdade individual e de sujeição para determinado grupo do operariado, no que só se podia inspirar-se na iniqua base da humilde condição social dos serviçais domésticos, estatuindo nos arts 1º, 2º e 3º, os requisitos da matrícula e da caderneta para o exercício da atividade industrial e para prova de habilitação moral e mesmo profissional, e colocando os serviçais sob a dependência não só de autoridade pública, mas ainda dos patrões – simples cidadãos como eles – cuja idoneidade nem sempre poderá ser fixada, e até ao acaso sob a de pessoas indeterminadas como sejam os vizinhos mais próximos, cuja capacidade moral ainda

---

81 SOUZA, Flavia Fernandes de. "Criados ou empregados? Sobre o trabalho doméstico na cidade do Rio de Janeiro no antes e no depois da abolição da escravidão." *XXVII Simpósio Nacional de História - ANPUH*, Natal, 2013.

82 *Boletim da Intendência*. Rio de Janeiro, 1895, p. 114-115.

Tensões políticas, cidadania e trabalho no longo Oitocentos

mais dificilmente poderá ser firmada, a resolução a que oponho veto fere de frente os princípios constitucionais que asseguram a liberdade do trabalho, desconhecem privilégios de nascimento ou outros, e proíbem a instituição de leis de exceção contra quaisquer cidadãos ou classes de sociedade.[83]

A necessidade de regulamentação era, então, uma questão demandada principalmente pelos patrões e se fez presente nos anos iniciais republicanos, podendo ser notada, principalmente, pelos jornais. Criou-se a imagem da "crise dos criados", dizendo-se que haveria entre os trabalhadores domésticos um grande número de criminosos, viciados e doentes. A regulamentação aparecia na imprensa, portanto, como "uma necessidade que fora imposta pela abolição".[84]

Antes mesmo da República, a conduta moral do trabalhador era levada em consideração na escolha dos empregados, de modo a se buscar uma relação de confiança do patrão para com o trabalhador, especialmente em relação ao respeito à integridade de sua propriedade.[85] Souza indica que, se antes o controle dos patrões tinha um cunho paternal e escravista, a nova organização social após a abolição dificultou o domínio dos patrões, por motivos como a rotatividade do trabalho, o perfil desse trabalhador e o crescimento das suas exigências, por exemplo, em relação ao dinheiro envolvido na relação.[86]

Em 1896, retomou-se a discussão da criação da matrícula, após ser considerado inválido pelo Senado o veto do prefeito. Podemos observar nos jornais a defesa pela criação da lei, baseado no argumento de evitar riscos em contratar-se pessoas de má índole. O *Jornal do Commercio*, no dia 7 de maio de 1896, expôs que alguns diziam não haver necessidade de regulação de tal trabalho, pois é individual e espontâneo, contradizendo a defesa da liberdade individual. Contudo, o periódico tratou essa opinião como sendo ridícula, e afirmou que a necessidade das famílias pelo serviço forçaria que aceitassem

---

83   Idem, p. 115

84   SOUZA, Flavia Fernandes de. Op. Cit., p. 11.

85   Idem. *Criados, escravos e empregados: O serviço doméstico e seus trabalhadores na construção da modernidade brasileira. (cidade do Rio de Janeiro, 1850-1890).* Tese de Doutorado. Universidade Federal Fluminense, Niterói, 2017, p. 330.

86   Idem, p. 335.

indivíduos de ambos os sexos com péssimos hábitos, trazendo identidades falsas e cometendo delitos como roubo durante o ofício. Em seguida, largariam a família com a qual se encontravam e seguiriam com outra identidade repetindo os mesmos hábitos ruins com outras. Assim, defenderam a matrícula, tratando-a como algo urgente.[87]

Já o *Jornal do Brasil,* de 11 de junho, ressaltou a vitória dos chefes de família, que teriam menos dificuldades de achar "criados bons" que não "limariam" o interior de suas gavetas, ou seja, que lhes roubassem. Entretanto, levantaram receio de que as medidas enfrentassem dificuldades em serem postas em execução.[88]

No dia 5 de junho de 1896, o Senado teria negado o veto do prefeito à medida[89] e encaminhado a criação da matrícula que foi, em 15 de junho de 1896, aprovada pelo Decreto n° 284.[90] O regulamento da matrícula foi sancionado pela prefeitura em outubro, contando com as informações sobre a caderneta do "serviçal doméstico", bem como seus direitos e obrigações. O patrão devia assinar a caderneta pelos serviços contratados, indicando os salários – o salário, quando não negociado, era definido "conforme o lugar, tempo de serviço e qualidade do serviço".[91]

O aviso prévio de oito dias foi colocado para ambos, trabalhador e patrão, exceto por justa causa, que poderia ser a falta de pagamento do contratante ou insubordinação do contratado, salvo outros casos explicitados no 16° artigo do decreto. Das funções do criado, ressaltavam a obediência ao amo e à família, a realização das suas obrigações com boa vontade, evitar qualquer dano ao contratante e responder por qualquer dano ou perda que tenha acontecido por sua culpa. Em troca, os amos, para além do pagamento do salário em dia, deveriam tratar os criados com respeito, dar-lhes habitação, alimentação e vestuário, pagar salários em caso de moléstia passageira que não contagiosa, sendo responsáveis pelo encaminhamento de seu empregado ao hospital.[92]

---

87   *Jornal do Commercio.* Rio de Janeiro, 7 de maio de 1896, n. 128, p. 3.

88   *Jornal do Brasil.* Rio de Janeiro, 11 de junho de 1896, n. 163, p. 2.

89   *Jornal do Commercio.* Rio de Janeiro, 6 de junho de 1896, n. 158, p. 2.

90   *Boletim da Intendência.* Rio de Janeiro, 15 de junho de 1896, p. 38.

91   *Boletim da Intendência.* Rio de Janeiro, 24 de outubro de 1896, p. 16.

92   Idem, p. 17.

Tensões políticas, cidadania e trabalho no longo Oitocentos

Souza aponta que inicialmente foi sugerido pelo Conselho a implementação do regulamento por seis meses, já na expectativa dos problemas que poderiam aparecer. Ao fim desse tempo, o prefeito elaboraria um relatório com as críticas recebidas, de modo a fazer as alterações que fossem, de fato, melhorias. Entretanto, não há nenhum registro desse relatório e sabe-se que a matrícula não foi colocada em prática. A regulamentação do serviço doméstico seguiu sendo um problema aos poderes públicos no início do século XX.[93]

Intendência e trabalhadores: habitação como direito e controle

A relação entre as empresas e os trabalhadores foram diversas vezes mediadas pela intendência. Algumas vezes, conseguia-se que decretos fossem aprovados de modo favorável aos trabalhadores. O Fundo Escolar, por exemplo, que isentava de impostos as fábricas que mantivessem em funcionamento escolas primárias, permitiria aos trabalhadores, em especial os menores de 16 anos, acesso a alguma educação.[94] Contudo, é importante frisar que tal medida retirava da responsabilidade direta da municipalidade a educação de uma parcela de estudantes que deveria ser encaminhada às escolas públicas.

Outras vezes, o que era permitido a grupos empresariais afetava negativamente a vida dos trabalhadores. Por exemplo, durante o ano de 1896, são muitos os decretos que permitem a desapropriação de casas e terrenos na cidade do Rio de Janeiro.[95] O Decreto nº 134 concedia à empresa Companhia Ferro-Carril Carioca o direito de desapropriação por utilidade pública. Em 1897, o processo de desapropriação pela cidade seguiu intenso, destacando a empresa de Adolpho José Pinto Ribeiro, sob a justificativa de construção de uma rua[96] e a desapropriação necessária à construção de uma exposição industrial norte-americana, pela própria intendência.[97]

A questão habitacional exemplifica bem essa dualidade. Enquanto empresas ganhavam direito à desapropriação, também se buscava estimular as

---

93 SOUZA, Flavia Fernandes de. 2017, Op. Cit., p. 476.

94 *Boletim da Intendência*. Rio de Janeiro, 5 de maio de 1897, p. 24-25.

95 Como exemplo, temos os decretos nº 250, 257 e 295, dentre outros.

96 *Boletim da Intendência*. Rio de Janeiro, 20 de outubro de 1897, p. 12.

97 *Boletim da Intendência*. Rio de Janeiro, 23 de outubro de 1897, p. 14.

330 Gladys Sabina Ribeiro • Karoline Carula (orgs.)

fábricas a construir vilas operárias. Em maio de 1896, o Decreto nº 278 reduzia os impostos a todas as fábricas em que houvesse habitação para operários, sendo necessário o pagamento apenas do imposto predial e 2% à Companhia City Improvements.[98] Em abril, teria sido feito o regulamento para construção das casas proletárias em alguns distritos da cidade.[99]

As casas proletárias, assim como as lavanderias, apareciam como uma demanda vinda dos trabalhadores. Em 1892, por exemplo, há o requerimento de Antônio Veiga Romano, junto de outros companheiros, para que houvesse a construção das vilas e lavanderias. Em março de 1893, o prefeito é autorizado a receber e analisar propostas para a construção de casas operárias. Seria cobrado dos trabalhadores que viessem a morar nas habitações um aluguel reduzido, enquanto aos construtores seriam concedidas isenções fiscais, gratuidade na canalização de gás e esgoto e na construção de calçadas, além de dispensa de foros e imposto predial.[100]

Eulália Lobo declara que essas casas operárias eram de boas condições, em especial pelos dispositivos municipais que as obrigavam a seguirem certos padrões.[101] Nos decretos sobre a construção das casas operárias, é bem detalhado como deveriam ser: das normas de condições higiênicas à presença de um quintal.[102] Lia de Carvalho, por sua vez, ressaltou que essas habitações, construídas pelos donos de fábricas, eram um "instrumento de controle político-ideológico do operariado". A autora diz:

> A habitação, como solução para as classes empresariais, visando a garantir o suprimento da mão-de-obra através do seu controle direto, teve, sob forma de vilas operárias, sua função assegurada pelo próprio Estado que, passando para o empresariado industrial a resolução do

---

98 *Boletim da Intendência*. Rio de Janeiro, 23 de maio de 1896, p. 17.

99 *Boletim da Intendência*. Rio de Janeiro, 20 de abril de 1896, p. 4.

100 *Boletim da Intendência*. Rio de Janeiro, 29 de março de 1893, p. 21-22.

101 LOBO, Maria Eulália Lahmeyer. Entrevista. *Revista Rio de Janeiro*, n. 10, 2003, p. 187, apud Rômulo Costa Mattos. *Pelos pobres! As campanhas pela construção de habitações populares e o discurso sobre as favelas na Primeira República*. Tese de Doutorado. Niterói, Universidade Federal Fluminense, 2008.

102 *Boletim da Intendência*. Rio de Janeiro, 29 de março de 1893, p. 21-22.

problema de moradias populares, abria uma área de ação em que as relações patrão-empregado se reproduziam e reforçavam.[103]

É importante observar que as vilas operárias possuíam, então, vários significados sociais. Primeiramente, como demanda dos trabalhadores, garantiam moradia digna a um preço acessível. Segundo, uma noção de controle tanto pela intendência quanto pelos donos das fábricas: a intendência encontrava um destino para a população mais pobre que vivia em condições insalubres na área central da cidade, na busca de reduzir moléstias e a presença daquela população considerada "perigosa" na região, enquanto os donos de fábricas mantinham controle direto sobre os trabalhadores que moravam sob sua tutela.

As associações de trabalhadores na Primeira República e sua relação com o Conselho Municipal

Diversas associações encontraram na municipalidade legitimidade para sua manutenção. Requeriam isenção de impostos e licenças para manter suas fontes de renda, tal como loterias. Assim, algumas vezes, tiveram seus requerimentos aprovados e a criação de legislação sobre elas no Conselho da Intendência. Em 17 de maio de 1893, por exemplo, isentaram-se as edificações onde funcionavam associações do imposto predial pelo Decreto nº 40.[104] Apesar da declaração do prefeito, em 1897, sobre o fato de que uma interferência da municipalidade nas sociedades seria ilegítima e iria de encontro à liberdade destas, e restaurando a tutela administrativa, em nenhum momento a relação do governo municipal com as instituições foi cortada.[105]

As irmandades religiosas ganham destaque dentro das outras associações presentes na legislação municipal. Em 1896, são concedidas três loterias à Irmandade do Santíssimo Sacramento da Candelária,[106] para a manutenção

---

103 CARVALHO, Lia de Aquino. *Contribuição ao estudo das habitações populares.* Rio de Janeiro: 1886-1906. Rio de Janeiro: Secretaria Municipal de Cultura, Turismo e Esportes, Departamento Geral de Documentação e Informação Cultural, 1995, p. 115.

104 *Boletim da Intendência.* Rio de Janeiro, 17 de maio de 1893, p. 38.

105 *Boletim da Intendência.* Rio de Janeiro, 1897, p. 80.

106 *Boletim da Intendência.* Rio de Janeiro, 28 de agosto de 1896, p. 56.

332   Gladys Sabina Ribeiro • Karoline Carula (orgs.)

de suas atividades de caridade, o Hospital dos Lázaros[107] e para a construção do Asilo Benfeitor Antônio Gonçalves de Araújo.[108] Na primeira tentativa de aprovação do decreto, houve o veto do prefeito sob a justificativa de indicar a subvenção à fé católica, o que infligiria a Constituição de 1891 por manter qualquer aliança religiosa.

A inconstitucionalidade não impediu que outros decretos surgissem em benefício dessa e outras irmandades. A Irmandade da Candelária, por exemplo, em 1897, recebeu isenção de taxas pelo que arrecadasse para a construção do edifício destinado ao asilo acima citado.[109] Em 1900, elevou-se o capital da loteria dessa irmandade ao seu dobro em prol do Asilo da Piedade[110] e, em 1901, tem garantida a manutenção dessa loteria por mais três anos.[111] Em 1902, pelo Decreto nº 952, permitiu-se que o valor da loteria fosse duplicado e estendeu-se a licença por mais três anos.[112] A irmandade em questão diferencia-se por não atender apenas os "irmãos", mas também a população pobre da cidade.[113]

Contudo, outras tiveram dificuldades com isenção de pagamentos, como a Irmandade N. Senhora do Andaraí Pequeno, com a taxa para as queimas de fogos em festa do dia 11 de dezembro, e a Irmandade de São Pedro, que só teria direito à habitação dos prédios da rua Coronel Moreira César, após o pagamento das dívidas para com a instituição.[114] A Sociedade dos Amantes da Instrução, organização civil para estruturar os rumos da educação brasileira, também não foi isenta de taxas. Em 1896, o prefeito foi autorizado a

---

107   Hospital do Rio de Janeiro destinado aos pacientes de hanseníase, existente desde 1766. Outras informações em: http://www.scielo.br/pdf/hcsm/v10s1/a07v10s1.pdf.

108   "Instituição de caráter beneficente, caritativo, educativo e instrutivo, que abriga crianças órfãs e pobres desta Capital" em: http://bibliotecadigital.fgv.br/ojs/index.php/rda/article/viewFile/17760/16504.

109   *Boletim da Intendência*. Rio de Janeiro, 3 de novembro de 1897, p. 17.

110   *Boletim da Intendência*. Rio de Janeiro, 27 de outubro de 1900, p. 12.

111   *Boletim da Intendência*. Rio de Janeiro, 8 de abril de 1901, p. 6.

112   *Boletim da Intendência*. Rio de Janeiro, 19 de novembro de 1902, p. 31.

113   SANGLARD, Gisele. Hospitais: espaços de cura e lugares de memória da saúde. *Anais do Museu Paulista*. São Paulo. v. 15, n. 2. p. 257-289. jul.- dez. 2007, p. 259.

114   *Boletim da Intendência*. Rio de Janeiro, 9 de dezembro de 1898, p. 523.

Tensões políticas, cidadania e trabalho no longo Oitocentos 333

cobrar-lhe o imposto predial,[115] e, em 1897, a cobrança de impostos comuns de 12% sobre os prédios da associação.[116] Apenas em 1898 a instituição conseguiu isenção do imposto predial.[117]

Há ainda o caso de municipalização de instituição filantrópica que ocorreu com a Casa de São José, criada em 1889. Inicialmente, o abrigo de meninos de 6 a 12 anos, com acesso à educação primária, era sustentado por doações do povo e administrada por "irmãs de caridade". Em 1893, foi incorporada à municipalidade dentro da Diretoria Geral de Higiene e Assistência Pública. Com isso, em 1896, cria-se o Decreto nº 314 para a desapropriação do prédio no qual funciona a Casa de S. José,[118] e, em 1898, é redefinida a organização do estabelecimento que seria destinado aos meninos de 6 a 14 anos que receberiam, para além do ensino primário, a prática de algumas profissões.[119] Em 1902, a instituição tornou-se parte dos estabelecimentos de ensino profissional existentes da municipalidade carioca.[120]

Nem só associações filantrópicas ou beneficentes recorreram à Intendência Municipal. Em 1898, há o Decreto nº 638, no qual, além da Sociedade dos Amantes da Instrução, a Associação de Auxílios Mútuos da Estrada de Ferro C. do Brasil, a Caixa de Socorros D. Pedro V e a Associação dos Empregados no Comércio do Rio de Janeiro foram isentadas do pagamento do imposto predial dos edifícios em que são sediados.[121] Em 1901, a partir do Decreto nº 835, os prédios dos Club Naval e Club de Engenharia também foram isentados da des-

---

115 *Boletim da Intendência*. Rio de Janeiro, 22 de maio de 1896, p. 15.

116 *Boletim da Intendência*. Rio de Janeiro, 11 d novembro de 1897, p. 19.

117 *Boletim da Intendência*. Rio de Janeiro, 17 de novembro de 1898.

118 *Boletim da Intendência*. Rio de Janeiro, 1 de agosto de 1896, p. 49.

119 *Boletim da Intendência*. Rio de Janeiro, 31 de março de 1898, p. 14.

120 As informações sobre a Casa de São José, para além dos decretos dos *Boletins da Intendência*, referenciam-se em: https://periodicos.set.edu.br/index.php/educacao/article/view/1571/880 e MARTINS, Jaqueline; NASCIMENTO, Rafaela. *Produções dos alunos na Casa de São José (1911-1915)*: Símbolos da cultura material escolar.

121 *Boletim da Intendência*. Rio de Janeiro, 17 de novembro de 1898, p. 43.

334 Gladys Sabina Ribeiro • Karoline Carula (orgs.)

sa cobrança.[122] Em 1902, é regulada a isenção de impostos a diversas sociedades não mencionadas nominalmente pelo Decreto nº 859.[123]

Em 1899, o prefeito José Cesário de Faria Alvim, inclusive, expôs sua sugestão em uma circular para a postura que deveria ser tomada em relação ao Centro Socialista.[124] Mesmo sem ser explicitado por meio de requerimento ou com permissão em forma de decreto, o prefeito recomendou que fosse permitido aos operários que compunham o Centro Socialista circular livremente pela cidade para esmolar, nos dias 10 e 11 de fevereiro, em prol dos familiares dos operários das oficinas do Lloyd Brasileiro que haviam morrido afogados no mês anterior.

Essa aproximação demonstra que as associações, de bairro ou por ofícios, e irmandades religiosas nem sempre se comportavam como um poder paralelo ao Estado; sequer indicavam incapacidade de organização da classe trabalhadora. Entretanto, encontravam-se limites para essa proximidade, sendo dada preferência àquelas associações beneficentes de cunho religioso a alguma associação de caráter mais ativista.

Municipalidade como espaço de regulação do trabalho e atuação dos trabalhadores

Ao analisar as relações entre a municipalidade e os mundos do trabalho no Rio de Janeiro no início da República, este capítulo se soma aos estudos que têm procurado fazer uma releitura sobre esse poder. Pesquisas consistentes têm apontado para uma instituição muito mais dinâmica do que a imagem de que ela estaria necessariamente limitada e despolitizada.[125] As diversas tentativas de regulamentar e controlar os mundos do trabalho investigadas neste texto apontam justamente para a inserção do Conselho no cotidiano daquele espaço urbano, politizando-o.

As mesmas tentativas de regulamentar e controlar os trabalhos nos indicam também que o governo municipal não estava dissociado da representação dos cidadãos. Os requerimentos, abaixo-assinados e cartas nos jornais possi-

---

122 *Boletim da Intendência.* Rio de Janeiro, 19 de novembro de 1901, p. 17.

123 *Boletim da Intendência.* Rio de Janeiro, 18 de abril de1902, p. 3.

124 *Boletim da Intendência.* Rio de Janeiro, 9 de fevereiro de 1899.

125 Várias dessas pesquisas foram mencionadas ao longo deste capítulo.

bilitam pensar essa esfera de poder como um importante espaço de exercício da cidadania naquele momento. Nesse sentido, procuramos ressaltar que a atuação da população não se dá apenas à parte da política oficial, mas também na relação direta com ela. Não se pretende com isso negar a relevância dos diversos espaços de atuação dos populares, como as festas e cortiços, nem dos espaços organizados dos trabalhadores, como as associações. Contudo, busca-se rever certa leitura da construção da cidadania no nosso país que determinava uma aversão da população em relação ao Estado.

Ao olharmos a atuação da população diante do poder municipal, podemos verificar que estava longe de ser meramente subserviente, estando, pelo contrário, permeada de conflitos e negociações. Como indicado por Magalhães, e já mencionado, o ato de requerer é o reconhecimento do Legislativo Municipal como um lugar apropriado para conseguir o que se pede. A aversão total da população a essa esfera não permitiria que os historiadores interessados encontrassem uma vasta série de reclamações e solicitações das mais variadas, que apontam para estratégias não só reativas, como também propositivas diante do poder público.

O que estamos propondo, em conjunto com uma produção historiográfica aqui já mencionada, é uma nova leitura da nossa história política, no sentido de pensar que o poder municipal não se construiu no início da República, pairando acima dos cidadãos e das relações sociais, mas que essa construção foi marcada por disputas e negociações com os mais diferentes setores da população. No caso dos mundos do trabalho, objeto principal do nosso texto, apontamos que os trabalhadores mostraram o que entendiam como seus direitos quando reagiam às tentativas por parte do município de controlar e restringir seus ofícios, mas também quando recorriam à instituição para garantir o que consideravam como justo. A relação entre trabalhadores e poder municipal não se iniciou nesse momento [126] mas, com certeza, os anos iniciais da República foram de importante aprendizado político para eles.

---

126 Paulo Terra aborda a relação dos trabalhadores com o poder municipal do Rio de Janeiro, no período de 1830 a 1838, em: TERRA, Paulo Cruz. "Câmaras Municipais no Império: as posturas municipais do Rio de Janeiro sobre o trabalho (1830-1838)". In: ABREU, Martha, MAGALHÃES, Marcelo; TERRA, Paulo. *Os poderes municipais e a cidade: Império e República*. Rio de Janeiro: Mauad X, 2019.

Fontes

Boletim da Intendência Municipal do Rio de Janeiro (1891-1902).

Jornal do Brasil. Rio de Janeiro, 11 de junho de 1896, n. 163.

Jornal do Brasil. Rio de Janeiro, 16 de agosto de 1896, n. 229.

Jornal do Brasil. Rio de Janeiro, 17 de agosto de 1896, n. 230.

Jornal do Brasil. Rio de Janeiro, 29 de novembro de 1897, n. 333.

Jornal do Brasil. Rio de Janeiro, 9 de outubro de 1901, n. 282.

Jornal do Commercio. Rio de Janeiro, 8 de janeiro de 1892, n. 8.

Jornal do Commercio. Rio de Janeiro, 13 de janeiro de 1892, n. 13.

Jornal do Commercio. Rio de Janeiro, 7 de maio de 1896, n. 128.

Jornal do Commercio. Rio de Janeiro, 6 de junho de 1896, n. 158.

Jornal do Commercio. Rio de Janeiro, 5 de dezembro de 1897, n. 337.

Bibliografia

ABREU, Martha; MAGALHÃES, Marcelo; TERRA, Paulo. *Os poderes municipais e a cidade: Império e República*. Rio de Janeiro: Mauad X, 2019.

CARVALHO, José Murilo de. *Os bestializados: o Rio de Janeiro e a República que não foi*. São Paulo: Cia. das Letras, 1987.

_____. *Cidadania no Brasil: o longo caminho*. Rio de Janeiro: Civilização Brasileira, 2000.

CARVALHO, Lia de Aquino. *Contribuição ao estudo das habitações populares. Rio de Janeiro: 1886-1906*. Rio de Janeiro: Secretaria Municipal de Cultura, Turismo e Esportes, Departamento Geral de Documentação e Informação Cultural, 1995.

CERASOLI, Josianne Francia. *Modernização no plural: obras públicas, tensões sociais e cidadania em São Paulo na passagem do século XIX para o XX*. Tese de Doutorado. Campinas: Unicamp/ IFCH, 2004.

FREIRE, Américo. *Uma capital para a República: poder federal e forças políticas locais no Rio de Janeiro na virada para o século XX*. Rio de Janeiro: Revan, 2015.

Tensões políticas, cidadania e trabalho no longo Oitocentos

MAGALHÃES, Marcelo de Souza. *Ecos da política: a capital federal, 1892-1902*. Tese de Doutorado. Niterói: UFF/ICHF, 2004.

MARTINS, Jaqueline da C.; NASCIMENTO, Rafaela Rocha do. Produções dos alunos na Casa de São José (1911- 1915): Símbolos da Cultura Material Escolar. *Anais do VI Congresso Brasileiro de História da Educação*. EFES, 2011.

MATTOS, Rômulo Costa. *Pelos pobres! As campanhas pela construção de habitações populares e o discurso sobre as favelas na Primeira República*. Tese de Doutorado. Niterói, Universidade Federal Fluminense, 2008.

POPINIGIS, Fabiane. Todas as liberdades são irmãs: Os caixeiros e a as lutas dos trabalhadores por direitos entre o império e a república. *Estudos Históricos*, v. 29, n. 59, 2016, p. 647-666.

_____. *Proletários de casaca: trabalhadores do comércio carioca (1850-1911)*. Campinas: Editora da Unicamp, 2007.

SANGLARD, Gisele. Hospitais: espaços de cura e lugares de memória da saúde. *Anais do Museu Paulista*, v. 15, n. 2, 2007, p. 257-289.

SMITH III, Thomas Hunter. A monument to Lazarus: the leprosy hospital of Rio de Janeiro. *História, Ciências, Saúde Manguinhos*, v. 10, 2003, p. 143-60.

SOUZA, Flavia Fernandes de. *Criados, escravos e empregados: o serviço doméstico e seus trabalhadores na construção da modernidade brasileira. (cidade do Rio de Janeiro, 1850-1890)*. Tese de Doutorado. Universidade Federal Fluminense, Niterói, 2017.

_____. Criados ou empregados? Sobre o trabalho doméstico na cidade do Rio de Janeiro no antes e no depois da abolição da escravidão. *XXVII Simpósio Nacional de História - ANPUH*, Natal, 2013.

SOUZA, Maria Zélia Maia de. Assistência pública escolar para crianças e jovens desvalidos no Brasil da Primeira República. *Interfaces Científicas – Educação*, v. 2, n. 3, 2014, p. 37-47.

Alameda nas redes sociais:

Site: www.alamedaeditorial.com.br
Facebook.com/alamedaeditorial/
Twitter.com/editoraalameda
Instagram.com/editora_alameda/

Esta obra foi impressa em São Paulo na primavera de 2020. No texto foi usada a fonte Adobe Garamond Pro em corpo 11 e entrelinha de 16 pontos.